Entrepreneurship

Bei Pearson Studium werden nur Bücher veröffentlicht, die wissenschaftliche Lehrinhalte durch eine Vielzahl von Fallstudien, Beispielen und Übungen veranschaulichen. Wir bringen moderne Gestaltung, wohlüberlegte Didaktik und besonders qualifizierte Autoren zusammen, um Studenten zeitgemäße Lehrbücher zu bieten. Sie finden in unseren Büchern den Prüfungsstoff in direktem Bezug zu Praxis und späterem Berufsleben.

Bisher sind im wirtschaftswissenschaftlichen Lehrbuchprogramm folgende Titel erschienen:

VWL

Blanchard/Illing (2003): *Makroökonomie, 3. Auflage*

Bofinger (2003): *Grundzüge der Volkswirtschaftslehre*

Forster/Klüh/Sauer (2004): *Übungen zur Makroökonomie*

Krugman/Obstfeld (2003): *Internationale Wirtschaft, 6. Auflage*

Pindyck/Rubinfeld (2003): *Mikroökonomie, 5. Auflage*

BWL

Albaum et al. (2001): *Internationales Marketing und Exportmanagement*

Chaffey et al. (2001): *Internet-Marketing*

De (2005): *Entrepreneurship*

Fill (2001): *Marketingkommunikation*

Kotler et al. (2002): *Grundlagen des Marketing, 3. Auflage*

Möller/Hüfner (2004): *Betriebswirtschaftliches Rechnungswesen*

Möller/Zimmermann/Hüfner (2005): *Erlös- und Kostenrechnung*

Solomon et al. (2001): *Konsumentenverhalten*

Spoun/Domnik (2004): *Erfolgreich studieren*

Thonemann (2005): *Operations Management*

Zantow (2004): *Finanzierung*

Quantitative Verfahren

Hackl (2004): *Einführung in die Ökonometrie*

Moosmüller (2004): *Methoden der empirischen Wirtschaftsforschung*

Quatember (2005): *Statistik ohne Angst vor Formeln*

Schira (2003): *Statistische Methoden der VWL und BWL*

Sydsæter/Hammond (2003): *Mathematik für Wirtschaftswissenschaftler*

Zöfel (2003): *Statistik für Wirtschaftswissenschaftler*

Weitere Informationen zu diesen Titeln und unseren Neuerscheinungen finden Sie unter *www.pearson-studium.de*

Dennis A. De

Entrepreneurship

Gründung und Wachstum von kleinen und mittleren Unternehmen

ein Imprint von Pearson Education

München • Boston • San Francisco • Harlow, England
Don Mills, Ontario • Sydney • Mexico City
Madrid • Amsterdam

Bibliografische Information Der Deutschen Bibliothek

Die Deutsche Bibliothek verzeichnet diese Publikation in der Deutschen Nationalbibliografie;
detaillierte bibliografische Daten sind im Internet über *http://dnb.ddb.de* abrufbar.

10 9 8 7 6 5 4 3 2 1

07   06   05

ISBN 3-8273-7119-8

© 2005 Pearson Studium
ein Imprint der Pearson Education Deutschland GmbH,
Martin-Kollar-Straße 10-12, D-81829 München/Germany
Alle Rechte vorbehalten
www.pearson-studium.de
Lektorat: Dennis Brunotte, dbrunotte@pearson.de; Christian Schneider, cschneider@pearson.de
Korrektorat: Margret Neuhoff, München
Einbandgestaltung: adesso 21, Thomas Arlt, München
Titelabbildung: Corbis GmbH, Kaistraße 2, 40221 Düsseldorf
Herstellung: Elisabeth Prümm, epruemm@pearson.de
Satz: mediaService, Siegen (www.media-service.tv)
Druck und Verarbeitung: Bosch Druck, Ergolding

Printed in Germany

Meiner Familie
Danke

Inhaltsverzeichnis

Teil III   Der Mittelstand   233

Kapitel 10   Bestimmung & Bedeutung des Mittelstands   235

Kapitel 11   Die Mittelständler   249

Kapitel 12   Mittelstand und die Herausforderungen globaler Märkte   275

Literaturverzeichnis   305

Register   315

Vorwort

■■ *Entrepreneurship is a art: it is based on Attitude Action Risk-taking and Traits* ■■

Entrepreneurship ist eine der jüngsten Disziplinen innerhalb der Wirtschaftswissenschaften, auch wenn die Art wie Entrepreneure leben, nämlich als Selbständige, sicherlich zu den ältesten zählt. Dieser Umstand erklärt womöglich auch worin die Schwierigkeiten dieser neuen Disziplin liegen. Während die Wirtschaftswissenschaft sich vorrangig mit Unternehmen befasst, konzentriert sich Entrepreneurship *auch* auf den Entrepreneur, der das Unternehmen gründet, aufbaut und gegebenenfalls zu Wachstum führt. Aus Sicht des Entrepreneurship ist ein Unternehmen daher kein auf einen Zweck reduziertes funktionales Gebilde, sondern oftmals ein Vehikel zur Selbstverwirklichung der Entrepreneure. Das macht Entrepreneurship als Forschungsbereich sehr interessant. Gleichzeitig erschwert es aber die Eingrenzung dieser Disziplin, denn die Beschäftigung mit den Motiven oder Verhaltensweisen der Entrepreneure tangiert auch Forschungsbereiche wie die Soziologie oder Psychologie.

In den Wirtschaftswissenschaften steht dagegen meist die Gründung im Vordergrund. Das liegt unter anderem an arbeitsmarktpolitischen Hoffnungen und dem Umstand, dass mehr Gründungen mehr Innovationen marktfähig umsetzen und damit zum Wachstum beitragen. Deshalb versucht insbesondere die Politik, deren Leistungsfähigkeit zu verbessern.

Ungeachtet dessen besteht zwischen dem Entrepreneur und seinem Unternehmen eine wechselseitige Beziehung, die schon vor der Gründung beginnt. Der Weg der Entrepreneure setzt sich dann mit dem Aufbau und dem Wachstum ihrer Unternehmen fort. Dabei beeinflussen unternehmerische Herausforderungen und Schwierigkeiten den Entrepreneur ebenso sehr, wie dessen Motive und Ziele das Wachstum des Unternehmens bestimmen. Für manche Entrepreneure ist aber Wachstum ab einer bestimmten Unternehmensgröße kein erstrebenswertes Ziel mehr. Damit negieren solche Entrepreneure ein zentrales Paradigma der Betriebswirtschaft, nämlich Wachstum. Es sind unter anderem auch solche Schwierigkeiten, die Entrepreneurshipforscher dazu bewegen neben den Entrepreneuren und ihren Unternehmen auch das wechselseitige Verhältnis beider zu erforschen.

Im vorliegenden Lehrbuch werden diese vielen Aspekte in der zeitlichen Abfolge von Gründung und Wachstum behandelt. Dadurch wird vieles klarer und verständlicher. Ich hoffe damit, Studenten wirtschaftswissenschaftlicher und technischer Studiengänge die theoretischen Grundlagen des Entrepreneurship in einer differenzierten und praxisorientierten Weise näher zu bringen. Es beginnt mit den Wegen zum Entrepreneurship, von denen die Gründung der häufigste ist, und führt über die daraus erwachsenen Kleinunternehmen zum Mittelstand. In jedem Teil geht es neben den unternehmerischen Herausforderungen und ihrer Bewältigung auch um den Entrepreneur und dessen Umgang damit. Dabei werden internationale Vergleiche und Aspekte der Finanzierung ebenso behandelt wie Fragen der Unternehmensführung oder der Umgang mit den Herausforderungen, die Innovation und der globale Wettbewerb an Entrepreneure und ihre Unternehmen stellen.

Weil Entrepreneurship als Disziplin in immer mehr Lehr- und Studienpläne aufgenommen wird, habe ich die Struktur dieses Lehrbuchs dem Vorlesungsbetrieb angepasst. Unterstützende und vertiefende Materialien werden darüber hinaus über die Companion Website des Verlags bereitgestellt und aktualisiert.

Ich hoffe mit dem vorliegenden Lehrbuch, Studenten und Interessierten ein besseres Verständnis von Entrepreneurship und dem was dazu gehört zu ermöglichen.

Im März 2005
Dennis A. De

TEIL I

Entrepreneurship & der Weg dahin

Entrepreneurship und worum es dabei geht

1

ÜBERBLICK

▟▌ *Entrepreneurship ist seit geraumer Zeit im Zentrum der politischen und wirtschaftlichen Diskussion, sowohl in den so genannten Entwicklungsländern als auch in den Industrienationen. Erstere erhoffen sich dadurch einen wirtschaftlichen Entwicklungsschub. In einer Zeit, in der die Arbeitsplatzsicherheit – oft trotz Wachstums – aufgrund stetigen Wandels zusehends abnimmt, sehen Letztere und besonders europäische Staaten darin ein „Modell" für mehr flexible Arbeitsplätze und Innovation.*

Aber warum erhoffen sich Politiker und Wirtschaftskapitäne in diesen Ländern vom Entrepreneurship diese Vorteile? Was ist Entrepreneurship überhaupt? Gibt es dafür eine griffige oder klare Definition? Wenn mehr Entrepreneurship gefordert wird, bedeutet das, wir haben zu wenig Entrepreneure? Und wenn dem so wäre, warum? Liegt es an der sozialen und kulturellen Bedeutung des Entrepreneurs?

Um das Wesen des Entrepreneurships, seine Funktionen und Bedeutung besser zu verstehen, wollen wir in diesem Kapitel nach Antworten auf diese allgemeinen, aber dennoch wichtigen Fragen suchen. ▐▟

1.1   Was ist Entrepreneurship?

Der Begriff „Entrepreneurship" beruht auf dem französischen Begriff „Entrepreneur", was nichts anderes als „Unternehmer" bedeutet. Entrepreneurship könnte also ohne weiteres mit „Unternehmertum" ins Deutsche übersetzt werden. Tatsächlich wurde bis in die zweite Hälfte des vorigen Jahrhunderts auch der Begriff „Unternehmertum" in Deutschland verwandt. *Warum also Entrepreneurship?*

Im Laufe der Jahre wurden viele Anglizismen in die deutsche Sprache aufgenommen. Im Fall von Entrepreneurship ist es aber keine bloße „Aufnahme" eines englischen Begriffs. Der Grund dafür, dass Unternehmertum nicht mehr angemessen erscheint, liegt darin, dass er im öffentlichen Verständnis nicht mehr *nur* das aussagt, was ursprünglich damit gemeint war. Heute assoziieren die meisten Menschen mit Unternehmertum vor allem Wirtschaftskapitäne, wie beispielsweise Vorstände und Geschäftsführer größerer Unternehmen. In Wirklichkeit sind die meisten dieser Vorstände und Geschäftsführer aber angestellte Manager.

Um die einen von den anderen zu unterscheiden, haben sich für Menschen, die auch und von jeher unter diesen Begriff fallen, andere Bezeichnungen eingebürgert. So werden Menschen, die Unternehmen beginnen, Eigentum an diesen Unternehmen haben oder Familien, die gemeinsam ein Unternehmen betreiben oder besitzen, als Gründer, Eigentümerunternehmer oder Familienunternehmen bezeichnet.

Neben dieser rein sprachlichen Entwicklung hat sich im Deutschen auch noch eine Assoziation mit der Größe und Branche entwickelt. Wenn beispielsweise jemand sagt: „Mein Onkel ist Unternehmer", wird damit in der Regel etwas diffus Größeres verbunden, aber selten ein Einzelhändler, Softwareberater oder Dachdecker.

All diese Menschen sind aber Unternehmer im ursprünglichen deutschen Wortsinn, ganz gleich ob sie ein oder mehrere Einzelhandelsgeschäfte haben, ein Dachdeckerunternehmen betreiben, selbständige Softwareberater sind oder ein Unternehmen gründen.

Im Gegensatz zum Begriff „Unternehmertum" hat der Begriff „Entrepreneurship" diese Veränderungen nicht erfahren. Weder ist damit eine größen- oder branchenspezifische Abgrenzung verbunden, noch werden angestellte Manager, die heute im Vorstand des einen und morgen im Vorstand des anderen Unternehmens tätig sind, als Entrepreneure bezeichnet.

Aber was ist Entrepreneurship? Auch wenn der Begriff „Entrepreneurship" aus den vorgenannten Gründen geeigneter erscheint, erklärt das noch nicht, was konkret damit gemeint ist. Tatsächlich ist Entrepreneurship, trotz der Prominenz dieses Begriffs, noch nicht abschließend definiert. Es ist immer noch ein eher vages Konzept. Die Versuche, die Essenz des Entrepreneurships zu erfassen, reichen von Definitionen auf der Grundlage bestimmter Handlungen bis hin zu solchen, die auf bestimmten Einstellungen und Eigenschaften beruhen.

> Entrepreneurship ist noch nicht abschließend definiert, es ist immer noch ein vages Konzept.

Letzteres gilt oft, wenn in Großunternehmen mehr unternehmerisches Denken und Handeln von den Mitarbeitern verlangt wird. Damit werden in der Regel mehr Gewinnorientierung und Eigenschaften wie Mut und Entschlossenheit angemahnt. Die öffentliche Meinung ist dagegen mehr von einem handlungsorientierten Verständnis geprägt, demnach ist ein Entrepreneur (oder Unternehmer) jemand, der ein Unternehmen auf eigene Verantwortung betreibt und führt.

Wenn wir über dieses handlungsorientierte Verständnis ein wenig nachdenken, müssen wir feststellen, dass es nur die eine Seite der Medaille ist. Denn ohne Mut und Entschlossenheit wird vermutlich niemand ein Unternehmen auf eigene Verantwortung betreiben. Tatsächlich zeigen Untersuchungen zum Entrepreneurship in Europa und den USA, dass eine bestimmte Handlung einerseits und bestimmte Einstellungen und Eigenschaften anderseits zusammengehören. Sie sind die zwei Seiten der Medaille, die wir Entrepreneurship nennen.

Ungeachtet dessen gibt es natürlich Versuche Entrepreneurship genauer zu bestimmen und zu definierten. Um zu einer eigenen Begriffsbestimmung zu kommen, sollten wir einige dieser Ansätze genauer betrachten.

1.1.1 Kreativität, Mut und Entschlossenheit

In der zweiten Hälfte des letzten Jahrhunderts veranlasste das Lebenskonzept der Entrepreneure, nämlich die Selbständigkeit, Verhaltensforscher und Psychologen dazu, diese Menschen auf ihre Einstellungen und Eigenschaften hin zu untersuchen. Dass die Entscheidung, Entrepreneur zu sein, auch die Bereitschaft voraussetzt, das Risiko des Scheiterns anzunehmen, ist hinlänglich bekannt.

Die Feststellung, dass Entrepreneure risikobereit sind, war deshalb ebenso wenig erstaunlich wie die Feststellung, dass sie eine Neigung dazu haben, das Geschehen zu kontrollieren. Risikobereitschaft und der Wunsch, das Risiko zu kontrollieren, liegen in der Regel nah beieinander. Die Frage war vielmehr, *ob diese Risikobereitschaft bestimmte Einstellungen und Eigenschaften voraussetzt?*

Wenn dem so wäre, dann würde dieser Ansatz letztendlich dazu führen, Entrepreneurship als eine Lebensform von Menschen mit bestimmten Eigenschaften und Einstellungen zu begreifen. Im Umkehrschluss würde das bedeuten, dass bestimmte Menschen eine natürliche Neigung haben, Entrepreneur zu werden. Fragt man Tante Emma, als Vertreterin der öffentlichen Meinung, würde sie dem vermutlich zustimmen.

Führen bestimmte Merkmale zu einer natürlichen Neigung Entrepreneur zu werden?

Aber welche Merkmale oder Einstellungen und Eigenschaften könnten diese Neigung bedingen? Zwischenzeitlich wurden zahlreiche Untersuchungen hierzu mit Entrepreneuren und solchen, die es werden wollen, durchgeführt.[1] Die Ergebnisse der Untersuchungen widersprechen sich aber oft. Vermutlich ist es unmöglich, einen Typus Mensch zu bestimmen, der mit großer Wahrscheinlichkeit Entrepreneur wird. Einerseits liegt das daran, dass nicht der Mensch allein, sondern auch die Rahmenbedingungen die Entscheidung, Entrepreneur zu werden, beeinflussen. Anderseits lassen sich bestimmte Einstellungen und Eigenschaften, die eine solche Entscheidung sicher begünstigen, nur schwer voneinander abgrenzen und messen.

Denken wir beispielsweise an Mut. Wie wollen wir Mut messen? Besonders, wenn Menschen in bestimmten Lebenslagen mutiger sind als in anderen.

Die Gemeinsamkeiten der Untersuchungen erlauben deshalb nur eine sehr allgemeine Aussage über die mit dem Entrepreneurship verbundenen Einstellungen und Eigenschaften. Eine zentrale Einstellung ist demnach die Verantwortung für sich selbst. Nicht der Staat oder die Gesellschaft, sondern man selbst ist für sich verantwortlich. Das Motto könnte lauten: *I do it my way!*

Entrepreneurship erfordert bestimmte Eigenschaften.

Auf der Seite der Eigenschaften sind es Kreativität, Mut und Entschlossenheit. Die Kreativität ist eine Voraussetzung dafür, überhaupt etwas Neues, wie beispielsweise ein Unternehmen, zu schaffen. Risikobereitschaft, sofern sie nicht auf Ahnungslosigkeit beruht, erfordert Mut. Die Entschlossenheit ist dagegen nötig, um gegen Widerstände, wie beispielsweise den Wettbewerb, zu bestehen.

Daneben haben Psychologen noch eine Reihe weiterer Eigenschaften benannt, die mit einer gewissen Wahrscheinlichkeit zu unternehmerischen Handlungen führen. Unter anderem sind das Organisationstalent, Verständnis, Vorstellungskraft, Weitsicht, Einsatzbereitschaft und ein gewisses Maß an Misstrauen.[2]

---

1. Beispielsweise von Lumpkin und Erdogan von der University of Illinois at Chicago
2. Eine Übersicht verschiedener Studien hierzu findet sich unter anderem auch in: Audretsch, D.B., „Entrepreneurship: A Survey of the Literature", das 2002 für die Europäische Kommission (DG XXIII) angefertigt wurde.

Wenn es darum geht, das Wesen des Entrepreneurships näher zu bestimmen, können wir somit zumindest einige Merkmale damit verbinden. Möglicherweise ist die Wahrscheinlichkeit, Entrepreneur zu werden, mit diesen Merkmalen größer als ohne sie. Allerdings bedeutet das weder, dass jeder Entrepreneur immer über alle Merkmale verfügt, noch, dass er immer kreativ, mutig und entschlossen ist. Genauso wenig können wir sagen, dass jeder, der über diese charakterlichen Merkmale verfügt, mit Sicherheit auch Entrepreneur werden will oder wird.

1.1.2 Risiko, Gewinn und Kontrolle

Frühe und heute immer noch richtungweisende Ansätze, den Entrepreneur zu bestimmen, wurden bereits um die Jahrhundertwende des vorletzten Jahrhunderts entwickelt. Sie sind eigentlich das Ergebnis einer Auseinandersetzung mit Risiko und Gewinn, die Wissenschaftler wie von Thünen oder von Mangold betrieben.

Der Kern dieses Ansatzes besteht darin, den Entrepreneur nach der Quelle seines Einkommens zu bestimmen. Oder anders ausgedrückt: *Wofür bekommen Menschen Lohn?* Der Ansatz ist eigentlich recht einfach. Bei einem Arbeitnehmer ist der Lohn eine Entschädigung für geleistete Arbeit. Es gibt aber auch Menschen, deren Lohn nicht oder nur teilweise eine Entschädigung für geleistete Arbeit ist. Bei ihnen ist der Lohn eigentlich ein „Gewinn", den sie für die Bereitschaft, Risiko zu übernehmen, erhalten. Anders als bei einem Arbeitnehmer ist deren „Lohn" bzw. Gewinn aber gerade deshalb nicht sicher. Das liegt an der Natur des Risikos. Es kann gut gehen, sehr gut gehen oder schief gehen und statt zu einem Gewinn zu einem Verlust führen. Das ist in etwa so wie bei jemandem, der T-Shirts günstig einkauft, um sie dann teurer weiterzuverkaufen. Nimmt sie keiner, hat er womöglich trotz seiner Arbeit statt eines Gewinns einen Verlust. Deshalb wird der Gewinn auch oft als „Lohn für die schlaflosen Nächte" des Entrepreneurs bezeichnet.

> Neben anderen Faktoren bestimmt die Quelle des Einkommens, ob man Entrepreneur ist oder nicht.

Damit haben wir zwei Arten von Einkommen: Arbeitseinkommen und Risikoeinkommen. Der Kern dieses Ansatzes besteht nun darin zu sagen, dass derjenige, der ein Risikoeinkommen bezieht, ein Entrepreneur ist. Das würde aber bedeuten, dass jeder Aktionär in gewisser Hinsicht auch ein Entrepreneur wäre. Denn schließlich beteiligt sich ein Aktionär an einem Unternehmen und geht damit das Risiko ein, sein Geld zu verlieren. Auf manche Aktionäre, deren Haupttätigkeit darin besteht, sich wechselnd an unterschiedlichen Unternehmen zu beteiligen, mag die Bezeichnung „Entrepreneur" in diesem Zusammenhang auch zutreffen. Das liegt aber weniger daran, dass sie Aktionäre sind, sondern wohl eher daran, dass mit dem Risiko, das sie eingehen, auch Handlung und Kontrolle verbunden sind.

> Somit gibt es Arbeitseinkommen und Risikoeinkommen.

> Wer das Risiko eines Unternehmens auf sich nimmt, möchte es auch kontrollieren.

Zu dem Aspekt des Risikoeinkommens kommt also noch der Aspekt des Handelns und der bestimmenden Kontrolle hinzu. Gemeint ist, dass jemand, der ein Risiko eingeht, den Ausgang dieses Unterfangens nicht ausschließlich anderen überlässt, sondern selbst aktiv und kontrollierend am Geschehen beteiligt ist. Schließlich ist es nur folgerichtig, dass jemand, dessen „Lohn" vom positiven Ausgang des Unterfangens abhängt, auch das Geschehen bestimmt und kontrolliert. Tatsächlich ist es ja gerade diese Fähigkeit, die Menschen dazu bewegt, ein unternehmerisches Risiko einzugehen. Deren Leitsatz ist: *„Ich nehme das Risiko auf mich, weil ich glaube, es gut machen zu können."*

Demnach wäre der T-Shirt-Händler ein Entrepreneur. Derjenige, der ihm lediglich das Geld dafür bereitstellt, also sein Geldgeber, wäre es aber nur dann, wenn er auch aktiv am Geschehen beteiligt wäre. Andernfalls wäre er ein Investor. Dessen Leitsatz wäre dann: *„Ich nehme das Risiko auf mich, weil ich glaube, dass DU es gut machen kannst."*

Obwohl die Unterscheidung zwischen Arbeitseinkommen einerseits und Risikoeinkommen plus Kontrolle andererseits einfach erscheint, ist sie doch im Detail nicht immer eindeutig. Das zeigt sich daran, dass ein Entrepreneur beispielsweise als Geschäftsführer seines Unternehmens ein Arbeitseinkommen bezieht und darüber hinaus als Eigentümer den Gewinn erhält, also zusätzlich noch ein unsicheres Risikoeinkommen bezieht. Wenn nun kein Gewinn anfiele, würde für ihn auch das Risikoeinkommen entfallen. Die bestimmende Kontrolle hätte er nach wie vor, aber ist er dann noch ein Entrepreneur? Schließlich erhält er nur ein Arbeitseinkommen. Wenn nun doch ein Gewinn anfällt, der aber größtenteils einem Investor zusteht, könnte man ebenso fragen, ab wie viel bestimmender Kontrolle wird ein Investor zum Entrepreneur?

Wie wir sehen, ist dieser auf von Thünen und von Mangold beruhende Ansatz trotz der einfachen Unterscheidung von Arbeits- und Risikoeinkommen im Detail doch nicht eindeutig. Allerdings ging es diesen Wissenschaftlern auch nicht um eine Definition des Entrepreneurships. Genauso wie wir wollten sie lediglich das Wesen des Entrepreneurs und den Ursprung des Gewinns, nämlich als Folge einer glücklichen Unternehmung, besser verstehen.

1.1.3 Kreative Zerstörung

Der Begriff der „kreativen Zerstörung" wurde von Joseph Schumpeter in der ersten Hälfte des vergangenen Jahrhunderts geprägt. Ihm ging es eigentlich ebenso wenig darum, den Entrepreneur zu definieren, wie von Thünen und von Mangold. Ihm ging es vielmehr darum, das Wesen des Kapitalismus und den „Motor" wirtschaftlicher Veränderung zu erfassen.

Er gelangte zu der Überzeugung, dass Kapitalismus eine Form des stetigen wirtschaftlichen Wandels sei, bei der Neues durch einen Prozess „kreativer Zerstörung" Altes ersetzt. Beispielsweise so, wie das Auto das Pferdegespann ersetzt hat. Infolgedessen nahmen Automobilhersteller den Platz ein, den zuvor Hersteller von Pferdegespannen innehatten, während Tankstellen Pferdetränken ersetzten.

Ansätze, die hierauf aufbauen, beruhen auf Schumpeters Verständnis, dass der Prozess der „kreativen Zerstörung" aber erst durch den Entrepreneur in Gang gesetzt wird. Das Neue bzw. die Innovation ist zwar das zentrale Element, aber eine Innovation entwickelt sich nicht von selbst zum marktfähigen Produkt. Dafür bedarf es eben des Entrepreneurs. Tatsächlich wird im Rahmen dieses Ansatzes der Entrepreneur als Katalysator des Neuen gesehen. Anders ausgedrückt, der Entrepreneur ist derjenige, der den Prozess der kreativen Zerstörung „lostritt".

> Hier bestimmt unter anderem die bewirkte Veränderung, ob man Entrepreneur ist oder nicht.

Der Kern dieses Ansatzes besteht daher darin, den Entrepreneur nach dem zu bestimmen, was er bewirkt. Danach wäre nur derjenige Entrepreneur, der kreativ zerstört. Der Einzelhändler, der so wie andere auch Lebensmittel verkauft, wäre demnach kein Entrepreneur. Derjenige, der den ersten Discountmarkt gründet und damit traditionelle Einzelhändler ersetzt, aber schon. Ob ein Nachahmer, der den zweiten, dritten oder vierten Discountmarkt gründet, noch ein Entrepreneur ist, können wir aber nicht mehr genau sagen.

Das Problem dieses Ansatzes liegt nicht nur in der Frage, ob *nur* der Erste, d.h. derjenige, der beginnt, Entrepreneur ist *(wie lange ist man Pionier des Neuen und ab wann nur noch Nachahmer und damit kein Entrepreneur mehr?)*; das Problem liegt auch in der Abgrenzung der kreativen Zerstörung. Ab wann können wir sagen, dass Altes durch Neues ersetzt wurde? Wie lange muss das dauern und wie „gründlich" muss der Austausch erfolgen. Ist der Entrepreneur noch Entrepreneur, wenn der Prozess abgeschlossen ist?

Nun war es auch nicht Schumpeters primäres Ziel, Entrepreneurship anwendbar zu definieren. Dennoch trifft es zweifelsohne zu, dass die Entwicklung und Vermarktung von Neuem oder selbst nur die Verbesserung von Bestehendem couragierter Menschen bedarf, die bereit sind, das Risiko des Scheiterns auf sich zu nehmen. Schumpeter hat sicher auch damit Recht, dass Innovation und Fortschritt entscheidende Faktoren des Wachstums sind. Tatsächlich sind Innovation und Wachstum auch oft die Ziele, um die es bei der öffentlichen Diskussion um Entrepreneurship geht. Deshalb neigen viele bei dem Versuch, Entrepreneurship zu definieren, immer wieder dazu, den Aspekt der kreativen Zerstörung ins Feld zu führen. Die Vertreter dieses Ansatzes beschränken Entrepreneurship aber damit regelmäßig auf innovative Gründer.

> Deshalb wird Entrepreneurship gelegentlich auf innovative Gründer reduziert.

1.1.4 Das allgemeine Verständnis

Die unterschiedlichen Ansätze konzentrieren sich alle auf bestimme Aspekte des Entrepreneurships. Vermutlich ist es auch deswegen nicht möglich, das Wesen des Entrepreneurships in seiner Gänze mit einem dieser Ansätze zu erfassen. Heute fassen Wissenschaftler das Wesen des Entrepreneurships im Allgemeinen als eine bestimmte Handlung[3] auf, die mit einer bestimmten Einstellung und Eigenschaften verbunden ist und

---

3. Wie der Begriff „Social Entrepreneurship" zeigt, muss dabei die „Handlung" nicht zwingend gewinnorientiert sein.

auf eigenes Risiko erfolgt. Insofern könnte man im Englischen auch sagen Entrepreneurship is A ART *(Action, Attitude, Risk-taking & Traits)*.

Dieses Verständnis lässt aber genügend Raum für Missverständnisse und Meinungsverschiedenheiten. Welche bestimmten „Handlungen", „Einstellungen" und „Eigenschaften" sind konkret gemeint und welche Kombination aus diesen macht die Essenz des Entrepreneurships aus? Die Wissenschaft ist bis heute nicht in der Lage, diese Fragen konkret, abgrenzend und abschließend zu beantworten. Uns fehlt immer noch eine allgemeingültige Definition des Entrepreneurships.

In Abwesenheit einer Definition oder zumindest eines klaren Konzepts neigen Wissenschaftler und Regierungen dazu, Gründungen als Maß unternehmerischer Aktivität zu verwenden. Untersuchungen und Studien, die darauf beruhen, sind in der Regel auch sehr interessant. Allerdings werden dabei sämtliche Gründungen mit einbezogen. Das heißt Gründungen wie Yahoo oder Ebay sind in einem Korb mit neuen Friseurstudios oder Kiosken.

Letzteres ist aber in der Regel nicht das, was Politiker meinen, wenn sie von der Förderung von Entrepreneurship reden. Sie meinen vielmehr innovative Gründer. Das Problem ist, dass Innovation, also etwas Neues, auch immer etwas *anderes* ist und *Andersartiges* wird nicht immer als Innovation erkannt.

Als IKEA damit begann, Möbel zum Selbstaufbau per Katalog zu verkaufen, war das andersartig und für manche auch befremdlich. IKEA wurde nicht als innovative Gründung aufgefasst, zumal sie nicht Stuhl oder Bett neu erfanden. Dennoch hat IKEA den Möbelmarkt revolutioniert und im Schumpeter'schen Sinne „kreativ zerstört". Die Auftragsfertigung von Möbeln wurde beinahe gänzlich durch Möbelhäuser, die vielfach Möbel zum Selbstaufbau anbieten, ersetzt.

Das allgemeine Verständnis beruht nicht auf der Neuheit des Produkts …

Wollten wir uns bezüglich unseres Verständnisses von Entrepreneurship, lediglich auf innovative Gründer versteifen, liefen wir damit Gefahr, nur diejenigen zu sehen, die uns innovativ erscheinen. Abgesehen davon, dass dann vielleicht viele tatsächlich Innovative unerkannt blieben, wäre unsere Aufmerksamkeit in dem Fall stärker auf die Neuartigkeit des Produkts denn auf den Entrepreneur gerichtet. Das Verbindende der Entrepreneure oder schlicht der Menschen, die dieses Lebenskonzept gewählt haben, würde dann vernachlässigt werden.

Deshalb beruht das allgemeine Verständnis des Entrepreneurships nicht auf der Qualität des Produkts, wie beispielsweise, ob es alt oder neu ist. Es geht vielmehr darum, dass Entrepreneure Menschen sind, die versuchen eine Geschäftsidee zu verwirklichen und dafür ein zuweilen großes Risiko eingehen, das sie und ihre Familie regelmäßig finanziell, zeitlich und sozial betrifft *(die Situation der Familie ist in den Kapiteln IV und V ausführlicher behandelt)*. Genau das trifft aber auf die Gründer von Yahoo ebenso zu wie auf einen selbständigen Dachdecker.

Die Essenz des Entrepreneurships besteht somit aus der Kombination bestimmter Handlungen, der Bereitschaft, Risiko zu übernehmen, und bestimmter Eigenschaften, die beides bedingen. Da Letzteres schwer zu erfassen ist, beschränkt sich die Europäische Kommission in ihrem Verständnis des Entrepreneurships auf den Eigentümerunternehmer. Dabei gibt das *Eigentum* am Unternehmen die Bereitschaft, Risiko zu übernehmen, wider, während *Unternehmer* für die bestimmten (unternehmerischen) Handlungen steht.[4]

> ... es beruht auf Einstellung, Handlung und Risikobereitschaft.

1.2 Warum ist Entrepreneurship für die Wirtschaft wichtig?

Innovation, Wachstum und Beschäftigung sind die gängigsten Schlagwörter, die mit Entrepreneurship in Verbindung gebracht werden. Kaum jemand bezweifelt, dass Entrepreneurship darauf auch einen Einfluss hat. Die Frage ist nur, was *ist* der genaue Wirkungszusammenhang? Warum konzentriert sich die Politik inzwischen verstärkt auf Entrepreneurship anstatt wie bisher auf Großunternehmen, die Tausende beschäftigen und immer wieder neue Produkte entwickeln?

Die Antwort auf die letzte Frage ist eigentlich einfach: Weil Entrepreneurship volkswirtschaftliche Funktionen hat. Die hatte es zwar schon immer, aber die Rahmenbedingungen und insbesondere der Beitrag von Großunternehmen haben sich zwischenzeitlich geändert. Deshalb ist Entrepreneurship in der öffentlichen Diskussion heute präsenter als dies zuvor der Fall war.

> Entrepreneure erfüllen volkswirtschaftliche Funktionen.

Aber beginnen wir mit den volkswirtschaftlichen Funktionen. Entrepreneurship und insbesondere Gründungen erfüllen im Wesentlichen vier Funktionen. Das sind:

- die Innovationsfunktion
- die Wachstumsfunktion
- die Beschäftigungsfunktion
- die Erneuerung der Unternehmenspopulation

1.2.1 Die Innovationsfunktion

Sofern wir Entrepreneurship auf Gründungen beschränken, ist der Begriff „Innovationsfunktion" etwas missverständlich, denn mit einigen Ausnahmen innovieren Gründungen eher selten.[5] Allerdings beruhen Gründungen oft auf Innovationen und neuen Ideen, die dann durch neu gegründete Unternehmen erst marktfähig und damit einem breiten

---

4. Eine ausführliche Auseinandersetzung hiermit von Seiten der Europäischen Kommission findet sich in dem „Green Paper: Entrepreneurship in Europe" (COM 2003, 27 final).
5. Das wird durch Untersuchungen der Ausgaben für Forschung und Entwicklung (z.B. des European Observatory for SMEs) immer wieder deutlich.

Publikum zugänglich gemacht werden. Gründungen sind also seltener am eigentlichen Prozess der Innovation beteiligt, aber dafür mehr an der marktfähigen Umsetzung und Vermarktung bestehender Innovationen. Das bedeutet nicht, dass andere Unternehmen und bereits etablierte Entrepreneure Innovationen vernachlässigen oder selbst nicht innovieren. Gerade Neues entspricht aber zuweilen nicht der Geschäftstätigkeit oder harmoniert nicht mit den Produkten etablierter Unternehmen. Sie ziehen es daher oft vor, sich bei der Entwicklung oder Umsetzung von Neuem auf ihren Bereich zu konzentrieren. Damit sind es vorwiegend neue Entrepreneure, die sich „unorthodoxer" nicht ins Bestehende passender Innovationen annehmen und darauf fußend neue Unternehmen gründen.

Nicht alle innovieren und nicht alle Innovationen sind erfolgreich.

Nicht alle Innovationen werden angenommen, wie beispielsweise der ausrollbare Zebrastreifen, und nicht alle innovativen Gründungen überleben. Dennoch leisten nicht nur die Überlebenden, sondern oft auch die Gescheiterten einen Beitrag zum Fortschritt – Letztere, indem sie durch ihr Scheitern Nachfolgenden helfen den Weg zu finden, wie man eine Innovation erfolgreich umsetzt. Aus diesem Fortschritt können dann neue Wirtschaftszweige, wie beispielsweise die IT-Branche, entstehen oder alte Produkte und Verfahrensweisen durch neue ersetzt werden.

> *Exkurs* Die Diskussion um Fortschritt ist allerdings zwiegespalten. Wie bei der Biotechnologie bestehen vielfach Zweifel, ob Fortschritt immer zum Wohle der Menschheit ist. Schreiten wir voran, wenn wir den alten herkömmlichen Mais durch gentechnisch veränderten Mais ersetzen? Hat die Einführung arbeitsteiliger Produktionsabläufe durch die Industrialisierung den Menschen von seiner Arbeit entfremdet? Diese Fragen sind Teil der Diskussion um den Fortschritt. Allerdings sind sie überwiegend ethisch begründet. Ohne das zu vernachlässigen, geht es bei der Innovationsfunktion aber vielmehr um die ökonomische Wirkung des Fortschritts und weniger um die berechtigte Frage, ob neue Produkte oder Verfahren gut oder schlecht sind.

Ohne Innovation droht oft das unternehmerische Aus.

In Folge des Wettbewerbs und globaler Märkte können Kunden in aller Welt aus einem großen Sortiment unterschiedlicher Produkte auswählen. Dabei liegt es nahe, dass jeder Kunde möglichst viel Produkt *(ob Kamera oder Auto)* für sein Geld möchte. Andererseits liegt es ebenso nahe, dass jeder Hersteller möglichst viele Produkte verkaufen möchte. Um das zu erreichen, muss das Produkt billiger oder attraktiver sein als andere. Letzteres ist aber nur möglich, wenn das Produkt besser ist oder mehr kann. Der Hersteller ist also gezwungen, günstiger zu produzieren oder zu innovieren und dem Produkt neue Features hinzuzufügen, wie beispielsweise mehr Megabits bei Digitalkameras.

Da nun alle Hersteller diesem Innovationsdruck unterliegen, wird derjenige, der dem nicht standhält, den Markt über kurz oder lang verlassen müssen. Denn nur sehr wenige möchten beispielsweise eine alte

Software kaufen, auch wenn sie günstiger ist. Verlässt das Unternehmen den Markt, gehen damit aber Arbeitsplätze und Steuereinnahmen verloren.

Neben der Fähigkeit, günstig zu produzieren, sind die Innovationsfähigkeit und die Fähigkeit, Innovationen marktfähig umzusetzen, deshalb zentrale Faktoren für den Erhalt eines bestimmten Status quo und für Wachstum. Gerade für Länder, in denen nicht günstig produziert werden kann, sind diese Fähigkeiten vermutlich noch wichtiger als für andere.

Neue Produkte und Branchen bergen die Chance auf Wachstum.

Da wir zuvor nicht wissen, welche Innovation vom Markt angenommen wird oder aus welcher sich gegebenenfalls eine neue Branche entwickelt, können wir uns nicht ausschließlich auf die Innovationen etablierter Unternehmen verlassen. Einerseits nicht, weil längst nicht alle etablierten Unternehmen innovieren, und andererseits nicht, weil sie es oft vorziehen, im eigenen Produktbereich zu bleiben, was nicht selten auch sinnvoll ist. Die „Brücke" zu gänzlich Neuem, wie die Informationstechnologie Mitte der 80er, die Biotechnologie in den 90er Jahren des letzten Jahrhunderts oder die Nanotechnologie, bilden regelmäßig neue Entrepreneure als innovative Gründer.

Es sind Menschen, die eine Chance erkennen, an sich und den Erfolg des Neuen glauben und bereit sind, das Risiko des Scheiterns auf sich zu nehmen. Ihnen verdanken wir unter anderem das Automobil, Flugzeuge oder den Computer. Allerdings leisten auch etablierte Entrepreneure einen nicht minder wichtigen Beitrag, indem sie meist in ihrem Bereich innovieren, ihre Produkte verbessern und damit Standorte erhalten oder Branchen ausbauen.

Zusammengefasst erfüllen damit Entrepreneure, ob in etablierten Unternehmen oder als innovative Gründer, eine zentrale Innovationsfunktion.

1.2.2 Die Wachstumsfunktion

Die Wachstumsfunktion ist eng mit der Innovationsfunktion verbunden. Das liegt einfach daran, dass Wachstum ein Ergebnis wirtschaftlichen Erfolgs ist und dieser Erfolg ist langfristig nur zu erzielen, wenn die Produkte auch langfristig wettbewerbsfähig bleiben. Das sind sie aufgrund ihres Preises oder ihrer darüber hinaus gehenden Attraktivität. Für den Preis sind unter anderem die Produktionskosten ausschlaggebend. Für die über den Preis gehende Attraktivität sind es Qualität, Design *(oder Leistung und Service bei einer Dienstleistung)* und Stand der Technik, was sich wiederum aus der Innovation ergibt.

Aber Entrepreneure erfüllen nicht nur über den Umweg der Innovation oder ihrer Umsetzung eine Wachstumsfunktion. Der Umstand, dass Menschen in den unterschiedlichsten Bereichen das Risiko auf sich nehmen, Unternehmen zu gründen und zu leiten, führt zu vielen Unternehmen. Vordergründig klingt das banal. Allerdings sind es die Unternehmen, die Produkte und damit einen Mehrwert schaffen, und genau daraus besteht nun einmal Wachstum.

Das kann man sich recht einfach vorstellen. Nehmen wir den Stuhl. Jemand fällt Bäume, die jemand anders dann zu Stühlen verarbeitet. Erster Mehrwert. Er verkauft aber wenig, weil er schwer erreichbar ist, und die Kunden ärgern sich über den Umstand. Also gründet jemand anderes ein Geschäft in der Stadt, in dem er die Stühle verkauft. Die Kunden können die Stühle jetzt sehen und direkt mitnehmen. Zweiter Mehrwert. Der Stuhlhersteller kann jetzt mehr Stühle verkaufen. Dritter Mehrwert. Aber, nicht alle möchten auf den gleichen Stühlen sitzen. Also entschließt sich ein Dritter neue Designs für die Stühle zu entwerfen. Vierter Mehrwert und so weiter.

> **Wachstum entsteht durch Mehrwert.**

Keiner der Beteiligten tut das, um Wachstum für alle zu schaffen, sondern vielmehr aus eigenen Motiven. Indem sie das tun und als Entrepreneure einen Mehrwert schaffen, begründen sie aber in entscheidender Weise das Wachstum einer Volkswirtschaft.

1.2.3 Die Beschäftigungsfunktion

Die Beschäftigungsfunktion ist eine Art Nebenfolge des Entrepreneurships. Das liegt daran, dass Arbeitsplätze einerseits durch neue und wachsende Unternehmen geschaffen werden, während sie andererseits durch schrumpfende und geschlossene Unternehmen vernichtet werden. Die Gesamtbeschäftigung, ob als Zahl oder als Anteil der Erwerbsfähigen ausgedrückt, die Arbeitsplätze haben, ist das Ergebnis dieses kontinuierlichen Prozesses. Im Rahmen dieses Prozesses kommt Gründungen eine besondere Bedeutung zu. Denn anders als bereits etablierte Untenehmen können Gründungen zunächst nur Arbeitsplätze schaffen, auch wenn es möglicherweise lediglich der des neuen Entrepreneurs ist. *Abbildung 1.1* gibt den Anteil der durch Gründungen neu geschaffenen Arbeitsplätze für den Zeitraum 1985 bis 2001 für Deutschland wieder.

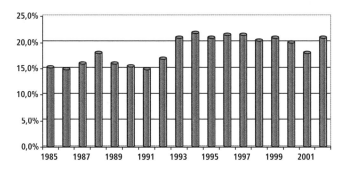

Quelle: IBA / MittelstandsMonitor 2004

Abbildung 1.1: Anteil durch Gründungen neu geschaffener sozialversicherungspflichtiger Arbeitsplätze in Deutschland (West), 1985 – 2001

Wie *Abbildung 1.1* zeigt, schwankt der Beitrag der Gründungen zu den neu geschaffenen Arbeitsplätzen zwischen 15% und 22%. Den übrigen Beitrag leisten etablierte Unternehmen, von denen manche ihre Beschäftigung aber auch abbauen.

Exkurs In diesem Zusammenhang galt die Aufmerksamkeit der Politik lange Zeit primär den Großunternehmen[6]. Das liegt daran, dass sich rund ein Drittel aller bestehenden Arbeitsplätze in Großunternehmen befinden, während diese Unternehmen selbst nur etwa 0,2% aller Unternehmen ausmachen.

Aus diesem Grund wurde die Beschäftigungsfunktion lange Zeit eher mit Großunternehmen als mit Entrepreneuren verbunden. Die internationale Mobilität dieser Unternehmen und deren Bestreben, die Produkte nah am Kunden herzustellen, führen aber immer wieder zur Verlagerung von Produktionsstätten. Das wiederum gefährdet regelmäßig viele Arbeitsplätze in den betroffenen Regionen. Gleichzeitig führen der internationale Wettbewerb und die „kreative Zerstörung" des Alten zu einem stetigen und gelegentlich beschleunigten Wandel vieler Branchen. Infolgedessen verändern sich Arbeitsprozesse und damit Arbeitsplätze, was wiederum dazu führt, dass sich ganze Branchen verändern oder gar gefährdet werden. Ein Beispiel ist die Lebensmittelindustrie, die sich aufgrund neuer Lebensgewohnheiten, neuer Produktionstechniken und dem Aufkommen von Fertigprodukten in den vergangenen 20 Jahren nachhaltig verändert hat.

> Beschäftigung wurde lange überwiegend mit Großunternehmen verbunden.

Die Beschäftigungsfunktion neuer Entrepreneure wird auch mit dem Umstand in Zusammenhang gebracht, dass Gründungen häufig in neuen oder wachsenden Branchen erfolgen. Das heißt, sie erfolgen vor dem Hintergrund aktueller Rahmenbedingungen und nutzen häufig die Chancen, die sich aus entstandenen Versorgungslücken oder neuen Technologien ergeben. Sofern sie Mitarbeiter dafür benötigen, führt das zu einem „flexiblen" Zugang neuer Arbeitsplätze. Dabei ist das Wort „flexibel" so gemeint, dass die neu geschaffenen Arbeitsplätze in der Regel den veränderten Rahmenbedingungen entsprechen, was trotz des stetigen Wandels bei vielen Arbeitsplätzen nicht immer der Fall ist.

> Vor allem Gründer sichern einen flexiblen Zugang an neuen Arbeitsplätzen.

„Flexibel" ist allerdings auch in regionaler Hinsicht zu verstehen. Denn anders als Großunternehmen, die sich in der Regel mit vielen Beschäftigten auf bestimmte Standorte beschränken, schaffen neue Entrepreneure Arbeitsplätze im ganzen Land.

1.2.4 Die Erneuerung der Unternehmenspopulation

In jeder Volkswirtschaft gibt es eine bestimmte Anzahl an Unternehmen. Diese Unternehmenspopulation weist einige Gemeinsamkeiten mit der Bevölkerung eines Landes auf. So können wir, wie bei der Bevölkerung auch, ein Durchschnittsalter feststellen. Die Hauptgemeinsamkeit besteht allerdings darin, dass die Unternehmenspopulation, zu welcher Zeit auch immer, ebenfalls das Ergebnis von Geburt und Tod ist. Es ist der Unternehmensbestand plus Zugänge minus Abgänge.

---

6. ohne Landwirtschaft und öffentlichen Dienst

Ohne Gründungen nimmt der Unternehmensbestand ab.

Jedes Jahr nimmt der Unternehmensbestand durch Schließungen und Insolvenzen ab. Diese natürliche Sterberate ergibt sich daraus, dass es ungeachtet der konjunkturellen Lage immer Fälle von Schließungen mangels Nachfolger oder Insolvenzen mangels Erfolg gibt. Gäbe es keinen Zugang an neuen Unternehmen, in der Regel durch Gründungen, hätten wir dadurch jedes Jahr weniger Unternehmen, weniger Wachstum und weniger Arbeitsplätze.

Die großen Unternehmen können diesen Abgang nicht ausgleichen, auch dann nicht, wenn sie wachsen, denn ihr Wachstum ist selten nur auf ein Land begrenzt, sondern verteilt sich auf mehrere Länder. Abgesehen davon führen Schließungen und die damit einhergehende Arbeitslosigkeit zu einer verringerten Nachfrage, worunter große wie kleine Unternehmen leiden, und was nicht selten zu weiteren Schließungen führt.

Mit ihren Gründungen gleichen neue Entrepreneure den Abgang durch Schließungen und Insolvenzen also aus und erneuern somit die Unternehmenspopulation. Allerdings erfolgt dieser Ausgleich zunächst nur rein rechnerisch, das heißt ein Unternehmen geht und ein neues Unternehmen kommt. Er führt aber nicht zwingend auch zu einem Ausgleich im Hinblick auf Wachstum und Beschäftigung. Denn die Abgänge könnten mehr Beschäftigung und Mehrwert beigetragen haben, als die Zugänge es zu Beginn können. Unter sonst gleichen Bedingungen entscheidet daher das diesbezügliche Verhältnis zwischen Zugängen und Abgängen, ob der Status quo erhalten oder gar Wachstum erzielt wird.

Gründungen gleichen den Abgang aus.

Deshalb werden die Unternehmenszugänge und -abgänge auch regelmäßig erfasst. Die Regierungen hoffen dabei stets, deutlich mehr Zugänge als Abgänge feststellen zu können; denn die *Kontinuität* unseres Wohlstands und Wachstums hängt entscheidend davon ab, dass ausreichend viele Menschen das Risiko auf sich nehmen, ein Unternehmen zu gründen und Entrepreneur zu werden.

1.3   Das gesellschaftliche Image des Entrepreneurship

Das Image des Entrepreneurship ist diffus.

Das gesellschaftliche Image des Entrepreneurs wird durch dessen Bild in der Gesellschaft geprägt. Wie wir aus Abschnitt 1 wissen, ist die Vorstellung des Entrepreneurship jedoch etwas diffus. So unterscheidet allein die deutsche Sprache zwischen vier Begriffen, die jeweils Aspekten des Entrepreneurship entsprechen und damit dessen gesellschaftliche Rolle und Bedeutung zum Ausdruck bringen. Dabei unterscheiden wir zwischen:

- der Selbständige
- der Unternehmer
- der Freiberufler
- der „Entrepreneur"

1.3.1 Der Selbständige

Das Bild des Selbständigen ist nicht unmittelbar mit einer bestimmten Branche, dafür aber mit einer diffus bestimmten Größe verbunden. Es könnte ein Einzelhändler, Dienstleister oder Handwerker sein, aber vermutlich nichts besonders Großes und nichts, womit man wirklich reich wird. Im öffentlichen Verständnis sind Selbständige Menschen, die *ständig* auf sich *selbst* gestellt sind. Niemand, weder der Staat noch ein Unternehmen, bietet ihnen die Sicherheit eines Einkommens. Deshalb wird mit ihnen in der Regel Risiko, Sorge und viel Arbeit verbunden, allesamt wenig attraktive Attribute. Wer interessiert sich für ein solches Leben? Häufig werden damit oft Menschen assoziiert, denen sich keine andere Karrieremöglichkeit erschloss.

Als Anfang der 90er Jahre die drohende Arbeitslosigkeit unter angehenden Akademikern in Frankreich zunahm und der damalige Premierminister, Eduard Balladur, die Selbstständigkeit als alternativen Lebensweg vorschlug, wurde er ausgebuht und mit Tomaten beworfen. Selbständigkeit galt nicht als erstrebenswert, selbst nicht unter jungen Menschen. Wer gut ist und erfolgreich studiert, tut das, um einen gut bezahlten Job beim Staat oder einem Großunternehmen zu bekommen, und nicht, um eine kleine Firma zu gründen.

> Selbständigkeit heißt mangelnde Sicherheit und Mitarbeit; das ist nicht für alle erstrebenswert.

Das liegt daran, dass Erfolg sich eben nicht nur durch Wohlstand und Reichtum ausdrückt. Es drückt sich auch durch Sozialprestige aus und das ist für Mediziner, Top-Manager oder Professoren oft höher als für Einzelhändler oder Dienstleister.

1.3.2 Der Unternehmer

Das Verständnis des Unternehmers wurde bereits in Abschnitt 1.1 diskutiert. In der öffentlichen Wahrnehmung sind Unternehmer arriviert, es sind keine Gründer. Mit ihnen werden eher eine aktive Führung, Mitarbeiter und ein produzierendes Unternehmen verbunden. Die Selbständigkeit wird dagegen mehr als eine Form anleitender Mitarbeit verstanden. Auf die Tätigkeit reduziert, ergeben sich daraus zwei extreme Pole, welche die öffentliche Wahrnehmung teilweise erklären: Einerseits *der Selbständige arbeitet mit* und andererseits *der Unternehmer führt*, wodurch auch das diffuse Verständnis von Größe zum Ausdruck kommt. Arbeitet er mit, dann ist das Unternehmen nicht groß, führt er, dann ist es groß genug, um nicht mehr mitarbeiten zu müssen. Das erklärt auch, warum der Begriff „Unternehmer" oft auf Vorstände und Top-Manager ausgeweitet wird.

> Unternehmer führen und sind angeblich finanziell abgesichert; das ist erstrebenswert.

Führung ist im Allgemeinen mit „Chefsein" verbunden, was eher positiv belegt ist. Damit werden Wohlstand und Verantwortung verbunden, was zu Anerkennung und Sozialprestige führt. Chefsein ist deshalb für viele erstrebenswert. Eigentum spielt bei dieser Betrachtung oft eine eher untergeordnete Rolle, obwohl sie die eigentliche Grundlage des Unternehmers ist, Chef zu sein. Eigentum ist allerdings mit dem Risiko behaftet, alles zu verlieren, und das ist wiederum weniger attraktiv. Allerdings wird etablierten Unternehmern meist unterstellt, über ein Privatvermögen zu verfügen, das auch im Fall unternehmerischen Scheiterns ein Auskommen ermöglicht. Das finanzielle Risiko des etablierten Unternehmers wird deshalb selten auch als existenzielles Risiko aufgefasst.

1.3.3 Der Freiberufler

Freiberufler werden wie Selbständige gesehen, nur mit weniger Risiko und mehr Sozialprestige.

Der Freiberufler hat in der öffentlichen Wahrnehmung mehr mit dem Selbständigen als mit dem Unternehmer gemein. Das liegt vor allem daran, dass er in der Regel selbst mitarbeitet und oft mit seiner Ausbildung den eigentlichen Kern des Angebots darstellt, wie beispielsweise Notare, Ingenieure oder niedergelassene Ärzte.

So wie Selbständige sind sie dabei auch weitgehend auf sich selbst gestellt. Allerdings wird mit ihnen eher viel Arbeit als Risiko und Sorge verbunden, obwohl Letzteres durchaus auch auf sie zutrifft. Einerseits liegt das am Gebietsschutz, durch den das unternehmerische Risiko mancher Berufsstände begrenzt wird; andererseits liegt es an ihrer meist akademischen Ausbildung, mit der, im Falle des Scheiterns, gute oder zumindest bessere Chancen auf dem Arbeitsmarkt verbunden werden.

Der Umstand, dass Freiberufler meist Akademiker sind, bedingt allerdings noch einen weiteren Unterschied zum Selbständigen: Sie genießen in der Regel mehr Anerkennung und ein höheres Sozialprestige.

1.3.4 Der „Entrepreneur"

Der Begriff „Entrepreneur" wird gelegentlich auf innovative Unternehmer reduziert.

Wie wir aus Abschnitt 1.1 wissen, stammt der Begriff „Entrepreneur" ursprünglich aus dem Französischen, ist aber zusammen mit „Entrepreneurship" aus dem Englischen entlehnt. Allerdings weicht das öffentliche Verständnis von Entrepreneur gelegentlich vom angelsächsischen ab. Statt „Unternehmer" im ursprünglich deutschen Wortsinn darunter zu verstehen, werden vielmehr junge innovative Gründer/Unternehmer damit verbunden. Dieses Verständnis beinhaltet also Neues und oft auch die Chance auf großen Erfolg und Reichtum, was für die meisten Menschen durchaus attraktiv ist. Die so genannten Baby-Boomer der 80 Jahre und die Unternehmen des Silicon Valley sind hierfür ein oft zitierter Vergleich.

Anders als bei Selbständigen wird den Unternehmungen so verstandener „Entrepreneure" ein hoher Kapitalbedarf unterstellt. Deshalb wird der Begriff „Entrepreneur" auch häufig mit Risikokapital in Verbindung gebracht. Letzteres bedeutet, dass das finanzielle Risiko zusätzlich auf einen oder mehrere Kapitalgeber verteilt ist. Das erklärt, warum bei dem Begriff „Entrepreneur" der Aspekt des Innovativen und des Mutes in vielen Fällen stärker im Vordergrund steht als das finanzielle Risiko, das er eingeht.

Bei diesen so verstandenen „Entrepreneuren" wird oft angenommen, dass es sich um gut ausgebildete, möglicherweise studierte Menschen handelt und nicht um Studienabbrecher wie es bei den Silicon-Valley-Gründern, allen voran Bill Gates, häufig der Fall war. Das Risiko, das sie eingehen, wird deshalb selten als wirklich existenziell betrachtet. Denn wie bei den Freiberuflern werden auch ihnen aufgrund der angenommenen Ausbildung oft gute Chancen auf dem Arbeitsmarkt unterstellt.

Welches Image hat nun der Entrepreneur im eigentlichen Wortsinn?

Der Versuch, das Image des Entrepreneurs aufgrund dieser unterschiedlichen Vorstellungen zu ermitteln, führt zu einem recht diffusen Bild, welches das Entrepreneurship zumindest teilweise nicht als eine besonders erstrebenswerte Option erscheinen lässt. In *Tabelle 1.1* sind einige Merkmale in etwa so, wie sie der öffentlichen Wahrnehmung entsprechen, zusammengefasst.

Tabelle 1.1

Entrepreneurship-Begriffe und öffentliche Wahrnehmung

Merk-mal	Selb-ständig	Freibe-rufler	Unter-nehmer	innov. „Entre-preneur"	Top-Manager
Viel Arbeit	XXX	XXX	XXX	XXX	XXX
Existen-zielles Risiko	XXX	XX	XX	X	–
Mit-arbeit	XXX	XXX	X	XX	–
Führung	X	XX	XXX	X	XXX
Wohl-stand	XX	XXX	XXX	XX	XXX
Sozial-prestige	X	XXX	XXX	XX	XXX
	XXX = viel	XX = mitttel	X = wenig		

Führung, Wohlstand und Sozialprestige sind allesamt erstrebenswerte Attribute; viel Arbeit, existenzielles Risiko und mitarbeiten müssen dagegen nicht. Gerade bei Selbständigen überwiegen diese drei letzten Attribute. Die Mehrheit aller Entrepreneure im eigentlichen Wortsinn sind aber Selbständige.

Die wenigsten arrivierten Unternehmer haben das Unternehmen geerbt. In den meisten Fällen begannen diejenigen, die heute als Unternehmer gesehen werden, damit, *„sich selbständig zu machen"*. Insbesondere die Gründung, also der klassische Weg zum Entrepreneurship, hat daher mehr mit dem öffentlichen Verständnis der Selbständigkeit gemein als mit dem des Unternehmers.

Daraus erklärt sich auch das in Europa weit verbreitete Image der Selbständigkeit (oder des Entrepreneurships) als Karriere oder Lebensweg der zweiten Wahl, trotz des Beitrags, den diese Entrepreneure leisten.

ZUSAMMENFASSUNG

- Entrepreneurship ist noch nicht allgemeingültig, abschließend und abgrenzend definiert. Trotz vieler Versuche, die Essenz des Entrepreneurships zu erfassen, ist es immer noch ein eher vages Konzept.

- Die Versuche Entrepreneurship zu erfassen reichen von psychologischen und behavioristischen Ansätzen bis hin zu handlungs- und ergebnisorientierten Modellen.

- Die Arbeitsdefinition des Entrepreneurships beruht auf einer Kombination aus bestimmten Eigenschaften, einer bestimmten Handlung und der Bereitschaft, Risiko zu übernehmen.

- Insbesondere die Politik erhofft sich von mehr Entrepreneurship mehr Innovation, Wachstum und Arbeitsplätze.

- Entrepreneurship und insbesondere Gründungen haben eine Innovations-, Wachstums- und Beschäftigungsfunktion und sind die Grundlage der Erneuerung der Unternehmenspopulation.

- Die meisten Innovationen bedürfen eines Entrepreneurs, um sie marktfähig umzusetzen und zugänglich zu machen.

- Etablierte Entrepreneure müssen innovieren und sich Neuem anpassen, um zu überleben.

- Wachstum entsteht durch die Schaffung eines Mehrwertes. Mehrwert entsteht, wenn das Ganze *mehr wert* ist als die Summe der Einzelteile. Entrepreneure schaffen mit ihren Produkten und Dienstleistungen Mehrwert und tragen damit zum Wachstum bei.

- Die wenigen Großunternehmen tragen mit etwa einem Drittel zur Beschäftigung bei, aber der globale Wettbewerb und wirtschaftlicher Wandel gefährden diese Arbeitsplätze immer wieder. Entrepreneure und vor allen Gründer haben kleinere Unternehmen. Sie können sich neuen Gegebenheiten schneller anpassen und ermöglichen damit einen flexiblen Zugang an neuen Arbeitsplätzen.

- Die Unternehmenspopulation ist das Ergebnis aus Unternehmensbestand plus Unternehmenszugänge minus Unternehmensabgänge. Ungeachtet der konjunkturellen Lage sind die Abgänge Folge einer natürlichen Sterberate. Ohne neue Entrepreneure und Gründungen nähme die Unternehmenspopulation daher ab.

- Das gesellschaftliche Image des Entrepreneurship ist diffus und unterscheidet sich je nachdem, ob es sich um Selbstständige, Unternehmer, Freiberufler und als innovative Gründer/Unternehmer aufgefasste „Entrepreneure" handelt.

- Beinahe alle Entrepreneure müssen klein anfangen und beginnen damit, *„sich selbständig zu machen"*.

- Mit der Selbständigkeit werden eher weniger attraktive Attribute, wie mangelnde Sicherheit, Risiko oder viel Arbeit, verbunden als positive. Die Selbständigkeit wird deshalb oft als Karriere der zweiten Wahl aufgefasst.

ZUSAMMENFASSUNG

Fragen zur Diskussion

■ Ersetzt der Begriff „Entrepreneurship" den deutschen Begriff „Unternehmertum" und falls dem so ist, ist das wirklich nötig und sinnvoll?

■ Gibt es Menschen, die Ihrer Ansicht nach eher Entrepreneur werden könnten als andere und falls ja, was kennzeichnet sie?

■ Warum kann Entrepreneurship auch als Lebenskonzept aufgefasst werden?

■ Warum sind für Wissenschaftler wie von Thünen und von Mangold Risiko, Gewinn und Kontrolle wesentliche Merkmale des Entrepreneurs?

■ Warum steht im Zentrum des Schumpeter'schen Ansatzes die kreative Zerstörung und wer qualifiziert sich danach als Entrepreneur?

■ Wie würden Sie Entrepreneurship beschreiben?

■ Sind innovative Gründer wirklich innovativ oder sind es nur Menschen mit dem Mut, eine Innovation zu vermarkten?

■ Wie erfüllen Entrepreneure eine Innovationsfunktion und vor allem warum?

■ Wie tragen Entrepreneure zum Wachstum bei und warum ist gerade deren Beitrag so wichtig?

■ Was wären die Folgen, immer weniger oder keine neuen Entrepreneure zu haben?

■ Warum ist das gesellschaftliche Bild des Entrepreneurship trotz der vielen Begriffe, die dafür verwandt werden, diffus?

Weiterführende Literatur

Aldrich, H., Baker, T., Blindes by the Cites? Has there been Progress in Entrepreneurship Research?, in: Sexton, D., Smilor, R., (Hrsg.), Entrepreneurship 2000, Chicago, 1997

Audretsch, D.B., Fritsch, M., Creative Destruction: Turbulence and Economic Growth, in Helmstädter, E., Perlman, M., (Hrsg.), Behavioural Norms, Technological Progress and Economic Dynamics: Studies in Schumpeterian Economics, S. 137 – 150, Ann Arbor, 1996

Bridge, S., et al., Understanding Enterprise, Entrepreneurship and Small Business, Houndmills, New York, 2003

Carree, M., et al, Economic Development and Business Ownership: An Analysis Using Data of 23 OECD Countries in the Period 1976 – 1996, in: Small Business Economics, 19/3, S. 271 – 290, 2002

Europäische Kommission, Green Paper Entrepreneurship in Europe, COM (2003) 27 final, Brüssel, 2003

Fritsch, M., Niese, M., Entwicklung und sektorale Struktur von Gründungen und Stilllegungen in Deutschland seit 1983, in Fritsch, M., Grotz, R. (Hrsg.), Empirische Analyse des Gründungsgeschehens in Deutschland, Heidelberg, 2003

Herbert, R.F., Link, A.N., In Search of the Meaning of Entrepreneurship, in: Small Business Economics, 1/1, S. 39 – 49, 1989

Hillis, D., Stumbling into Brilliance, in: Harvard Business Review, S. 152, August, 2002

Hunsdiek, D., Beschäftigungspolitische Wirkungen von Unternehmensgründungen und -aufgaben, Berlin 1985

Knight, F.H., Risk, Uncertainty and Profit, New York, 1921

Lumpkin, G.T., Erdogan, B., If not entrepreneurship, can psychological characteristics predict entrepreneurial orientation? – A Pilot Study, US Association for Small Business and Entrepreneurship, Conference Proceedings, Annual National Conference 1999

McClelland, D.C., Koestner, R., The achievement motive, in: Smith, Ch.P. (Hrsg.), Motivation and Personality: Handbook of Thematic Content Analysis, S. 143 – 152, New York, 1992

Schumpeter, J. A. Theorie der wirtschaftlichen Entwicklung. Eine Untersuchung über Unternehmergewinn, Kapital, Kredit, Zins und den Konjunkturzyklus, Berlin, 1911

Schumpeter, J.A., Capitalism, Socialism and Democracy, 3. Aufl., New York, 1950 (insb. Kapitel VII)

Stevenson, H.H., et. al., The Heart of Entrepreneurship, in: Harvard Business Review, S. 85–94, März/April 1985

Stel, A.J. van, Carree, M.A., Thurik, A.R., The effect of entrepreneurship on national economic growth: an analysis using the GEM database, Diskussionspapier, GEM-Konferenz, Berlin, 2004

Thurik, A.R., Entrepreneurship, Industrial Transformation and Growth, in: Liebcap, G. (Hrsg.), The Sources of Entrepreneurial Activity, S. 29 – 66, Stamford, 1999

Weißhuhn, G., Wichmann, Th., Beschäftigungseffekte von Unternehmensgründungen, Kurzfassung einer Studie im Auftrag des Bundesministeriums für Wirtschaft und Technologie (Berlecon Research GmbH), Berlin, 2000

Der Entrepreneur

2

ÜBERBLICK

▌▌ *Nun da wir die zentrale Bedeutung des Entrepreneurs für die Gesellschaft und besonders für die Volkswirtschaft kennen und wissen, wie Entrepreneure von der Gesellschaft gesehen werden, sollten wir uns stärker auf die eigentliche Person des Entrepreneurs konzentrieren.*

Sobald man die Person des Entrepreneurs betrachtet, stellen sich regelmäßig viele Fragen, die im Grunde alle dem Versuch dienen, ein Profil des Entrepreneurs zu bilden. Unglücklicherweise ergeben sich dabei zwischen den europäischen Staaten und mehr noch zwischen den unterschiedlichen Wirtschaftsregionen der Welt erhebliche Unterschiede. Auf den ersten Blick mag das frustrierend erscheinen. Bei genauerer Betrachtung spiegelt es jedoch den Umstand wider, dass Entrepreneurship eben auch ein Lebenskonzept ist, das von vielen Faktoren beeinflusst wird.

Wer ist also der Entrepreneur? Beeinflussen bestimmte soziologische Merkmale wie Alter, Bildungsstand oder Geschlecht die Wahrscheinlichkeit, ein Entrepreneur zu werden? Oder sind es bestimmte Lebenslagen und Motive, die dazu führen, ein Unternehmen zu gründen? Welche Gemeinsamkeiten und Unterschiede bestehen eigentlich? Liegen vielleicht in den vorgenannten Merkmalen die Ursachen für die nationalen Unterschiede und beeinflussen sie die Chancen und den Erfolg eines Entrepreneurs?

In diesem Kapitel werden wir uns mit all diesen Fragen und den Antworten darauf befassen. ▌▌

2.1 Die Person

Ausgehend davon, dass man nicht als Entrepreneur geboren wird, kann die Frage *Wer ist der Entrepreneur?* nur beantwortet werden, wenn wir zuvor der Frage *Wer wird Entrepreneur?* nachgehen. Was sind das für Menschen und haben sie besondere Gemeinsamkeiten? Wenn man seine nähere Umgebung mit offenen Augen betrachtet, fallen einem viele Menschen auf, die auf die eine oder andere Art unternehmerisch tätig sind. Da ist die Änderungsschneiderin, der Dachdecker oder ein Freund der Familie mit eigener Firma. Es sind Frauen und Männer unterschiedlichen Alters und Bildungsstands mit abweichenden Lebenswegen. Viele waren, bevor sie Entrepreneur wurden, abhängig beschäftigt, manche gründeten gleich nach der Ausbildung oder dem Studium. Es sind diese vielschichtigen Unterschiede, die es dem Forscher so schwer machen, *dem* Entrepreneur *ein* Profil zu geben.

Trotz dieser Heterogenität lassen sich aber mithilfe von Merkmalen wie Alter, Bildungsstand oder Geschlecht für die Neuen Entrepreneure (also solche, die gerade gegründet haben oder gründen wollen) Gemeinsamkeiten erkennen.

Eines lässt sich bereits jetzt feststellen: Es sind Menschen, die das Risiko ihrer unternehmerischen Entscheidungen selber tragen, d.h. deren alltägliches Handeln daher auch immer einen in die Zukunft gerichteten Blick beinhalten muss.

In Deutschland sind das derzeit rund 5,2% der 18- bis 64-Jährigen, die gerade erst oder bereits Entrepreneure sind, und etwa 3,5% planen, ein Unternehmen zu gründen.

2.1.1 Das Alter – Wie alt sind die Neuen Entrepreneure?

Um das Alter der Neuen Entrepreneure einzugrenzen, müssen wir uns zunächst auf einige Sachverhalte, die vordergründig nicht mit dem Alter zusammenhängen, konzentrieren.

Entrepreneurship ist ein Full-Time-Job ohne Einkommensgarantie. Die Entscheidung, ein Unternehmen zu gründen, bedeutet daher immer auch, das, was man bisher gemacht hat oder hätte machen können, aufzugeben. Konkret mag das bedeuten, die in Aussicht stehende Stelle oder den sicheren Job ganz oder teilweise gegen das Risiko, vielleicht kein oder sehr wenig Einkommen zu haben, einzutauschen.

Genau darin liegt aber für viele Menschen mit zunehmendem Alter das Problem. Sie haben sich mittlerweile etwas aufgebaut, Karriere gemacht und tragen vielleicht auch Verantwortung für eine Familie.

Da ist z.B. ein 40-Jähriger, der mittlerweile Abteilungsleiter geworden ist, eine feste Urlaubsregelung hat und ein gutes Einkommen bezieht. Er weiß, für wie viel Arbeitszeit er welches Einkommen bezieht. Würde er nun gründen, hätte er mit Sicherheit sehr viel Arbeit, er wüsste aber nicht genau, wie viel er damit verdient. Warum sollte er also gründen? Wenn wir uns zunächst nur auf das Einkommen beschränken, ist die Antwort recht einfach: weil er hofft, als Entrepreneur mehr zu verdienen als bisher.

Wie finden wir eine „Altersgrenze"?

Nehmen wir an, unser Abteilungsleiter hätte bisher 50.000 € im Jahr verdient, dann würde er durch die Selbständigkeit dieses sichere Einkommen aufgeben. Nun bedeutet, etwas zugunsten einer anderen Option aufzugeben, im Grunde, einen Preis dafür zu bezahlen. Wir nennen das, was er aufgibt, deshalb Opportunitätskosten. In unserem Fall lägen die Opportunitätskosten daher zunächst bei 50.000 €. Somit wäre für unseren Abteilungsleiter ein Gründungsprojekt nur dann interessant, wenn er damit mehr als 50.000 € im Jahr verdienen könnte, also das erwartete Einkommen höher als die Opportunitätskosten wäre.

Jede Entscheidung hat Opportunitätskosten.

Angenommen, das Projekt verspricht ihm, tatsächlich mehr als 50.000 € zu verdienen, dann hätte er aber immer noch ein Problem. Das Unternehmen zu gründen bedeutet nämlich auch, das Unternehmerrisiko zu übernehmen: Er trägt das Risiko, falls die Dinge schlecht laufen sollten, das bisher Erreichte (Ersparnisse, Haus etc.) ganz oder teilweise zu verlieren.

Vor diesem Hintergrund würde unser Abteilungsleiter neben der Aussicht, mehr als 50.000 € zu verdienen, zusätzlich noch eine Prämie dafür, dass er das Unternehmerrisiko trägt, erwarten. Wie hoch diese erwartete Risikoprämie ausfällt, hängt davon ab, wie hoch das persönliche Risiko und das, was man verlieren könnte, eingeschätzt wird.

Wer Risiko trägt verdient eine Risikoprämie.

Wie hilft uns das jetzt, das durchschnittliche Alter Neuer Entrepreneure einzugrenzen und zu erklären? Der Zusammenhang ist relativ einfach. Mit steigendem Alter erzielen die Menschen in der Regel auch ein höheres Einkommen und bauen ein Vermögen auf.

Das bedeutet für uns, dass mit steigendem Alter die Opportunitätskosten, also das was man aufgibt, und das möglicherweise riskierte Vermögen zunehmen.

Damit nimmt aber auch das von einem Gründungsprojekt erwartete Einkommen und meist auch die Risikoprämie mit steigendem Alter zu.

Nun sind aber Unternehmensgründungen zu Beginn manchmal mit keinem und in den ersten vier Jahren oft nur mit einem geringen Einkommen für die Gründer verbunden. Deshalb werden im Hinblick auf das Einkommen Unternehmensgründungen mit steigendem Alter zunehmend unattraktiv.

Diese einfache Erkenntnis erklärt warum es im Bezug auf Neue Entrepreneure eine obere Altersgrenze gibt, ab der die Wahrscheinlichkeit zu gründen abnimmt. Sie liegt in Deutschland – wie auch im Rest Europas – bei etwa 34 Jahren. In Europa markiert dieses Alter somit einen Punkt, ab dem sich Entrepreneurship für die Menschen immer weniger lohnt.

Obere Altersgrenze 34 Jahre

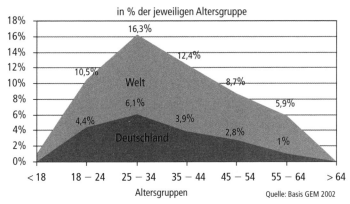

Abbildung 2.1: Alter der Neuen Entrepreneure nach Altersgruppen Deutschland und weltweiter Durchschnitt

Aber was ist mit der durchschnittlichen unteren Altersgrenze? Gerade für junge Menschen ist der Wunsch, etwas Eigenes aufzubauen, oft sehr früh sehr drängend. Hinzukommt, dass sie ihre Karriere noch nicht angefangen haben oder noch nicht weit oben auf der Karriereleiter stehen und daher geringe Opportunitätskosten haben.

Das Problem liegt hier in den Anforderungen, die eine Unternehmensgründung an den oder die Gründer stellt. Neben einem Mindestmaß an bestimmten Kenntnissen bedarf es dazu unter anderem auch an Kapital. Viele junge Menschen haben aber noch nicht die Gelegenheit und Zeit gehabt, entsprechendes Kapital zu bilden, sodass ungeachtet ihrer Kenntnisse und Fähigkeiten das Vorhaben wegen mangelnden Kapitals gar nicht erst begonnen wird.

Keine Gründung ohne Fähigkeiten und Kapital

Die Kenntnisse und Fähigkeiten sind das andere Problem. Der Versuch, das Kapital bei der Elterngeneration oder einer Bank zu borgen, beinhaltet meist eine gründliche Prüfung u.a. auch der entsprechenden Kenntnisse und Fähigkeiten, was oftmals wiederum zum Scheitern des Vorhabens führt.

Diese Umstände erklären die durchschnittliche untere Altersgrenze. Sie liegt in Deutschland und Österreich – wie im Rest Europas – bei rund 24 Jahren. Dieses Alter markiert einen Punkt, unter dem die Menschen im Allgemeinen das nötige Wissen und die Mittel, um ein Unternehmen zu gründen, noch nicht erworben haben.

> **Untere Altersgrenze 24 Jahre**

Damit können wir die *Abbildung 2.1* in drei Bereiche einteilen. Der Bereich bis 24 markiert eine Periode, in der die Menschen vielleicht gründen wollen, aber viele *noch nicht können*. Die Periode von 25 bis 34 gibt das Lebensalter wieder, in dem viele gründen *könnten, wenn sie wollten*. Deshalb liegt in dieser Altersgruppe auch die höchste Wahrscheinlichkeit zu gründen. Auch wenn immerhin 12,4% der Neuen Entrepreneure zwischen 35 und 44 Jahre alt sind, nimmt die Gründungswahrscheinlichkeit ab 35 stetig ab. Die folgenden Altersgruppen spiegeln deshalb das Lebensalter wider, ab dem die Menschen in der Regel *eher nicht mehr gründen wollen*.

Somit wissen wir jetzt, dass die Neuen Entrepreneure in der Regel zwischen 25 und 34 Jahre alt sind.

2.1.2 Die Bildung – Welchen Bildungsstand haben die Entrepreneure?

Wenn man den Bildungsstand der Entrepreneure untersucht, muss man berücksichtigen, dass sich die Bildung nicht gleichmäßig über die Bevölkerung verteilt. So ist der Anteil der Hochschulabsolventen an der Bevölkerung mit 5,4% vergleichsweise klein und beträgt nur einen Bruchteil derjenigen, die über einen Hauptschulabschluss verfügen. Neben der eher selten genutzten Möglichkeit zu studieren bieten sich vielfältige andere Bildungswege an, wie die, eine Fachschule zu besuchen oder eine Lehre zu absolvieren; hierfür wird oftmals kein Abitur benötigt. Kombiniert man die verschiedenen Möglichkeiten, so entsteht eine verwirrende Vielfalt unterschiedlicher Bildungsstände, die wir alle in der Bevölkerung wiederfinden.

Genau aus dieser Bevölkerung rekrutieren sich aber die Entrepreneure. Ihren allgemeinen oder typischen Bildungsstand einzugrenzen, zwingt uns deshalb zu einigen Vereinfachungen.

Hierfür müssen zunächst zwei grundlegende Sachverhalte festgehalten werden:

1. Eine Gründung erfordert zumindest das Selbstvertrauen, ein gewisses Maß an komplexen Sachverhalten bewältigen zu können.

2. Eine Gründung in einem ganz bestimmten Bereich erfordert auch ein gewisses Maß an Wissen über den Bereich.

> **Eine Gründung erfordert Zutrauen und Wissen.**

Im Grunde müssen wir also nur schauen, welcher Bildungsstand ein ausreichendes Maß an Selbstvertrauen und Wissen begründet, um sich selbständig und sicher in dem angestrebten Bereich der Gründung zu bewegen. Je nachdem, in welchem Bereich man gründen möchte, mögen dann ganz unterschiedliche Bildungsstände völlig ausreichen, um das nötige Wissen und Selbstvertrauen dafür zu haben.

So hat ein promovierter Biologe sicherlich viel von dem, was er für seine Biotech-Gründung benötigt, durch sein Hochschulstudium erworben. Dagegen wird eine Friseurin eine Lehre und einen Meisterbrief benötigen, um ihren Betrieb zu eröffnen. Der eine braucht also keine Lehre und die andere kein Studium.

Es gibt primäre und sekundäre Bildung.

Für unsere Zwecke lässt sich das Bildungssystem damit in zwei Bereiche einteilen: einen primären Bereich, der bis zur 10. Klasse reicht, und einen sekundären, der alles, was danach kommt, beinhaltet, also Abitur, Lehre oder Studium.

Mit Hilfe dieser sehr vereinfachten Einteilung lässt sich der Bildungsstand der Entrepreneure leicht feststellen: Die überwiegende Mehrheit der Entrepreneure in Deutschland, der Schweiz und Österreich verfügt über eine sekundäre Ausbildung. In der Regel ist das eine Lehre. Das zeigt uns auch *Abbildung 2.2*. Hierfür wurden alle Entrepreneure zusammengefasst und dann nach ihrem Bildungsstand sortiert.

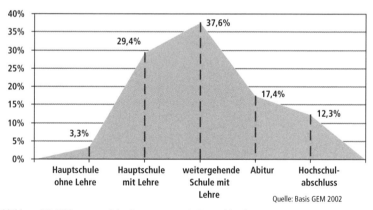

Quelle: Basis GEM 2002

Abbildung 2.2: Bildungsstand der Entrepreneure in Deutschland

Für die Mehrheit ist die sekundäre Bildung eine Lehre.

Das bedeutet aber nicht, dass die Mehrheit der Unternehmen Handwerksunternehmen sind. Lehrberufe finden sich in beinahe allen Wirtschaftsbereichen und bieten damit ein weites Feld professioneller Vorbereitung.

Nun mag man annehmen, dass der Grund für den geringen Anteil an Hochschulabsolventen unter den Entrepreneuren an deren höheren Opportunitätskosten liegt. Schließlich verdienen Hochschulabsolventen in der Regel mehr als die übrige Bevölkerung. Tatsächlich ist der Grund für ihren geringen Anteil aber sehr einfach: Entrepreneure rekrutieren sich aus der Gesamtbevölkerung und davon verfügen beinahe 95% eben nicht über ein abgeschlossenes Hochschulstudium.

Trotz ihres geringeren Anteils und im Allgemeinen höherer Opportunitätskosten neigen Hochschulabsolventen aber eher dazu, Entrepreneure zu werden, als Menschen mit einem anderen Bildungsstand. Das ist so, weil sie aufgrund ihres Studiums meist über ein größeres Selbstvertrauen und über ein spezialisiertes und somit weniger weit verbreitetes Wissen verfügen.

Uns ist jetzt bekannt, dass Selbstvertrauen und Wissen zwei wichtige Voraussetzungen sind, um Entrepreneur zu werden. Es bedarf aber noch zwei weiterer Voraussetzungen, um ein Unternehmen zu gründen:

1. Eine Gründung erfordert die Gelegenheit dazu.

2. Eine Gründung erfordert die nötigen Mittel dazu.

Dass es der nötigen Mittel bedarf, um ein Unternehmen zu gründen, ist offensichtlich. Wir wollen uns deshalb auf die Voraussetzung „Gelegenheit" konzentrieren.

Eine Gründung erfordert auch Gelegenheit und Mittel.

Was hat nun der Aspekt der Gelegenheit mit dem Bildungsstand der Entrepreneure zu tun? Die kurze Antwort ist: „Viel" – aber schauen wir uns an, warum.

Es gibt vermutlich zu jeder beliebigen Zeit Millionen Gelegenheiten, aus denen sich ein Unternehmen gründen ließe. Das Problem ist nur, dass die meisten von uns diese Gelegenheiten oft erst dann erkennen, wenn sie jemand anderer bereits genutzt hat. Das Problem ist also nicht der Mangel an Gelegenheiten, sondern die Fähigkeit, Gelegenheiten zur richtigen Zeit zu erkennen. Genau dafür ist die Bildung wichtig.

Wenn wir uns die verschiedenen Bildungsstände als Aussichtspunkte vorstellen, dann könnte ein Hochschulabsolvent sicher deutlich weiter blicken als, sagen wir, jemand mit einem Hauptschulabschluss. Die Person könnte das, was sie sieht, besser strukturieren und würde zudem auch über spezialisiertes Wissen verfügen. Sie könnte also besser und weiter sehen. Oder anders gesagt, sie könnte mehr Gelegenheiten erkennen, und dies auch früher.

Der Gebildetere erkennt mehr Gelegenheiten ...

Aus diesem Grund hat der Bildungsstand einen großen Einfluss auf die Wahrscheinlichkeit zu gründen. Tatsächlich ist es so, dass, wenn wir die Bevölkerung nach ihrem Bildungsstand in Gruppen aufteilen würden, die Wahrscheinlichkeit, Entrepreneur zu werden, mit steigendem Bildungsstand zunähme.

... und wird eher gründen.

Genau das zeigt uns auch *Abbildung 2.3*. Anders als in *Abbildung 2.2* wird in *Abbildung 2.3* zunächst die Bevölkerung nach Bildungsstand sortiert und dann auf den Anteil an Entrepreneuren in den jeweiligen Bildungsgruppen untersucht.

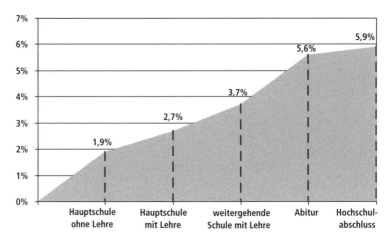

Abbildung 2.3: Anteil der Entrepreneure nach Bildungsstand in Deutschland

2.1.3 Das Geschlecht – Sind die Entrepreneure eher männlich oder weiblich?

Drei Gründe, warum Frauen seltener gründen.

Wie man vermuten wird, ist die überwiegende Mehrheit der Entrepreneure männlich. In Deutschland beträgt das Verhältnis zwischen Männern und Frauen unter den Entrepreneuren etwas mehr als zwei. Das bedeutet: Etwas mehr als doppelt so viele Männer wie Frauen sind Entrepreneure.

Warum ist das so? Allgemein gesehen können wir hierfür drei Hauptgründe ausmachen. Der erste Grund mag sehr offensichtlich erscheinen. Erinnern wir uns, dass die Gründungswahrscheinlichkeit bis zum Alter von 34 Jahren am höchsten ist. Diese Periode markiert aber die Zeit, in der viele Frauen Kinder haben wollen und sich auch der Erziehung ihrer Sprösslinge in den ersten Jahren widmen möchten. Nun wissen wir, dass Entrepreneurship ein Full-Time-Job ist. Aus diesem Grund kommt für viele Frauen – auch wenn sie über das Selbstvertrauen, das Wissen, die Gelegenheit und die Mittel verfügen – eine Gründung erst einmal nicht in Frage.

Mutterschaft

Der zweite Grund baut zum Teil hierauf auf. Da viele Frauen auch Mütter sind, hat die Gesellschaft ihnen eine ganz bestimmte Rolle zugewiesen. Es wird von ihnen erwartet, dass sie – was auch immer sie sonst tun – sich um die Familie kümmern und, falls nötig, zugunsten ihres Lebenspartners zurückstecken. Das macht es für Männer einfacher, ein Unternehmen zu gründen, während es für Frauen, die dieser Erwartung nicht widersprechen wollen, schwieriger wird. Für viele Frauen ist Entrepreneurship auch deshalb keine Option.

Gesellschaftliche Erwartungen

Der dritte Grund ist weit weniger offensichtlich. Soziologen haben festgestellt, dass Frauen im Gegensatz zu Männern in vielen Dingen vorsichtiger sind. Das gilt auch für ihre Bereitschaft, Risiken einzugehen. Nun wissen wir (aus 2.1), dass die Entscheidung, ein Unternehmen zu gründen, neben den Opportunitätskosten auch von der Beurteilung des Risikos abhängt. Aufgrund ihrer größeren Vorsicht neigen Frauen aber dazu, ein und dasselbe Risiko anders – und zwar oft höher – einzuschätzen, als Männer es tun.

Vorsicht

Das führt zu folgendem Unterschied: Frauen sind bei der Wahl und Umsetzung ihres Gründungsprojekts weitaus vorsichtiger. So würden im Gegensatz zu Männern, Frauen bei ein und demselben Gründungsprojekt eher dazu neigen, das Projekt nicht zu realisieren. Auch deshalb werden sie seltener als Männer Entrepreneure.

Lebenspläne, die Rollenerwartung und die größere Vorsicht der Frauen führen aber auch dazu, dass sie als Entrepreneure bestimmte Wirtschaftsbereiche stärker bevorzugen als Männer. Das zeigt uns auch *Abbildung 2.4.* So sind von 100 Gründern im Dienstleistungsbereich mehr als die Hälfte (52,1%) Frauen.

Um das zu verstehen, müssen wir wissen, dass das im Durchschnitt benötigte Kapital für eine Gründung im Dienstleistungs- und Einzelhandelsbereich mit am geringsten ist. Das liegt daran, dass für Gründungen in diesen Bereichen in der Regel keine teuren Produktionsanlagen oder Neubauten erforderlich sind und vor allem zu Beginn wenig Personal benötigt wird.

Der andere Bereich, in dem wir viele weibliche Entrepreneure finden, ist deshalb der Einzelhandel.

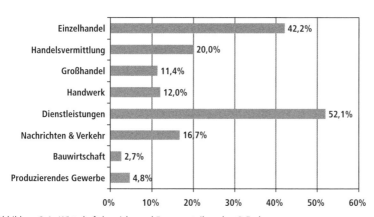

Abbildung 2.4: Wirtschaftsbereiche und Frauenanteil an den Gründungen

2.2 Warum werden Menschen Entrepreneure?

Die Gründe dafür, Entrepreneur zu werden, sind vielschichtig. Um die Frage, warum Menschen Entrepreneure werden, zu beantworten, müssen wir daher die Motive derer, die gründen oder bereits gegründet haben, genauer betrachten.

Nehmen wir beispielsweise die junge Programmiererin mit einer marktfähigen Idee. Sie gründet, weil sie ihre Idee realisieren will. Ihr Motiv ist also, dass sie ihre Idee umsetzten und damit ihr Einkommen erzielen möchte.

Auf der anderen Seite finden wir aber auch den Arbeitslosen, der sich bisher vergeblich um einen Job bemüht hat. Wenn er gründet, geht es ihm primär darum, aus der Arbeitslosigkeit zu kommen und ein Einkommen zu erzielen. Beide starten somit aus zwei sehr unterschiedlichen Lebenslagen, und genau diese Lebenslagen beeinflussen ihre Motive. Die Programmiererin gründet, weil sie will, und der Arbeitslose gründet, weil er keine andere Wahl hat.

Damit können wir die Entrepreneure in zwei Gruppen einteilen in:

1. solche, die freiwillig (weil sie es wollten) Entrepreneur wurden, und

2. solche, die unfreiwillig (weil sie keine vernünftige andere Wahl hatten) Entrepreneur wurden.

> Es gibt „freiwillige" und „unfreiwillige" Gründungen.

Wie verhalten sich diese beiden Gruppen zueinander? Im heutigen Europa und besonders in Deutschland, der Schweiz und Österreich würde man annehmen, viel mehr „freiwillige" als „unfreiwillige" Gründungen vorzufinden. Wie uns *Abbildung 2.5* zeigt, ist das auch der Fall.

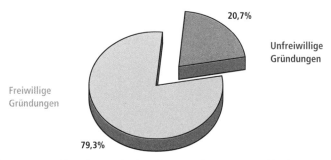

Abbildung 2.5: Anteil freiwilliger und unfreiwilliger Gründungen in Deutschland

2.2.1 Die freiwilligen Entrepreneure

In Deutschland kommen auf eine unfreiwillige rund vier freiwillige Gründungen. *Was also motiviert die freiwilligen Gründer?* Der Aspekt, Ideen verwirklichen zu wollen, spielt eine große Rolle. Er ist aber bei weitem nicht der einzige Grund. Daneben geht es den Entrepreneuren auch um Unabhängigkeit, Eigenverantwortung und schließlich auch um Einkommensmotive.

Wie uns *Abbildung 2.6* zeigt, ist das Einkommensmotiv – anders als oft geglaubt – bei weitem nicht das Hauptmotiv freiwilliger Entrepreneure. Es ist vielmehr der Wunsch nach Unabhängigkeit, Selbstverwirklichung und die Möglichkeit, eigene Ideen zu verwirklichen, die die meisten Menschen zu Entrepreneuren werden lässt.

Abbildung 2.6 beruht auf Mehrfachnennungen, d.h. die hierfür befragten Entrepreneure konnten mehrere Motive für ihre Gründung angeben.

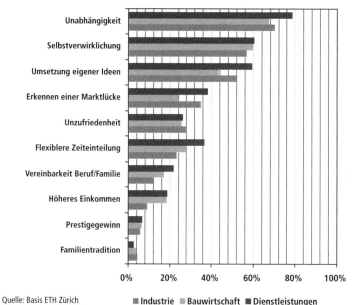

Quelle: Basis ETH Zürich ■ Industrie ■ Bauwirtschaft ■ Dienstleistungen

Abbildung 2.6: Motive freiwilliger Entrepreneure (Mehrfachnennungen)

Wie *Abbildung 2.6* zeigt, unterscheiden sich die Gründungsmotive, auch in ihrem Verhältnis zueinander, in den einzelnen Wirtschaftsbereichen nicht wesentlich. Wir können also nicht sagen, dass eine Gründung in einem bestimmten Wirtschaftsbereich auf eine ganz andere oder eine ganz bestimmte Motivation schließen lässt.

> Unabhängigkeit und Selbstverwirklichung sind die stärksten Motive der freiwilligen Entrepreneure.

Neben den individuellen Motivationen wird die Entscheidung zu gründen allerdings auch durch das Umfeld beeinflusst. So stellen wir beispielsweise regelmäßig fest, dass die Entscheidung, Entrepreneur zu werden, Gründern, deren Vater und/oder Mutter Entrepreneure sind, in der Regel viel leichter fällt. Das liegt daran, dass die Eltern auch Rollenvorbilder sind. Gründer, deren Eltern bereits Entrepreneure sind, haben deshalb seltener den Eindruck, mit ihrer Gründung etwas Außergewöhnliches zu tun.

Abgesehen von dem Wunsch nach Unabhängigkeit und Selbstverwirklichung beeinflussen allerdings auch die sozioökonomischen und kulturellen Rahmenbedingungen die Entscheidung für oder gegen eine Gründung. Mit dem Einfluss dieser Rahmenbedingungen werden wir uns beim internationalen Vergleich in Abschnitt 2.3 genauer befassen.

2.2.2 Die unfreiwilligen Entrepreneure

In Europa ist das Hauptmotiv der unfreiwilligen Entrepreneure die Arbeitslosigkeit beziehungsweise drohende Arbeitslosigkeit. Davon sind aber bei weitem nicht alle in gleichem Maße betroffen. In den hochindustrialisierten Ländern ist der Bildungsstand ein entscheidendes Kriterium dafür, einen Arbeitsplatz zu bekommen. Deshalb ist die Arbeitslosigkeit unter den Menschen mit einem unterdurchschnittlichen Bildungsstand in der Regel auch höher.

> In Europa ist die (drohende) Arbeitslosigkeit das Hauptmotiv der unfreiwilligen Entrepreneure.

Wie wir aufgrund von Abschnitt 2.1.2 vermuten können, sind diese Menschen benachteiligt, wenn es darum geht, Entrepreneur zu werden. Deshalb entscheiden sich in fast allen europäischen Ländern nur sehr wenige Arbeitslose dazu, ein Unternehmen zu gründen. Diejenigen, die es doch tun, haben meistens einen höheren Bildungsstand.

Es gibt aber noch andere Gesellschaftsgruppen, die – oft ungeachtet ihres Bildungsstands – mehr Schwierigkeiten als andere haben, einen Arbeitsplatz zu bekommen. Das sind ethnische Minoritäten. Hier ist es häufig so, dass es für sie umso schwerer ist, einen Arbeitsplatz zu finden, je fremder sie wirken. Aus diesem Grund können wir in den meisten europäischen Ländern bei den ethnischen Minoritäten eine höhere Gründungsaktivität feststellen als für die übrige Bevölkerung. Für sie ist Entrepreneurship zuweilen die einzige Möglichkeit, ein Einkommen zu erzielen.

Arbeitslosigkeit ist aber nicht das einzige Motiv unfreiwilliger Entrepreneure. Die Notwendigkeit, ein zusätzliches Einkommen zu erzielen, ist eine weitere Ursache.

In Europa ist das jedoch seltener der Fall. Das liegt daran, dass die durchschnittlichen Gehälter in Europa in der Regel ausreichen, um die Grundbedürfnisse der Arbeitnehmer zu befriedigen. Die meisten Menschen müssen also nicht neben ihrer Arbeit noch eine Firma gründen, um zu überleben. Hinzu kommt, dass in vielen europäischen Ländern die staatlichen Zuwendungen (wie Arbeitslosengeld oder Sozialhilfe) das Überleben sichern.

> In vielen Ländern ist es aber auch die schlichte Not, die oft trotz Einkommen zur unfreiwilligen Gründung führt.

Das ist aber bei weitem nicht in allen Ländern der Welt der Fall. So gibt es zahlreiche Länder – und das sind nicht nur die so genannten Entwicklungsländer –, in denen selbst das Gehalt eines Beamten zuweilen nicht ausreicht, um eine Familie zu ernähren. In diesen Ländern ist neben der Arbeitslosigkeit die schlichte Not oder sagen wir besser die Notwendigkeit, ein ausreichendes Einkommen zu erzielen, das Hauptmotiv der unfreiwilligen Entrepreneure.

Schlichte Not und Arbeitslosigkeit gab es aber auch in Europa. Zuletzt war dies nach dem Zweiten Weltkrieg der Fall. Tatsächlich finden wir heute noch zahlreiche Unternehmen, die damals aus Not und Arbeitslosigkeit gegründet wurden. Eines davon ist die Firma Dr. Rolf Hein & Nachfolger KG, die unter dem Namen ihres Produkts „Pustefix" vielen bekannt ist.

Produkt: Pustefix Fallbeispiel Pustefix – Unfreiwillige Gründung

Firma: Dr. Rolf Hein & Nachfolger KG

Es war 1948, drei Jahre nach dem Zweiten Weltkrieg. In Deutschland herrschte immer noch Hunger und Not. Die meisten Städte und Fabriken waren weitgehend zerstört und das Geld war nichts wert. Es gab kaum Güter und sehr viele Menschen waren arbeitslos. Die Menschen versuchten daher ihr tägliches Überleben durch den Tausch von Zigaretten, die sie von den Besatzern bekamen, oder was sie erübrigen konnten gegen Lebensmittel zu sichern.

So auch Dr. Rolf Hein, er war Chemiker und musste seine Familie ernähren. Er experimentierte deshalb mit Seife, um dann Waschmittel gegen Lebensmittel bei den Bauern im Umland von Tübingen einzutauschen. Bei seinen Experimenten stieß er auf eine Flüssigkeit, die sich hervorragend für Seifenblasen eignet und diese in Regenbogenfarben schimmern lässt. Die Kinder, die fast alle nur wenig Spielzeug hatten, liebten die Seifenblasen und brachten Dr. Hein damit auf eine Idee, von der er sich erhoffte, seine Familie ernähren zu können.

Er füllte die Flüssigkeit gebrauchsfertig in ein Röhrchen und verschloss es mit einem Korken in dem ein gebogener Draht steckte. Das war die Geburtsstunde von Pustefix. Zunächst in Eigenfertigung hergestellt und als Tauschobjekt „vertrieben", wurde Pustefix bald in der ganzen Region und dann in ganz Deutschaland als günstiges Spielzeug verkauft.

Die Dr. Rolf Hein & Nachfolger KG wird mittlerweile von Dr. Hein's Enkel, Frank Hein, in der dritten Generation geführt. Heute vertreibt Frank Hein mit seinen 25 Mitarbeitern Pustefix erfolgreich weltweit.

2.3 Die internationalen Unterschiede und ihre Ursachen

Dass es internationale Unterschiede gibt, haben wir bereits in Abschnitt 2.1.1 gesehen. Dort zeigt uns *Abbildung 2.1*, dass in Deutschland in jeder Altersgruppe die Wahrscheinlichkeit zu gründen deutlich geringer ist als im Weltdurchschnitt.

Ähnlich große Unterschiede finden wir aber auch bei den Geschlechtern, in dem Verhältnis freiwilliger zu unfreiwilligen Entrepreneuren und beim prozentualen Anteil Neuer Entrepreneure (beide Gruppen) an der Bevölkerung, also der Gründungstätigkeit.

Internationale Unterschiede bei den beiden letzten Punkten dürften uns logisch erscheinen. Sofern die Voraussetzungen gegeben sind sollten wir daher folgendermaßen argumentieren können:

1. Wenn Not zu unfreiwilligen Gründungen führt, dann sollte große Not zu mehr unfreiwilligen Gründungen führen, und

2. wenn die Not oder der Bedarf groß ist, sollten neben denen, die aus Not gründen, vermutlich viele auch freiwillig die Gelegenheit ergreifen, den Bedarf zu decken. Dann sollte auch die Gründungsaktivität insgesamt hoch sein.

Tatsächlich werden die internationalen Unterschiede hierdurch aber nur zu einem Teil erklärt. Wir erkennen das besonders deutlich, wenn wir die Gründungsaktivität in vergleichbaren Ländern betrachten. *Abbildung 2.7* auf der folgenden Seite bietet uns darüber einen guten Überblick. Sie zeigt uns, wie viel Prozent der 18- bis 64-Jährigen in den verschiedenen Ländern gerade gegründet haben oder dabei sind es zu tun.

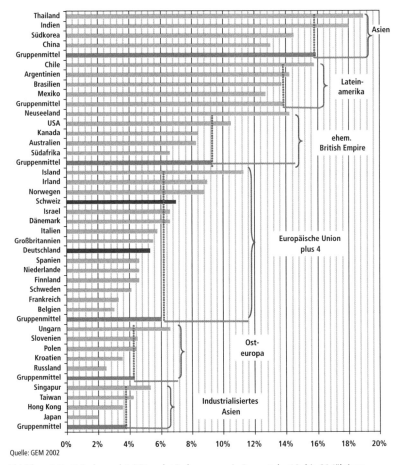

Quelle: GEM 2002

Abbildung 2.7: Gründungsaktivität nach Ländergruppen in Prozent der 18- bis 64-Jährigen

Aufgrund der Argumente 1 und 2 sollten wir annehmen, dass die Gründungsaktivität unter vergleichbaren Ländern auf ähnlichem Niveau liegt. Wie uns *Abbildung 2.7* zeigt, ist das aber nicht der Fall.

Warum ist das so? Bei genauerer Betrachtung finden wir regelmäßig zwei Hauptursachen sowohl für die Unterschiede innerhalb wirtschaftlich vergleichbarer Ländergruppen als auch für die Unterschiede zwischen diesen Ländergruppen. Diese beiden Hauptursachen für das unterschiedliche Gründungsniveau sind einerseits kulturelle und anderseits sozioökonomische Ungleichheiten.

> **Internationale Unterschiede beruhen auf der ökonomischen und kulturellen Unterschiedlichkeit der Länder.**

Unglücklicherweise handelt es sich in den meisten Fällen um ein Zusammenspiel dieser beiden Ursachen. In der Praxis ist es daher oft schwierig, die genauen Ursachen für die Unterschiede zwischen zwei sonst vergleichbaren Ländern zu identifizieren. Um die Ursachen besser zu verstehen, wollen wir die beiden Ursachen deshalb isoliert betrachten.

2.3.1 Die kulturelle Dimension

Die Auswirkungen kultureller Unterschiede werden am deutlichsten, wenn wir zwei im Bereich Entrepreneurship unterschiedliche, aber ökonomisch ähnliche Länder miteinander vergleichen.

Nehmen wir Japan und die Vereinigten Staaten von Amerika. Beide Länder sind Demokratien, sie sind industrialisiert, reich und der Anteil der notleidenden Bevölkerung ist vergleichsweise gering. Der Anteil Neuer Entrepreneure an den 18- bis 64-Jährigen liegt aber in Japan bei 2% während dieser Anteil in den Vereinigten Staaten von Amerika 10,5% beträgt und damit um mehr als das Fünffache höher liegt.

Warum ist das so? Wir wollen an dieser Stelle keine vertiefte und detaillierte Untersuchung der kulturellen Unterscheide zwischen Japan und den Vereinigten Staaten von Amerika durchführen. Um die Frage zu beantworten, reicht es aus, den Einfluss des kulturellen Hintergrunds auf die Entscheidung, Entrepreneur zu werden, zu betrachten.

Erinnern wir uns dazu zunächst an die Motive freiwilliger Entrepreneure (Abschnitt 2.2.1). Bei gegebenen Voraussetzungen sind die beiden Hauptmotive Unabhängigkeit und Selbstverwirklichung. Beide Motive sind zweifellos ein starker Ausdruck des Wunsches nach Individualität. In diesem Fall geht es sogar um Unabhängigkeit, wobei wir natürlich fragen müssen: *„Unabhängig wovon?"*

> **Erinnerung: Die Hauptmotive freiwilliger Entrepreneure sind: Unabhängigkeit und Selbstverwirklichung.**

Entrepreneure wollen und müssen durchaus in und mit der Gesellschaft leben. Ihr Wunsch nach Unabhängigkeit richtet sich auch nicht nach einem Leben als Eremit. Andererseits wollen sie aber auch nicht, dass die Gesellschaft beispielsweise in Form eines Arbeitgebers über ihr Leben bestimmt.

Gesellschaftliche Erwartungen

Wenn wir diesen Sachverhalt in einen kulturellen Kontext setzten, wird der Einfluss kulturell bedingter Erwartungen der Gesellschaft auf die Entscheidung, Entrepreneur zu werden, allmählich deutlich. Schauen wir uns dazu die gesellschaftlichen Erwartungen an, die an den Einzelnen in Japan und in den Vereinigten Staaten von Amerika gestellt werden (verkürzt und vielleicht ein wenig überspitzt).

Die Vereinigten Staaten von Amerika sind ein vergleichsweise junges Einwandererland, in das über Jahrhunderte Millionen Menschen zogen, um ihr Glück zu suchen. Viele Menschen fanden beziehungsweise machten auch ihr Glück und wurden damit Protagonisten des so genannten „American Dream". Dieser Traum ist auch heute das Lebensziel vieler und längst auch fester Bestandteil des US-amerikanischen Selbstverständnisses. Die darauf beruhende gesellschaftliche Erwartung an den Einzelnen ist *der Erfolg*, und ist der Erfolg „selbst gemacht", gewinnt er auch die höchste Anerkennung.

Japan dagegen zählt zu den ältesten und, wenn man die Veränderungen über die Jahrtausende hinweg berücksichtigt, den kontinuierlichsten Nationen der Welt. Ihr erster Kaiser wurde 660 v. Chr. gekrönt. Dieser Kaiserfamilie entstammen alle nachfolgenden Kaiser bis heute. Über vierhundert Jahre, bis zum Ende des Zweiten Weltkriegs, lehrten die Schulen, dass der Kaiser gottgleich war. Zuletzt war der Kaiser von 1868 bis 1946 auch absoluter Monarch, d.h. er hatte die absolute Macht über die Regierung und das Militär. Vor diesem Hintergrund hat sich ein auf Zugehörigkeit und Zusammenhalt beruhendes Selbstverständnis entwickelt. Die darauf beruhende Erwartung an den Einzelnen ist die *Konformität*, und die setzt *Gehorsam* voraus. Führt ein solcher *Gehorsam* zum Erfolg, gewinnt er auch die höchste Anerkennung.

Kommen wir nun zurück zu den Menschen, die nach Unabhängigkeit und Selbstverwirklichung trachten. Beides bedeutet auch, „einen Weg alleine zu gehen". Die Entscheidung für diesen Weg wird in einem kulturellen Kontext, in dem vor allem „selbst gemachter" Erfolg hohe Anerkennung genießt, sicherlich begünstigt. Beruhen die gesellschaftlichen Erwartungen dagegen auf Konformität und Gehorsam, wird die Entscheidung zugunsten der eigenen Unabhängigkeit vermutlich schwerer fallen. In diesem Fall würde eine solche Entscheidung möglicherweise einen gewissen Grad an „kulturellem Ungehorsam" erfordern. Das heißt, die Person des Gründers müsste bereit sein, sich über kulturell bedingte Erwartungen (auch unausgesprochene) hinwegzusetzen.

Damit hätte ein potentieller Gründer in Japan vermutlich mehr – kulturelle – Widerstände zu überwinden, als dies in den Vereinigten Staaten von Amerika der Fall wäre.

Wir können somit festhalten, dass selbst große ökonomische Gemeinsamkeiten nicht zwingend zu vergleichbaren Gründungsraten führen.

Ist das Streben nach Unabhängigkeit und Selbstverwirklichung gesellschaftskonform oder bedarf es dazu „kulturellen Ungehorsams"?

Die Rollenbilder – Frauen und Männer

Die Gründungsraten werden aber auch vom gesellschaftlichen Verhältnis zwischen Mann und Frau beeinflusst. Entrepreneur zu sein bedeutet auch, einen Beitrag zum Einkommen zu leisten und vor allem auch als Führer/in eines Unternehmens in der Öffentlichkeit zu stehen.

Das ist für die Gründungswahrscheinlichkeit bei Frauen – als Pool potentieller Entrepreneure – von großer Bedeutung. Es stellt sich nämlich dadurch die Frage, ob das auf Kultur und Religion beruhende gesellschaftliche Verhältnis von Mann und Frau eine solche Rolle ohne weiteres zulässt.

In vielen europäischen Ländern fällt der Frau hauptsächlich die Rolle der Mutter und Ehefrau zu, die sich vielmehr mit sozialen Belangen beschäftigt. Die Unternehmensführung wird dagegen – besonders bei zunehmender Unternehmensgröße – mehr als Männerdomäne betrachtet.

In Deutschland mussten bis Anfang der 70er Jahre Ehefrauen, wenn sie auch nur einen Job annehmen wollten, das Einverständnis ihres Gatten vorlegen. Gründerinnen – so verheiratet – mussten häufig noch bis Mitte der 80er Jahre ein solches Einverständnis vorlegen, um ein Gründerdarlehen zu erhalten. Eine annähernde „Gleichberechtigung" bestand nur in den ersten Jahren nach dem Krieg, als das Überleben und der Aufbau wichtiger waren als die Einhaltung kulturell bedingter Rollenverteilungen.

Für uns stellt sich somit die Frage, ob die unterschiedlichen Gründungsraten auch daher rühren, dass Frauen sich in unterschiedlichem Umfang am Gründergeschehen beteiligen.

> Besonders in Europa schmälern kulturell bedingte Rollenbilder die Beteiligung der Frauen am Entrepreneurship.

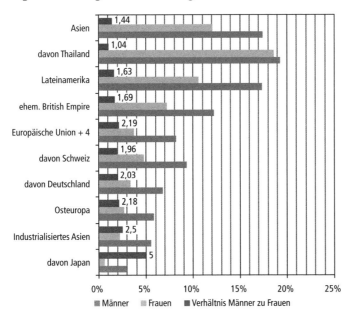

Quelle: GEM 2002

Abbildung 2.8: Gründungsraten nach Geschlecht und Verhältnis

Abbildung 2.8 zeigt uns erhebliche Unterschiede zwischen dem Anteil der Frauen und der Männer, die gründen. So werden in Japan nur etwa 0,6% aller Frauen, aber 3% aller Männer Entrepreneure (das Verhältnis ist 1:5). Damit tragen Frauen in Japan nur wenig zum Gründungsgeschehen bei. Wie wir aus *Abbildung 2.7* wissen, ist in Thailand die Gründungsrate insgesamt höher, und das liegt eben auch daran, dass sich Frauen dort in annähernd dem gleichen Umfang wie Männer (1:1,04) am Gründungsgeschehen beteiligen.

Hohe Gründungsraten und eine hohe weibliche Beteiligung können wir in den meisten schnell wachsenden „Entwicklungsländern" erkennen. Die Ursachen hierfür sind aber nicht immer nur kultureller Natur.

Dennoch zeigen uns die vergleichbaren Wirtschaftsregionen „ehemaliges British Empire" und „Europäischen Union +4", dass auch geringere Unterschiede im Rollenbild die Beteiligung der Frauen am Gründungsgeschehen, und damit an der Gründungsrate insgesamt, beeinflussen.

> Hohe Gründungsraten beruhen meist auf einer hohen Beteiligung der Frauen am Gründungsgeschehen.

2.3.2 Ökonomische Rahmenbedingungen

Dass die ökonomischen Rahmenbedingungen einen Einfluss auf die Gründungsentscheidung der Menschen haben, zeigt uns bereits das Fallbeispiel „Pustefix". Das war jedoch, wie wir wissen, eine aus der Not geborene unfreiwillige Gründung unmittelbar nach dem Zweiten Weltkrieg.

Für die wenigsten Länder ist Krieg der Normalzustand. In den meisten Ländern werden die ökonomischen Rahmenbedingungen überwiegend durch unterschiedlich starke und lange Phasen des Wachstums, der Stagnation und der Rezession beeinflusst. Die Folgen dieser Phasen oder Konjunkturphasen beeinflussen allerdings das Leben der meisten Menschen.

Während einer Rezession sind dies beispielsweise ausbleibende Einkommensverbesserungen, Arbeitslosigkeit oder sinkende Nachfrage, worunter die Unternehmen besonders leiden. Das wiederum führt häufig zu Entlassungen, weshalb die Nachfrage im schlimmsten Fall dann weiter sinkt.

> Die aktuelle Konjunkturphase beeinflusst die Erfolgschancen einer Gründung.

Wachstumsphasen hingegen beeinflussen unser Leben in der Regel mit Einkommenszuwächsen, größeren und besseren Chancen auf dem Arbeitsmarkt und höherer Nachfrage, wovon die Unternehmen besonders profitieren; und das wiederum führt in den meisten Fällen zu neuen Arbeitsplätzen, weshalb die Nachfrage im besten Fall dann weiter zunimmt.

Wie beeinflussen diese Phasen nun die Gründungsentscheidung der Menschen? Wir wissen aus Abschnitt 2.2.2, dass neben der Not auch die Arbeitslosigkeit zu unfreiwilligen Gründungen führt. Darüber hinaus können wir annehmen, dass sich während einer Rezession aufgrund der geringen Nachfrage nur wenige Gelegenheiten für freiwillige Gründer bieten. Insofern könnten wir vermuten, dass während einer solchen Phase die freiwilligen Gründungen zurückgehen, während die unfreiwilligen zunehmen.

Den ersten Teil unserer Vermutung kann man tatsächlich regelmäßig beobachten. Den zweiten Teil jedoch nicht, zumindest nicht in der Europäischen Union + 4 und dem ehemaligen British Empire.

Die Ursache dafür ist vergleichsweise einfach zu erklären. Zum einen bieten diese Wirtschaftsregionen Arbeitslosengelder an und zum anderen verhalten sich auch unfreiwillige Gründer rational. Das heißt, sie gründen in der Regel erst dann, wenn der Tiefpunkt der Rezession überwunden und ein Aufschwung in Sicht ist.

Unfreiwillige Gründungen erfolgen i.d.R. erst wenn ein Aufschwung in Sicht ist.

Während einer Rezession nehmen daher sowohl die freiwilligen als auch die unfreiwilligen Gründungen ab.

Die Hoffnung auf bessere Erfolgschancen während des Aufschwungs erklärt aber nicht allein die Zunahme unfreiwilliger Gründungen (meist Menschen, die aus den unterschiedlichsten Gründen immer noch keine Chance für sich auf dem Arbeitsmarkt erkennen). Bessere Erfolgschancen sind auch das „Startsignal" für die freiwilligen Gründer, die sich – wie wir wissen – an Gelegenheiten orientieren.

Gelegenheiten sind jedoch ein zentrales Merkmal von Wachstumsphasen. Denn: die hohe Nachfrage bietet in der Regel genügend „Raum", um bestehende Geschäftsideen zu kopieren oder neue auszuprobieren. Letzteres gilt besonders für Innovationen, von denen sich immer auch einige nicht behaupten oder schnell von anderen verdrängt werden. Solche „Verdrängungsgründungen" führen wiederum zu Unternehmensschließungen. Das Gesamtbild aus Gründungen und Schließungen wirkt während einer Wachstumsphase deshalb meist turbulent, weshalb in solchen Phasen auch von einer „Gründungsturbulenz" gesprochen wird.

Wachstumsphasen „produzieren" Gelegenheiten, die wenn genutzt, wiederum zu Wachstum führen.

Länder, die sich in einem so genannten „Aufholwachstum" befinden, in denen aber gleichzeitig noch Armut und Not herrscht, weisen deshalb regelmäßig eine besonders hohe Gründungsturbulenz aus, denn hier kommt neben dem Wachstum noch der Aspekt zum Tragen, dass die Einkommen häufig sehr gering sind und zudem kaum oder kein Arbeitslosengeld gezahlt wird.

Wenn wir den „Takt" der Gründungen und Schließungen in solchen Ländern mit dem in Europa verglichen, würde diese Gründungsturbulenz besonders deutlich.

Wir können sie aber auch anhand der Gründungsrate freiwilliger und unfreiwilliger Entrepreneure erkennen.

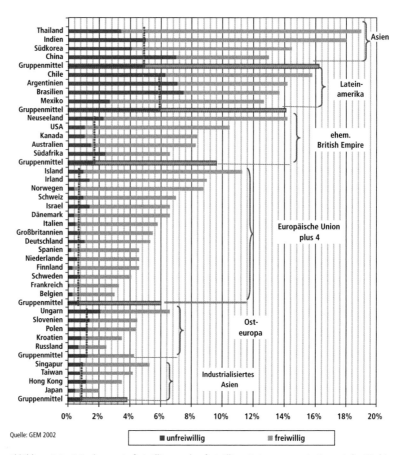

Quelle: GEM 2002

■ unfreiwillig   ■ freiwillig

Abbildung 2.9: Gründungsrate freiwilliger und unfreiwilliger Entrepreneure in Prozent der 18- bis 64-Jährigen

ZUSAMMENFASSUNG

- Neue Entrepreneure weisen kein einheitliches Profil auf.

- Altersgruppen unter 24 Jahren fehlt es häufig an Wissen und den nötigen Mitteln, ein Unternehmen zu gründen. Die Wahrscheinlichkeit, Entrepreneur zu werden, ist in der Altersgruppe 25 bis 34 Jahre am höchsten und nimmt danach deutlich ab.

- Die Entscheidung, Entrepreneur zu werden, ist immer mit materiellen (Einkommen) und immateriellen (Zeit für Freunde und Familie) Opportunitätskosten verbunden.

- Eine Gründung erfordert Selbstvertrauen, Wissen, Gelegenheit und Mittel. Die Mehrheit Neuer Entrepreneure hat ihr Wissen über eine sekundäre Ausbildung, meist in Form einer Lehre, erworben.

- Der Anteil an Hochschulabsolventen an den Neuen Entrepreneuren ist vergleichsweise gering. Dennoch ist die Wahrscheinlichkeit, Entrepreneur zu werden, unter den Hochschulabsolventen am höchsten.

- Wie in ganz Europa beträgt auch in Deutschland, Österreich und der Schweiz das Verhältnis Männer zu Frauen bei den Neuen Entrepreneuren rund 2:1. Die Hauptgründe hierfür sind Mutterschaft, gesellschaftliche Erwartungen an die Frau und die Neigung von Frauen zu größerer Vorsicht.

- Neue Entrepreneure lassen sich in zwei Gruppen einteilen: freiwillige und unfreiwillige Entrepreneure. Die Hauptmotive der freiwilligen Entrepreneure sind Unabhängigkeit und Selbstverwirklichung. Die Hauptmotive der unfreiwilligen Entrepreneure hingegen sind wirtschaftliche Not und Arbeitslosigkeit. In Europa beträgt das Verhältnis freiwilliger zu unfreiwilligen Entrepreneuren etwa 5:1.

- Weltweit bestehen große Unterschiede in der Gründungstätigkeit. Sie reichen bei den 18- bis 64-Jährigen von rund 2% in Japan bis zu etwa 19% in Thailand. Die Ursachen hierfür sind kultureller und ökonomischer Natur.

- Die kulturellen Ursachen liegen in den gesellschaftlichen Erwartungen begründet, die an den Einzelnen gestellt werden. Das Spannungsfeld dieser Erwartungen reicht von gehorsamer Konformität bis zu erfolgreicher Individualität. Die ökonomischen Ursachen beruhen auf Konjunkturphasen und in den so genannten „Entwicklungsländern" auch auf Aufholwachstum.

ZUSAMMENFASSUNG

Fragen zur Diskussion

- Warum weisen Neue Entrepreneure kein einheitliches Profil auf?

- Welcher Anforderungen bedarf es, Entrepreneur zu werden?

- Warum ist die Wahrscheinlichkeit, Entrepreneur zu werden, zwischen 25 und 34 Jahren am höchsten?

- Warum ist die Wahrscheinlichkeit, Entrepreneur zu werden, gerade bei Hochschulabsolventen am höchsten?

- Warum sind die Hauptmotive der freiwilligen Entrepreneure Unabhängigkeit und Selbstverwirklichung?

- Warum gründen im industrialisierten Asien und in Europa deutlich weniger Frauen als im Rest der Welt?

- Warum entscheiden sich in Osteuropa weniger Menschen, Entrepreneur zu werden, als in Lateinamerika?

- Sollten schwer vermittelbare Arbeitslose zur Gründung „bewegt" werden?

- Mit welchen gesellschaftlichen Erwartungen werden potentielle Entrepreneure konfrontiert und wie würde die Gesellschaft auf ihr Versagen reagieren?

- Welchen Einfluss hat die demographische Entwicklung Europas auf die Gründungsaktivität?

Weiterführende Literatur

Acs, Z., et al., Why Does the Self-Employment Rate Vary Across Countries and Over Time?, in: CEPR Discussion Papers, Nr. 871, 1994

Baughn, C.C., Neupert, K.E., Culture and National Conditions Facilitating Entrepreneurial Start-ups, in: Journal of International Entrepreneurship, 1/3, S. 313 – 330, 2003

Bridge, S., et al., Understanding Enterprise, Entrepreneurship and Small Business, Houndmills, New York, 2003

Cowling, M., Taylor, M., Entrepreneurial Women and Men: Two Different Species?, in Small Business Economics, 16/3, S. 167 – 175, 2001

Du Rietz, A., Henrekson, M., Testing the Female Underperformance Hypothesis, in: Small Business Economics, 14/1, S. 1 – 10, 2000

Fallgatter, M.J., Das Handeln von Unternehmern: Einige Überlegungen zum Kern des Entrepreneurship, in: Achleitner, A.-K., et al. (Hrsg.), Jahrbuch Entrepreneurship – Gründungsforschung und Gründungsmanagement 2003/2004, Berlin, Heidelberg, 2004

Klandt, H., Brüning, E., Das Internationale Gründungsklima. Neun Länder im Vergleich ihrer Rahmenbedingungen für Existenz und Unternehmensgründungen, Berlin, 2002

Klandt, H., Gründerpersönlichkeit und Unternehmenserfolg, in: BMWi (Hrsg.), Chancen und Risiken der Existenzgründung, BMWi-Dokumentation Nr. 392, Bonn, 1996

Mukhtar, S.-M., Differences in Male and Female Management Characteristics: A Study of Owner-Manager Businesses, in Small Business Economics, 18/4, S. 289 – 311, 2002

Nobuyuki, H., Productivity and Entrepreneurial Chraracteristics in New Japanese Firms, in Small Business Economics, 23/4, S. 299 – 310, 2004

Petrakis, P.E., Entrepreneurship and Risk Premium, in: Small Business Economics, 23/2, S. 85 – 98, 2004

Picot, G., et al., Rising self-employment in the midst of high unemployment: an empirical analysis of recent developments in Canada, in: Statistics Canada, Nr. 133 (März), 1999

Reynolds, P.D., Who Starts New Firms? Preliminary Explorations of Firms in Gestation, in: Small Business Economics, 9/5, S. 449 – 462, 1997

Reynolds, P.D., et al., Global Entrepreneurship Monitor, Executive Reports, 2000 – 2004 (www.gemconsortium.org)

Ritsila, J., Tervo, H., Effects of Unemployment on New Firm Formation: Micro-Level Panel Data Evidence from Finland, in: Small Business Economics, 19/1, S. 31 – 40, 2002

Storey, D.J., The Birth of New Firms – Does unemployment matter? A review of the Evidence, in: Small Business Economics, 3/3 September, S. 167 – 178, 1991

Uhlander, L.M., Thurik, A.R., Hutjes, J., Post-materialism as a cultural factor influencing entrepreneurial activity across nations, ERIM Report, ERS-2002-62-STR, Erasmus University Rotterdam, 2002

Arten & Formen des Entrepreneurships

3

ÜBERBLICK

> ❚❚   *Wir kennen nun das Alter, den Bildungsstand und die Motive Neuer Entrepreneure und wissen, dass bei weitem nicht alle freiwillig Entrepreneur werden. Auch wissen wir, dass diejenigen, die Entrepreneur werden, je nachdem in welchem Land und Kulturkreis sie leben, auf ein unterschiedliches Maß an Wohlwollen stoßen. Das gilt besonders für Frauen.*
>
> *Dieses Kapitel konzentriert sich nun auf die verschiedenen Möglichkeiten, Entrepreneur zu werden. Die häufigste und bekannteste Art ist die Gründung. Aber gibt es Unterschiede hinsichtlich der Form der Gründung und gibt es außer der Gründung noch andere Arten des Entrepreneurships? Welchen Einfluss hat die eigentliche „Gründungsidee" auf Art oder Form der Gründung?*
>
> *Auf diese Fragen, die für den anschließenden Gründungsprozess entscheidend sind, wollen wir in diesem Kapitel eine Antwort suchen.* ❚❚

3.1   Welche Arten des Entrepreneurship gibt es?

Um die verschiedenen Arten des Entrepreneurship genauer zu untersuchen, müssen wir uns zuvor der Perspektive klar sein, von der wir ausgehen. Wir schauen zunächst auf die Person, die Entrepreneur wird, und erst dann auf das „Vehikel", mit dem sie Entrepreneur wird. Damit kann der Weg zum Entrepreneurship nicht nur mittels einer Gründung, sondern auch über ein bestehendes Unternehmen erfolgen.

Wenn es darum geht, Entrepreneur zu werden, können wir damit zwischen zwei Arten des Entrepreneurship unterscheiden:

> **Es gibt originäre und aufbauende Gründungen.**

1.   originäre Gründung

2.   aufbauende

Der Hauptunterschied zwischen diesen beiden Gründungsarten geht bereits aus der Bezeichnung hervor. Bei der originären Gründung wird ein Unternehmen sozusagen auf der „grünen Wiese" gegründet, also ohne dass zuvor etwas da war. Originäre Gründungen führen deshalb *immer* zur Entstehung eines wirklich neuen Unternehmens.

Dagegen hängt bei aufbauenden Gründungen die Entstehung eines wirklich *neuen* Unternehmens davon ab, worauf aufgebaut wird. Entscheidet sich beispielsweise das Management eines Unternehmens, das Unternehmen als Eigentümer zu übernehmen, entsteht dadurch offensichtlich kein neues Unternehmen. Die Manager und nunmehr Eigentümer werden dadurch aber dennoch zu Entrepreneuren. Sie tragen jetzt das unternehmerische Risiko.

Es muss also kein neues Unternehmen gegründet werden, um Entrepreneur zu werden.

3.1.1 Originäre Gründungen

Die originäre Unternehmensgründung ist der bekannteste und auch häufigste Weg zum Entrepreneurship. Dennoch sind nicht alle originären Gründungen gleich. Bei näherer Betrachtung lassen sie sich in zwei Arten unterteilen:

1. traditionelle Gründungen

2. innovative Gründungen

Traditionelle Gründungen führen zu einem neuen Unternehmen mit einem alten, d.h. am Markt bereits eingeführten, Produkt oder einer bereits bekannten Idee. Bei innovativen Gründungen hingegen sind offensichtlich das Produkt (das auch eine Dienstleistung sein kann) und/oder die Idee neu.

Wenn wir an die vielen Unternehmen denken, mit denen wir im täglichen Leben konfrontiert sind, fällt schnell auf, dass sie mehrheitlich traditionelle Unternehmen sind. Tatsächlich wurde die überwiegende Mehrheit von ihnen auch als traditionelles Unternehmen gegründet. Nur eine Minderheit der Gründungen ist innovativ und ein noch geringerer Anteil der daraus hervorgehenden Unternehmen bleibt innovativ.

In Europa schwankt der Anteil traditioneller Gründungen zwischen 95 und 99 Prozent, womit der Anteil innovativer Gründungen zwischen einem und fünf Prozent liegt.

Diese Schwankung liegt weniger am unterschiedlichen Innovationspotential der Länder als vielmehr am Begriff der „innovativen Gründung". Unglücklicherweise gibt es dafür keine einheitliche Definition. Für viele ist eine Gründung mit einem wirklich neuen Produkt bereits eine innovative Gründung. Dagegen argumentieren andere, dass eine innovative Gründung erst dann vorliegt, wenn zusätzlich zu der Neuheit des Produkts auch eine hohe Wertschöpfungstiefe gegeben ist. Damit ist gemeint, dass das Unternehmen das neue Produkt im Extremfall nicht nur selbst entwickelt, sondern auch weitgehend selbst herstellt.

Ein weiteres Unterscheidungsmerkmal ist der Erklärungsbedarf bei einem Produkt, der bei neuen und mithin unbekannten Produkten naturgemäß hoch ist. Wenn wir diese Unterscheidungsmerkmale zusammenfassen, ergeben sich daraus vier mögliche Fälle[1], die uns helfen, traditionelle und innovative Gründungen besser zu verstehen.

> Bei originären Gründungen können wir zwischen traditionellen und innovativen unterscheiden.

> Innovative Gründungen beruhen auf einem neuen Produkt oder einer neuen Idee – aber was ist mit der Wertschöpfung?

---

1. Es sind nur vier Fälle, weil wir davon ausgehen, dass es für ein neues Produkt immer einen Erklärungsbedarf gibt.

	Traditionelle Gründung		Innovative Gründung	
Fälle	**1**	**2**	**3**	**4**
Neuheit des Produkts	gering	gering	hoch	hoch
Erklärungs-bedarf	gering	gering	hoch	hoch
Wertschöpf-ungstiefe[2]	gering	hoch	gering	hoch

Abbildung 3.1: Traditionelle vs. innovative Gründungen

Innovative Gründungen

Bevor wir uns eingehender mit der innovativen Gründung befassen, muss geklärt werden, ob wir damit lediglich Fall 4 meinen oder auch Fall 3 gelten lassen. *Abbildung 3.1* geht von Letzterem aus und unterscheidet zwei Formen innovativer Gründungen. *Ist also für das Vorliegen einer innovativen Gründung die Wertschöpfungstiefe wirklich entscheidend?*

Für die Gründung eines Unternehmens ist es von großer Bedeutung, ob eine eigene Produktion mitgegründet und daher auch mitfinanziert werden muss oder nicht. Das Gleiche gilt auch für die Entwicklung eines neuen Produkts, das als Umsetzung einer Idee einen einmaligen, aber großen Abschnitt der Wertschöpfung darstellt.

Nun sind neue Produkte in aller Regel auch patentrechtlich geschützt, nicht selten sogar in vielen Ländern. In diesen Ländern kann der Patentinhaber jedem die Herstellung und den Vertrieb seines Produkts untersagen. Umgekehrt besteht allerdings auch die Möglichkeit, ein fremdes Unternehmen mit der Herstellung des Produkts zu beauftragen, um es anschließend selbst zu vertreiben. Ein Patentinhaber kann aber ebenso gut die Herstellung und den Vertrieb gegen Zahlung einer Lizenzgebühr einem oder gleich mehreren Unternehmen überlassen.

Damit muss der Erfinder und Patentinhaber, der einen großen Teil der Wertschöpfung trägt, nicht zwingend auch der Hersteller oder Vertreiber des neuen Produkts sein. Er muss es nicht einmal selbst zu Ende entwickeln. Die Wertschöpfung von der Idee bis zum verkauften Produkt kann sich daher auf verschiedene Unternehmen und Gründungen verteilen.

---

2. Die Wertschöpfungstiefe ist ein Maß dafür, wie weitgehend bei der Herstellung eines Produktes dessen Wert innerhalb eines Unternehmens geschaffen bzw. geschöpft wurde. Eine hohe Wertschöpfungstiefe ist dann gegeben, wenn das Produkt weitgehend oder vielleicht gänzlich von einem Unternehmen hergestellt wird. Eine geringe Wertschöpfungstiefe liegt dann vor, wenn viele Bestandteile von anderen zugekauft oder viele Arbeitsschritte anderen überlassen werden.

Eine solche Arbeitsteilung ändert aber nichts daran, dass ein neues Produkt vorliegt, und zwar mit allen damit verbundenen Chancen und Risiken. Deshalb ist der Grad der Wertschöpfung für die Einordnung als „innovative Gründung" nicht entscheidend – sie zwingt uns aber zu unterscheiden.

> Die Wertschöpfungstiefe ist kein maßgebliches Kriterium, innovative Gründungen haben dennoch Besonderheiten.

Nachdem wir wissen, warum Fall 3 und Fall 4 innovative Gründungen sind, können wir uns ihren Besonderheiten widmen. Gerade weil innovative Gründungen mit neuen Produkten verbunden sind, wird häufig angenommen, sie seien an sich

- forschungsintensiver,
- produktionsintensiver,
- marketingintensiver,
- personalintensiver und
- kostenintensiver als traditionelle Gründungen.

Wie wir nun wissen, treffen diese Besonderheiten nicht auf alle innovativen Gründungen zu. Um das noch besser differenzieren zu können, müssen wir den Prozess von der Innovation bis hin zum Produkt etwas genauer betrachten. In einer vereinfachten Darstellung lässt sich dieser Prozess in vier aufeinander folgende Phasen unterteilen:

1. Idee

2. Produktentwicklung

3. Herstellung

4. Vertrieb

> Der Innovationsprozess von der Idee zum Produkt ist oft arbeitsteilig und jede Phase hat ihre Besonderheit.

Jeder dieser vier Phasen können Besonderheiten zugeordnet werden. Je nachdem in welcher dieser Phasen eine bestimmte innovative Gründung erfolgt, können wir ihre Besonderheit genauer ermitteln.

Phase	Besonderheit
(Grundlagenforschung) / Idee	Kann forschungsintensiv sein Kann personalintensiv sein Kann kostenintensiv sein
Produktentwicklung	Forschungsintensiv Personalintensiv Kostenintensiv
Herstellung	Produktionsintensiv Personalintensiv Kostenintensiv
Vertrieb	Marketingintensiv Personalintensiv Kostenintensiv

Abbildung 3.2: Phasen & Besonderheiten bei neuen Produkten Herstellung – personalintensiv[3]

---

3. „Personalintensiv" bezieht sich hier nicht darauf, *wie* selbst produziert wird (personal- oder kapitalintensiv, z.B. anlagenlastig), sondern, *dass* selbst produziert wird und folglich dafür bei der Gründung Personal eingestellt werden muss.

Die Besonderheiten – und Kosten – einer innovativen Gründung hängen von der Phase oder Stufe im Innovationsprozess ab, in dem sie stattfindet ...

Mit Hilfe der Zuordnungstabelle können wir nun sehr leicht erkennen, dass beispielsweise eine BioTech-Gründung, deren Hauptangebot die Grundlagenforschung und Produktentwicklung ist (die also das fertig entwickelte Produkt per Lizenzvertrag oder Verkauf an einen Hersteller weitergeben möchte), sicherlich forschungs-, personal- und deshalb auch kostenintensiv ist. Sie wird allerdings kaum produktions- oder in großem Maße marketingintensiv sein.

Nun sind alle Phasen in der Zuordnungstabelle kostenintensiv. Für uns ist es aber wichtig zu wissen, *warum* sie kostenintensiv sind. Es geht dabei um die Frage, ob diese vergleichsweise höheren Kosten sich lediglich auf die eigentliche Gründungsperiode eines innovativen Unternehmens beschränken oder sich auch in den Jahren nach der Gründung fortsetzen werden.

Das ist für die Finanzierung (siehe dazu im Detail Kapitel IV) einer innovativen Gründung von entscheidender Bedeutung. Die Frage ist: Wird das Mehr an Kapital nur für die Gründung benötigt, oder wird das Unternehmen dauernd einen hohen Kapitalbedarf haben?

Verglichen mit der Mehrheit der Unternehmen, die aus traditionellen Gründungen hervorgehen, wird unsere BioTech-Gründung wegen der stetigen Produktentwicklung vermutlich auch später als etabliertes Unternehmen kostenintensiver sein.

Auf eine Vertriebsgesellschaft, die das innovative Produkt lediglich vertreibt (Fall 3), trifft das aber nicht unbedingt zu. Wir wissen, dass neue Produkte in der Regel einen hohen Erklärungsbedarf haben. Angefangen mit „Wofür braucht man das?" reichen die Fragen regelmäßig bis hin zu „Ist es gesundheitsschädlich, oder wie bediene ich es überhaupt?"

... weshalb eine innovative Gründung zu einem traditionellen Unternehmen werden kann.

Wenn das innovative Produkt halbwegs erfolgreich ist, werden die meisten Fragen aber mit der Zeit beantwortet sein. Der Erklärungsbedarf ist dann nicht mehr hoch und das Produkt nicht mehr neu. Das bedeutet für unsere Vertriebsgesellschaft, dass sie im Laufe der Zeit von einer Fall-3-Gründung (Abb. 3.1) zu einem Fall-1-Unternehmen wird – also von einer innovativen Gründung zu einem traditionellen Unternehmen.

Traditionelle Gründungen

Traditionelle Gründungen erfolgen häufig in Wirtschaftsbereichen mit einer hohen Versorgungsfunktion ...

Traditionelle Gründungen finden sich in annähernd allen Wirtschaftsbereichen. Die prominentesten Bereiche sind die Gastronomie, die Dienstleistungen, der Handel und das Handwerk. Das liegt nicht etwa daran, dass diese Wirtschaftsbereiche innovationsschwach sind, sondern einfach daran, dass sie in hohem Maße eine Versorgungsfunktion für die Bevölkerung in Dingen des täglichen Lebens erfüllen.

Das Kopieren erfolgreicher Geschäftsideen verspricht deshalb in diesen Bereichen oft mehr Erfolg als in anderen Wirtschaftsbereichen. Darüber hinaus hinterlassen fehlgeschlagene Generationswechsel regelmäßig Versorgungslücken, die nur durch neue Anbieter geschlossen werden können.

Um uns das vorzustellen, brauchen wir nur an den aus Altersgründen geschlossenen Friseursalon in einem Ort mit 5.000 Einwohnern zu denken. Die Einwohner werden bald das Fahren zum nächstgelegenen Friseursalon leid sein und sich sehnlichst einen neuen Friseursalon am Ort wünschen.

Weil innovative Gründungen auf neuen Produkten basieren, könnte man annehmen, dass traditionelle Gründungen auf alten Produkten beruhen. Das ist aber nicht immer der Fall. Das Problem liegt in der Abgrenzung von alten bzw. bekannten zu neuen Produkten und Dienstleistungen. Die Frage ist: *Ab wann ist ein Produkt oder eine Dienstleistung wirklich neu?* Unglücklicherweise können wir diese Frage oft nicht klar beantworten.

Ist ein Hamburger mit Krokodilfleisch ein neues Produkt oder einfach nur eine neue Variante des bereits bekannten Hamburgers? Für den Gründer einer neuen Krokodilburgerkette ist es sicher ein neues Produkt. Für uns wäre das aber wahrscheinlich fraglich. Hamburger sind durchaus bekannt, auch solche mit Hühnerfleisch oder Fisch. Das Gleiche gilt für die technischen Voraussetzungen, um sie herzustellen. Für die Krokodilburger gäbe es daher weder einen besonderen Erklärungsbedarf noch bedürften sie zu entwickelnder technischer Voraussetzungen.

> ... und beruhen auf bekannten Produkten, die durchaus neu oder anders präsentiert werden können.

Obwohl Krokodilburger in gewissem Sinne innovativ wären und vermutlich auch etwas erklärungsbedürftig wären, würden wir die Krokodilburgerkette dennoch nicht als innovative Gründung bezeichnen.

In Anbetracht der Schwierigkeit, wirklich neue von alten Produkten zu unterscheiden, sollten wir deshalb statt von „alten" von „bekannten" Produkten ausgehen. Darin liegt auch das Besondere traditioneller Gründungen. Sie erfolgen auf der Grundlage bekannter Produkte, die eben *keinen* hohen Erklärungsbedarf mehr haben.

Allerdings sagt die Bekanntheit eines Produkts nichts über die Wertschöpfungstiefe einer traditionellen Gründung oder eines Unternehmens aus. Folglich finden wir bei traditionellen Gründungen sowohl welche mit einer geringen als auch solche mit einer hohen Wertschöpfungstiefe (Fall 1 und 2 in Abb. 3.1).

> Auch traditionelle Gründungen können mit einer hohen Wertschöpfungstiefe verbunden sein.

Gerade Letzteres bedeutet, dass auch traditionelle Gründungen durchaus kostenintensiv sein können. Das ist beispielsweise dann der Fall, wenn eine eigene Produktion bei der Gründung aufgebaut und finanziert werden muss.

Die Notwendigkeit einer eigenen Produktion ist in manchen Wirtschaftsbereichen, wie dem verarbeitenden Gewerbe, offensichtlich stärker ausgeprägt als in anderen, wie den Dienstleistungen. Tatsächlich finden aber seit Jahren nur vergleichsweise wenige Gründungen in den produktionsintensiven Bereichen statt.

Das zeigt uns auch *Abbildung 3.3*. Hierfür wurden die Gewerbeanmeldungen von 1998 bis 2003 auf die einzelnen Wirtschaftsbereiche verteilt. Damit können wir nicht nur erkennen, in welchen Wirtschaftsbereichen besonders viele Gründungen stattgefunden haben, sondern auch, wie sich deren Anteil im Laufe der Zeit entwickelt hat.

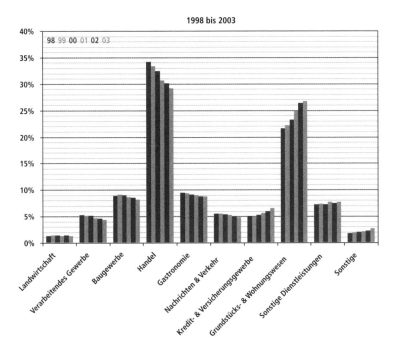

Quelle: Basis IFM-Bonn

Abbildung 3.3: Gewerbeanmeldungen nach Wirtschaftsbereichen 1998 – 2003 in Deutschland

Nun sind Gewerbeanmeldungen nicht immer gleichbedeutend mit einer Gründung. In manchen Fällen verbirgt sich hinter einer Anmeldung nur ein Unternehmensumzug oder schlicht ein Hobby, das keinem Vollerwerb dient. Wenn wir die Gründungen exakt erfassen wollten, müssten wir daher die Gewerbeanmeldungen um diese Fälle bereinigen.[4] Für unsere Zwecke ist diese Bereinigung aber nicht erforderlich.

3.1.2 Aufbauende Gründungen

Da die Mehrheit der Neuen Entrepreneure ihren Schritt in die Selbständigkeit auf der Grundlage einer originären Gründung beabsichtigt, wird Entrepreneurship an sich häufig mit Existenzgründung gleichgesetzt.

Sofern wir uns auf die Person des Entrepreneurs beschränken, ist diese Ansicht auch nicht falsch. Denn der Schritt zum Entrepreneurship beinhaltet, was die Person betrifft, immer auch den Aufbau – oder eben die Gründung – einer eigenen Existenz, und zwar im Sinne einer Lebensgrundlage.

> Entrepreneurship bedeutet nicht immer ein neues Unternehmen zu gründen.

---

4. Erfahrungswerte legen nahe, dass in den Bereichen Handel, Grundstücks- und Wohnungswesen sowie Sonstige Dienstleistungen die tatsächliche Anzahl der Gründungen etwa Dreiviertel der Gewerbeanmeldungen ausmacht.

Genau dieser Aufbau einer Existenz bzw. Lebensgrundlage muss jedoch nicht zwingend durch eine originäre Unternehmensgründung erfolgen. Sie kann ebenso gut durch den Kauf oder eine aktive Beteiligung am Eigentum eines bestehenden Unternehmens erfolgen. Tatsächlich existieren neben einer originären Gründung vielfältige andere Arten des Entrepreneurships, die alle spezifische Besonderheiten aufweisen.

Aus der Sicht des werdenden Entrepreneurs sind die unterschiedlichen Arten der aufbauenden Gründung:

1. Erben

2. Kauf eines bestehenden Unternehmens

3. so genannte Management Buy-Outs (MBOs), also der gemeinschaftliche Erwerb eines bestehenden Unternehmens durch das Management

4. Franchise

Neben dem Erben, das ein Unternehmen im Familienbesitz voraussetzt, ist das Franchising die gängigste Art der aufbauenden Gründung.

Alle vier Arten unterscheiden sich von originären Gründungen. Am augenfälligsten ist das bei der Notwendigkeit, ein Unternehmen aufzubauen, und zum Teil auch bei der so genannten unternehmerischen Freiheit. Mit Letzterem ist die Freiheit gemeint, unter anderem darüber entscheiden zu können was, wie viel und wie angeboten wird.

Beim Franchise kann die Einschränkung dieser Freiheit besonders ausgeprägt sein. Denn der Franchisegründer erwirbt oftmals nur das Recht, im Rahmen eines bestehenden Vertriebssystems die dazugehörigen Produkte an einem bestimmten Standort oder in einer bestimmten Region zu vertreiben. Dabei möchte der Franchisegeber meistens, dass die Franchisenehmer bzw. Franchisegründer überall das gleiche Erscheinungsbild, Angebot und die gleichen Preise haben. Folglich kann der Franchisegeber in dem Fall dem Franchisenehmer nicht gestatten, eigenständig über das Erscheinungsbild, das Produktangebot oder die Preise zu entscheiden.

> Aufbauende Gründungen sind häufig mit einer Einschränkung der unternehmerischen Freiheit verbunden.

In diesen Fällen wäre also die unternehmerische Freiheit des Entrepreneurs bzw. Franchisegründers eingeschränkt.

Einer solchen Einschränkung unterliegt ein Gründer, der ein bestehendes Unternehmen kauft, nicht. Dafür ist der Kauf mit anderen Einschränkungen verbunden.

Wenn wir den Gründer mit einem Gärtner vergleichen, wird der Unterschied zwischen einer originären Gründung und einem Kauf besonders deutlich. Bei einer originären Gründung stehen wir als Gründer vor einer weitgehend unbearbeiteten Parzelle. Es liegt an uns zu entscheiden, was, wovon, wie viel, wo und wie wir anpflanzen wollen. Beim Kauf eines bestehenden Unternehmens hat diese Entscheidung bereits jemand anderer getroffen. Es läge dann an uns zu entscheiden, was wir behalten und was wir ändern oder ergänzen wollen.

Der Erwerber hat also die unternehmerische Freiheit, wird aber beim Auf- und Umbau durch die bestehenden Sturkuren eingeschränkt.

Beim Management Buy-Out verhält es sich im Grunde ähnlich. Der wesentliche Unterschied zum Kauf besteht darin, dass die Erwerber des Unternehmens bis dahin in der Regel leitende Mitarbeiter des Unternehmens waren. Sie kennen daher die bestehenden Strukturen und haben vielleicht sogar selbst dazu beigetragen.

Wenn wir nun das Gesagte zusammenfügen und einerseits die „unternehmerische Freiheit" und anderseits die „Notwendigkeit etwas gänzlich Neues aufzubauen" als Unterscheidungsmerkmal für die unterschiedlichen Arten des Entrepreneurships verwenden, erhalten wir die folgende *Abbildung 3.4*.

Abbildung 3.4: Artendifferenzierung

Kaufen & Management Buy-Out

Auch wenn zu jeder Zeit zahlreiche Unternehmen aus den unterschiedlichsten Gründen zum Verkauf stehen, ist der Kauf durch einen Außenstehenden oder durch das Management (MBO) ein vergleichsweise seltener Weg zum Entrepreneurship.

Das liegt daran, dass diese Art der Unternehmensübernahme mit einer Reihe von Schwierigkeiten und Konfliktpotentialen verbunden ist, die bei originären Gründungen nicht oder zumindest nicht in dieser Form bestehen.

Die wesentlichen Problembereiche sind:

> Unternehmenskauf und MBO sind die seltenste Art aufbauender Gründungen und mit spezifischen Problembereichen verbunden.

1. die Bestimmung eines fairen Preises

2. die Finanzierung der Übernahme

3. die Führung „fremden" (nicht selbst eingestellten) Personals

4. der Umgang mit den bestehenden Kunden und deren Akzeptanz

5. die Umsetzung ggf. vorhandener Veränderungswünsche

Das Ausmaß möglicher Schwierigkeiten innerhalb dieser fünf Bereiche hängt vom Einzelfall ab und unterscheidet sich zwischen Kauf und MBO.

Unternehmenskauf

Angenommen wir interessieren uns für ein bestimmtes Unternehmen, wir haben die Branche untersucht und festgestellt, dass es einen Gewinn erzielt, und möchten es gegebenenfalls kaufen. Dann wird sich uns als Erstes die Frage stellen, ob das Unternehmen auch den geforderten Preis wert ist.

Die erste Größe, die uns dabei hilft, ist der Gewinn, den das Unternehmen macht. Aus diesem können wir einen sehr wichtigen Punkt erkennen: *Ist das Unternehmen mehr, ebenso oder weniger profitabel als andere in der Branche?* Falls es weniger profitabel ist, würden wir mit dem Unternehmen auch Schwierigkeiten einkaufen, für die wir möglicherweise nicht bezahlen wollten. Sind diese Schwierigkeiten nicht bereits im Angebotspreis berücksichtigt, müssten wir diesen daher um einen entsprechenden Betrag mindern.

Nun ist die Profitabilität bzw. Rendite des Unternehmens nichts anderes als ein Zins, den der Entrepreneur mit dem Unternehmen erwirtschaftet. Sie ist das Verhältnis von Gewinn zu Wert aller Bestandteile des Unternehmens. Ähnlich wie bei einem Bauern geht es also um das Verhältnis des Wertes der Ernte zum Wert des Ackers.

Daraus ergibt sich eine weitere Frage. Denn so wie ein guter Bauer auf einem mittelmäßigen Acker eine hohe Ernte erzielen kann, kann auch ein mittelmäßiger Bauer auf einem guten Acker eine hohe Ernte erzielen. Die Frage ist also, wie gut ist der Acker bzw. was sind die Bestandteile des Unternehmens wert?

> Die Ermittlung des Unternehmenswerts ist nicht einfach.

Hürden bei der Bestimmung des „fairen" Preises Obwohl es verschiedene Modelle zur Bestimmung des Unternehmenswerts gibt, erweist sich dessen Erfassung in der Praxis dennoch als schwierig. Selbst Experten ermitteln bei der Bewertung ein und desselben Unternehmens regelmäßig einen unterschiedlichen Unternehmenswert.[5] Der Grund für diese Unterschiede liegt in der unterschiedlichen Bewertbarkeit der einzelnen Bestandteile eines Unternehmens.

In einer sehr vereinfachten Darstellung können wir zwischen dinglichen und nicht dinglichen Werten (dazu zählen auch Außenstände) einerseits und Verbindlichkeiten andererseits unterscheiden. Zu den dinglichen Werten zählen beispielsweise Anlagen, Gebäude oder Warenbestände. Diese Werte werden von der Buchhaltung erfasst und sind dort mit einem Betragswert versehen, den wir als Grundlage unserer Unternehmensbewertung nutzen könnten.

> Wurden Anlagen und Bestände überbewertet?

Tatsächlich sollten wir diese Betragswerte aber zunächst in Frage stellen, denn wir wissen nicht, ob die Buchhaltung diese Werte mit ihrem tatsächlichen Marktwert aufführt oder möglicherweise mit einem höheren. Letzteres würde zwar die Profitabilität (als Verhältniszahl) schmälern, aber den Wert der Unternehmensbestandteile höher erschei-

---

5. Dieser Umstand erschwert die Bestimmung eines angemessenen Preises erheblich. Deshalb müssen sich Käufer und Verkäufer umso mehr auf einen „fairen" Preis verständigen.

nen lassen, als er wirklich ist. Da gibt es beispielsweise den alten Warenbestand. Wird er mit den alten Listenpreisen oder den heute am Markt erzielbaren Preisen geführt? Und was ist die Lagerhalle, die außer der Firma sonst niemand benötigt, wirklich wert?

Noch schwieriger wird die Beurteilung nicht dinglicher Werte. Nehmen wir an, zum Unternehmen gehören noch einige Patente, auf denen die Produktion beruht. Ihr Wert ist sicherlich an die Anzahl verkaufter Produkte gebunden. Für uns hängt ihr Wert aber davon ab, wie viele Produkte wir zukünftig verkaufen können bzw. ob gegebenenfalls Dritte eine Lizenz zur Nutzung der Patente erwerben möchten. Ihr Wert wird somit nicht nur durch die Erlöse, die bisher damit erzielt *wurden*, sondern auch durch die *in Zukunft zu erwartenden Erlöse* bestimmt.

Neben diesen Schwierigkeiten, den Wert eines Unternehmens und damit dessen fairen Preis zu erfassen, bestehen nicht selten auch auf Seiten des oder der Unternehmensverkäufer Erwartungen, die eine Einigung auf einen fairen Preis erschweren. Wenn wir uns an die Motivation der meisten freiwilligen Entrepreneure erinnern, wird deutlich, dass der Verkauf des Unternehmens für den ursprünglichen Gründer auch eine emotionale Komponente hat. Der Aufbau des jetzt zum Verkauf stehenden Unternehmens spiegelt auch einen Teil seines Lebens wider, womit auch häufig viel „Herzblut" verbunden ist. Gerade freiwillige Entrepreneure, die aus Altersgründen verkaufen, erwarten deshalb nicht selten auch eine „Entschädigung" für ihr Herzblut, das sie über die Jahre in das Unternehmen gegeben haben.[6]

> Verlangt der Verkäufer einen Zuschlag für sein über Jahre eingebrachtes „Herzblut"?

Hürden der Finanzierung Ist einmal ein fairer Preis für das Unternehmen bestimmt, auf den sich beide Parteien einigen, steht für den oder die Käufer die Frage der Finanzierung im Raum.

In den seltensten Fällen ist es so, dass der oder die Käufer des Unternehmens den Kaufpreis aus ihren privaten Mitteln aufbringen können. Meistens müssen sie den Kaufpreis – zumindest anteilig – finanzieren und somit ein Darlehen aufnehmen.

Wenn das Unternehmen bisher das Auskommen des Alteigentümers ermöglichte, so muss es jetzt nicht nur das Auskommen der Neueigentümer erwirtschaften, sondern darüber hinaus auch die Bedienung des Darlehens ermöglichen. Das geht aber nur, wenn das Unternehmen profitabel genug ist. Andernfalls müssten die Erwerber ihrer Bank glaubhaft vermitteln, eine entsprechende Profitabilität in absehbarer Zeit zu erreichen. In dem Fall wären die persönlichen Qualitäten und Erfahrungen der Erwerber und die Umsetzbarkeit ihrer Pläne, das Unternehmen ertragreicher zu machen, entscheidend.

---

6. Diese Erwartung wird durch den Umstand verstärkt, dass viele aus Altersgründen verkaufenden Entrepreneure keine oder nur eine geringfügige private Rentenversicherung haben und auch deshalb für ihr „Lebenswerk" einen hohen Preis erzielen möchten.

Die Führung „fremder" Mitarbeiter Wenn es zum Kauf des Unternehmens kommt, wird damit auch die Belegschaft „mitgekauft". Dieser Übergang der Führung ist für die Neueigentümer ebenso kritisch wie für die Belegschaft. Das gilt umso mehr bei kleinen Belegschaften und solchen, die von einem persönlichen Verhältnis zum Alteigentümer gekennzeichnet sind.

Dem Neueigentümer sind die Fähigkeiten der einzelnen Mitarbeiter noch nicht bekannt. Er weiß auch nicht, welche Freiheiten die einzelnen Mitarbeiter bisher genossen. Andererseits weiß die Belegschaft nicht, was sie vom Neueigentümer zu erwarten hat, und wird der allzu menschlichen Versuchung, den neuen Eigentümer mit dem alten zu vergleichen, nicht widerstehen können. Letztlich verbreitet sich besonders bei weniger profitablen Unternehmen auch immer die Sorge Einzelner um ihren Arbeitsplatz.

Da der laufende Betrieb nicht ohne oder gegen die Belegschaft aufrechterhalten werden kann, verlangt gerade diese Phase des Übergangs dem Neueigentümer viel Fingerspitzengefühl ab, damit gesteckte Ziele erreicht werden können.

Die Akzeptanz durch bestehende Kunden Ähnlich wie mit der Belegschaft verhält es sich auch mit den bestehenden Kunden des Unternehmens. Auch sie kennen den neuen Eigentümer nicht. Welche Anforderungen das an den Neueigentümer stellt, hängt jedoch von der Art der Beziehung ab.

Gerade im Bereich des Handwerks und der Dienstleistungen beruhen viele Kundenbeziehungen auf der persönlichen Kompetenz des Unternehmers. Nimmt ein neuer Unternehmer dessen Platz ein, wird von den alten Kunden die bisherige Grundlage der Beziehung in Frage gestellt. Damit ist in solchen Fällen eine Kundeneinführung durch den Alteigentümer unerlässlich, jedoch keine Garantie dafür, dass nicht doch nach einer „Probezeit" Kunden abwandern. Denn die zentrale Frage für die Kunden ist, ob der Neueigentümer Qualität, bisherige Standards und Preise zumindest beibehalten will und kann.

Wenn Kunden abwandern, damit Aufträge verloren gehen und diese nicht zeitnah durch entsprechend neue ersetzt werden können, kann das die Fähigkeit, das Darlehen zu bedienen, durchaus gefährden.

Dieses Risiko wird häufig unterschätzt.

Der Wunsch nach Veränderung Beim Kauf eines Unternehmens handelt es sich in aller Regel um eine Form freiwilligen Entrepreneurships, dass, wie wir wissen, auch auf dem Wunsch nach Selbstverwirklichung beruht. Die Käufer werden das Unternehmen daher zu *ihrem* Unternehmen „umgestalten" wollen, was in der Regel nicht ohne Veränderung möglich ist.

Ob es sich dabei um das Ziel handelt, das Unternehmen profitabler zu machen, zu wachsen oder ganz neue Märkte zu erschließen, ist zunächst unerheblich. Die zentrale Frage ist, ob die dafür nötigen Veränderungen möglich sind, ohne ernsthaften Kundenverlust oder eine „interne Revolte" zu riskieren?

Vor dem Hintergrund der finanziellen Belastung ist es nahe liegend, die Profitabilität möglichst rasch erhöhen zu wollen. Neben der Vereinfachung von Abläufen ist das auch regelmäßig mit Personaleinsparungen verbunden. Das ist für kein Unternehmen einfach. Tatsächlich sind solche Vorhaben besonders schwer zu vermitteln, wenn das Unternehmen bereits profitabel ist und die Belegschaft die neue Unternehmensleitung noch nicht kennt. Gerade Letzteres birgt die Gefahr, dass gerade die besten Mitarbeiter abwandern.

> Der Käufer hat häufig keine Gelegenheit in die Management- und Führungsrolle hineinzuwachsen.

Verglichen mit einer originären Gründung bedeutet der Kauf eines Unternehmens für die neuen Entrepreneure daher, Führungs- und Managementaufgaben übernehmen zu müssen. Dabei haben Sie häufig nicht die Zeit, in die Aufgaben und Führungsrolle hineinwachsen zu können.

Management Buy-Out

Wenn wir uns den Unternehmenskauf durch einen Außenstehenden als einen Sprung in unbekannte Gewässer vorstellen, dann wäre ein MBO im Gegensatz dazu wie schwimmen im hauseigenen Pool. Zwar bestehen grundsätzlich die gleichen Problembereiche, Lösungen zu finden ist aber ungleich einfacher.

Wie uns *Abbildung 3.5* zeigt, haben Manager, die ihr Unternehmen kennen und es kaufen möchten, in allen Problembereichen Vorteile, über die ein externer Käufer nicht verfügt.

Abbildung 3.5: Problembereiche beim Management Buy-Out (MBO)

> Kaufende Manager haben den Vorteil das Unternehmen, die Mitarbeiter und die Kunden zu kennen.

Die Vorteile bedeuten aber nicht, dass ein MBO für die beteiligten Manager ohne Schwierigkeiten ist. Sie kennen zwar die einzelnen Bestandteile des Unternehmens und ihren Wert, müssen aber den Unternehmenskauf in der Regel auch finanzieren. Ihr Vorteil ist, dass externe Geldgeber oder Banken ihren Plänen, das Unternehmen weiter zu führen, meist mehr Vertrauen schenken. Schließlich kennen sie als Manager die Stärken und Schwächen des Unternehmens, das Personal, die Kunden und die Branche.

Je größer das Unternehmen ist, desto mehr Manager umfasst in der Regel das MBO-Team. Das liegt unter anderem daran, dass mit steigender Unternehmensgröße in der Regel auch der Preis für das Unternehmen steigt. Ein hoher Preis bedeutet aber auch, dass entsprechend mehr Eigenkapital für den Kauf nötig ist. Aus diesem Grund besteht das MBO-Team schon bei Unternehmen ab 20 Mitarbeitern nicht selten aus drei oder mehr Managern.

Die Notwendigkeit, das benötigte Eigenkapital aufzubringen, birgt jedoch auch die Gefahr, dass weniger die entsprechenden Fähigkeiten einzelner Manager als vielmehr deren verfügbares Privatvermögen zum primären Kriterium für eine Mitgliedschaft im MBO-Team werden kann.

Teamkonflikte über Ziele und Mittel treten bei allen Arten von Team-Gründungen auf. Ihre Lösung wird aber ungleich schwerer, wenn Einzelne hauptsächlich wegen ihres Privatvermögens ins aktive Team aufgenommen wurden.

Eine Alternative dazu, das erforderliche Kapital alleine durch das MBO-Team aufzubringen besteht darin, mit Banken oder Beteiligungsgesellschaften, wie beispielsweise Private Equity Funds, zusammenzuarbeiten. Dabei tritt die Beteiligungsgesellschaft (oder Bank) als Kapitalgeber dem MBO-Team als Miteigentümer bei und steuert das benötigte Kapital zu. Dieses Vorgehen ist gerade bei größeren Unternehmen oft die einzige Möglichkeit, das Unternehmen zu übernehmen. Die Problematik dabei besteht in den unterschiedlichen Interessen des MBO-Teams und des Kapitalgebers. Während es den Managern in der Regel um eine Möglichkeit geht, sich selbstständig zu machen, liegt das primäre Interesse von institutionellen Anlegern in der erzielbaren Rendite. Das kann zu Zielkonflikten zwischen dem MBO-Team und der Beteiligungsgesellschaft führen. Anderseits liegt der Grund für die Beteiligung oft darin, am Erfolg eines durch Eigentum motivierten Managements teilzuhaben.

Fallbeispiel Gardena Gardena ist ein Hersteller von Gartengeräten. Das Unternehmen wurde 1961 von den damals schon erfolgreichen Entrepreneuren Kress und Kastner als Handelsgesellschaft gegründet. Ihre Idee war, als Unternehmen ein breites Sortiment qualitativ hochwertiger Gartengeräte über den Handel anzubieten. Der Fokus auf Qualität und Innovation führte aber schon bald zur Eigenentwicklung und Fertigung von Produkten, die unter der Marke „Gardena" vertrieben wurden und sehr bald die fremden Produkte aus dem Sortiment verdrängten. Das Wachstum des Unternehmens führte dann dazu, dass die Partner die Kress+Kastner GmbH in die Gardena AG überführten. Gleichzeitig übergaben sie die operative Führung einem Management, das sie als Aufsichtsräte steuerten. Heute ist Gardena in vielen Ländern ein Haushaltsbegriff und als Hersteller der Marktführer in seiner Branche.

Im Jahr 2001 beschlossen die beiden Partner, sich aus dem Unternehmen ganz zurückzuziehen, und boten es deshalb zum Verkauf an. Für die mittlerweile rund 3.000 Mitarbeiter war das eine schwierige Zeit. Viele hatten die Sorge, ein Investor könnte das Unternehmen aufkaufen, um es dann in Teilen gewinnbringend weiterzuverkaufen. Eine weitere Option war der Verkauf an einen Wettbewerber. Auch das war mit einem Risiko behaftet, denn die Zusammenlegung würde zwangsläufig zu Doppelfunktionen führen, deren Abbau Entlassungen bedeutete. Für das Management, das mit den Mitarbeitern für den bisherigen Erfolg verantwortlich war, war die Lage ebenfalls schwierig. Denn auch sie wussten nicht, mit wem sich die Eigentümer letztendlich einigen würden. Gardena erzielte inzwischen einen Umsatz von rund 400 Millionen Euro und war zu teuer, als dass sie es hätten alleine übernehmen können.

Die Ängste der Mitarbeiter wurden noch größer, als ein Beteiligungshaus ernsthaftes Interesse signalisierte und Verhandlungen mit den Eigentümern aufnahm. Es war aufgrund des bisherigen Erfolgs am Unternehmen interessiert. Die Analysten des Beteiligungshauses hofften, mit Gardena eine hohe Rendite erzielen zu können. Dabei hatten sie allerdings zwei Probleme: Sie mussten den Preis genau bestimmen, um nicht zu viel zu zahlen, und sie mussten sichergehen, dass Gardena auch zukünftig erfolgreich blieb.

In dieser Situation kamen das Management von Gardena und die Verhandlungsführer des Beteiligungshauses aufeinander zu und es wurde schnell deutlich, dass alle von einer Zusammenarbeit profitieren könnten.

Damit bot sich dem Management von Gardena die Chance, sich durch einen MBO am Unternehmen zu beteiligen und fortan als Miteigentümer am Ertrag ihres Erfolgs teilzuhaben. Es bedeutete allerdings auch, nicht mehr „nur" Manager zu sein, sondern als Entrepreneur auch einen möglichen Misserfolg persönlich mitzutragen. Gardena wäre dann nicht mehr ihr Arbeitgeber, sondern *ihr* Unternehmen.

Die Beteiligungsgesellschaft würde das Eigentum mit den Managern teilen und demnach nur einen entsprechenden Anteil des Gewinns erhalten, wenn auch einen großen. Für sie stand aber die Rendite im Vordergrund, und die bemisst sich nach dem Verhältnis des Gewinns zum eingesetzten Kapital. Das heißt, für die Beteiligungsgesellschaft war die Verzinsung entscheidend, und das erforderte die Fortführung des bisherigen Erfolgs. Für die Beteiligungsgesellschaft hieß das daher, im Fall der Übernahme das bisher erfolgreiche Management als Miteigentümer in der aktiven Führung des Unternehmens zu haben und damit die erhoffte Rendite zu erreichen.

Im Jahr 2002 erfolgte dann die Übernahme durch das MBO-Team, das aus dem Beteiligungshaus und sieben Managern bestand. Obwohl viele Routinen unverändert geblieben sind, hat sich der Alltag für die Manager von Gardena verändert.

Das liegt unter anderem daran, dass die größeren Gestaltungsmöglichkeiten, die sie als Miteigentümer jetzt haben, ihnen nicht nur mehr Freiheit bieten, bestehende Strukturen weitgehend zu ändern, sondern auch die Freiheit, bewusst zu entscheiden, welche der bewährten Strukturen beibehalten werden sollen. Denn als Miteigentümer müssen sie die langfristigen Folgen aller Entscheidungen, und sei es auch die, alles beim Alten zu belassen, gänzlich ausleben.

Das MBO-Team setzte sich deshalb daran, die Unternehmensstrukturen und das Produktsortiment zu überprüfen. Die meisten Strukturen hatten sie in der Vergangenheit im Rahmen ihrer Möglichkeiten selbst geschaffen. Die Überprüfung führte deshalb nur zu einigen Änderungen. Sie dienten alle dazu, das Unternehmen noch mehr den eigenen Vorstellungen von Effektivität, Effizienz und Kundennähe anzupassen. So wurden Hierarchien teilweise abgebaut, und der Umfang des Produktsortiments wird um rund 25% reduziert. Dadurch sind die Entscheidungswege jetzt kürzer, während sich Gardena gleichzeitig noch stärker auf ihre ohnehin hohen Qualitätsstandards, die technische Weiterentwicklung ihrer Produkte und damit den Erhalt der Marktführerschaft konzentrieren kann.

Diese Maßnahmen zahlten sich sehr schnell aus. Denn binnen zwei Jahren gelang es dem MBO-Team, die Rendite und den Umsatz deutlich zu erhöhen. Im Jahr 2004 lag der Umsatz bereits bei rund 440 Millionen Euro, obwohl der Markt stagniert und zunehmend von Billigimporten und Nachahmungen beherrscht wird. Gleichzeitig gelang es dem Team durch Einführung des weltweit ersten lenkbaren Rasenmähers erneut, die Entwicklung im Bereich Gartengeräte anzuführen und neue Maßstäbe zu setzen.

Erben

Man mag darüber streiten, ob Erben ein *freiwilliger* Weg zum Entrepreneurship ist. In vielen Kulturen wird die Übernahme des Familienunternehmens vom Erstgeborenen erwartet. Bis in die 50er und 60er Jahre des vorigen Jahrhunderts war das auch in Westeuropa eher die Regel. In solchen Fällen konnte man also von einer Form *unfreiwilligen* Entrepreneurships ausgehen. Seitdem verkehrt sich das Verhältnis von „zwangähnlicher Erwartung" zu „freier Wahl". Zumindest für Westeuropa können wir somit heute Erben als einen in der Regel freiwilligen Weg zum Entrepreneurship auffassen.

Die Vor- und Nachteile dieses Wegs, der sich nun mal nicht für alle erschließt, bestehen zunächst im Preis. Der Erbe kauft das Unternehmen nicht, sondern erbt es. Das bedeutet aber nicht, dass der Erbe deshalb grundsätzlich keine Finanzierung benötigt. Nahezu alle europäischen Länder erheben Erbschaftssteuern mit oft unterschiedlichen Freibeträgen. Oberhalb des Freibetrags muss der Wert des Unternehmens dann von den/dem Erben versteuert werden. In vielen Ländern

Erben ist nicht immer kostenlos ...

steigt dabei der Steuersatz mit zunehmendem Wert des Unternehmens. Der finanzielle Aufwand des Erbens kann deshalb schon bei mittelgroßen Unternehmen erheblich sein und nicht immer ohne Gefährdung des Unternehmens aus dem Unternehmensvermögen bestritten werden. Die nachfolgende Übersicht verdeutlicht die Steuerlast des Erbens für ein mittelgroßes Unternehmen mit einem Unternehmenswert von 5 Millionen Euro für Deutschland und Österreich.

Übersicht 1: Steuerlasten des Erbens

	Unterneh-menswert	Frei-betrag in €	Steuersatz	finan-zieller Aufwand
Deutschland	5.000.000	256.000	15% (von 60% des Wer-tes)	411.600
Österreich	5.000.000	363.364	15%	695.495

Neben den steuerlichen Aspekten, die gegebenenfalls eine Finanzierung erfordern, bestehen beim Erben die gleichen Problembereiche wie beim Kauf oder MBO. Allerdings sind sie anders ausgeprägt, und es besteht wie beim MBO die Möglichkeit, in Aufgaben und Führungsrolle hineinzuwachsen.

Beispielsweise kann der designierte Erbe bereits im Vorfeld im Unternehmen tätig werden und schrittweise Verantwortung übernehmen. Auf diese Art lernt er Mitarbeiter, Kunden und Hausbank kennen et vice versa.

Bei dieser eher üblichen und sinnvollen Praxis erfolgt der Übergang meist in Form eines vorgezogenen Erbes. Der Übergang der Führungsverantwortung ist dabei aber nicht selten mit einem Generationskonflikt verbunden. In der Praxis kann das bedeuten, dass meist der Vater trotz formellen Ausscheidens Entscheidungen und Maßnahmen weiterhin indirekt gestalten möchte oder es sogar für nötig hält. Nicht selten wird der Senior dabei von ihm gegenüber loyalen Mitarbeitern unterstützt, was die Führungsautorität des Juniors und Eigentümers untergräbt und eine eigenständige Gestaltung des Unternehmens erschwert. Das Erben erfordert daher auch vom Alteigentümer eine Zurückhaltung, die für ihn zuweilen nicht einfach zu erfüllen ist.

... und kann zu Konflikten im Unternehmen und in der Familie führen.

Franchising

Das Franchising hat seit Mitte des vorigen Jahrhunderts rapide zugenommen und ist heute neben dem Erben die wohl gängigste Art der aufbauenden Gründung.

Geschichte

Das Wort *Franchising* ist an das Wort *Franchise* angelehnt, das ursprünglich aus dem Französischen kommt. Wenn ein König oder Fürst einer Person das Recht verlieh, beispielsweise in dessen Weiher zu angeln oder eine Mühle zu betreiben, war das eine *Franchise*. Dieses Recht war meist an eine Person oder eine Familie gebunden und beinhaltete in der Regel auch eine Gegenleistung, also einen Preis, der für dieses Recht gezahlt werden musste.

In der neueren Zeit waren es zuerst deutsche Brauereien, die dieses Prinzip nutzten. Sie verliehen bzw. „vermieteten" Wirtschaften das Recht, ihr Bier, für das sie zentral Werbung machten, auszuschenken. In manchen Fällen konnte man nur so eine Wirtschaft betreiben, in anderen Fällen bedeutete das die Chance auf zusätzliche Kunden.

Um 1851 vertrieb die Firma Singer ihre Nähmaschinen nur noch über dieses Franchiseprinzip und baute so ein Netz von Vertragshändlern auf. Nur kurze Zeit später begannen dann Städte, wie einst die Könige, Rechte zur Wasserversorgung oder Müllentsorgung zu verleihen.

Bis dahin beruhte das Franchising somit darauf, dass ein Inhaber bestimmter Rechte diese einem Entrepreneur vermietete und ihm damit die Möglichkeit gab, unternehmerisch tätig zu werden. Wie der Entrepreneur das im Einzelnen umsetzte, wurde ihm weitgehend selbst überlassen.

Eine wirkliche Weiterentwicklung dieses Systems fand erst nach dem Zweiten Weltkrieg in den USA statt. Mit zunehmender Mobilität wurden so genannte Motels benötigt, die sich aber mit ihrem Aufkommen im Standard sehr unterschieden.

Da der Kunde lieber vorher als nachher wissen möchte, was er kauft, ergab sich damit ein Markt für ein standardisiertes Motel-Angebot. Aufgrund der Entfernungen der einzelnen Motels voneinander bot sich für die Umsetzung dessen das Franchising an. Im Unterschied zum bisherigen Franchising konnte es dem Franchisenehmer oder Entrepreneur aber nicht mehr selbst überlassen werden, was er anbot oder wie und unter welchem Namen das Motel betrieben wurde – schließlich sollte der Kunde ja wissen, was er erwarten durfte.

Die Weiterentwicklung bestand darin, dass nun das Recht verliehen wurde, ein bestimmtes standardisiertes Produkt unter einem bestimmten Firmennamen auf eine bestimmte Art zu vertreiben. Das heißt, aus einem „Vertriebs*konzept*" (Verleihung des Rechts, ein Produkt zu vertreiben, gegebenenfalls auch neben anderen Produkten und unter eigenem Namen) wurde ein „Vertriebs*system*", bei dem alle Franchisenehmer unter dem gleichen Firmennamen das gleiche Produkt oder Sortiment auf die gleiche Art vertreiben.

Aus der Sicht eines Franchisenehmers besteht heute ein weites Feld, das vom traditionellen Produktfranchising bis hin zum Franchisesystem reicht.

Die Option Franchising

Heute kann ein potentieller Franchisenehmer aus einer breiten Spanne an Produkten und Dienstleistungen mit unterschiedlichen Franchisearten auswählen. Letztere reichen vom klassischen Produktfranchise, mit schrittweise zunehmender Übernahme von Koordinations- und Verwaltungsaufgaben des Franchisegebers, bis hin zum Franchisesystem. Je nach Art des Franchisings sind vorherige Kenntnisse oder Erfahrungen mit dem Produkt oder der Branche oftmals nicht nötig. Das ist besonders bei Franchisesystemen der Fall.

Viele solcher Franchisegeber bieten Schulungen an, mit denen sie ihren werdenden Franchisenehmern die Produkte näher bringen und sie auf die Selbständigkeit vorbereiten wollen. Diese Schulungen dienen aber nicht nur der Vorbereitung. Sie dienen häufig auch der Absicht des Franchisegebers, neben einem einheitlichen Erscheinungsbild auch ein möglichst einheitliches Auftreten der Franchisenehmer zu gewährleisten.

Selbst wenn die unternehmerische Freiheit des Franchisenehmers hierdurch erheblich eingeschränkt wird, kann diese Absicht durchaus auch in dessen Interesse sein. Denn ein einheitliches Erscheinungsbild und Auftreten erleichtert dem Franchisegeber die Werbung, wovon der Franchisenehmer profitiert. Sie bietet dem Franchisenehmer auch eine erprobte Plattform, auf der er sich seinen Kunden präsentieren kann. Für die kritische Phase der Unternehmensgründung ist das ein erheblicher Vorteil.

Die Einschränkung der unternehmerischen Freiheit erfolgt somit nicht ohne Gegenleistung. Der Franchisenehmer erhält dafür unternehmerische „Sicherheit", die vom bekannten und gegebenenfalls erfolgreich beworbenen Produkt über eine bewährte Pattform bis hin zur Finanzierung reichen kann. Viele Anfangsschwierigkeiten und manche fortdauernden Risiken, die mit originären Gründungen verbunden sind, können beim Franchising daher vermieden werden. Der Grad der unternehmerischen Freiheit bzw. „Sicherheit" hängt dabei von der Art des Franchisings ab, für die sich ein Franchisenehmer entscheidet.

Wie uns *Abbildung 3.6* zeigt, legt der Franchisenehmer mit seiner Entscheidung für eine bestimmte Franchiseart somit auch fest, wie viel unternehmerische „Sicherheit"[7] er sich durch die Aufgabe unternehmerischer Freiheit „erkauft".

Mit zunehmender unternehmerischer „Sicherheit" nimmt der Grad unternehmerischer Freiheit also ab. Die „Sicherheit", die der Franchisegeber durch zentral übernommene Aufgaben, wie Produktion, Sortimentsauswahl, Werbung oder Preisbestimmung ermöglicht, ist aber nicht ohne Risiko. Trifft der Franchisegeber beispielsweise die falsche Sortimentsauswahl oder bestimmt einen unpassenden Preis, muss der Franchisenehmer die Konsequenzen mit Umsatzeinbußen tragen.

> Das heutige Franchiseangebot ist groß und bietet unterschiedliche Grade unternehmerischer Freiheit und „Sicherheit" an.

> Die „Sicherheit" wird durch Aufgabe unternehmerischer Freiheit „erkauft".

---

7. Wie wir später sehen werden, ist diese „Sicherheit" auch mit Risiken verbunden.

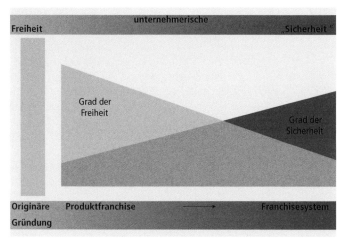

Abbildung 3.6: Unternehmerische Freiheit und unternehmerische „Sicherheit" der Franchisearten

Wie wir aus Kapitel 2 wissen, sind Unabhängigkeit und Selbstverwirklichung aber die Hauptmotive freiwilliger Entrepreneure, sich selbständig zu machen. Wir wissen auch, dass ein wesentliches Element des Entrepreneurships die Risikobereitschaft ist. Das ist aber nur dann sinnvoll, wenn man die Entscheidungen, für deren Konsequenzen man haftet (also das Risiko übernimmt), auch selber fällt.

Genau darin liegt ein großer Unterschied zum abhängig Beschäftigten wie beispielsweise einem angestellten Filialleiter oder Handelsvertreter. Zwar haben beide einen Entscheidungsspielraum und möglicherweise ein leistungsabhängiges Gehalt, doch ist ihre Freiheit, über wesentliche Bereiche des Unternehmens frei zu entscheiden, erheblich eingeschränkt.

Die Ursache für diese Einschränkung liegt bei den Eigentumsrechten. Die Eigentümer eines Unternehmens wollen weder, dass Dritte Entscheidungen frei treffen können, die den Wert ihres Eigentums gegebenenfalls schmälern, noch wollen sie, dass Dritte über ihr Eigentum frei verfügen.

Eine ähnliche Motivation besteht auch bei Franchisegebern, und zwar besonders bei Franchisesystemen. Ihr Eigentum besteht im Wesentlichen aus einem bestimmten Produkt oder Sortiment, das sie selbst entwickelt haben und gegebenenfalls auch herstellen, einem bestimmten Erscheinungsbild und einer Marke. Auch sie möchten nicht, dass ein Franchisenehmer Entscheidungen, die den Wert dieser Dinge schmälern könnte, frei trifft oder frei über sie verfügt.

Aus diesem Grund ähnelt ein Franchisenehmer, je weiter er sich in Richtung Franchisesystem entscheidet, mehr einem Angestellten und weniger einem Unternehmer, der frei über sein Unternehmen entscheiden und verfügen kann. Das wird nicht zuletzt daran deutlich, dass ein Franchisevertrag in der Regel zeitlich befristet ist und oft nach zehn Jahren erneuert werden muss.

Je geringer der Freiheitsgrad desto mehr gleicht der Franchisenehmer einem Angestellten.

Allen Franchisearten gemein ist, dass es dabei um den Vertrieb von Waren und/oder Dienstleistungen geht, die der Franchisegeber mithilfe mehrerer (oft vieler) Franchisenehmer vertreiben bzw. anbieten möchte. Es handelt sich also um eine Kooperation, bei der die Franchisenehmer als Vertriebspunkte[8] für den Franchisegeber agieren. Man kann sich diese Form der Kooperation als ein liegendes Wagenrad vorstellen, bei dem die Nabe der Franchisegeber ist und die Speichen, oder genauer das Ende der Speichen, die Franchisenehmer sind. Das geschäftliche Verhältnis zwischen Franchisegeber und Franchisenehmer können wir somit auch als Vertriebskooperation bezeichnen.

> **Der Franchisevertrag begründet ein Dauerschuldverhältnis.**

Die Grundlage dieser Kooperation ist ein Vertrag zwischen dem Franchisegeber und dem Franchisenehmer, für den der Franchisenehmer meist eine Einstiegsgebühr zahlt. Der Vertrag selbst begründet ein so genanntes *Dauerschuldverhältnis*. Anders als beim Kauf, bei dem ein Schuldverhältnis durch Zahlung des Kaufpreises erlischt, besteht hier also ein *dauerndes* Schuldverhältnis. Der Franchisenehmer ist dem Franchisegeber damit zu fortlaufenden Zahlungen verpflichtet, ähnlich wie bei der Miete für eine Mietwohnung. Die Zahlung oder Franchisegebühr besteht in der Regel aus einem prozentualen Anteil vom Umsatz.

Abhängig von Eigentumsrechten der Franchisegeber bzw. um welche Art des Franchisings es sich handelt, werden darüber hinaus im Vertrag noch weitere Punkte geregelt. Neben der entsprechenden Einschränkung der Entscheidungs- und Verfügungsfreiheit betrifft das regelmäßig auch die Werbung, für die eine zusätzliche Kostenbeteiligung festgelegt wird, sowie die Bereitschaft, unter Umständen auch nötige Investitionen zu tätigen.[9]

3.2   Welche Formen des Entrepreneurships gibt es – oder wie gründen Entrepreneure?

Nachdem wir die verschiedenen Arten des Entrepreneurships *(also das WAS)* kennen gelernt haben, wollen wir uns den verschiedenen Formen des Entrepreneurships zuwenden. Dabei geht es in erster Linie um die Frage, *WIE* werdende Entrepreneure gründen.

Ohne Details vorwegzunehmen, um die es in den folgenden Kapiteln geht, können wir vier Formen des Entrepreneurships unterscheiden:

1. ungeplante Gründungen

2. geplante Gründungen

---

8. Auch *Point of Sale* genannt und häufig mit *PoS* abgekürzt
9. Die Höhe der Einstiegs- und Franchisegebühr, des Werbekostenbeitrags und der nötigen Investitionen variiert je nach Franchiseart, Branche und Franchisegeber. Aktuelle Durchschnittswerte werden unter anderem von *worldfranchising.com* veröffentlicht.

3. Gründungen alleine

4. Gründungen im Team

Da die Vorteile eines alleinigen Vorgehens meist die Nachteile einer Gründung im Team sind et vice versa, werden wir die Punkte 3 und 4 zusammen betrachten.

3.2.1 Ungeplante Gründungen

Der Begriff „ungeplante Gründungen" mag zunächst sonderbar erscheinen. Hierbei geht es nicht darum, ob eine Gründung zufällig erfolgt, sondern darum, ob ihr ein durchdachter Plan zugrunde liegt. Bei vielen Gründungen ist das nicht der Fall. Sie wurden oft ungenügend oder gar nicht geplant. Das liegt nicht immer an Unkenntnis *(obwohl auch das vorkommt)*, sondern vielfach an den Umständen, im Rahmen derer die Gründung erfolgt.

Um uns das vorzustellen, müssen wir nur an einen Erben denken, der plötzlich aufgrund eines Sterbe- oder Krankheitsfalls das Familienunternehmen übernehmen muss. In der Regel sind die Fälle aber nicht so dramatisch. Bei originären Gründungen beruht die Geschäftsidee oft auf einem Hobby, aus dem sukzessive ein kleines Unternehmen wird. Die Gründer „rutschen" förmlich in die Kommerzialisierung ihres Produkts oder Wissens und gründen dann oft aufgrund eines größeren Auftrags formal ein Unternehmen. Das wohl bekannteste Unternehmen, das auf diese Art entstand, ist Microsoft.

Aber ungeplante Gründungen sind selten so erfolgreich wie Microsoft. Das Kernproblem ungeplanter Gründungen liegt bereits in ihrer „Geburtsstunde" begründet. Sie entstehen meist als Folge, als Reaktion auf unmittelbare äußere Umstände, auf die der werdende Entrepreneur mit der Gründung reagiert. Man kann daher in vielen Fällen von einer Gründung aus „Handlungszwang" sprechen.

Genau darin liegt oft das Problem ungeplanter Gründungen. Denn dieses reaktive Verhalten wird nicht selten zum dominierenden Prinzip. Natürlich müssen auch Entrepreneure geplanter Gründungen auf äußere Umstände reagieren. Aber Gestaltung, Aufbau und Wachstum erfordern primär aktives Handeln. Die Frage ist daher, wie diese Reaktion erfolgt. Reagiert der Entrepreneur, indem er sich und das Unternehmen auf äußere Veränderungen frühzeitig vorbereitet *(vorausschauende Reaktion)*, oder reagiert er erst, wenn die äußeren Veränderungen eingetreten sind *(nachträgliche Reaktion)*?

Im ersteren Fall kann der Entrepreneur im Rahmen neuer Gegebenheiten agieren *(best case)*. Im letzteren Fall ist er damit beschäftigt, das Unternehmen den neuen Gegebenheiten anzupassen *(worst case)*. Nun tritt der *best case* auch bei geplanten Gründungen nicht immer ein; oft ist das Ergebnis eher *second* oder *third best*.

> Ungeplante Gründungen erfolgen regelmäßig ...

> ... und neigen eher dazu, ein geringes Wachstumspotential zu haben.

Entscheidend ist aber, welcher Fall überwiegt. Dominiert die nachträgliche Reaktion, dann kann das zu einer Marktposition und Unternehmensstruktur führen, die wir größtenteils als zufälliges Ergebnis bezeichnen können. Der Entrepreneur, und damit das Unternehmen, droht dadurch an Erfolgs- und Wachstumspotential zu verlieren.

3.2.2 Geplante Gründungen

Geplante Gründungen beruhen auf einer bewussten Entscheidung, Entrepreneur werden zu wollen *(ob nun freiwillig oder nicht)*. Das führt in der Regel auch zu einer kritischen Auseinandersetzung mit der Gründungsidee, dem Gründungsvorhaben und idealerweise zu einer *Feasibility Study*[10], mit der die Machbarkeit, Erfolgsaussichten und Risiken des Vorhabens geprüft und gegebenenfalls aufgedeckt werden.

> Die kritische Prüfung der Idee, eine Feasibility Study und ein Businessplan sind die Merkmale einer geplanten Gründung.

Es ist die *Feasibility Study*, die zur eigentlich sinnvollen Planung der für die Gründung relevanten Bereiche wie Produkt, Marketing oder Finanzen führt. Dabei kann die Planung, die am Ende in einem Businessplan mündet, natürlich hinsichtlich der Details und des Zeitraums, den sie umfasst, variieren. Auch Businesspläne ermöglichen es nicht, die Zukunft vorauszusehen. Deshalb werden sie, je weiter der Zeitraum gefasst ist, für den man plant, immer ungewisser.

Wichtig an einem auf längere Sicht gefassten Plan ist, dass der Entrepreneur damit dokumentiert, was er will und wie er handeln möchte.

So können beispielsweise wachstumsfördernde Maßnahmen gezielter und kontinuierlicher verfolgt werden, wenn sie auf der Basis bewusst gestalteter Strukturen geplant werden. Andererseits ermöglicht das Entrepreneuren aber auch, die Bedeutung äußerer Veränderungen für das Unternehmen schneller zu erfassen und entsprechend vorausschauend zu reagieren. Der Entrepreneur, und damit das Unternehmen, hat dadurch ein höheres Erfolgs- und Wachstumspotential.

3.2.3 Gründungen alleine vs. Gründungen im Team

Wenn wir von der häufigsten Motivation neuer Entrepreneure ausgehen, können wir annehmen, dass die Mehrheit der Gründungen alleine, also nur durch eine Person, erfolgt. Das ist in etwa 60% der Gründungen der Fall.[11] Dieses Vorgehen ist nachvollziehbar und hat einige Vorteile.

Der erste und größte Vorteil ist, dass der neue Entrepreneur nicht durch einen Partner in der Gestaltungsfreiheit eingeschränkt oder beeinträchtigt wird. Das kann nicht nur während der Gründung als persönlicher

---

10. In Kapitel IV werden wir uns eingehend mit der Feasibility Study, die auch eine Markt- und Konkurrenzanalyse beinhaltet, befassen und dann den Businessplan, der daraus folgt, ebenfalls mehr im Detail diskutieren.

11. Wenn Sie mehr hierüber erfahren möchten, bietet der Global Entrepreneurship Monitor, der das und vieles mehr jährlich weltweit untersucht, unter gemconsortium.org. hierzu und zu anderen in diesem Abschnitt behandelten Aspekten aktuelle Daten.

Vorteil empfunden werden, sondern verhindert auch interpersonelle Konflikte zwischen Partnern in kommenden Jahren.

Dieser Vorteil wird aber durch einen entscheidenden Nachteil erkauft. Besonders während der Anfangsphase ist das Unternehmen gänzlich von der – auch gesundheitlichen – Leistungsfähigkeit des Einzelgründers abhängig. Ohne einen Partner, der das Ruder im Zweifelsfall alleine übernehmen könnte, drohen sich familiäre oder gesundheitliche Krisen unmittelbar auf das Unternehmen auszuwirken.

> Die Vorteile der Gründung alleine sind die Nachteile der Gründung im Team et vice versa.

Finanzierende Institute sind sich dieses Risikos in der Regel bewusst. Sie ziehen deshalb Gründerteams, bei denen eben mehrere Schuldner gemeinschaftlich für ein Darlehen haften, einem Einzelschuldner vor. Um dieses Risiko dennoch zu begrenzen, neigen beispielsweise Banken dazu, einen höheren Anteil an Eigenkapital zu verlangen, womit die Höhe des Darlehens automatisch begrenzt wird.[12]

Das bedeutet für uns, dass Gründerteams dem Unternehmen sowohl einen gewissen Schutz vor den Folgen persönlicher Rückschläge einzelner Gründer als auch die Möglichkeit eines höheren Finanzierungsanteils bieten.

Nun können Einzelgründungen und Teamgründungen vielfältige Vor- und Nachteile haben. In manchen Fällen mag aufgrund des erforderlichen Know-hows eine Gründung auch nur im Team möglich sein. Die folgende Übersicht bietet einen Überblick über die wichtigsten Vor- und Nachteile von Gruppen- bzw. Einzelgründungen.

> Im Einzelfall ist die Qualität der Vor- und Nachteile entscheidend.

Übersicht 2: Vor- und Nachteile von Einzelgründung vs. Teamgründung

Einzelgründer		Teamgründung	
Vorteile	**Nachteile**	**Vorteile**	**Nachteile**
Gestaltungsfreiheit	Ganze Verantwortung	Geteilte Verantwortung	Eingeschränkte Gestaltungsfreiheit
Entscheidungsfreiheit	Ganze Belastung	Geteilte Belastung	Eingeschränkte Entscheidungsfreiheit
	Begrenzte Möglichkeit der Arbeitsteilung und damit Spezialisierung im Unternehmen	Arbeitsteilung und damit Möglichkeit zur Spezialisierung im Unternehmen	

---

12. Wir werden uns später eingehend mit dem Aspekt der Finanzierung befassen. Allerdings sollten wir jetzt schon wissen, dass auch bei der Gründung einer GmbH (bei der die Haftung beschränkt ist), Banken von den Gründern in der Regel eine gesamtschuldnerische persönliche Haftung verlangen.

Übersicht 2: Vor- und Nachteile von Einzelgründung vs. Teamgründung

Einzelgründer		Teamgründung	
Vorteile	Nachteile	Vorteile	Nachteile
	Nur „zwei Augen" suchen nach Lösungen für Probleme	„Vier und mehr Augen" suchen nach Lösungen für Probleme	
	Kein Ersatz bei Krisen oder Ausfall des Gründers = Gefahr für das Unternehmen und den Gründer	Ggf. Ersatz bei Krisen oder Ausfall eines Gründers = Schutz für das Unternehmen und den einzelnen Gründer	
	Ggf. einge-schränkte Finan-zierungsmöglich-keiten	Ggf. erweiterte Finanzierungs-möglichkeiten	
	Alleinige Haftung	„Geteilte" Haftung	Fallen aber die Partner aus, gilt in der Regel die alleinige Haftung
Kein Risiko inter-personeller Konflikte der Gründer			Risiko interperso-neller Konflikte der Gründer (z.B. Streit über Wege und Ziele)
Geringere Kosten. Es muss nur ein Unternehmer-gehalt verdient werden (ohne Personal, nur ein Arbeitsplatz/Auto etc.)			Höhere Kosten. Es müssen mind. zwei Unterneh-mergehälter verdient werden (ohne Personal, mind. zwei Arbeitsplätze/ Autos etc.)
	Ohne Personal geringere mög-liche Arbeitsleis-tung (es kann in der gleichen Zeit weniger bewältigt werden)	Ohne Personal höhere mögliche Arbeitsleistung (es kann in der gleichen Zeit mehr bewältigt werden)	

Wie uns Übersicht 2 zeigt, „bezahlt" der neue Entrepreneur jeden Vorteil, ob als Einzelgründer oder Mitglied eines Gründerteams, mit einem dafür in Kauf zu nehmenden Nachteil. Welcher Vorteil oder Nachteil überwiegt, ist natürlich eine Einzelfallentscheidung.

3.3 Was führt zum Gründungsplan?

Nun, da wir die verschiedenen Gründungsarten und -formen kennen, sollten wir uns eingehender mit dem beschäftigen, was eigentlich zur Gründungsabsicht und schließlich zum Gründungsplan führt.

Ein wesentliches Element, nämlich die Motivation, kennen wir bereits aus Kapitel 2. Sie ist es, die letztendlich zu freiwilligen oder unfreiwilligen Unternehmensgründungen führt. Im Fall aufbauender Gründungen mag die Motivation ausreichen, um eine Gelegenheit zur Gründung wahrzunehmen. Im Fall originärer Gründungen bedarf es aber noch einer Gründungsidee, um von der Motivation letztlich zur Gründung zu gelangen. *Wie kommt es also zur Gründungsidee und wie beeinflusst sie möglicherweise den Gründungsplan?*

Bei der Mehrheit der Ideen, die zu Gründungen führen, beruht die Idee auf Neugier, Beobachtung und Interesse. Sie ist das Ergebnis der Auseinandersetzung mit einem Thema. Denn genau das ist es, das uns erlaubt, Versorgungslücken, Verbesserungspotentiale, Chancen oder neue Märkte zu erkennen. Die Idee ist also das Ergebnis eines Prozesses, der aber häufig nach der ersten Formulierung der Idee nicht mehr weiterverfolgt wird.

Das kann daran liegen, dass die Idee nicht gut war. In vielen Fällen liegt es aber daran, dass die Motivation fehlt. Fehlt es am motivierten Willen, so fehlt es möglicherweise auch am Interesse, die Idee weiterzuverfolgen.

Bei potentiellen Gründern reicht das Interesse an der Idee über die erste Formulierung hinaus. Sie befassen sich weiterhin ernsthaft damit. In manchen Fällen kann das „lediglich" zu Hobbys oder Nebentätigkeiten führen. In anderen reift daraus eine Gründungsidee, die in der Regel deutlich weiter geht als ihre erste Formulierung. Sie ist dann die Grundlage für einen Gründungsplan.

Die Motivation führt zu dem nötigen Interesse, um aus einer Idee eine Gründungsidee zu entwickeln.

Interessanterweise neigen wir bei Gründungsideen oft dazu, etwas Neues damit zu assoziieren.[13] Im Grunde ist das paradox, denn tatsächlich wissen wir (aus Abschnitt 3.1.1), dass rd. 95% aller neuen Unternehmen traditionelle Gründungen sind. Das heißt, die überwiegende Mehrheit der Gründungen beruht eben nicht auf einer neuen oder innovativen Idee, sondern auf bereits Bekanntem oder Bestehendem.

---

13. Wir neigen also intuitiv dazu, dem Schumpeter'schen Ansatz des innovativen Entrepreneurs zu folgen (Kapitel 1).

Wir können drei Arten von Gründungsideen unterscheiden:

1. nachahmende,

2. verbessernde und

3. innovative,

die in ihrer Art den Gründungsplan und das Gründungsvorhaben beeinflussen.

3.3.1 Nachahmende Gründungsidee

Die häufigsten Gründungsideen sind nachahmend …

Wie wir bereits wissen ist die nachahmende Gründungsidee die häufigste Grundlage für neue Entrepreneure. Sie bietet den potentiellen Gründern zahlreiche Vorteile. So ist die Akzeptanz des Produkts durch die Kunden bereits von anderen erprobt. Ferner ist die Überprüfung der Machbarkeit des Vorhabens *(Feasibility Study)* aufgrund existierender Erfahrungswerte und nicht selten auch Marktdaten deutlich einfacher. Auch ist potentiellen Geldgebern das Vorhaben in gewissem Sinn vertraut, was ihnen die Überprüfung der Erfolgschancen erleichtert.

Das Problem nachahmender Gründungsvorhaben liegt in der Konkurrenzdichte. Es geht dabei um die Frage, ob die existierenden Anbieter (und zukünftigen Konkurrenten) die Nachfrage bereits weitgehend bedienen. Die zentrale Frage ist, ob Bedarf *und* eine Versorgungslücke bestehen?

… aber es ist oft schwer, damit auf dem Markt zu bestehen.

Besteht Bedarf, aber keine ausreichende Versorgungslücke, hängt der Erfolg des Unternehmens davon ab, wie viele Aufträge oder Kunden man bereits etablierten Anbietern abnehmen kann. Damit ist es zwar vergleichsweise einfacher, den Markt als neuer Anbieter zu betreten, es mag aber deutlich schwerer sein, auf dem Markt zu bleiben.

Für alle Anbieter und insbesondere für junge Unternehmen ist eine hohe Konkurrenzdichte nämlich mit drei typischen Risiken verbunden:

1. zu wenig Kunden oder Aufträge zu bekommen,

2. einen aufgrund des Preisdrucks zu geringen Ertrag zu erzielen oder

3. zu hohe Kosten wegen geringer Stückzahlen und/oder hoher Serviceintensität zu haben.

Der Gründungsplan muss diesen Risiken deshalb Rechnung tragen. Das heißt, er sollte ein Vorgehen oder eine Strategie beinhalten, wie das neue und unbekannte Unternehmen sich gegenüber der etablierten Konkurrenz behauptet. Im Allgemeinen bieten sich hierzu zwei Möglichkeiten an:

Kostenführerschaft und Produktdifferenzierung sind Strategien, um dennoch auf dem Markt zu bestehen.

1. kostengünstiger sein als die Konkurrenz (Kostenführerschaft)
Das ermöglicht es, die Kunden mit einem günstigeren Preis von den Konkurrenten abzuwerben.

2. das eigene Produkt von Konkurrenzprodukten abheben bzw. differenzieren (Produktdifferenzierung)
Das ermöglicht es, sich durch ein etwas anderes Produkt (z.B. anders kombiniert oder mit Extras) dem Konkurrenzdruck teilweise zu entziehen.

Sofern die Differenzierung nicht aus einfacheren und damit günstigeren Produktvarianten besteht, ist eine Kombination aus beiden Strategien meist nicht möglich. Denn jede andere Art der Differenzierung verursacht Kosten, die man ja an anderer Stelle einsparen möchte.

Der Idealfall für eine nachahmende Gründung (wie für jede andere auch) ist ein vorhandener Bedarf und eine Versorgungslücke. In dem Fall besteht die realistische Chance auf ausreichend viele Kunden oder Aufträge, ohne die Erfolgschancen des Unternehmens durch die zusätzlichen Risiken spürbaren Wettbewerbs zu schmälern. Das Unternehmen schließt dann „lediglich" eine Lücke, wie das bei vielen Gründungen im Handwerk, Einzelhandel oder bei Dienstleitungen im ländlichen Raum der Fall ist.

In beiden Fällen ist das Wachstumspotential einer nachahmenden Gründungsidee aber in der Regel begrenzt, entweder durch Konkurrenten, die auf die gewählte Strategie reagieren, oder durch die Größe der Versorgungslücke.

3.3.2 Verbessernde Gründungsideen

Verbessernde Gründungsideen beruhen ebenfalls auf dem Bestehenden und Bekannten; sie versuchen es aber zu verbessern und damit weiterzuentwickeln. Das kann durch eine Produktverbesserung erfolgen und/oder eine Prozessverbesserung, also die Art, wie das Produkt hergestellt oder dem Kunden geliefert wird.

Die verbessernde Gründungsidee beinhaltet also das Element des Neuen, wie der erste Kugelschreiber mit mehreren Minen oder der erste elektrische Mixer. Bei verbesserten Produkten ist die Strategie des Gründungsplans deshalb fast automatisch die *Produktdifferenzierung*, denn schließlich hebt sich das Produkt aufgrund der Verbesserung von anderen ab.

> Die verbessernde Gründungsidee verbindet das Bekannte mit dem Neuen und führt meistens zur Produktdifferenzierung.

Abhängig von der Verbesserung kann dies für den Gründungsplan aber mit dem Nachteil verbunden sein, dass existierende Erfahrungswerte und Marktdaten nur eingeschränkt hilfreich sind. Das führt regelmäßig dazu, dass die Akzeptanz eines verbesserten Produkts durch die Kunden *nur eingeschätzt* werden kann. Das heißt, wir wissen möglicherweise nicht, ob die Kunden den Mehrwert der Verbesserung erkennen, und falls sie es tun, ob sie auch bereit sind, dafür zu bezahlen.

Die Akzeptanz durch die Kunden ist also für uns ein Erwartungswert. Tritt unsere Erwartung ein, besteht die Möglichkeit, ausreichend viele Kunden zu bekommen oder entsprechende Aufträge zu erhalten.

> Das Neue erschwert die Einschätzung der Nachfrage. Bewährt es sich, droht aber die Nachahmung.

Allerdings ist damit auch die Gefahr verbunden, dass bereits etablierte Unternehmen die „erfolgreichen" Verbesserungen nachahmen. Langfristig werden erfolgreiche Verbesserungen oder Ideen immer kopiert. Entscheidend ist deshalb, wie viel Zeit die Konkurrenz dafür benötigt. Denn das entscheidet, wie viel Zeit potentielle Gründer haben, um mit einem „alleinigen" Wettbewerbsvorteil einen zumindest ausreichenden Kundenstamm aufzubauen.

Abbildung 3.7 illustriert die Unterschiede und das Risiko, die im Allgemeinen mit nachahmenden, verbessernden und innovativen Gründungsideen verbunden sind.

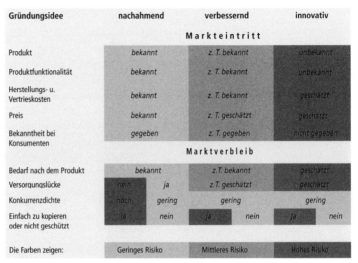

Gründungsidee	nachahmend		verbessernd	innovativ
		Markteintritt		
Produkt	bekannt		z. T. bekannt	unbekannt
Produktfunktionalität	bekannt		z. T. bekannt	unbekannt
Herstellungs- u. Vertriebskosten	bekannt		z. T. bekannt	geschätzt
Preis	bekannt		z. T. geschätzt	geschätzt
Bekanntheit bei Konsumenten	gegeben		z. T. gegeben	nicht gegeben
		Marktverbleib		
Bedarf nach dem Produkt	bekannt		z.T. bekannt	geschätzt
Versorgungslücke	nein	ja	z.T. geschätzt	geschätzt
Konkurrenzdichte	hoch	gering	gering	gering
Einfach zu kopieren oder nicht geschützt	ja	nein	ja nein	ja nein
Die Farben zeigen:	Geringes Risiko		Mittleres Risiko	Hohes Risiko

Abbildung 3.7: Unterschiede und Risiken nachahmender, verbessernder und innovativer Gründungsideen

3.3.3 Innovative Gründungsideen

Wie uns die *Abbildung 3.7* zeigt, sind Gründungsvorhaben, die auf innovativen Gründungsideen beruhen, mit zusätzlichen und höheren Risiken verbunden als beispielsweise nachahmende Gründungen.

Zum Teil erklärt das auch, warum der Anteil innovativer Gründungen an der Gesamtzahl aller Gründungen mit etwa 5% so gering ist. Wenn wir die Anzahl der Patente, die Privatpersonen jährlich erteilt werden, zum Maßstab nähmen, müssten viel mehr innovative Gründungen erfolgen.

Dass viele innovative Gründungsideen nicht verfolgt werden, hat unterschiedliche Gründe. So fehlt es potentiellen Entrepreneuren oft an der erforderlichen Zeit, dem Know-how und den Mitteln, um die unbekannten Aspekte zu klären oder zumindest einschätzen zu können. Ein Einzelner, besonders wenn er berufstätig ist, benötigt deshalb oft einen oder mehrere Partner, den oder die man eben nicht immer findet.

> Viele innovative Gründungsideen werden nicht weiter verfolgt ...

Ähnliches gilt für Geldgeber. Deren Entscheidung beruht in der Regel auch auf einem Gründungsplan, der eine halbwegs realistische Einschätzung der Risiken und Möglichkeiten beinhaltet. Aus den genannten Gründen können viele potentielle Gründer einen solchen aber nicht liefern.

Tatsächlich erweist es sich bereits in der Anfangsphase oft als schwierig und kostenintensiv, auch nur einen Prototyp des innovativen Produkts zu entwickeln. Hinzu kommt, dass neben der schwer einschätzbaren Nachfrage, diese ohnehin am Anfang meist gering ausfällt. Das führt zu geringen Stückzahlen und entsprechend höheren Kosten.

> ... weil fehlende Marktdaten und Erfahrungswerte die Prüfung und Planung erschweren.

Wie wir bereits wissen, kommt zu diesem Umstand noch die Notwendigkeit, das innovative Produkt bekannt zu machen. Damit muss über das Maß üblicher Werbung hinaus potentiellen Kunden das neue Produkt erklärt werden, was zu zusätzlichen und damit in der Regel höheren Werbeausgaben führt.

Wir können somit leicht erkennen, dass innovative Gründungsideen und darauf beruhende Gründungen insgesamt mit höherem Aufwand, höheren Kosten und daher höherem Kapitalbedarf verbunden sind. Das erklärt auch, warum potentielle Gründer in solchen Fällen – trotz des Ziels der Selbstverwirklichung – einer möglichen Arbeitsteilung (wie in Abschnitt 3.2.3 beschrieben) offener gegenüberstehen.

Verglichen mit nachahmenden Gründungsvorhaben beinhalten innovative Gründungsvorhaben aber meistens größere Wachstumspotentiale. Höheren Kosten und höheren Risiken steht also in der Regel auch die Chance auf einen höheren „Preis" oder Gewinn gegenüber.

ZUSAMMENFASSUNG

- Man kann durch originäre oder aufbauende Gründungen zum Entrepreneur werden.

- Rund 95% aller originären Gründungen erfolgen als traditionelle Gründung und beruhen auf einer nachahmenden oder verbessernden Geschäftsidee.

- Innovative Gründungen beruhen auf einem neuen Produkt oder einer neuen Idee. Sie sind mit höheren Kosten verbunden, was nicht selten zu einer Arbeitsteilung entlang der Wertschöpfungskette führt. Für sich gesehen ist eine einzelne innovative Gründung deshalb nicht immer mit einer hohen Wertschöpfungstiefe verbunden.

- Traditionelle Gründungen erfolgen meistens in Wirtschaftsbereichen mit einer hohen Versorgungsfunktion wie beispielsweise Handel, Handwerk oder Dienstleistungen. Auch sie können über eine hohe Wertschöpfungstiefe verfügen.

- Es gibt vier Arten von aufbauenden Gründungen. Die häufigsten sind Erben und Franchising, die seltensten der Unternehmenskauf und Management Buy-Outs (MBO). Allen gemein ist die Einschränkung der unternehmerischen Freiheit, entweder aufgrund der Rahmenbedingungen, zeitlich gesehen oder formal. Am stärksten ist die Einschränkung bei Franchisesystemen; dafür bieten diese einen gewissen Grad an unternehmerischer „Sicherheit".

- Ungeplante Gründungen ergeben sich in der Regel aus Hobbys und Nebentätigkeiten. Im Gegensatz zu geplanten Gründungen fehlt es ihnen an einer kritischen Auseinandersetzung mit dem Vorhaben, einer Feasibility Study und einem Businessplan.

- Die Mehrheit der neuen Entrepreneure gründet alleine, was ihrer Motivation, sich selbst zu verwirklichen und unabhängig zu sein, entspricht. Gründungen im Team vermeiden die Nachteile von „Alleingängen", was Vorteile für das Unternehmen hat, aber Zugeständnisse an die Partner erfordert.

- Die Art der Gründungsidee beeinflusst das Gründungsvorhaben, den Businessplan und die Strategie ebenso wie das Wachstumspotential und das Risiko zu scheitern.

ZUSAMMENFASSUNG

Fragen zur Diskussion

■ Warum sind innovative Gründungen auch bei Arbeitsteilung entlang einer Wertschöpfungskette in der Regel kostenintensiver als vergleichbare traditionelle Gründungen?

■ Die Arbeitsteilung entlang einer Wertschöpfungskette mindert die Kosten einer innovativen Gründung. Mindert sie auch das Risiko der Gründung?

■ Warum sind aufbauende Gründungen eine Art des Entrepreneurships?

■ Schränken Erben, Unternehmenskauf und MBOs wirklich die unternehmerische Freiheit ein oder handelt es sich dabei nur um eine vorübergehende Einschränkung?

■ Ist Franchising wirklich eine Art des Entrepreneurships oder ist es eine Art der Scheinselbständigkeit?

■ Wenn Franchising eine Art des Entrepreneurships ist, ist es dann eher eine Option für den freiwilligen oder für den unfreiwilligen Schritt zum Entrepreneurship?

■ Warum sollen ungeplante Gründungen eher ein geringes Wachstumspotential haben als geplante?

■ Warum werden die meisten Unternehmen nur von einem neuen Entrepreneur gegründet – liegt es nur am Motiv der Unabhängigkeit? Welchen Einfluss könnten die Branche und die Art der Gründungsidee darauf haben?

■ Der Marktverbleib ist bei nachahmenden Gründungen oft deutlich schwieriger als der Markteintritt. Welche Strategien bieten sich an, um sich dennoch zu behaupten?

■ Warum werden so wenige innovative Geschäftsideen auch umgesetzt, und was würden Sie tun, um das zu verbessern?

Weiterführende Literatur

Arvanitis, S., The Impact of Firm Size on Innovative Activity – An Empirical Analysis Based on Swiss Firm Data, Small Business Economics, 9/6 December, S. 473 – 490, 1997

Baldwin, W.L., Scott, J.T., Market Structure and Technological Change, London, NewYork, 1987

Basu, A., Goswami, A., Determinants of South Asian Entrepreneurial Growth in Britain: A Multivariate Analysis, in: Small Business Economics, 13/1, S. 57 – 70, 1999

Berger, A., Betriebsübergabe gegen Rente in Deutschland, Österreich und der Schweiz, Lohmar-Köln, 2002

Birley, S., Stockley, S., Entrepreneurial Teams and Venture Growth, in: Sexton, D. Landström, H., (Hrsg.), Handbook of Entrepreneurship, Oxford, 2000

Bruining, H., Wright, D.M., Entrepreneurial Orientation In Management Buy-Outs And The Contribution Of Venture Capital, Erasmus Research Institute of Management, Discussion Paper ERS; ERS-2002-67, 2002

Carter, S., Jones-Evans, D., Enterprise and Small Business – Principle, Practice and Policy, Harlow, 2000

Faltin, G., Das Netz weiter werfen – Für eine neue Kultur unternehmerischen Handels, in: Faltin, G., et al. (Hrsg.), Entrepreneurship – Wie aus Ideen Unternehmen werden, München, 1998

Garcia Alvarez, E., Lopez, J., Coherence between values and successor socialization: Facilitating family business continuity, IESE Business School, IESE Research Papers, Nr. D/51, 2003

Gemünden, H.G., Personale Einflussfaktoren von Unternehmensgründungen, in: Achleitner, A.-K., et al. (Hrsg.), Jahrbuch Entrepreneurship – Gründungsforschung und Gründungsmanagement 2003/2004, Berlin, Heidelberg, 2004

Holmes, Th. J., Schmitz Jr., J.A., A Theory of Entrepreneurship and its Application to the Study of Business Transfers, in: Journal of Political Economy, 98/4, S. 265 – 294, 1990

Hoy, F., et al., An Entrepreneurial Slant to Franchise Research, in: Sexton, D. Landström, H., (Hrsg.), Handbook of Entrepreneurship, Oxford, 2000

Kokalj, L., Hüfner, P., Management-Buy-Out/Buy-In als Übernahmestrategie ostdeutscher Unternehmen, Stuttgart, 1994

Stevenson, H.H., Gumpert, D.F., Der Kern unternehmerischen Handelns, in: Faltin, G., et al. (Hrsg.), Entrepreneurship – Wie aus Ideen Unternehmen werden, München 1998

Windsberger, J., Organization of Knowledge in Franchising Firms, Conference Paper, DURID Summer Conference of New and Old Economy – who is embracing whom?, Copenhagen, Juni, 2002

Vom Keim zur Gründung I
Das Offensichtliche

4

ÜBERBLICK

❚❚   *Wir kennen nun die verschiedenen Arten und Formen des Entrepreneurships und wissen, dass nicht jeder neue Entrepreneur ein wirklich neues Unternehmen gründet. Wir wissen auch, dass selbst originäre Gründungen manchmal ungeplant erfolgen.*

In diesem Kapitel geht es um die verbleibenden originären Gründungen, die bewusst und aktiv geplant werden. Es geht darum wie aus dem Keim einer Gründungsidee ein Gründungsplan wird, dass letztlich zu einem neuen Unternehmen führt.

Die offensichtlichen Schritte dahin sind die kritische Auseinandersetzung mit der Idee, die sogenannte Feasibility Study, ein Business Plan und die Finanzierung. Wir wollen hier auf diese offensichtlichen Schritte näher eingehen, um uns im folgenden Kapitel mit weniger offensichtlichen Aspekten zu befassen.

Wie kann also die Machbarkeit und Umsetzbarkeit einer Idee geprüft werden? Was sollte ein Business Plan aussagen? Welche Arten der Finanzierung gibt es? Beeinflusst die Gründungsidee die Möglichkeiten der Finanzierung?

In diesem Kapitel werden wir uns mit all diesen Fragen und den Antworten darauf befassen.

                                                       ❚❚

4.1   Sieben Stufen zur Gründung – die Feasibility Study

Wenn man an Gründungen denkt, wird oft als Erstes der Businessplan damit assoziiert. Das ist im Grunde richtig. Allerdings wird dabei regelmäßig übersehen, dass der Businessplan sich aus einem Gründungsplan ergibt, der selbst auf einer vorangegangenen Feasibility Study beruht.

Bei der Feasibility Study geht es darum, die Machbarkeit und Umsetzbarkeit einer Gründungsidee zu überprüfen. Wir wollen wissen, ob es für den potentiellen Entrepreneur sinnvoll ist, auf der Basis einer bestimmten Idee ein Unternehmen zu gründen. Idealerweise führt uns die Feasibility Study zum Gründungsplan (GP) und damit zu einer Antwort auf die *fünf Ws*:

> Die Feasibility Study führt zu den 5 Ws, dem Gründungsplan, und ist die Vorbereitung und Grundlage des Businessplans.

1.   Was soll angeboten werden?

2.   Wo soll angeboten werden?

3.   Wie soll angeboten werden (z.B. mit welcher Strategie)?

4.   Wer soll gründen (z.B. einer alleine oder ein Team)?

5.   Wann soll gegründet werden (als Ergebnis von 1 bis 4)?

Nach der Idee steht am Anfang des Gründungsvorhabens die Feasibility Study. Die Ergebnisse dieser Machbarkeitsstudie entscheiden darüber, ob die Idee abgeändert oder angepasst werden muss und ob das Vorhaben weiterverfolgt oder fallen gelassen werden sollte.

Die Feasibility Study prüft also, ob und gegebenenfalls wie das *Ziel*, die Idee umzusetzen, erreicht werden kann.

Wie sollten wir bei dieser Feasibility Study vorgehen? Viele werdenden Entrepreneure neigen dazu, den Markt und ihre möglichen Wettbewerber zu untersuchen. Im Grunde ist das auch richtig. Allerdings reicht diese Untersuchung nicht aus, um alle kritischen Aspekte des Gründungsvorhabens zu prüfen. Um eine umfassende Prüfung des Gründungsvorhabens zu erreichen, müssen deutlich mehr Fragen beantwortet werden. Wenn wir alle zu untersuchenden Punkte strukturiert zusammenfassen, kommen wir auf insgesamt sieben Fragen, die wie die Stufen einer Treppe zu einer Antwort auf die fünf großen Ws und damit zum Gründungsplan führen.

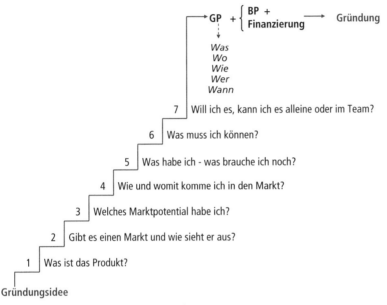

Abbildung 4.1: Sieben Stufen zum Gründungsplan

Jede Stufe konzentriert sich auf einen Aspekt des Gründungsvorhabens. Sie zwingt uns dabei, unsere Vorstellungen klar zu formulieren und eine Entscheidung zu fällen, ohne die wir die nächste Stufe nicht erklimmen können.

4.1.1 Stufe 1 – Was ist mein Produkt?

Die erste Stufe hat immer den Anschein, die einfachste zu sein. Das liegt daran, dass die Frage „*Was ist mein Produk*t" oft mit der Gründungsidee bereits beantwortet zu sein scheint.

Tatsächlich ist das aber nicht immer der Fall. Denn das Entscheidende bei dieser Frage ist, sehr konkret zu wissen, was das Produkt ist. Das bedeutet, in der Lage zu sein, das Produkt sehr klar von gegebenenfalls ähnlichen Produkten abzugrenzen.

Auf Stufe 1 wird das Produkt abgrenzend und klar definiert.

Nehmen wir beispielsweise einen Friseursalon. Das Produkt ist ein Haarschnitt. Aber für wen – für Damen, Herren, Kinder oder vielleicht für alle mit allen Extras einschließlich Farbberatung? Sollen die Haarschnitte eher traditionell, modern oder trendy sein? Der Frisör kann vielleicht alles, aber selten können Menschen oder ihre Unternehmen alles gleich gut. Unser Frisör wird sich also entscheiden müssen, worauf er sich konzentrieren möchte, denn das entscheidet, ob er mit Damensalons, Familienfriseuren oder Szene-Haar-Studios im Wettbewerb steht.

4.1.2   Stufe 2 – Gibt es einen Markt und wie sieht er aus?

Ist einmal das Produkt klar definiert, wird auch der Markt, den man betreten möchte, klar und abgegrenzt sichtbar. Nun sind Märkte durch Angebot und Nachfrage bestimmt. Für uns bedeutet das, dass wir zur Beantwortung der Frage „Wie sieht der Markt aus" beide Seiten betrachten müssen. Dazu müssen wir vier Aspekte etwas genauer beleuchten:

1.   Wo ist der Markt?

2.   Wie groß ist der Markt?

3.   Welche Besonderheiten hat der Markt?

4.   Wer sind unsere Konkurrenten?

Wo ist der Markt?

Zunächst müssen wir feststellen, wo der Markt ist. Die Frage mag sonderbar erscheinen, aber je nach Branche kann sie für die spätere Wahl des Standorts entscheidend sein. So wird die Gründung einer Fahrschule in einem Ort mit 200 Einwohnern vermutlich wenig sinnvoll sein.

> Auf Stufe 2 wird der Markt lokalisiert und die Besonderheiten und Konkurrenten bestimmt.

Der Markt liegt nun mal nicht immer vor der eigenen Haustür. Dennoch gründet die Mehrheit neuer Entrepreneure ihr Unternehmen an ihrem Wohnort. Das liegt zum Teil daran, dass sie diese Frage einfach vernachlässigen oder beispielsweise die Kosten, das Unternehmen anderswo zu gründen, scheuen. In manchen Fällen spielt die Nähe zum Markt aber keine Rolle, wie beispielsweise bei Programmierern, die ihr Produkt über das Internet versenden können.

Die Frage nach dem Standort des Marktes hilft uns somit, die implizite Frage nach dem eigenen Standort zu beantworten. Die Antwort sagt uns, wo unsere potentiellen Kunden sind. Die Gründungsidee entscheidet dann darüber, ob wir deren Nähe suchen sollten oder gegebenenfalls die Nähe unserer Lieferanten.

Wie groß ist der Markt?

Wenn wir wissen, welchen abgegrenzten Markt wir betreten möchten, sollten wir ihn auch auf seine Größe hin untersuchen. Damit können wir erfahren, ob wir mit unserer Gründung eher „ein kleiner Fisch im großen Teich" werden, die Chance darauf haben, „ein großer Fisch im kleinen Teich" zu werden, oder vielleicht gar nicht in den Teich passen. Die Frage ist also, wie groß unser Markt ist?

Idealerweise möchten wir wissen, welche Menge unseres Produkts darauf abgesetzt und welcher Umsatz dabei erzielt wird.

Wie wir aus Kapitel III wissen, ist das aber nicht immer einfach. Je nach Gründungsidee sind Marktdaten schwer zugänglich oder gar nicht vorhanden. Daneben besteht das Problem der lokalen Abgrenzung des Marktes. Denn selbst bei nachahmenden Gründungsideen sind die vorhandenen Marktdaten häufig nur national verfügbar. Sie geben keine Auskunft über den Ort oder die Stadt, in der man gründen möchte.

In den meisten Fällen ist die Antwort auf die Frage daher bestenfalls eine Schätzung. Dennoch hilft uns auch diese Schätzung bei der Entscheidung, ob der Zielmarkt groß genug ist, um ihn mit einer Gründung zu betreten.

Welche Besonderheiten hat der Markt?

Jeder Markt hat seine Besonderheiten. Eine kennen wir bereits aus Kapitel III, nämlich die Frage nach der Versorgungslücke. Grundsätzlich unterscheidet man zwischen drei Zuständen eines Marktes: schrumpfend, stagnierend oder wachsend. Versorgungslücken treten meistens auf wachsenden Märkten auf, weshalb Gründungen auf diesen Märkten größere Chancen eingeräumt werden. Aber nicht jeder Markt wächst, und das wirkt sich unmittelbar auf den Gründungsplan aus.

Erinnern wir uns an die Fahrschule. Die Kunden sind in der Regel 17- bis etwa 22-Jährige. Bisher konnte man davon ausgehen, dass diese Kunden in einem stetigen Strom nachwachsen. Das ist aber in vielen europäischen Staaten und Städten nicht mehr der Fall. Das heißt, der Markt schrumpft und die bereits existierenden Fahrschulen werden vermutlich noch stärker um die weniger werdenden Kunden konkurrieren. Unser Fahrschulgründer sollte daher billiger anbieten oder es vielleicht mit einem Fuhrpark aus Ferraris versuchen, um dennoch genügend Kunden zu bekommen.

> Der Markt wird auch durch die Schnelligkeit der Innovation und des Wandels geprägt.

Die Besonderheiten eines Marktes werden aber nicht nur durch den Zustand geprägt. Der so genannte Produktlebenszyklus und die Abhängigkeit von Kunden und Lieferanten sind ebenfalls von Bedeutung.

Unter Produktlebenszyklus versteht man die Phasen – oder eben Zyklen –, die ein Produkt bis zu seiner Ablösung durch ein neues durchläuft. Diese Zyklen und vor allem ihre Dauer beeinflussen den Markt und können die darauf agierenden Unternehmen vor große Herausforderungen stellen.

Erinnern wir uns an den Programmierer, der mit einer bestimmten Software gründen möchte. Weil der Wettbewerb groß ist und die Kunden meist komfortablere Lösungen wollen, durchläuft eine Software in der Regel wenige Zyklen in sehr kurzer Zeit. Sie wird eingeführt, verbreitet, muss um Fehler bereinigt werden und entspricht, wenn sie fehlerfrei läuft, schon nicht mehr den neuen Bedürfnissen der Kunden oder die Konkurrenz verspricht längst mehr. Ohne Verbesserungen wird die Software also nicht lange verkauft werden können.

Die Besonderheiten eines Marktes zu untersuchen ist somit zentral, aber längst nicht immer so klar wie im Fall des Programmierers. Dieser hat vermutlich nur dann eine Chance, wenn er sich neben dem Vertrieb um die Entwicklung einer Nachfolgeversion kümmert.

Abhängigkeitsverhältnisse zu Kunden und/oder Lieferanten und Usancen sind weitere Punkte, die Märkte kennzeichnen. Leider sind sie nicht immer offensichtlich. Das gilt besonders für Märkte, auf denen der Auftrag und die Chance auf Erfolg in hohem Maße von persönlichen Beziehungen abhängt.

Das Aufdecken der Marktbesonderheiten ermöglicht es uns somit, das Spielfeld und die Spielregeln des Zielmarkts im Vorfeld besser kennen zu lernen. Es hilft uns bei der Entscheidung, ob wir den Markt wirklich betreten wollen und welche Anpassungen oder Vorkehrungen dafür gegebenenfalls nötig sind.

> Auf innovativen Märkten ist der Produktlebenszyklus meist kurz.

Wer sind unsere Konkurrenten?

Mit beinahe jedem Produkt stößt man auf Konkurrenten. Bei nachahmenden Gründungsideen ist das offensichtlich. Bei innovativen Gründungsideen dagegen weniger. Hier sind die „Konkurrenten" die Unternehmen, deren Produkte durch das eigene abgelöst oder ersetzbar wird.

Der Vorteil der Konkurrenten ist, dass sie bereits auf dem Markt sind und nicht selten das „Spielfeld" und die „Spielregeln" prägen. Sie haben in der Regel auch kein Interesse an neuen Konkurrenten oder Produkten, die den Verkauf ihrer eigenen Produkte gefährden könnten. Im schlimmsten Fall möchten sie neue Anbieter nicht auf das „Spielfeld" lassen und erst recht nicht mit ihnen „spielen".

> Die Konkurrenten prägen bereits den Markt und das „Spielfeld".

Wenn wir den Markt betreten wollen, müssen wir also wissen, wer unsere Konkurrenten sind:

1. Wie viele sind es?

2. Wie groß sind sie?

3. Wie gut ist ihr Angebot im Vergleich zu unserem?

Idealerweise möchten wir ihre Stärken und ihre Schwächen untersuchen, um daraus die Punkte zu ermitteln, die unser Bestehen am Markt erleichtern.[1]

Auch das ist nicht immer einfach. Sensitive Informationen wie beispielsweise zu Kosten oder Erträgen sind selten öffentlich zugänglich. Ähnliches gilt für den Anteil der Nachfrage, den die einzelnen Wettbewerber bedienen, also deren Marktanteil. Aus diesem Grund beschränkt sich die Stärken-Schwächen-Analyse meist auf das Angebot.

> Um uns abzuheben, müssen wir die Stärken und Schwächen unserer Konkurrenten und ihrer Produkte kennen.

---

1. Für die Untersuchung der Stärken und Schwächen bietet sich in der Regel eine SWOT-Analyse an. Damit können die Stärken und Schwächen zusammenfassend auch grafisch illustriert und mit den eigenen Stärken und Schwächen verglichen werden.

Die Analyse offenbart allerdings auch, welchem Wettbewerber wir am meisten Konkurrenz machen werden. Das ist insofern wichtig, als die Konkurrenten in der Regel auf neue Anbieter in der einen oder anderen Form reagieren. Das kann beispielsweise durch ein verbessertes Angebot erfolgen, durch das unsere Stärken und somit Chancen und Ertragsmöglichkeiten geschwächt werden. Sie könnten aber auch in einer unfairen oder illegalen Art reagieren. Die Analyse der Konkurrenten und der spätere Businessplan sollten daher die wahrscheinlichsten Reaktionen der Konkurrenten berücksichtigen.

Die Analyse der Konkurrenten hilft uns somit bei der Entscheidung, ob und gegebenenfalls wo und wie wir uns von den Konkurrenten abheben können.

4.1.3 Stufe 3 – Welches Marktpotential habe ich?

Die Analyse des Marktes und der Wettbewerber ermöglicht es im nächsten Schritt, unsere Chancen und Risiken genauer zu untersuchen.

Hierbei geht es zunächst um das Potential, welches das neue Unternehmen hat. Das hängt natürlich von der Art der Geschäftsidee und dem Zustand des Marktes ab. So besteht auch für neue Unternehmen die Möglichkeit, mit wachsenden Märkten zu wachsen. In dem Fall wird die zunehmende Nachfrage und die Möglichkeit, dieser nachzukommen, das Potential maßgeblich beeinflussen.

> Auf Stufe 3 werden die Chancen & Risiken ermittelt und einander gegenübergestellt.

Auf stagnierenden oder gar schrumpfenden Märkten wird das Potential dagegen vielmehr von unternehmensinternen Faktoren geprägt. Hier geht es vermehrt darum, ob wir günstiger oder ein besseres Produkt anbieten können bzw. ob wir langfristig die Schwächen unserer Konkurrenten ausnutzen können.

Neben diesen Fragen gehört zur Ermittlung des Potentials allerdings auch eine Untersuchung des eigenen Preises. Das Angebot und die Preise der Konkurrenten sind uns bereits aus Stufe 2 bekannt. Die Frage ist daher, zu welchem Preis wir anbieten können und wollen. Viele Gründer vernachlässigen diesen Punkt. Sie orientieren sich bei ihrer Kalkulation am Marktpreis oder am Preis vergleichbarer Produkte. Als Ansatz ist das auch nicht falsch. Wichtig ist dabei aber, die eigenen Kosten *vollständig* zu berücksichtigen, was selbst bei vielen etablierten Unternehmen nicht geschieht.

> Der Preis muss die eigenen Kosten vollständig berücksichtigen.

Nur so ist es jedoch möglich, neben dem so genannten Umsatzpotential (erreichbare Absatzmenge x Preis) auch das Ertragspotential (erreichbarer Umsatz – Kosten) halbwegs genau zu ermitteln.

In der Regel werden beide Werte am Anfang nicht sonderlich hoch sein. Wichtig ist daher eine *realistische* Prognose, wie die Umsätze und Kosten sich im Laufe der ersten zwei bis drei Jahre entwickeln werden.

Eine *realistische* Prognose verlangt einem potentiellen Gründer aber sehr viel ab. Das liegt an der emotionalen Verbundenheit des werdenden Entrepreneurs mit dem Projekt. Persönliche Hoffnungen und Erwartungen werden dann leicht als realistische Prognose missverstanden.

Die Chancen werden von einer realistischen Prognose bestimmt – die nicht immer einfach ist.

Fehlprognosen und die Vorstellung eines übertriebenen Potentials sind ein grundsätzliches Risiko, das mit beinahe allen Gründungsprojekten verbunden ist. An deren Folgen scheitern junge Unternehmen regelmäßig.

Je größer das Gründungsprojekt ist, desto dringlicher sollte die Prognose, auf deren Grundlage ja das Potential ermittelt wird, von einem unvoreingenommenen Dritten überprüft oder zumindest begleitet werden.

Die Untersuchung des Marktes und der Konkurrenz zeigt auch die Stärken Letzterer auf. Je nach Gründungsidee schließt das auch deren Fähigkeit ein, durch günstigere Preise oder ein angepasstes Produkt auf uns zu reagieren. Das heißt, wir müssen das Risiko eines langsameren Kundenaufbaus als erhofft berücksichtigen.

Gerade in dem Bereich, wo die Kunden selbst Unternehmen sind, also dem Business-to-Business- *(B2B-)* Bereich, hoffen Gründer dieses Risiko durch den Aufbau einiger weniger aber dafür großer Kunden zu vermeiden. Dadurch schaffen sie aber ein neues Risiko: die Abhängigkeit von einigen wenigen Kunden.

4.1.4 Stufe 4 – Wie und womit komme ich in den Markt?

Erst nachdem wir das Produkt, den Markt, die Konkurrenten und unsere Chancen und Risiken kennen, können wir uns ernsthaft der Frage zuwenden, *wie* wir den Markt betreten wollen und *was* wir dafür benötigen.

Auf Stufe 4 wird geprüft, wie und womit der Markt betreten werden kann.

Je nach Gründungsidee bieten sich für das *WIE* unterschiedliche Möglichkeiten an. Eine davon ist die Kooperation mit bereits etablierten Unternehmen entlang der Wertschöpfungskette, wie beispielsweise Lieferanten oder nicht unmittelbar konkurrierende Unternehmen. Diese Möglichkeit oder ihre Erforschung wird von Gründern häufig übersehen. Sie ist aber eine der Erfolgsfaktoren so genannter Minoritäten-Gründungen, wie beispielsweise von Zugehörigen ethnischer Minderheiten. Aber auch so genannte Cluster-Regionen, wie ehemals das Silicon Valley, eröffnen ähnliche Kooperationsmöglichkeiten mit Anbietern artverwandter oder ergänzender Produkte.

Der Vorteil der Kooperation besteht nicht nur darin, einen bereits etablierten Partner zu haben, sondern sie kann auch die zum Eintritt erforderlichen Investitionen mindern. Denn die Frage nach dem *WIE* beinhaltet nicht nur die Frage *mit wessen Hilfe*, sondern auch die nach dem *WOMIT*.

Das heißt, wir können jetzt auch einschätzen, welche praktischen Schritte und Investitionen wir tätigen müssen, um den Markt zu betreten und darauf zu bestehen. Wir müssen also den konkreten Bedarf für den Markteintritt und die nachfolgende Geschäftstätigkeit ermitteln. Dabei lässt sich der Bedarf grob in drei Kategorien unterteilen:

1. einmaliger Bedarf, der für die formale Gründung nötig ist

2. laufender Bedarf, der nötig ist, um überhaupt anbieten zu können – das sind die so genannten fixen Kosten

3. Output-bezogener Bedarf, der durch das eigentliche Herstellen & Anbieten entsteht – das sind die so genannten variablen Kosten

Die folgende Übersicht bietet einen beispielhaften Überblick über Punkte, die dabei bedacht werden sollten. Da die meisten Punkte mit Kosten verbunden sind, fügen wir diese, auch im Hinblick auf den späteren Businessplan, in einer separaten Spalte gleich hinzu.

Übersicht 1: Was wird für den Markteintritt benötigt – einmaliger, laufender und Output-bezogener Bedarf

Einmaliger Bedarf / Angelegenheit	Laufender Bedarf / fixe Kosten	Output-bezogener Bedarf / variable Kosten
Gewerbeanmeldung	Geschäftsräume incl. Nebenkosten	Werbung & Messen
ggf. Nachweise und Genehmigungen	Lizenzen	Materialaufwendungen & Einkauf
Anwalt	Versicherungen	Kommunikation
ggf. Gütertrennung Formulierung der AGB ggf. Arbeitsverträge	Pflichtbeiträge	Sonstige Vertriebsaufwendungen
ggf. Notar	Unternehmerlohn	ggf. Forschung & Entwicklung
ggf. Stammeinlage	ggf. festes Personal incl. Sozialabgaben	ggf. befristetes Personal (oder Arbeitszeitvermittlung)
Eintragungen	Fahrzeuge	
Steuerberater	Steuerberater Forschung & Entwicklung (F&E)	
Ersteinrichtung, z.B.: EDV, Anlagen & Geräte Mobiliar, Arbeitsplätze & Büromaterial Fahrzeuge		

4.1.5 Stufe 5 – Was habe ich, was brauche ich noch?

Ist der Bedarf festgestellt, können wir diesen mit dem, was wir bereits haben, vergleichen und so feststellen, was wir noch benötigen.

Es geht also im Wesentlichen um Ressourcen. Wie Übersicht 1 zeigt, ist der Bedarf daran aber nicht statisch, sondern zumindest im Bereich der variablen Kosten dynamisch. Das heißt, wir werden zu Beginn nicht nur die Kosten der Gründung und die fixen Kosten tragen müssen, sondern sobald das Unternehmen läuft, werden noch die variablen Kosten hinzukommen.

> Auf Stufe 5 wird der Bedarf an Ressourcen dem Verfügbaren gegenübergestellt.

Aus diesem Grund sollte die Gegenüberstellung eine Periode von zwei bis drei Jahren, mindestens aber bis zum Zeitpunkt, an dem sich das Unternehmen selbst trägt, abdecken. *Abbildung 4.2* illustriert das Problem.

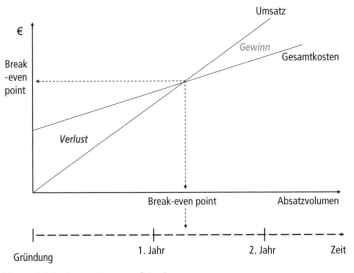

Abbildung 4.2: Zeit, Kosten, Umsatz und Gewinn

Der BEP gibt an, wann der Umsatz die Gesamtkosten trägt.

Der Punkt, an dem sich das Unternehmen selbst trägt, hängt von der Gründungsidee, dem Markt und der Art, wie er betreten wird, ab. Im Allgemeinen tritt dieser Break-even point (*BEP*) jedoch erst ein bis zwei Jahre nach der Gründung ein. Das liegt daran, dass die fixen Kosten bereits mit der Gründung anfallen, die Umsätze während der Anfangsphase aber noch gering sind. In dieser Zeit müssen junge Unternehmen somit trotz Einnahmen einen Verlust tragen. Dieser muss bei der Gegenüberstellung dessen, was wir haben, mit dem, was wir noch benötigen, berücksichtigt werden.

Die Ermittlung des Break-even point wird maßgeblich von unserer Prognose beeinflusst. Ist sie überoptimistisch, laufen wir Gefahr, den Bedarf bis zum Break-even point zu unterschätzen.

Bisher haben wir den Bedarf als einen Bedarf an Ressourcen aufgefasst. Das entspricht auch dem Vorgehen der meisten werdenden Entrepreneure. Das private Auto wird zum Firmenwagen und der private Computer zum Firmencomputer. Spätestens bei der Bedarfsplanung für die ersten zwei bis drei Jahre wird aber deutlich, dass die Vermischung von Sach- und Geldwerten die eigentlichen Kosten verschleiern kann. Was geschieht, wenn beispielsweise das ehemals private Auto nach sechs Monaten erneuert werden muss?

Der Bedarf sollte daher stets auch mit seinem Geldwert erfasst werden, selbst wenn es sich um einen Sachwert handelt. Erst dadurch wird der Wert dessen, was wir eingebracht haben, und dessen, was noch benötigt wird, deutlich.

Ist der Bedarf auf diese Weise erfasst, wird das, was noch benötigt wird, als Kapitalbedarf sichtbar. Der Kapitalbedarf ist dann der Betrag, der beschafft werden muss. Ohne dem Aspekt der Kapitalbeschaffung vorzugreifen, müssen wir hierbei berücksichtigen, dass Kapital auch Kosten hat. Wir müssen diese Kosten, beispielsweise die Darlehenszinsen, in den Kapitalbedarf mit einrechnen, um letztendlich zu wissen, was wir für das Gründungsvorhaben noch benötigen.

4.1.6 Stufe 6 – Was muss ich können?

Nicht jeder gute Fußballer ist auch ein guter Vorstand für einen Fußballclub. Neben Kenntnisse des Spiels sind dafür unter anderem auch Management-, Führungs- und Vertriebsfähigkeiten erforderlich, die man als Fußballer nicht immer erwirbt.

Auf Stufe 6 werden die nötigen Fähigkeiten & Kenntnisse ermittelt.

Gründern geht es ähnlich. Sie haben die erforderlichen Fähigkeiten nicht immer erwerben können. Wenn sie sich nicht vorher zumindest um Grundkenntnisse bemühen, ist die Gründung ihre erste Chance, dann allerdings ohne doppeltes Netz. Fehlentscheidungen wirken sich dann unmittelbar auf das Unternehmen aus.

Selbst viel versprechende Gründungsvorhaben scheitern daran regelmäßig, denn die Lage neuer Entrepreneure ist oft ungünstig. Sie haben wenige oder gar keine Mitarbeiter und müssen vieles oder alles alleine machen, oft zum ersten Mal.

Die Untersuchung der Machbarkeit muss daher nicht nur das Gründungsvorhaben, sondern auch die Fähigkeiten der Gründer, die das Unternehmen später führen wollen, einschließen.

Nun sind die Fähigkeiten, die zur Führung eines Unternehmens nötig sind, weder abschließend definiert noch messbar und sind ebenso, wie die Lernfähigkeit Einzelner, schwer zu erfassen. Diese so genannten *„Hard & Soft Skills"* üben aber dennoch einen erheblichen Einfluss auf das Gelingen eines Gründungsvorhabens aus.

Hard & Soft Skills beeinflussen den Erfolg erheblich.

Was sollte ein Gründer also können, welche Fähigkeiten sollte er haben? Die folgende Übersicht bietet eine Zusammenstellung wichtiger Hard & Soft Skills. Während die Hard Skills überwiegend auf Wissen beruhen, sind die Soft Skills mehr ein Ergebnis der Persönlichkeitsbildung und somit schwerer zu erwerben.

Wie uns Übersicht 2 zeigt, existieren im Bereich der Hard Skills zahlreiche Fähigkeiten, zu denen auch vor der Gründung Grundkenntnisse im Rahmen von Seminaren oder durch Fachliteratur erworben werden können. Im Bereich der Soft Skills ist das allerdings schwieriger. Hier können Freunde und Familie aber auch Kurse, in denen die eigenen persönlichen Stärken und Schwächen aufgedeckt werden, einen wichtigen Beitrag zur Entwicklung der Soft Skills leisten.

Stufe 6 zeigt uns also, welche Fähigkeiten wir bereits haben, und hilft uns zu erkennen, welche Fähigkeiten wir zum Gelingen des Gründungsvorhabens noch weiter entwickeln müssen.

Übersicht 2: Entrepreneurship-relevante Hard & Soft Skills

Hard Skills	Soft Skills
Marktkenntnisse besonders der Usancen	Selbstmotivation
Kommunikations- und Präsentationsfähigkeiten	Überzeugungs- & Motivationsfähigkeit in Bezug auf Dritte
Verhandlungsfähigkeiten und -strategien	Problemlösungsfähigkeiten
Solide Grundkenntnisse im Vertrags-, Gesellschafts-, Haftungs- u. Arbeitsrecht	Zuhören & Kritikfähigkeit
Buchhaltungskenntnisse	Kreativität und Empfänglichkeit für neue Ideen und Methoden
Preiskalkulation	Gewinnstreben
Projektmanagement	Fähigkeit, unter Druck zu arbeiten und Entscheidungen zu fällen
Zeitmanagement & Prioritätensetzung	Sorgfältigkeit
Personalführung, besonders Team- building, konstruktive Kritik, Ziele setzen	Ethische und moralische Grundsätze
Businessplan-Entwicklung	

4.1.7 Stufe 7 – Will ich und kann ich das, alleine oder im Team?

Auf Stufe 7 erfolgt die finale Stop- oder Go-Entscheidung.

In den vorangegangenen sechs Stufen wurden die Idee, der Markt, der Eintritt, die Chancen und Risiken, der Bedarf und die eigenen Fähigkeiten untersucht. Jetzt müssen wir uns der Frage stellen, ob wir das Gründungsvorhaben, wie es sich nun darstellt, wollen und das dafür Erforderliche leisten können.

Die Eingrenzung des Produkts, Bestimmung der Strategie oder andere gegebenenfalls nötige Anpassungen können die ursprüngliche Vorstellung des Vorhabens dahingehend verändern, dass man es nicht mehr will. Die Gründung und der Aufbau des Unternehmens werden den neuen Entrepreneur aber für die kommenden Jahre gänzlich in Anspruch nehmen. Für das Gelingen des Vorhabens ist es deshalb entscheidend, dass der Gründer es wirklich will und sich dem Vorhaben gänzlich verschreibt.

Wie wir in Kapitel V sehen werden, bedeutet das meist auch, das Privatleben an die Bedürfnisse des Unternehmens anzupassen. Die Chancen und die Möglichkeit der Unabhängigkeit mögen das erstrebenswert erscheinen lassen. Für werdende Entrepreneure mit Familie heißt das in der Regel aber auch, dass die Familie das Risiko mittragen muss.

Allerdings muss auch vor dem Hintergrund des Bedarfs und der eigenen Fähigkeiten geprüft werden, ob die Gründung alleine oder eventuell im Team erfolgen sollte. Diese Prüfung und die gegebenenfalls nötige Verbesserung der Hard & Soft Skills helfen bei der Entscheidung, ob, von wem und vor allem wann die Gründung in Angriff genommen werden sollte.

4.2 Was sollte der Businessplan aussagen?

Nachdem die Feasibility Study abgeschlossen ist und wir nun wissen, was, wo, wie, von wem und wann gegründet werden soll, geht es nun darum, diese Erkenntnisse zu *einer anleitenden Wegbeschreibung zum Ziel* zusammenzufassen.

> Der Businessplan ist im Grunde eine anleitende Wegbeschreibung zum Ziel.

Der Businessplan soll uns durch den dynamischen Prozess des Wachstums, vom Keim der Idee zum Unternehmen führen. Im Grunde gleicht er damit einer Anleitung zum Pflanzen. Auch darin steht, welche Saat wir benötigen, wie, wo und wann wir sie säen, wie häufig wir sie im Verlauf gießen müssen und wie groß die Pflanze dann wird – wenn das Wetter mitspielt. Der einzige Unterschied zum Pflanzen ist, dass wir auf das Wetter, in unserem Fall den Markt, vielleicht einen gewissen Einfluss haben.

Der Businessplan hat also eine anleitende Funktion. Er ist unsere Handlungsgrundlage. Damit ist er aber auch die Entscheidungsgrundlage für Kapitalgeber oder eine Bank, wenn es um ein Darlehen geht. Deshalb wird Letzterem oft mehr Bedeutung beigemessen als Ersterem. Viele Gründer neigen sogar dazu, den Businessplan ausschließlich als Entscheidungsgrundlage einer Bank misszuverstehen. Sie versuchen daher, den Businessplan möglichst attraktiv zu gestalten, was im Einzelfall so weit gehen kann, sich Chancen auszumalen, während Vorkehrungen für Risiken, wie eine auftragsmindernde Reaktion der Konkurrenten, darin ausgespart werden.

> Er ist unsere Handlungsgrundlage und die Entscheidungsgrundlage für Kapitalgeber.

In solchen Fällen erfüllt der Businessplan den Zweck einer um Kapital werbenden Selbstdarstellung. Die Funktion einer anleitenden Wegbeschreibung erfüllt er dann in der Regel nicht mehr.

Wie sollte also ein Businessplan aussehen, der uns als Handlungsgrundlage und Kapitalgebern als Entscheidungsgrundlage dienen soll?

Der Businessplan setzt sich aus vier Teilen zusammen, in denen die Ergebnisse und Entscheidungen aus der Feasibility Study zusammengefasst werden. Die vier Teile sind:

1. Beschreibung des Gründungsvorhabens

2. Der Marketing-Plan

3. Der Management-Plan

4. Der Finanzplan

Im Finanzplan werden alle Teile zu einer Matrix zusammengefasst, aus der alle Kosten und alle projektierten Erträge und damit die Gewinn- und Verlustrechnung für die kommenden drei Jahre ersichtlich wird.

4.2.1 Beschreibung des Gründungsvorhabens

Die Beschreibung des Gründungsvorhabens beginnt mit formalen Daten. Wer will gründen, wie soll das Unternehmen heißen, welche Rechtsform soll es haben und welcher Aktivität soll es nachgehen (z.B. Herstellung von ..., Vertrieb von ... oder Bereitstellung von ...).

Damit leiten wir zum eigentlichen Inhalt dieses Teils über: die Gründungsidee, den Markt und die Konkurrenten, unsere Prognose und die sich daraus ergebenden Chancen und Risiken.

In einer Übersicht zusammengefasst ergibt sich daraus die folgende Struktur und damit auch Fragen, die wir in diesem Teil beantworten wollen.

Übersicht 3: Beschreibung des Gründungsvorhabens		
1	Formale Daten	Name der Gründer/Inhaber Name des Unternehmens Rechtform und Geschäftsaktivität
2	Die Gründungsidee	Was ist das Produkt? Worum geht es? Was wollen wir machen? Ist daran ggf. etwas Besonderes? Warum wollen wir es machen?
3	Der Markt	Unsere Ergebnisse zum Markt, insbesondere Zustand, Größe, Umsätze, Preise und Besonderheiten *(z.B. Jahreszeit oder Konjunkturabhängigkeit)*
4	Der Wettbewerb	Anzahl, Marktanteile, Veränderungen Gegebenenfalls Erkenntnisse aus Fehlern und Erfolgen anderer
5	Die Prognose	Unsere Annahmen und Erwartungen Welches Potential hat das Unternehmen? Warum wird das Unternehmen profitabel?

Damit sollte aus der Beschreibung des Gründungsvorhabens klar hervorgehen, was wir machen wollen, welche Ziele wir haben und welche Chance besteht, sie zu erreichen.

4.2.2 Der Marketing-Plan

Bei dem Marketing-Plan geht es darum aufzuzeigen, wie wir den Markt betreten, uns darauf behaupten und wachsen wollen. Es geht also darum, wie wir das im ersten Teil benannte Potential realisieren wollen. Die hierfür zu beantwortenden Fragen sind in Übersicht 4 zusammengefasst.

Übersicht 4: Der Marketing-Plan

1	Der Zielmarkt	Wer sind unsere Kunden? Wo sind unsere Kunden? Ist an ihnen etwas Besonderes? *(Z.B. Reagieren auf Jahreszeiten, Konjunktur oder anderes)*
2	Der Zustand des Marktes & die unmittelbaren Konkurrenten	Wie gehen wir mit dem Zustand des Marktes um? *(Z.B. wenn er schrumpft oder stagniert)* Wer sind unsere fünf unmittelbarsten Konkurrenten? Schrumpfen, stagnieren oder wachsen sie? Was sind deren Stärken und Schwächen? *(Z.B. aus SWOT-Analyse)* Wie unterscheidet sich ihr Produkt von unserem? Was können wir von ihnen lernen? *(Z.B. von ihrer Werbung)*
3	Die Marktausdehnung und -differenzierung	Können und wollen wir unseren Markt ausdehnen? *(Z.B. geographisch)* Wollen wir sukzessive in neue Märkte oder Teilmärkte vordringen?
4	Die Kundenansprache	Wie wollen wir Kunden gewinnen, halten und deren Anzahl mehren? Welche Strategie wollen wir dafür verfolgen? *(Z.B. Produktdifferenzierung oder Kostenführerschaft)* Wie wollen wir werben und unser Angebot kommunizieren?
5	Der Preis	Wie wollen wir unseren Preis oder unsere Preise gestalten? *(Z.B. Paketangebote, Preislinien oder Differenzierung nach Kunden)*

Das Problem bei der Erstellung des Marketing-Plans ist, dass man im Vorfeld in der Regel nicht definitiv weiß, welche Werbemittel und welches Maß an diesen Mitteln nötig sind, um das Ziel zu erreichen. Hinzukommt, dass während der Gründungsphase die Mittel meist knapp bemessen sind. Das verleitet die Gründer häufig dazu, die zur Kundenansprache bereitgestellten Mittel nicht nach dem zu bemessen, was vermutlich nötig ist, sondern nach dem, was übrig ist.

Maßnahmen sollten sich nicht an dem Möglichen, sondern dem Nötigen orientieren.

Wie bereits in Abschnitt 4.1 bemerkt, besteht beim Preis und seiner Gestaltung die Gefahr, sich zu sehr am Markt und zu wenig an den eigenen Kosten zu orientieren. Langfristig sollte der Umsatz mindestens alle Kosten decken. Das dazu nötige Auftragsvolumen hängt aber auch von der Kundenansprache ab, und die verursacht Kosten, die bei der Gestaltung des Preises berücksichtigt werden müssen.

4.2.3 Der Management-Plan

> Im Management-Plan müssen Kenntnisse, Fähigkeiten und die Organisation deutlich werden.

Der Management-Plan befasst sich damit, wie wir das Unternehmen intern gestalten und leiten wollen. Es geht darum, wer beispielsweise wofür zuständig sein soll und welche Fähigkeiten, Kenntnisse und Erfahrungen die Person mitbringt. Es geht also um die Stärken und Schwächen der Gründer und darum, wie sie die Aufgaben entsprechend aufteilen und erfüllen wollen.

In diesem Zusammenhang ist folglich der persönliche Hintergrund von Bedeutung. Haben die werdenden Entrepreneure persönliche Verpflichtungen, die eine bestimmte finanzielle Absicherung erfordert?

Zum Management-Plan gehört ebenso der interne Aufbau des Unternehmens. Das beinhaltet auch die Frage, ob, wann und wofür Mitarbeiter eingestellt werden sollen.

Übersicht 5 fasst die zentralen Fragen, die für den Management-Plan beantwortet werden müssen, zusammen.

Übersicht 5: Der Management-Plan

1	Personen	Wer leitet das Unternehmen? Welchen beruflichen und privaten Hintergrund haben die Personen? Welche Verpflichtungen haben sie?
2	Aufgaben	Wer übernimmt welche Aufgaben? Welche aufgabenbezogenen Stärken und Schwächen haben die Personen? Welche Maßnahmen sind zur Verbesserung der aufgabenbezogenen Fähigkeiten geplant?
3	Mitarbeiter	Sollen Mitarbeiter eingestellt werden? Wann? *(Z.B. gleich zu Beginn oder ab einem Auftragsvolumen von ...)* Für welche Bereiche und Aufgaben? Wie viele Mitarbeiter sollen bis wann eingestellt werden? Über welche Fähigkeiten/Erfahrungen sollen sie verfügen?
4	Gehälter	Wie hoch sollen die Unternehmergehälter sein? Wie sollen sie sich entwickeln? Wie hoch sollen die Mitarbeitergehälter sein?
5	Rechnungswesen & Controlling	Wie und womit soll das Rechnungswesen erfolgen? Welche Abläufe *(z.B. Produktion, Vertrieb)* werden wie *(z.B. Kostenerfassung, Kostenstellen)* erfasst? Wie häufig werden die Controlling-Ergebnisse ausgewertet? *(Z.B. Gegenüberstellung Kosten und Preise)*

Der Aspekt des Personals ist in der Regel eng mit dem Wachstum des Unternehmens und damit mit der Erfüllung der Prognose verbunden. Viele Gründer sind sich der Kosten fest eingestellten Personals aber nicht bewusst. Hierzu zählen neben dem Gehalt die Sozialabgaben, Sonderzahlungen wie Urlaubs und Weihnachtsgeld, und – wenn auch einmalig – auch die Einrichtung des Arbeitsplatzes.

Bevor Mitarbeiter eingestellt werden, muss deshalb gewährleistet sein, dass die mit ihnen verbundenen laufenden Kosten auch längerfristig gedeckt werden können. Letztlich muss der Mitarbeiter sämtliche mit ihm verbundene Kosten auch erwirtschaften.

> Mitarbeiter kosten zunächst mehr als ihr Gehalt – sie sollten diese Kosten auf Dauer erwirtschaften.

Als Zwischenschritt bieten sich Zeitarbeitsfirmen an, mit deren Mitarbeitern die Nachhaltigkeit eines bestimmten Umsatzniveaus zunächst geprüft werden kann, bevor ein Mitarbeiter fest eingestellt wird. Diese Möglichkeit hat zudem den Vorteil, den von der Zeitarbeitsfirma „überlassenen" Mitarbeiter über eine gewisse Zeit kennen zu lernen und so gegebenenfalls einen bereits eingearbeiteten Mitarbeiter einstellen zu können.

Unternehmer unterliegen keiner gesetzlichen Sozialversicherung, und den Arbeitgeberanteil zu ihrer Krankenversicherung müssen sie selbst tragen. Beim Unternehmergehalt sollten daher Beiträge zur Kranken- und privaten Rentenversicherung berücksichtigt werden.

4.2.4 Der Finanzplan

Gerade Gründungen und junge Unternehmen, die sich noch am Markt behaupten müssen und häufig mit unerwarteten Schwierigkeiten konfrontiert werden, bedürfen einer soliden finanziellen Grundlage und eines soliden Finanzplans.

Darin sind neben den Gründungskosten (vergleich Abschnitt 4.1.4) auch die fixen und variablen Kosten – in ihrer zeitlichen Entwicklung – enthalten.

Die Gründungskosten fallen offensichtlich mit der Gründung an. Damit ist der Zeitpunkt, zu dem man diese Mittel benötigt, bestimmt. Mit den fixen Kosten verhält es sich ähnlich. Sie fallen ab Gründung turnusmäßig *(z.B. monatlich, wie die Miete)* an. Die variablen Kosten werden dagegen vom Auftragsbestand bestimmt. Ihre Entwicklung hängt somit von der Auftragsentwicklung und damit von unserer Prognose ab.

> Im Finanzplan müssen Kosten, Kapital und Erträge zeitlich übereinstimmen ...

Diesen zeitlichen Unterschied müssen wir auf der Entstehungsseite der Kosten berücksichtigen, denn das bestimmt auch, *WANN* die Kosten gedeckt und Rechnungen gezahlt werden müssen. Daraus ergibt sich allerdings auch, *WANN* bestimmte Mittel zur Verfügung stehen müssen.

Neben dem Startkapital, das regelmäßig verbraucht wird, sind die einzigen „zusätzlichen" Mittel die Erlöse aus unseren Aufträgen. Um die Kosten und die zur Begleichung nötigen Mittel zusammenzubringen, müssen wir daher auch das *WANN*-werden-die-Aufträge-bezahlt bestimmen. Schließlich schätzen es Mitarbeiter selten, ihr Gehalt nicht pünktlich zu erhalten. Ähnliches gilt für Lieferanten, die für die Dauer des Wartens in der Regel einen (Zins-)Aufschlag fordern.

In Abschnitt 4.1.4 wurde bereits der Bedarf, der mit der Gründung und anschließend durch fixe und variable Kosten anfällt, erfasst. Im Finanzplan werden die Mittel, die zur Deckung dieser Kosten nötig sind, in zwei Budgets zusammengefasst. Das heißt, die Kosten werden als Mittelbedarf ausgewiesen und den verfügbaren Mitteln bzw. Erlösen gegenübergestellt. Damit haben wir:

1. das Gründungsbudget

2. das operative Budget

... er besteht aus dem Gründungs- und dem operativen Budget und ist das Zahlenwerk des BP.

Das operative Budget bezieht sich auf den laufenden Betrieb und beinhaltet die fixen und variablen Kosten. Der Finanzplan, der beide Budgets beinhaltet, ist damit das Zahlenwerk unseres Businessplans.

Das folgende Beispiel eines Finanzplans illustriert, wie die einzelnen Positionen dargestellt werden können.[2]

Übersicht 6: Beispiel eines Finanzplans – Teil I: *Gründungsbudget*

Position	GRÜDUNGSBUDGET					
	1. Monat	2. Monat	3. Monat	4. Monat	5. Monat	6. Monat
Anmelde-gebühren	X	X				
Genehmi-gungen		X	X			
Beratungs-gebühren	X	X	X	X	X	X
Ersteinrich-tung	X	X	X			
EDV	X	X				
Anlagen & Geräte		X	X	X	X	X
Mobiliar		X	X			
Fahrzeuge & laufende Kosten	X	X	X	X	X	X

---

2. Kapitalgeber und Banken haben häufig eigene und oft unterschiedliche Vorstellungen davon, welche Positionen wie im Finanzplan enthalten sein sollten. Viele bieten sogar Vordrucke zum Download an, die gelegentlich verkürzend als „Businessplan" bezeichnet werden, obwohl es sich dabei nur um den Finanzplan handelt.

Übersicht 6: Beispiel eines Finanzplans – Teil I: *Gründungsbudget*

Position	GRÜDUNGSBUDGET					
	1. Monat	2. Monat	3. Monat	4. Monat	5. Monat	6. Monat
Erstmalig						
Erstaus-stattung		X	X	X	X	X
Eröffnungs-werbung		X	X	X	X	X
Miete incl. Neben-kosten		X	X	X	X	X
Overheads[3]	X	X	X	X	X	X
Versiche-rungs- & Pflicht-beiträge	X	X	X	X	X	X
Gehälter	X	X	X	X	X	X
Lizenz-gebühren	X	X	X	X	X	X
Zins & Tilgungs-zahlungen		X	X	X	X	X
Summe der Ausgaben						
Summe der Einnahmen[4]						
Einlagen/Eigenkapital						
Fördermittel						
Darlehen						
Kontokorrentkredit[5]						
Liquidität						

---

3. Overheads sind im Grunde Verwaltungskosten wie Kommunikation, Reise-kosten, Büromaterial und Porti.
4. Es können gegebenenfalls auch während der Gründung Einnahmen entstehen, die, bis die operative Phase vollständig beginnt, stetig zunehmen.
5. Ein Kontokorrentkredit ist im Grunde ein Überziehungsdarlehen.

Übersicht 6: Beispiel eines Finanzplans – Teil II: Operatives Budget

OPERATIVES BUDGET

Position	1. Jahr nach Monaten												2. Jahr	3. Jahr
	1	2	3	4	5	6	7	8	9	10	11	12		
Mieten incl. Nebenkosten, Reinigung etc.						X							X	X
Versicherungs- & Pflichtbeiträge						X							X	X
Kommunikationskosten						X							X	X
Reisekosten						X							X	X
Sonstige Overheads (z.B. Büromaterial, Porto)						X							X	X
Lfd. PKW-Kosten						X							X	X
Zins- & Tilgungszahlungen						X							X	X
Beratungsgebühren						X							X	X
Personalkosten incl. Unternehmerlohn						X							X	X
Investitionen						X							X	X
Forschung & Entwicklung						X							X	X
Steuern						X							X	X

Übersicht 6: Beispiel eines Finanzplans – Teil II: Operatives Budget

Position	1. Jahr nach Monaten	2. Jahr	3. Jahr
OPERATIVES BUDGET			
Materialaufwendungen & Einkauf	X	X	X
Werbekosten	X	X	X
Sonstige Vertriebskosten (z.B. Provisionen)	X	X	X
Lizenzgebühren	X	X	X
Umsatzerlöse (ggf. nach Produkt 1, Produkt 2 etc.)	X	X	X
Sonstige Erträge (z.B. aus Vermietung)	X	X	X
Summe der Ausgaben	X	X	X
Summe der Einnahmen	X	X	X
Einlagen/Eigenkapital	X	X	X
Fördermittel	X	X	X
Darlehen	X	X	X
Kontokorrentkredit	X	X	X
Liquidität	X	X	X
Gewinn & Verlust	X	X	X

> **Beide Budgets überschneiden sich, weil der Übergang fließend ist.**

Das Gründungsbudget und das operative Budget überschneiden sich bei den erstmaligen Positionen in den ersten sechs Monaten. Das liegt daran, dass der laufende Betrieb, also das operative Geschäft, mit der Erstausstattung beginnt und von da an stetig zunimmt. Wann der Betrieb vollständig läuft, also alle Geschäftstätigkeiten erfolgen, hängt von der Geschäftsidee und der Zeit, die zur vollständigen Gründung benötigt wird ab. Der Grund für die Überschneidung ist also der „fließende Übergang" wobei die Erstausstattung und die erstmaligen Ausgaben im Rahmen der Gründung beglichen werden müssen.

Der untere Teil beider Budgets liefert uns einen zusammenfassenden Überblick über die Finanzkraft des jungen Unternehmens. Die Differenz aus der Summe der Einnahmen und Ausgaben zeigt uns, ob ein Gewinn oder Verlust entsteht. Dieser wird letztendlich am Ende eines Geschäftsjahres festgestellt.

Zahlungseingänge und -ausgänge erfolgen aber monatlich. Die Differenz aus beidem zeigt uns, ob wir in einem bestimmten Monat einen Fehlbetrag oder einen Überschuss haben. Auch wenn das Ergebnis ein Fehlbetrag ist, muss dieser gedeckt werden, d.h. wir müssen dennoch unseren Zahlungsverpflichtungen nachkommen.

Die Liquidität zeigt uns an, ob das Unternehmen einen Fehlbetrag ausgleichen kann bzw. ab welcher Höhe es ein neues Darlehen dafür (oder für eine weitere Investition) benötigt. Die Liquidität setzt sich letztendlich aus dem verfügbaren Eigenkapital, den aufgelaufenen Überschüssen und dem ungenutzten Kontokorrentkredit (also „freie Überziehungsreserve") zusammen. Weil sich von Monat zu Monat Fehlbeträge und Überschüsse durchaus abwechseln können, schwankt auch die monatlich ausgewiesene Liquidität.

Wenn bei Fälligkeit einer Verbindlichkeit die Liquidität nicht ausreicht, um der Zahlungsverpflichtung nachzukommen, und das auch nicht durch ein kurzfristiges Darlehen oder zusätzliches Eigenkapital gelöst werden kann, ist das Unternehmen zahlungsunfähig. Die neuen Entrepreneure müssten dann Insolvenz anmelden.

> **Die Liquidität ist die „Achillesferse" des Unternehmens.**

Das heißt, die Liquidität ist die finanzielle „Achillesferse" des Unternehmens. Ob bei unzureichender Liquidität das Unternehmen ein Darlehen bekommt, hängt in nicht unerheblichem Maß von der so genannten Eigenkapitalquote ab.

Die Eigenkapitalquote ist das Verhältnis von Eigenkapital zu Darlehen, rückzahlbaren Fördermitteln und genutztem Kontokorrentkredit. Es zeigt uns, ob die Gründer mehr eigenes oder mehr fremdes Geld dem Risiko ihres Unternehmens und damit ihrer Prognose und ihren Entscheidungen aussetzten.

Die Eigenkapitalquote ist für potentielle Darlehensgeber aus einem einfachen Grund besonders wichtig. Nehmen wir an, ein Unternehmen wird insolvent und das gesamte Kapital (Anlagen, Bestände etc.) des Unternehmens wäre 1.000.000 € wert, davon gehörten aber 300.000 € den Eigentümern als Eigenkapital. Dann hätte der Darlehensgeber selbst beim Verkauf der Unternehmensteile unter Preis eine gute Chance, die 700.000 € zurückzubekommen.

Das heißt, je höher die Eigenkapitalquote ist, desto bereitwilliger wird ein potentieller Darlehensgeber sein, ein Darlehen als Zwischenfinanzierung, in einer Krise oder für eine Investition zu gewähren, et vice versa.

Nun ergeben sich die Eigenkapitalquote und die Liquidität aus dem gesamten Businessplan. Der Finanzplan führt sie uns nur zum Schluss als Zahl vor Augen.

Reicht die Liquidität während der Anfangsphase nicht aus oder ist die Eigenkapitalquote zu gering, werden wir uns darüber Gedanken machen müssen, wie wir die Gründung mit mehr Eigenkapital versehen. In Deutschland, Österreich und der Schweiz liegt eine solide Eigenkapitalquote bei rd. 30%.

4.3 Welche Möglichkeiten der Finanzierung gibt es und welche Rolle spielen sie?

Grundsätzlich kann die Finanzierung einer Gründung über Eigen- und/oder Fremdkapital erfolgen. Theoretisch dürfte es dabei keine Rolle spielen, ob dies mittels Eigen- oder Fremdkapital erfolgt. Denn die Frage, ob ein Unternehmen genügend Liquidität hat, hängt letztendlich davon ab, ob ein Kapitalgeber den Perspektiven es Unternehmens so viel Vertrauen entgegenbringt, dem Unternehmen auch während eines Engpasses ein Darlehen zu gewähren.

> Die Finanzierbarkeit wird vom Vertrauen und von den Perspektiven bestimmt.

Das Problem sind die Perspektiven und die Glaubwürdigkeit. Anders als bei bereits etablierten Unternehmen bieten Gründungen potentiellen Darlehensgebern wenig mehr als den Businessplan, um die Aussichten und deren Glaubwürdigkeit zu prüfen. Deshalb wird ein potentieller Darlehensgeber nur dann ein Darlehen gewähren, wenn auch die Gründer bereit sind, ihr eigenes Geld dem Risiko ihrer Gründung auszusetzen.

Damit wird das verfügbare Eigenkapital zum zentralen Faktor der Gründungsfinanzierung, von dem die Höhe des möglichen Fremdkapitals abhängt.

Das Problem ist, dass viele potentielle Entrepreneure über wenig Eigenkapital verfügen. Sie haben deshalb oft Schwierigkeiten, ihr Gründungsvorhaben umzusetzen.

Die Frage ist daher: *Welche Möglichkeiten der Eigenkapitalbeschaffung gibt es?*

4.3.1 Eigenkapital

Der große Unterschied beim Eigenkapital liegt im Gegensatz zum Fremdkapital weniger darin, wem es gehört, sondern darin, dass damit gehaftet wird. Das heißt, wer auch immer das Eigenkapital zur Verfügung stellt, hat danach keinen Anspruch darauf, dieses Geld wieder

> Das Hauptmerkmal des Eigenkapitals ist, dass es haftet …

zurückzubekommen.[6] Das Geld bleibt im Unternehmen, wobei es keine Rolle spielt, ob das Geld dem Unternehmen in Form von Guthaben gehört oder als Anlagen und Maschinen.

Das bedeutet, dass im Falle einer Insolvenz, bei der das Unternehmensvermögen verkauft wird, um den Zahlungsverpflichtungen nachzukommen, das Eigenkapital möglicherweise aufgebraucht wird. Die ehemaligen Eigentümer des Eigenkapitals, die Eigenkapitalgeber, haben dann keinen Anspruch auf Erstattung.

Genau darin liegt der große Unterschied zum Fremdkapital. Es haftet nämlich nicht. Im Gegensatz zum Eigenkapital ist Fremdkapital eine Schuld, die auch dann bestehen bleibt, wenn das Unternehmen insolvent wird. Der Fremdkapitalgeber hat also einen Anspruch auf Erstattung. Das Risiko des Fremdkapitalgebers besteht darin, dass der Erlös aus dem Verkauf des Unternehmensvermögens möglicherweise nicht ausreicht, um die Schuld oder die Summe der Schulden zu begleichen. Um sich gegen dieses Risiko abzusichern, verlangen besonders Darlehensgeber in der Regel Sicherheiten, wie z.B. Grundstücke, die im Ernstfall zur Begleichung der Schuld verkauft werden können.

... und es deshalb dem Risiko des Verlustes unterliegt.

Weil mit dem Eigenkapital gehaftet wird, tragen Eigenkapitalgeber somit immer das Risiko, ihr Geld bzw. den Wert, den es als Einlage im Unternehmen darstellt, im schlimmsten Fall ersatzlos zu verlieren.

Die Eigenkapitalbeschaffung bedeutet daher immer, potentielle Eigenkapitalgeber davon zu überzeugen, dass dieses Risiko gering ist. Aber selbst wenn das gelingt, stellt sich für den potentiellen Eigenkapitalgeber die Frage, welcher Nutzen bzw. Ertrag dem Risiko, das Geld zu verlieren, gegenübersteht. Schließlich steht es jedem potentiellen Eigenkapitalgeber frei, mit dem Geld eine vom Staat besicherte und fest verzinste Anleihe zu kaufen – ohne Risiko.

In einer rationalen Betrachtung ist die Entscheidung, Eigenkapital bereitzustellen, somit das Ergebnis folgender Abwägung:

1.   Wie groß ist das Risiko mein Geld zu verlieren?

2.   Wie hoch ist der potentielle Ertrag?

Das heißt, ein Dritter, der einem Unternehmen Eigenkapital bereitstellt, wägt die Chance des Gewinns mit dem Risiko des Verlustes ab. Im Grunde geht er damit eine kalkulierte Wette ein.

---

6. Aus dem Grund zielen institutionelle Eigenkapitalgeber, wie beispielsweise Risikokapitalgesellschaften, darauf ab, das Unternehmen an dem sie beteiligt sind an die Börse zu bringen. Durch den Verkauf ihrer Anteile können sie das ursprünglich bereit gestellte Eigenkapital wieder zurückbekommen, sofern so viel dafür geboten wird. Das Ziel besteht natürlich darin, deutlich mehr dafür zu erhalten.

Diese Art des Eigenkapitals, so genanntes Risikokapital, kann aus verschiedenen Quellen stammen und diese können das Risiko und die Chancen sehr unterschiedlich bewerten. Die beiden Hauptquellen sind:

1. Familie & Freunde (informelles Risikokapital)[7]

2. Risikokapitalgesellschaften (formelles Risikokapital)

Die Hauptquellen sind Familie, Freunde und Risikokapitalgesellschaften.

Der Begriff „Risikokapital" oder „Venture Capital" ist in der öffentlichen Wahrnehmung mit der Eigenkapitalfinanzierung hochriskanter, jedoch sehr viel versprechender Projekte durch Dritte verbunden. Tatsächlich variiert aber je nach Eigenkapitalgeber die Auffassung dessen, was „hochriskant" ist, ebenso wie die Vorstellung dessen, was ein potentiell hoher Ertrag ist.

Was bleibt, ist die Eigenkapitalfinanzierung durch Dritte, die für den Eigenkapitalgeber – wie wir wissen – immer mit dem Risiko des Verlustes verbunden ist.

Zwischen informellem und formellem Risikokapital bestehen zum Teil weit reichende Unterschiede hinsichtlich der Phase, ab der es erhältlich ist, den „Konditionen" und der Verfügbarkeit. *Abbildung 4.3* illustriert die Unterschiede.

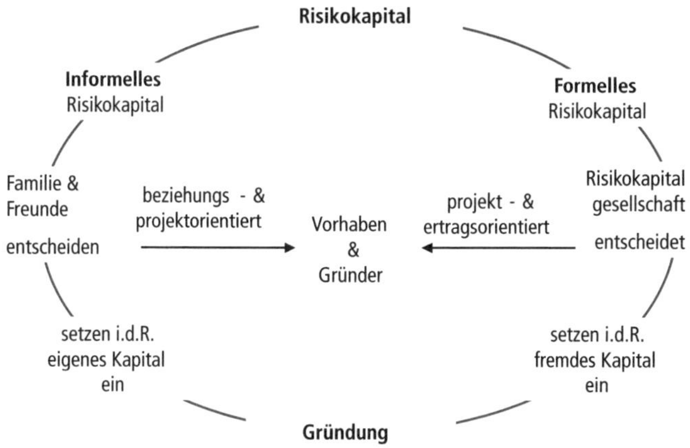

Abbildung 4.3: Informelles & formelles Risikokapital und ihre Unterschiede

---

7. Informelles Risikokapital wird unter anderem auch als „informelle Investition" bezeichnet. Damit will man dem Umstand Rechnung tragen, dass die Art, in der Familie und Freunde Eigenkapital beisteuern, von herkömmlichen Beteiligungen stark abweichen kann. Allerdings ist der Begriff „Investition" wegen der zuweilen fehlenden Ertragsorientierung auch nicht immer angebracht, weshalb in solchen Fällen auch von „Love Money" gesprochen wird. Da in der Regel der Fälle das Eigenkapital verloren gehen kann, bleiben wir bei dem Begriff „Risikokapital".

Informelles Risikokapital

Der erste Weg der Eigenkapitalbeschaffung führt in der Regel über Familie, Freunde und Bekannte. Das liegt daran, dass man sich schon lange kennt, und am Wohlwollen, dass den potentiellen Entrepreneuren im besten Fall entgegengebracht wird.

Die Grundlage dieser Bereitstellung von Eigenkapital reicht von der Schenkung bis hin zur Teilhaberschaft. Sie kann völlig formlos erfolgen oder vertraglich geregelt und notariell beglaubigt sein. Doch auch in letzterem Fall würden wir von informellem Risikokapital ausgehen. Der Grund dafür liegt an der Art der Beschaffung. Sie erfolgt nämlich nicht über Kapitalmärkte oder andere formelle Wege, sondern eben informell über Familie, Freunde und Bekannte.

Das bedeutet auch, dass die Beurteilung und nachfolgende Entscheidung, Eigenkapital bereitzustellen, oft anderen Kriterien unterliegt, als sie auf Kapitalmärkten gelten.

> **Beziehung, Vertrauen und Wohlwollen sind hierfür entscheidende Faktoren.**

Für diese möglichen Eigenkapitalgeber ist die Beziehung zu dem potentiellen Gründer von großer Bedeutung. Auch wenn sie das Gründungsvorhaben nicht verstehen oder dessen Perspektiven nicht einschätzen können, erlaubt ihnen ihre Kenntnis über den potentiellen Gründer, dessen Urteilsvermögen einzuschätzen. Das ist für die Einschätzung des Risikos wichtig. Das Wohlwollen entscheidet dann letztendlich über die Höhe des Ertrags, den Familie und Freunde für ihr eingebrachtes Kapital erwarten.

> **Der mögliche Ertrag steht nicht immer im Mittelpunkt.**

Damit steht die Höhe des möglichen Ertrags nicht zwingend im Vordergrund. Die Entscheidung, Kapital bereitzustellen, wird stattdessen vielmehr von den Aussichten, ein primär lebensfähiges und dann hoffentlich erfolgreiches Unternehmen zu erhalten, beeinflusst.

Aufgrund dieses Umstands kommt informellem Risikokapital gerade in der Frühphase eines Gründungsvorhabens eine große Rolle zu. Denn wie wir aus Abschnitt 4.1 wissen, entstehen bereits mit der Feasibility Study Kosten *(von gegebenenfalls nötigen Prototypen ganz abgesehen)*. Zu diesem Zeitpunkt existiert aber noch kein Businessplan, mit dem wir uns um ein Darlehen bemühen könnten, um diese Kosten zu decken. Neben dem Eigenkapital der Gründer ist informelles Risikokapital deshalb oft die einzige Quelle, aus der die Kosten der Frühphase bestritten werden können.

Die Bereitschaft vorausgesetzt, werden die Möglichkeiten, solches Kapital für die Gründung einzusetzen, allerdings durch das verfügbare Vermögen von Familie und Freunden begrenzt.

Wie wir leicht erkennen können, kommt informellem Risikokapital dennoch eine bedeutende Rolle bei der Eigenkapitalversorgung von Gründungen zu. Allerdings schwankt die Fähigkeit und Bereitschaft von Familie und Freunden, Gründungen in dieser Form zu unterstützen, innerhalb Europas und weltweit.

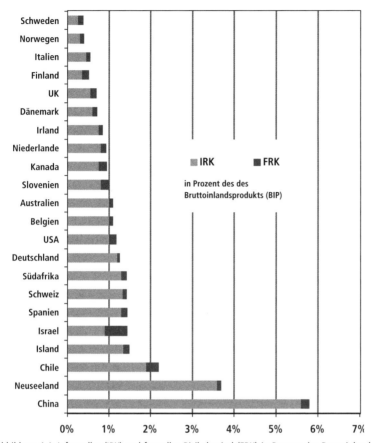

Abbildung 4.4: Informelles (IRK) und formelles Risikokapital (FRK) in Prozent des Bruttoinlandsprodukts (BIP)

Da die Grundlage des informellen Risikokapitals nun einmal informell ist, ist dessen Erfassung naturgemäß auch ungenau. *Abbildung 4.4* beruht auf Befragungen. Deren Ergebnisse entsprechen allerdings der Erwartung, dass der Anteil informellen Risikokapitals am gesamten Risikokapital deutlich über dem des so genannten formellen Risikokapitals liegt.

Der Grund dafür liegt nicht nur in den wohlwollenderen Kriterien, die für Ersteres angesetzt werden, sondern auch in den Ertragserwartungen, die formelle Risikokapitalgeber in Gründungen setzen.

Formelles Risikokapital

Formelles Risikokapital wird von Risikokapitalgesellschaften bereitgestellt. Die Mittel, die sie dazu verwenden, stammen von vermögenden Privatpersonen, Unternehmen und den Gesellschaften selbst, sofern sie die entsprechenden Mittel aufgebaut haben.

Da die Mittel trotz aller Sorgfalt einem Risiko unterliegen, werden sie in unterschiedliche Gründungen und Unternehmen investiert, um so das Risiko zu streuen.

Um zu beurteilen, welche Möglichkeiten Gründer haben, formelles Risikokapital zu erhalten, müssen wir zunächst das Geschäft einer Risikokapitalgesellschaft besser verstehen.

Eine Risikokapitalgesellschaft ist eigentlich ein spezialisierter Agent, der Anlagewillige, die einen überdurchschnittlichen Ertrag erzielen wollen und dafür bereit sind, das Risiko einzugehen, mit Projekten, die einen solchen Ertrag versprechen, zusammenbringt.

Die Aufgaben und die Verantwortung eines solchen Agenten können dabei sehr weitreichend sein. Zusammengefasst sind das:

> Weil meist mit fremdem Geld gearbeitet wird, steht der Ertrag im Mittelpunkt ...

1. Auswahl möglicher Projekte

2. Beurteilung der Projekte

3. Prüfung des Businessplans

4. Prüfung des Projekt-Teams (z.B. Gründer)

5. Entscheidung über den Einstieg (wann, mit wie viel, für wie lange)

6. Kontrolle & gegebenenfalls Beratung des laufenden Betriebs

7. Exit (Deinvestition bzw. Verkauf der Eigenkapitalanteile)

Der Aspekt, dass am Schluss einer Investition eine Deinvestition, also der Verkauf der Eigenkapitalanteile, steht, verdeutlicht die Zielsetzung solcher Agenturen. Es geht im Grunde darum, sich möglichst günstig und deshalb möglichst früh an Unternehmen zu beteiligen, die schnell und besonders stark wachsen. Damit kann die Gesellschaft während der Investitionszeit *(in der Regel bis zu 10 Jahren)* an den Erträgen dieses Wachstums teilhaben und im Anschluss daran die Unternehmensanteile so gewinnbringend wie möglich veräußern.

> ... dazu gehört auch ein Exitplan.

Die Bereitstellung von Eigenkapital von Seiten einer Risikokapitalgesellschaft beinhaltet deshalb regelmäßig einen so genannten Exitplan, in dem die Art und der Zeitpunkt bestimmt sind, Unternehmensanteile zu veräußern. Dabei sollte der Veräußerungserlös minus Eigenkapital minus Agenturkosten einen deutlich höheren Ertrag ergeben, als mit herkömmlichen *(z.B. besicherten)* Anlageformen erreicht werden könnte. Andernfalls hätte sich das Risiko, das eingebrachte Eigenkapital zu verlieren, nicht gerechnet.

Die einfache Formel für *den Exit* eines Risikokapitalgebers lautet daher:

$$\frac{\text{Veräußerungserlös} - \text{eingebrachtes Eigenkapital} - \text{Agenturkosten}}{= \text{Ertrag}} \qquad \frac{\text{Ertrag}}{\text{Eigenkapital}} > \begin{array}{l}\text{Herkömmliche} \\ \text{Verzinsung über} \\ \text{die gleiche Periode}\end{array}$$

Für einen Risikokapitalgeber sind somit die Ertragsaussichten und die Perspektiven, die eine Gründung hat, zentrale Entscheidungskriterien. Um wie viel der Ertrag höher als bei einer herkömmlichen Anlage sein sollte, hängt allerdings von der Risikokapitalgesellschaft ab. Grundsätzlich muss die Gesellschaft ihre Kosten der Auswahl, der Prüfung, der Kontrolle und des Exists berücksichtigen. Sie muss allerdings auch berücksichtigen, dass nicht alle Investitionen dieser Art erfolgreich sind. Aus diesem Grund wird das erwartete *MEHR* an Ertrag auch einen Anteil beinhalten, mit dem vergangene Verluste zumindest teilweise ausgeglichen werden können.

In Europa liegt der so ermittelte Zinssatz (Ertrag/Eigenkapital), der erreicht werden sollte, bei rd. 8% per anno, wobei sich dieser Ertrag nicht erst bei der Veräußerung einstellen muss. Um ihrem eigenen Kapitalgeber diesen Zinssatz zu ermöglichen, setzen Risikokapitalgesellschaften den Unternehmen eine am Eigenkapital bemessene Rendite von mindestens 17% per anno an.

> Der Ertrag muss auch nach Abzug aller Agenturkosten überdurchschnittlich sein.

Das bedeutet für uns, dass formelles Risikokapital als zusätzliches Eigenkapital für eine Gründung nur dann in Betracht kommt, wenn das Unternehmen eine Rendite oder Wertsteigerung von 17% und mehr pro Jahr realistisch verspricht.

Aber selbst das ist keine Garantie dafür, Risikokapital zu erhalten. Erinnern wir uns, dass die Bereitstellung von Eigenkapital im Grunde eine Wette ist, dann stellt sich auch nach Prüfung des Gründungsvorhabens für den Risikokapitalgeber die Frage, worauf er wetten soll: auf das Pferd oder auf den Jockey. In der Regel gilt die Wette beiden, dem Gründungsvorhaben *und* den Gründern. Das heißt, selbst wenn ein Businessplan einen Ertrag von 17% und mehr verspricht, müssen darüber hinaus die Gründer glaubhaft vermitteln, dass sie dieses Potential auch umsetzen können.

Wie wir aus Kapitel III wissen, ist die Mehrzahl aller Gründungen traditionell. Obwohl auch solche Gründungen im späteren Verlauf hohe Renditen erzielen können, liegt die Rendite bei der Mehrheit dieser Unternehmen deutlich unter 17%.

> Die wenigsten Gründungen versprechen den nötigen Ertrag.

Tatsächlich ist formelles Risikokapital nur für sehr wenige Gründungen und Unternehmen eine Option. In der Regel sind das innovative Gründungen und Unternehmen mit hohem Wachstumspotential. Das sind etwa 2% aller Gründungen und jungen Unternehmen.

4.3.2 Fremdkapital

Bei Fremdkapital handelt es sich eigentlich um Darlehen. Allerdings existieren im Bereich der Darlehen große Unterschiede. Die beiden Hauptmerkmale sind der Darlehensgeber und die Laufzeit. Beides beeinflusst die Konditionen, zu denen das fremde Kapital aufgenommen wird. Konkret sind das die Auszahlung, die Zinsen und die Rückzahlung. Da alle drei Faktoren variieren können, ergeben sich daraus theoretisch unendlich viele mögliche Darlehenskonditionen.

Fremdkapital sind meist Darlehen – die sich sehr unterscheiden können.

Beispielsweise muss das Darlehen nicht gänzlich, also zu 100%, ausgezahlt werden, auch nicht gänzlich zu einem bestimmten Zeitpunkt. Der Darlehensgeber kann ein Disagio, also einen Abschlag, davon als Bearbeitungsgebühr einbehalten oder es bereits der Tilgung gutschreiben. Die Zinsen können für einen längeren Zeitraum festgeschrieben oder monatlich dem aktuellen Zins angepasst werden. Die Zinszahlung kann monatlich, viertel- oder halbjährlich erfolgen. Auch die Rückzahlung (Tilgung) muss nicht monatlich erfolgen. Sie kann ebenso gut zu vereinbarten Terminen oder am Ende der Laufzeit fällig werden.

Obwohl die Mehrheit der Darlehen von Banken gewährt wird, spielen auch andere Darlehensarten für Gründer eine wichtige Rolle. Neben den Konditionen liegt das vor allem an den Sicherheiten, die Banken zur Absicherung eines Darlehens benötigen. Das können beispielsweise Grundstücke, Gebäude, Anlagen oder Versicherungspolicen der Gründer sein. Übersicht 7 fasst die gängigen Darlehensarten zusammen:

Übersicht 7: Merkmale gängiger Darlehensarten

Dar-lehens art	Dar-lehens geber	Lauf-zeit	Sicher-heiten	Aus-zahlung	Kosten	Rück-zahlung
Bank-darlehen	Bank	verhan-delbar	Bank-üblich	verhan-delbar	Zinsen	monat-lich, verhan-delbar
Privat-darlehen	Freunde & Familie	verhan-delbar	verhan-delbar	verhan-delbar	verhan-delbar	verhan-delbar
Gesell-schafter-darlehen	Gesell-schafter	verhan-delbar	i.d.R. keine	verhan-delbar	verhan-delbar	verhan-delbar
Konto-korrent-kredit	Bank	i.d.R. bis zu 60 Tage	keine	100% bis zum Limit	hohe Zinsen	bis zum Limit offen bzw. auf Aufforde-rung der Bank
Lieferan-tenkredit	Lieferant	i.d.R. bis zu 90 Tage	die gekaufte Ware	in Form gekauf-ter Ware	Preisauf-schlag und/oder hohe Zinsen	i.d.R. binnen 90 Tage

Wie Übersicht 7 zeigt, unterscheiden sich klassische Bankdarlehen vor allem im Bereich der Sicherheiten. Gerade daran mangelt es Gründern aber häufig. Viele Gründer und neue Entrepreneure nutzen deshalb vermehrt ihren Kontokorrent und Lieferantenkredite. Diese kurzfristigen Kredite zählen aber zu den bei weitem teuersten Finanzierungsarten. Deren vergleichsweise hohe Kosten mindern die Fähigkeit des jungen Unternehmens, aus eigenen Erträgen zusätzliches Eigenkapital aufzubauen.

Das Gründungsdarlehen Das Gründungsdarlehen ist in der Regel das erste Darlehen, das Gründer im Rahmen ihres Vorhabens bei einer Bank aufnehmen. Das Gründungsdarlehen ist im Grunde ein herkömmliches Bankdarlehen. Der Unterschied zu nachfolgenden Darlehen liegt in der bankseitigen Beurteilung der Bedienbarkeit, also der Fähigkeit, Zinsen und Tilgung zu zahlen.

Die Bedienung des Darlehens soll aus dem Unternehmen erfolgen. Da das Unternehmen aber noch nicht existiert, kann die Bedienbarkeit nur auf der Grundlage des Businessplans beurteilt werden. Für eine Bank bedeutet das nicht nur einen höheren Aufwand, sondern auch ein höheres Risiko. Natürlich erfordert auch ein Gründungsdarlehen Sicherheiten. An deren Verkauf ist eine Bank aber meist nicht interessiert. Das führt nur zu zusätzlichem Aufwand und birgt vor allem das Risiko, doch nicht den Darlehensbetrag plus aufgelaufener Kosten aus der Veräußerung zu erzielen. Zusätzliche Sicherheiten, über die Gründer oft nicht verfügen, sind in dem Fall hilfreich.

Abgesehen von der Höhe der Sicherheiten geht es der Bank jedoch darum, dass der Ernstfall erst gar nicht eintritt. Dafür ist neben dem Businessplan die verlässliche Entschlossenheit der Gründer ausschlaggebend. Formal lässt sich diese Entschlossenheit nicht prüfen. Ein Indiz dafür ist aber die Bereitschaft, selbst für die Konsequenzen der eigenen Entscheidungen aufzukommen.

Aus diesem Grund fordern Banken häufig auch von Gründern mit ausreichenden Sicherheiten eine selbstschuldnerische Bürgschaft. Damit verbürgen sich die Gründer, im Schadensfall bis zur Sozialhilfegrenze mit ihrem Hab und Gut und zukünftigem Einkommen für das Darlehen aufzukommen.[8]

> Mangels einer „Unternehmensgeschichte" bleiben nur die Gründer und ihr BP als Entscheidungsgrundlage …

> … für deren Entschlossenheit spricht die Bereitschaft, eine selbstschuldnerische Bürgschaft zu übernehmen.

4.3.3 Fördermittel

Wie wir bereits aus Kapitel 1 wissen, werden Gründungen in beinahe allen europäischen Staaten gefördert, wobei die einzelnen Maßnahmen zwischen den Staaten variieren. Allgemein lassen sich die Fördermaßnahmen in drei Kategorien unterteilen:

---

8. Die Vorstellung vieler Gründer, durch die Wahl einer GmbH ihre persönliche Haftung zu begrenzen, erweist sich deshalb regelmäßig als Trugschluss. Aufgrund der selbstschuldnerischen Bürgschaft spielt die Rechtsform während der ersten Jahre für die persönliche Haftung der Gründer in der Regel keine Rolle.

1. Transfers in kind

2. Transfers in cash

3. Kombinationen aus 1 und 2

Transfers in kind sind Hilfen und Beratungen wie beispielsweise Informationszentren, Hotlines oder Schulungen. Sie sind Geld wert, werden aber nicht in Form einer direkten Zahlung geleistet.

Transfers in cash sind finanzielle Zuwendungen. Diese Zuwendungen bestehen aber in den seltensten Fällen aus Zuschüssen *(ganz gleich ob rückzahlbar oder nicht)*. Bei der überwiegenden Mehrheit dieser Förderungen erfolgt die finanzielle Unterstützung in Form einer Ersparnis für die Gründer. In den meisten Fällen sind das Steuervergünstigungen, Zinssubventionen und Bürgschaften.

> Fördermittel bestehen nicht nur aus finanziellen Hilfen.

Von den Steuervergünstigungen profitieren Gründer erst, wenn das Unternehmen eine Steuerschuld hat. Dagegen helfen Zinssubventionen und Bürgschaften bereits bei der Gründungsfinanzierung.

Beides setzt ein Darlehen bzw. die Bereitschaft einer Bank, ein Darlehen zu gewähren, voraus. Bei der Zinssubvention übernimmt der Staat einen Teil der Zinslast. Wenn eine Bank einen Zinssatz von beispielsweise 6% festlegt, würde der Staat davon zum Beispiel 2% übernehmen und den entsprechenden Betrag der Bank direkt zahlen. Die Gründer müssten dann nur noch 4% für ihr Darlehen zahlen.

> Die häufigsten finanziellen Hilfen sind Zinssubventionen und Bürgschaften ...

Die Bürgschaft greift im Bereich der Sicherheiten ein. Durch die staatliche Bürgschaft, bei Ausfall oder Scheitern den verbürgten Betrag zu zahlen, können gegebenenfalls fehlende Sicherheiten ausgeglichen werden. Solche Bürgschaften werden Gründern aber nicht kostenlos ausgestellt. In der Regel wird für die Dauer der Bürgschaft ein Zins verlangt. Fallweise müssen für die Bürgschaft selbst auch Sicherheiten vorhanden sein. Diese müssen jedoch nicht immer den Bürgschaftsbetrag gänzlich abdecken und können oft aus Werten bestehen, welche eine Bank nicht als Sicherheit akzeptiert.

Eine Besonderheit in Deutschland ist das Eigenkapitalhilfeprogramm. Dabei handelt es sich eigentlich um ein klassisches Darlehen. Die Besonderheit liegt darin, dass das Darlehen, obwohl es eine Schuld ist und zurückgezahlt werden muss, die Funktion haftenden Eigenkapitals übernimmt. Das ist dadurch möglich, dass das Darlehen dem Gründer als persönliches Darlehen gewährt wird. Dieser kann die Mittel dann als zusätzliches Eigenkapital in die Gründung einbringen. Dafür sind keine banküblichen Sicherheiten erforderlich, wohl aber eine selbstschuldnerische Bürgschaft.

> ... sie einzubeziehen erfordert einen zusätzlichen Aufwand und Zeit.

Die Einbeziehung von Fördermitteln kann die Gründungsfinanzierung somit erleichtern. Sie zu beantragen bedeutet aber immer einen zusätzlichen Aufwand für die Gründer und die Bank, mit der die Gründung finanziert werden soll. Abgesehen von der Bearbeitungsdauer, die dabei berücksichtigt werden muss, ist es auch nicht immer sicher, dass einem Antrag stattgegeben wird.

Z U S A M M E N F A S S U N G

- Die Feasibility Study besteht aus sieben Stufen. Auf jeder Stufe muss eine Frage im Hinblick auf die Gründungsidee und/oder die Gründer beantwortet werden. Sie führt zum Gründungsplan, aus dem hervorgeht, was, wo, wie, von wem und wann geschehen soll *(die fünf Ws)*.

- Der Businessplan ist die Fortführung des Gründungsplans. Darin werden die mit dem Gründungsplan gefällten Entscheidungen *und* ihre absehbaren Konsequenzen zusammengeführt. Er besteht aus vier Teilen: der Beschreibung des Gründungsvorhabens, dem Marketing-Plan, dem Management-Plan und dem Finanzplan.

- Der Finanzplan ist das Zahlenwerk des Businessplans. Er besteht aus zwei Teilen: dem Gründungsbudget und dem operativen Budget. Aus dem Finanzplan gehen unter anderem die Liquidität, Gewinn und Verlust und der Kapitalbedarf des Unternehmens hervor.

- Die Liquidität ist die „Achillesferse" eines Unternehmens. Aus ihr geht hervor, ob ein Unternehmen ihren Zahlungsverpflichtungen rechtzeitig nachkommen kann. Reicht die Liquidität nicht aus und kann der Mangel nicht rechtzeitig ausgeglichen werden, so muss das Unternehmen Insolvenz anmelden.

- Die Mehrheit der Gründer ist nicht in der Lage, die Gründung alleine aus Eigenmitteln zu finanzieren. Sie müssen daher zusätzliches Eigenkapital und/oder Fremdkapital aufnehmen.

- Informelles Risikokapital ist die Hauptquelle zusätzlichen Eigenkapitals. Es wird von Familie und Freunden bereitgestellt. Hierfür sind neben dem Gründungsvorhaben die Beziehung und das Wohlwollen die zentralen Entscheidungskriterien. Aufgrund dessen kommt diesem Kapital eine wichtige Rolle bei der Finanzierung der Frühphase, bei der noch nicht alles „bekannt" ist, zu.

- Risikokapitalgesellschaften stellen ihr formelles Risikokapital in der Regel nur Gründungen zur Verfügung, die in absehbarer Zeit eine Eigenkapitalrendite von 17% und mehr erwarten lassen. Das trifft auf etwa 2% aller Gründungen und jungen Unternehmen zu. Dabei handelt es sich in der Regel um sehr innovative schnell wachsende Unternehmen.

- Fremdkapital besteht im Allgemeinen aus Darlehen. Deren Konditionen werden durch den Darlehensgeber und die Laufzeit beeinflusst. Aufgrund fehlender Sicherheit werden der teurere Kontokorrent und Lieferantenkredit am häufigsten genutzt.

- Das Gründungsdarlehen hat die Besonderheit, dass die Bank nur den Business Plan zur Beurteilung der Bedienbarkeit hat. Sie fordert nicht selten eine selbstschuldnerische Bürgschaft – auch um sich der Entschlossenheit der Gründer zu vergewissern.

- Fördermittel können die Gründungsfinanzierung erleichtern. Transfers in cash bestehen meist aus Zinssubventionen und Bürgschaften und selten aus direkt gewährten Zuschüssen. Sie setzen in der Regel ein Darlehen voraus und werden meist gemeinsam mit der Bank beantragt.

Z U S A M M E N F A S S U N G

Fragen zur Diskussion

■ Welche Schwierigkeiten sind mit der Durchführung einer Feasibility Study verbunden?

■ Wann ist eine Feasibility Study wirklich abgeschlossen?

■ Welchen Zweck erfüllt der Businessplan?

■ Was würden Sie einem Gründer vorschlagen, damit dieser seine unternehmensspezifischen Fähigkeiten und Kenntnisse prüfen kann?

■ Welchen Einfluss haben die Erwartungen der Gründer auf den Businessplan und wie kann die Gefahr der Überschätzung eingedämmt werden?

■ Ist die Bezeichnung „informelles Risikokapital" für Eigenkapitaleinlagen von Familie und Freunden wirklich zutreffend?

■ Ist formelles Risikokapital nur für innovative *und* schnell wachsende Unternehmen eine Option oder auch *nur* für schnell wachsende?

■ Können Gründer durch die Wahl der Rechtsform „GmbH" ihre persönliche Haftung auf ihre Einlage beschränken?

■ Warum ist informelles Risikokapital besonders in der Frühphase einer Gründung von besonderer Bedeutung?

■ Warum wäre es für eine Bank interessant, Fördermittel in die Gründungsfinanzierung einzubeziehen – und warum nicht?

■ Warum spielt theoretisch der Eigenkapitalanteil eines Unternehmens keine Rolle – bei den meisten Unternehmen und besonders bei Gründungen und jungen Unternehmen aber doch.

Weiterführende Literatur

Achleitner, A.K., Die Venture-Capital-Methode, in: Winning Angels – Mentoren im Netzwerk des Erfolgs, Amis, D., et al. (Hrsg.), Wien 2003

Burns, P., Entrepreneurship and Small Business, Houndmills, New York, 2001

Bygrave, W.D., Die Einzelnen Stufen des Entrepreneurship, in: Faltin, G. et al. (Hrsg.), Entrepreneurship – Wie aus Ideen Unternehmen werden, München, 1998

Carter, S., Jones-Evans, D., Enterprise and Small Business – Principle, Practice and Policy, Harlow, 2000

Coleman, S., The "Liability of Newness" and Small Firm Access to Debt Capital: Is There a Link? Conference Papers, Annual Conference of the Academy of Entrepreneurial Finance, April 29, 2004, George Washington University, Washington D.C.

Egeln, J., et al, Firm Foundations and the Role of Financial Constraints, in: Small Business Economics, 9/2, S. 137 – 150, 1997

European Venture Capital Association (Hrsg.), Survey of the Economic and Social Impact of Venture Capital in Europe, Brüssel, 2000 (www.evca.com)

Giudici, G., Palerari, S., The Provision of Finance to Innovation: A Survey Conducted among Italian Technology-Based Small Firms, in: Small Business Economics, 14/1, S. 37 – 53, 2000

Gompers, P.A., Lerner J., The Venture Capital Cycle, Cambridge, Massachusetts, 2000

Johansson, E., Self-Employment and Liquidity Constraints: Evidence from Finland, in: Scandinavian Journal of Economics, Nr. 102, S. 123 – 134, 2000

Klandt, H., Gründungsmanagement: Der integrierte Unternehmensplan, München, 1999

Lundström, A., Stevenson, L., Entrepreneurship Policy for the Future, Swedish Foundation for Small Business Research, Stockholm, 2001

Mason, C., Harrison, R., Informal Venture Capital and the Financing of Emergent Growth, in: Sexton, D. Landström, H., (Hrsg.), Handbook of Entrepreneurship, Oxford, 2000

Pfirrmann, O.U., et al., Venture Capital and New Technology Based Firms: A US – German Comparison, Berlin, 1997

Ripsas, Sven, Der Businessplan – Eine Einführung, in: Faltin, G., et al. (Hrsg.), Entrepreneurship – Wie aus Ideen Unternehmen werden, München, 1998

Verheul, I., Thurik, R., Start-up Capital: Does Gender Matter?, in Small Business Economics, 16/4, S. 329 – 345, 2001

Weinrauch, J.D., et al., Dealing with Limited Financial Resources: A Marketing Challenge for Small Business, in: Journal of Small Business Management, 29/4, S. 44 – 55, 1991

Winker, P., Causes and Effects of Financing Constraints at the Firm Level, in Small Business Economics, 12/2, S. 169 – 181, 1999

Vom Keim zur Gründung II
Das weniger Offensichtliche

5

ÜBERBLICK

▟▟ *Die Bedeutung der Feasibility Study, des Gründungs- und des Businessplans erschließt sich den meisten werdenden Entrepreneuren und Menschen, die sich hierfür interessieren, sehr bald.*

Mit der Entscheidung, Entrepreneur zu werden, sind jedoch weitere Aspekte verbunden, deren Bedeutung nicht immer auf Anhieb ersichtlich ist.

In diesem Kapitel werden wir uns deshalb mit den weniger offensichtlichen, aber nicht weniger bedeutsamen Aspekten des Entrepreneurships befassen. Das sind beispielsweise die öffentlichen Erfordernisse der Gründung, die private Vorsorge oder die Bedeutung der Familie. Welche Rolle spielen private und professionelle Netzwerke? Was sind Inkubatoren oder Mentoren, und wie können sie eine Gründung unterstützen?

▟▟

5.1 Die vernachlässigten Aspekte

Werdende Entrepreneure befassen sich mit der Feasibility Study, dem Gründungs- und Business Plan oft neben ihrer regulären Tätigkeit und vernachlässigen dabei regelmäßig Aspekte, die sie in dieser Phase nicht unmittelbar betreffen. Dazu zählen öffentliche Erfordernisse ebenso wie private Anforderungen und persönliche Unterstützung.

5.1.1 Öffentliche Erfordernisse – Rechte und Pflichten

Öffentliche Erfordernisse ergeben sich daraus, dass das zukünftige Unternehmen nicht nur am Wirtschaftsleben teilnehmen, sondern auch ein Teil der Gesellschaft werden wird. Damit wird es Regeln und Pflichten unterliegen, die dem Unternehmen zusätzliche Kosten verursachen.

Ein Teil dieser Pflichten ist mit der Gründung verbunden und deshalb einmalig. Je nachdem für welche Rechtsform man sich entschied, entstehen dadurch beispielsweise Kosten der Gewerbeanmeldung, der Eintragung ins Handelsregister oder Anwalts-, Steuerberater- und Notargebühren. Allerdings sind mit der Gründung auch weniger offensichtliche Pflichten und Implikationen verbunden.

5.1.2 Der Geschäftsführer

Mit der Gründung muss auch ein Geschäftsführer benannt werden. In den meisten Ländern hat der Ausweis als Geschäftsführer neben der Bedeutung für das Innenverhältnis auch rechtliche Implikationen im Außenverhältnis. In Deutschland, Österreich und der Schweiz ist ein Geschäftsführer formal ein Kaufmann, und zwar ungeachtet seines persönlichen Hintergrunds.

Das Wichtige daran ist, dass dem Kaufmann aufgrund einer ihm unterstellten „kaufmännischen Erfahrung" eine geringere Schutzbedürftigkeit zugesprochen wird. Im Streitfall wird ihm als Kaufmann unterstellt, Usancen, Regeln und Gesetzte zu kennen, auch wenn das – wie bei Gründern häufig – noch nicht der Fall ist. Zwar ist diese „Verwandlung" in der Regel auf Tätigkeiten, die als Geschäftsführer erfolgen, beschränkt, dennoch kann es sich in der Praxis auch auf private Angelegenheiten erstrecken.

Der Gesetzgeber „verwandelt" den Geschäftsführer in einen Kaufmann.

Die Rechte und Pflichten eines Geschäftsführers sind durch einschlägige Gesetze bestimmt. Allerdings werden je nach Rechtsform Rechte eingeschränkt oder Pflichten ergänzt. So gibt es eine Reihe von Entscheidungen, die der Geschäftsführer einer GmbH nur mit Zustimmung der Gesellschafter treffen kann. Was bei Team-Gründungen häufig übersehen wird, ist, dass diese zustimmungspflichtigen Entscheidungen natürlich auch durch die Gesellschafter um weitere Punkte ergänzt werden können. So können beispielsweise Personaleinstellungen, Ausgaben ab einer bestimmten Höhe und Ähnliches mehr zu einer Liste zustimmungspflichtiger Entscheidungen zusammengefasst werden.

Der Vorteil einer solchen Liste ist, dass der Geschäftsführer, sollte er dagegen verstoßen, für den Schaden persönlich haftbar gemacht werden kann. Der Nachteil ist die Einschränkung der Handlungs- und Entscheidungsfreiheit, die ein Geschäftsführer aber benötigt. Die Liste zustimmungspflichtiger Entscheidungen sollte deshalb die Handlungsfreiheit des Geschäftsführers nicht allzu sehr einschränken.

Der Geschäftsführer kann durch eine Liste zustimmungspflichtiger Entscheidungen eingeschränkt werden.

Der Geschäftsführer einer GmbH ist ohnehin verpflichtet, die Angelegenheiten der Gesellschaft mit der Sorgfalt eines ordentlichen Kaufmanns zu behandeln. Verletzt er diese Pflicht, vor allem in den Bereichen, die er alleine entscheidet, muss er persönlich haften. Nun können Pflichtverletzungen in den „Angelegenheiten der Gesellschaft" je nach Unternehmen sehr unterschiedlich sein. Beispiele dafür sind Warenlieferungen auf Kredit ohne Sicherheiten seitens des Abnehmers oder die mangelnde Verwertung offensichtlicher Geschäftschancen.

In allen diesen Fällen haftet der Geschäftsführer einer GmbH den Gesellschaftern gegenüber. Es gibt jedoch einen Fall, in dem der Geschäftsführer auch Dritten gegenüber persönlich haftet. Wie wir aus Kapitel IV wissen, ist die Liquidität und damit die Zahlungsfähigkeit die „Achillesferse" des Unternehmens. Im Gegensatz zum Geschäftsführer können Dritte aber meist nicht beurteilen, ob das Unternehmen zahlungsfähig ist.

Es gibt Fälle, in denen der Geschäftsführer persönlich haftet.

Aus diesem Grund ist der Geschäftsführer verpflichtet, eine Zahlungsunfähigkeit, sofern sie nicht rechtzeitig ausgeglichen werden kann, unverzüglich anzuzeigen und beim Amtsgericht Insolvenz anzumelden. Andernfalls ist der Geschäftsführer auch den Gläubigern der GmbH persönlich schadensersatzpflichtig.

5.1.3 Genehmigungen

Je nachdem, um was für ein Unternehmen es sich handelt, sind zur Eröffnung des Betriebs auch Genehmigungen notwendig. Das gilt insbesondere für das Handwerk, das produzierende Gewerbe und die Gastronomie.

Der Hintergrund dieser Genehmigungen ist, dass der Gesetzgeber in vielen Bereichen Mindeststandards festgelegt hat. Oftmals muss noch vor Eröffnung des Betriebs nachgewiesen werden, dass diese Standards auch eingehalten werden. Zum Teil sind sie sehr weitreichend. So sind in der Gastronomie unter anderem beispielsweise die Anzahl an Parkplätzen, die Größe der Toiletten und die Höhe etwaiger Stufen definiert und müssen in der Regel vor Inbetriebnahme behördlich abgenommen werden.

Anlagen, die Menschen oder die Umwelt gefährden können, benötigen eine Betriebserlaubnis. Teilweise muss diese regelmäßig erneuert werden, wobei sie im Fall maßgeschneiderter Anlagen nicht immer vom Hersteller erbracht wird. Die Notwendigkeit einer Betriebserlaubnis gilt auch für Einrichtungen, in denen Menschen oder Tiere betreut werden, wie Altenpflegeheime, Kindertagesstätten, Sport- oder Trainingsstätten.

> Manche Gründungen benötigen Genehmigungen und Betriebserlaubnisse.

Vielen Gründern sind diese Erfordernisse nicht bekannt und nicht wenige gründen trotz fehlender Betriebserlaubnis oder Genehmigung weitgehend unbehelligt, sofern sie nicht kontrolliert werden. Allerdings ermöglicht das einer Versicherung, im Schadensfall von der Haftung zurückzutreten. Neben den juristischen Implikationen sind damit folglich auch finanzielle Risiken verbunden.

5.1.4 Mitgliedschaften

In allen europäischen Staaten gibt es Industrie- und Handelskammern (IHK) und Handwerkskammern, bei denen Mitgliedschaft, Bedeutung und Angebot jedoch variieren. Die Aufgabe der Kammern ist die Vertretung der gewerblichen Wirtschaft und die Wahrnehmung von Verwaltungsaufgaben im wirtschaftlichen Bereich. Aus Sicht des Gesetzgebers übernehmen sie damit öffentliche Aufgaben, weshalb in Deutschland eine Zwangsmitgliedschaft besteht.

> Eine Gründung führt in der Regel zur Zwangsmitgliedschaft in einer Kammer.

Diese Mitgliedschaft ist mit Beiträgen verbunden, denen je nach Kammer konkrete Dienstleistungen, wie Schulungen, Seminare oder Informationen, gegenüberstehen.

Im Gegensatz zu den Kammern sind Arbeitgeberverbände nach Branchen organisiert, und die Mitgliedschaft ist freiwillig. Sie sind der Gegenspieler der ebenfalls nach Branchen organisierten Gewerkschaften und deren Gesprächspartner bei Tarifverhandlungen.

Letzteres ist für Gründer und neue Entrepreneure oft irrelevant, weil sie keine fest angestellten Mitarbeiter haben. Sobald Festeinstellungen getätigt werden, muss auch über Löhne entschieden werden. Dabei kann der Freiheitsgrad der Entrepreneure jedoch durch allgemein verbindliche Tarife zumindest nach unten hin eingeschränkt sein. Denn auch wenn das Unternehmen nicht Mitglied im Arbeitgeberverband ist, können Tarife für eine ganze Branche gelten und damit auch für Nichtmitglieder.

5.1.5 Steuern

Der Bereich der Steuern wird von neuen Entrepreneuren häufig vernachlässigt. Das liegt daran, dass sie diesen Aspekt ihres Unternehmens ihrem Steuerberater überlassen und ihn damit als „geregelt" betrachten. Tatsächlich beeinträchtigen Steuerlasten aber die Liquidität des Unternehmens. Denn gerade die Umsatzsteuer[1] muss quartalsmäßig pünktlich angewiesen werden.

Dadurch mindert sich das liquide Guthaben, was im Hinblick auf die übrigen Zahlungsverpflichtungen bei Beginn des Unternehmens oft „übersehen" wird.

> Quartalsmäßige Steueranweisungen mindern die Liquidität.

Die Umsatzsteuer selbst ist eigentlich keine Unternehmenssteuer. Sie ist eine Verbrauchssteuer, die Unternehmen für den Staat eintreiben und an ihn abführen.

Dagegen ist die Gewerbesteuer im Grunde eine Unternehmenssteuer[2], die allen Gewerbetreibenden[3] von ihrer Gemeinde auferlegt wird. Die Höhe dieser Steuer variiert allerdings zwischen den Gemeinden bzw. Kantonen und bemisst sich am Gewerbeertrag des Unternehmens.

In Deutschland wird zwischen Personen- und Kapitalgesellschaften unterschieden, wobei erstere diese Steuer teilweise mit ihren sonstigen Unternehmenssteuern verrechnen können. Je nach Gemeinde kann der Steuer- bzw. der so genannte Hebesatz sehr stark variieren. Für eine Kapitalgesellschaft, wie beispielsweise eine GmbH, kann dieser erheblich sein und durchaus einen Steuersatz von 25% erreichen, was bei einer Personengesellschaft erst bei höheren Gewerbeerträgen eintritt.

Neben der Gemeinde besteuert auch der Staat den Unternehmensertrag[4]. In Deutschland hängt der entsprechende Steuersatz aber von der Rechtsform ab. Für Inhaber einer Personengesellschaft gelten die Einkommensteuersätze und für Kapitalgesellschaften gilt die Körper-

---

1. Die Umsatzsteuer ist im Grunde identisch mit der Mehrwertsteuer, nur dass sie bei Unternehmen eben Umsatzsteuer heißt. Sie ist die „Mehrwertsteuer", die ein Unternehmen beim Kauf zahlt und beim Verkauf einnimmt. Die positive Differenz aus eingenommener und gezahlter Mehrwertsteuer ist die Umsatzsteuer, die ein Unternehmen an das Finanzamt abführen muss.

2. In der Finanzwissenschaft wird die Gewerbesteuer als *Realsteuer* definiert, weil ebenso wie ein Grundstück, ein Betrieb eine *reale* Sache ist, mit der die Möglichkeit und das Recht verbunden sind, wiederkehrend Einkommen zu erzielen. Da die Gewerbesteuer immer Unternehmen betrifft, bezeichnen wir sie zum besseren Verständnis als „Unternehmenssteuer".

3. Ausgenommen freie Berufe (wie Architekten oder Ärzte) und die Landwirtschaft.

4. Der Unternehmensertrag berechnet sich jedoch anders als der Gewerbeertrag. Hier werden beispielsweise Zinsaufwendungen für Darlehen dem Ertrag nicht hinzugerechnet, was beim Gewerbeertrag der Fall ist.

schaftssteuer. Der Steuersatz für Letzteres liegt in Deutschland und Österreich bei einheitlich 25% und in der Schweiz je nach Rechtsform bei 4,25% bzw. 8,5%.

Wenn wir die Gewerbesteuer und Körperschaftssteuer zusammenzählen, unterliegen die Erträge einer GmbH in Deutschland einem Steuersatz zwischen 30% und etwas mehr als 50%. In der Schweiz liegt dieses Intervall zwischen 12,5% und etwa 28%.

> **Körperschafts- und Gewerbesteuer können zusammen 50% und mehr der Erträge erreichen.**

Da in Deutschland bereits ab Erträgen von 50.000 € die Einkommensteuersätze in der Regel höher liegen als die Körperschaftssteuer, neigen Gründer oft dazu, eine GmbH zu favorisieren. Tatsächlich ist das aber je nach Gewerbesteuersatz erst ab einem Unternehmensertrag von 100.000 €[5] und mehr, auch aus steuerlicher Sicht, sinnvoll.

5.1.6 Late Payment

Late Payment beschreibt ein in Europa mittlerweile weit verbreitetes Phänomen später Zahlung, das möglicherweise die Folge einer veränderten Zahlungsmoral ist. Für die hiervon betroffenen Unternehmen bedeutet eine späte Zahlung eine zeitliche Minderung ihrer Liquidität. Denn das Unternehmen muss auf den Zahlungseingang von Seiten des Kunden länger warten als vereinbart, während es gleichzeitig die eigenen Lieferanten und Mitarbeiter zahlen muss. In vielen Fällen führt das dazu, den Kontokorrentkredit stärker zu beanspruchen als gewollt, was auch mit höheren Zinszahlungen und damit Kosten verbunden ist.

> **Late Payment bedeutet länger als geplant auf Kundenzahlungen warten zu müssen.**

Nun wissen wir, dass die verspätete Begleichung einer Forderung, beispielsweise für eine Lieferung, mit zusätzlichen Zinsen verbunden ist. Tatsächlich werden diese geforderten „Straf-„ bzw. Säumniszinsen", mit denen die höheren Kosten beglichen werden könnten, aber häufig nicht gezahlt. Ein Unternehmen hat in dem Fall die Wahl, die Kunden auf Zahlung der Säumniszinsen zu verklagen oder es auf sich beruhen zu lassen.

Gerade Gründungen und junge Unternehmen entschließen sich häufig für Letzteres. Das liegt daran, dass sie einen Kundenstamm aufbauen wollen und nicht neue oder möglicherweise große Kunden durch eine Klage verlieren möchten.

Damit sind gerade junge Unternehmen, die sich noch in einer Investitionsphase befinden und noch nicht über einen soliden Kundenstamm verfügen, den Folgen des Late Payment oft „wehrlos" ausgesetzt. Konkret bedeutet das höhere Kosten bzw. eine geringere Marge auf dem verspätet bezahlten Auftrag und einen möglichen Liquiditätsengpass.

> **Junge Unternehmen sind dem Late Payment oft „wehrlos" ausgesetzt ...**

Der Liquiditätsengpass beeinträchtigt jedoch nicht nur die Fähigkeit, selbst Rechnungen zu begleichen, sondern auch die Möglichkeit, neue Ware für noch ausstehende Aufträge zu beschaffen. Aus diesem Grund neigen manche Unternehmen dazu, die späte Zahlung der eigenen Kunden fallweise an beispielsweise weniger wichtige Lieferanten weiterzugeben, wozu häufig junge Unternehmen zählen.

---

5. In vielen Fällen entspricht das einem Umsatz von 1,5 bis 2 Mio. €.

Abbildung 5.1 zeigt das Alter bestehender Forderungen von Unternehmen in sieben Ländern, womit auch der Anteil verspäteter Zahlungen deutlich wird.

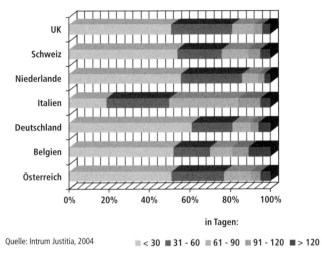

in Tagen:

Quelle: Intrum Justitia, 2004   ▨ < 30 ▪ 31 - 60 ▨ 61 - 90 ▪ 91 - 120 ▪ > 120

Abbildung 5.1: Alter bestehende Forderungen in Tagen

Abbildung 5.1 zeigt uns, dass mit Ausnahme Italiens in den übrigen Ländern rund die Hälfte aller Forderungen nach mehr als 30 Tagen noch nicht beglichen sind. In Deutschland, Österreich und der Schweiz stehen auch nach 90 Tagen noch etwa 10% der Zahlungseingänge aus.

Gründer, die sich mit der Erstellung des Businessplans befassen, sollten diesen Umstand im Hinblick auf ihre Liquidität berücksichtigen und teilweise von deutlich längeren als den vertraglich vereinbarten Zahlungszielen ausgehen.

Ungeachtet dessen bestehen auch Möglichkeiten, die Bonität und das Zahlungsverhalten potentieller Kunden im Vorwege zu prüfen. Diese Information wird in den verschiedenen Ländern von Vereinen und Gesellschaften angeboten, in Deutschland beispielsweise von Creditreform.

> ... der Umstand sollte im Businessplan berücksichtigt werden.

5.1.7 Öffentliche Förderung – Transfers in kind

In Kapitel IV wurde bereits auf öffentliche Förderungen eingegangen, jedoch hauptsächlich auf Transfers in cash. Neben diesen werden Gründern aber auch zahlreiche Hilfen und Förderungen angeboten, die nicht unmittelbar finanzieller Natur sind.

Grundsätzlich können wir dabei zwischen Förderungen der Gemeinde, des Landes oder Kantons und des Bundes unterscheiden.

> Es gibt zahlreiche nicht-finanzielle Förderungen – man muss sie nur suchen.

Für den Einzelnen ist das Gesamtangebot oft nicht überschaubar, weshalb Gründer häufig aus Unkenntnis Hilfen nicht in Anspruch nehmen. Zuständig sind in der Regel die Gemeindeverwaltungen und Wirtschaftsministerien.[6]

Größere Gemeinden schaffen zunehmend so genannte „*One Stop Shops*", in denen gründungsrelevante Informationen und Dienstleistungen zusammengefasst sind. Daneben existieren bereits zahlreiche Gründungszentren oder Inkubatoren, wie sie auch genannt werden. Vielen Gründern sind diese Zentren trotz ihres teilweise sehr weit reichenden Angebots an Unterstützung nicht bekannt. Das gilt auch für so genannte Mentorprogramme, im Rahmen derer Gründer eine begleitende Beratung durch erfahrene Geschäftsleute erhalten können.

5.1.8 Was sind Inkubatoren und was bieten sie?

Inkubatoren sind, wie das Wort schon sagt, Brutstätten, in denen Gründungen zu lebensfähigen Unternehmen heranreifen sollen. Wie das konkret umgesetzt wird und für welche Art von Gründungen dieses Angebot besteht, hängt aber von der Zielsetzung der jeweiligen Zentren ab.

In der Regel besteht die Vorgehensweise darin, Gründungen im Bereich der Kosten zu entlasten und den Gründern den Zugang zu Informationen und Kontakten zu erleichtern. Solche Zentren bieten Gründern deshalb oft Büroräume nebst Einrichtung (bis hin zu Faxgeräten und Computern) zu sehr günstigen Konditionen.

> Inkubatoren bieten Gründern Starthilfe durch Unterstützung und Infrastruktur ...

Vielfach besteht zudem die Möglichkeit, ein Sekretariat mit anderen Gründern zu teilen. Der Vorteil für die Gründer liegt dabei nicht nur in der Kostenersparnis, sondern auch darin, Wand an Wand neben anderen Gründern zu arbeiten und sich mit ihnen austauschen und gegenseitig helfen zu können.

Neben der bereitgestellten Infrastruktur beinhalten die Zentren in der Regel auch Anlaufstellen, von denen die Gründer unternehmensrelevante Informationen, Hilfe bei der Erstellung des Businessplans und Kontakte erhalten können. Oft schließt das neben Anwälten und Steuerberatern auch Marktdaten bis hin zum Kontakt zu Marketingagenturen, Banken und Risikokapitalgesellschaften ein.

Da aus Sicht der Inkubatoren die Gründungen sich innerhalb von zwei bis fünf Jahren in ein lebensfähiges und wachsendes Unternehmen entwickelt haben sollten, ist deren Verweildauer in diesen Zentren in der Regel auf diese Dauer begrenzt.

> ... allerdings häufig nur für Gründungen in bestimmten Branchen.

Dabei sind die meisten Inkubatoren auf bestimmte Branchen oder bestimmte Technologien fokussiert, weshalb sich ihr Angebot in der Regel nicht an alle Gründer richtet. Oft handelt es sich bei der Ausrichtung um Informationstechnologie, Biotechnologie und neue Medien, wobei die Zielgruppe dann meistens innovative Gründer sind.

---

6. Für finanzielle Hilfen und Förderprogramme sind in Deutschland dagegen meist die Förderbanken der Länder und des Bundes zuständig, wie beispielsweise die Kreditanstalt für Wiederaufbau, die bundesweit tätig ist.

5.1.9 Was sind Mentorprogramme und was bieten sie?

Mentorprogramme werden überwiegend von den Kammern und den Gemeinden angeboten. Im Grunde handelt es sich dabei um ein Coaching, bei dem ein erfahrener, häufig pensionierter, Geschäftsmann den Gründer begleitend berät und zuweilen mit Kontakten hilft.

Die Anbieter solcher Programme greifen in der Regel auf eine Datenbank zurück, in der noch tätige oder pensionierter Geschäftsleute unterschiedlicher Branchen und mit entsprechend unterschiedlicher Expertise verzeichnet sind. Die Mentoren verbindet, dass sie Gründern und neuen Entrepreneuren beim Aufbau des Unternehmens helfen wollen.

Mit Hilfe dieser Programme können Gründer in ihrer Branche erfahrene Geschäftsleute finden, die ihnen als Gesprächspartner gerne beratend zur Seite stehen. Je nach Programm ist das allerdings mit Kosten verbunden, wobei sich diese meist auf tatsächlich anfallende Reise- oder Hotelkosten beschränken.

> Mentoren sind erfahrene Geschäftsleute, die Neuen beim Aufbau helfen wollen.

Mentorprogramme können gerade für Gründer, die alleine gründen, sehr hilfreich sein. Denn wie wir aus Kapitel 3 wissen, machen sie vieles zum ersten Mal und sind dabei häufig ganz auf sich gestellt.

5.2 Die persönliche Vorbereitung

Wir wissen bereits aus Kapitel 2 und 4, dass die persönliche Motivation und fachliche Vorbereitung einen erheblichen Einfluss auf das Gelingen des Gründungsvorhabens hat. Allerdings wird der Gründer noch von weiteren Faktoren, die häufig nicht unmittelbar ersichtlich sind, beeinflusst. Nicht selten tragen diese Faktoren zum Scheitern oder zur Aufgabe einer Gründung bei.

Abbildung 5.2 bietet einen Überblick über die uns bereits bekannten und die noch zu diskutierenden Faktoren, welche die Gründungsentscheidung beeinflussen und daher zu berücksichtigen sind.

Abbildung 5.2: Einflussfaktoren der Gründungsentscheidung

Die in der Abbildung dunkel unterlegten Faktoren stehen zu Beginn eines Gründungsvorhabens nicht im Vordergrund und sind ohnehin schwieriger zu erfassen. Ihr Einfluss wirkt sich in der Regel erst während und nach der Gründung aus. Dennoch sollten sie bereits vor der Gründung beachtet werden und in die Gründungsentscheidung einfließen.

Im Fall des Trainings, bei dem es meist um gründungs- und unternehmensrelevante Schulungen geht, ist die Ermittlung des Bedarfs bereits im Rahmen der Feasibility Study erfolgt. Die Schwierigkeit liegt in der Umsetzung, also darin, Schulungsangebote auch wahrzunehmen. Deshalb sollte der Businessplan auch konkrete Maßnahmen hierzu beinhalten. Tatsächlich neigen viele Gründer dazu, diesen Aspekt zu vernachlässigen und eine entsprechende Vorbereitung zu verschieben. Ist das Unternehmen einmal gegründet, finden jedoch die wenigsten neuen Entrepreneure die Zeit, ihre Kenntnisse und Fähigkeiten auch hinsichtlich grundlegender Sachverhalte, wie beispielsweise Buchhaltung, Finanzierungsinstrumente im grenzüberschreitenden Handel oder Verhandlungs- und Personalführung, zu verbessern.

5.2.1 Soziale Absicherung

Abgesehen vom gesetzlichen Sozialhilfeanspruch bestehen in Europa wenige oder keine darüber hinaus gehenden Regelungen zur sozialen Absicherung von Entrepreneuren. Beispielsweise können Entrepreneure im Fall des Scheiterns nicht auf die Arbeitslosenversicherung zurückgreifen. Sie sind also auch in dieser Hinsicht weitgehend auf sich selbst gestellt.

> Entrepreneure müssen sich um ihre eigene soziale Absicherung kümmern.

Die wenigen gesetzlichen Regelungen in diesem Bereich bedeuten aber nicht, dass Entrepreneure keine soziale Absicherung benötigen. Neben der Krankenversicherung gilt das besonders für die Altersvorsorge. Beides ist mit Kosten verbunden, die je nach Rechtsform direkt oder indirekt zur Gänze vom Entrepreneur getragen werden müssen.[7] Gerade Gründer neigen deshalb häufig dazu, ihre soziale Absicherung aus Kostengründen auf eine Krankenversicherung zu beschränken.

Sofern dem kein Aufbau einer Altersvorsorge folgt, kann das zu ernsthaften Schwierigkeiten in der Zukunft führen. Denn bei weitem nicht alle Gründer treten ihren Ruhestand als Millionäre an. Für viele Entrepreneure besteht das Hauptvermögen aus dem Unternehmenswert. Damit wird der Zeitpunkt ihres Ausscheidens aber maßgeblich davon bestimmt, ob und wann sie einen Nachfolger finden, der bereit ist, den geforderten Preis für das Unternehmen zu zahlen. Unternehmensrenten oder verbleibende Beteiligungen sind dagegen immer von der Fähigkeit des Nachfolgers bestimmt, auch langfristig einen positiven Ertrag zu erzielen, und daher risikobehaftet. Viele Entrepreneure führen ihr Unternehmen deshalb noch bis ins hohe Alter, was ihnen und ihrem Unternehmen nicht immer zugute kommt.

---

7. Bei Arbeitnehmern werden die Sozialbeiträge, zu denen die Kranken- und Rentenversicherung zählt, hälftig von Arbeitgeber und Arbeitnehmer getragen.

Dass eine fehlende Altersvorsorge zu Schwierigkeiten im Alter führen kann, ist somit offensichtlich. Allerdings kann die mangelnde Vorsorge bei unerwartetem Ausfall des Entrepreneurs auch schon früher zu Schwierigkeiten für die Familie führen. Deshalb sollten Gründer diesen Aspekt durch eine Unfall- und Invaliditätsversicherung absichern. In manchen Branchen, wie beispielsweise dem Handwerk, sind entsprechende Versicherungen ohnehin vorgeschrieben.

> Die Altersvorsorge wird besonders von Gründern gerne vernachlässigt.

Im Hinblick auf die Krankheits-, Unfall- und Altersvorsorge des Entrepreneurs sollten die Kosten der sozialen Absicherung daher bereits zu Beginn der Unternehmung im Unternehmerlohn und dem Businessplan berücksichtigt werden.

5.2.2 Arbeitsbelastung

Die Arbeitsbelastung eines Gründers und späteren Entrepreneurs wird nicht durch eine feste Arbeitszeitregelung, sondern durch Sachzwänge bestimmt. Gerade während der Anfangphase eines Unternehmens sind – wie wir wissen – viele Angelegenheiten zu regeln, Investitionen zu tätigen und der Markt ist zu erschließen. Der Erfolg der Gründung hängt unter anderem davon ab, wie diese Aufgaben erfüllt werden.

Für Gründer und neue Entrepreneure ergeben sich daraus zahlreiche und oft drängende Sachzwänge, die während der ersten Jahre nicht selten zu einer vollen Sechs- bis Siebentagewoche führen.

Die höhere zeitliche Belastung der Entrepreneure zeigt auch *Abbildung 5.3*. Hierfür wurde die Arbeitszeit Selbstständiger, was neue und bereits etablierte Entrepreneure einschließt, mit der durchschnittlichen Arbeitszeit abhängig Beschäftigter verglichen, wobei Letzteres als Bezugsgröße mit 100% festgelegt ist. Danach betrug die Arbeitszeit Selbstständiger im Jahr 2000 etwa 158% oder fast das 1,6-fache der durchschnittlichen Arbeitszeit abhängig Beschäftigter. Damit arbeiten Selbstständige etwa so lang wie eineinhalb Vollzeitbeschäftigte.

> Die Arbeitszeit der Entrepreneure wird durch Sachzwänge bestimmt ...

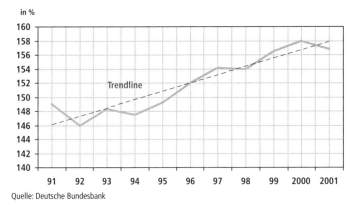

Quelle: Deutsche Bundesbank

Abbildung 5.3: Arbeitszeit Selbständiger in Prozent der Arbeitszeit abhängig Beschäftigter (abhängig Beschäftigte = 100%)

Wie uns *Abbildung 5.3* zeigt, ist das Verhältnis der Arbeitszeit Selbstständiger zu abhängig Beschäftigten im Zeitverlauf gestiegen. Das liegt auch daran, dass die Arbeitszeit abhängig Beschäftigter während dieser Zeit abnahm. Zu der Belastung einer relativ höheren Arbeitszeit gesellt sich gerade bei neuen Entrepreneuren häufig noch der Umstand, keine geregelte Arbeitszeit zu haben. Das heißt, sie wissen oft nicht, wann sie nach Hause kommen. Für Entrepreneure sind geregelte Arbeitszeiten das Ergebnis geregelter Prozesse.

Das bedeutet, erst wenn Aufgaben, Zuständigkeiten und Entscheidungsbefugnisse wirklich geregelt sind, besteht für Entrepreneure die Aussicht auf geregelte Arbeitszeiten. Um das zu erreichen, muss sich die gestalterische Freiheit des Entrepreneurs aber stärker auf die Gestaltung unternehmensinterner Abläufe konzentrieren und nicht nur auf jeden einzelnen Kunden oder Auftrag. Da die meisten Gründungen alleine erfolgen, ist das aber in der Regel erst nach der Einstellung und Einarbeitung von Mitarbeitern möglich.

> ... nur wer die Aufgaben ordnet, hat die Chance auf eine geregelte Arbeitszeit.

5.2.3   Unterstützung durch Familie & Freunde

Vor dem Hintergrund der Arbeitsbelastung ist die Unterstützung durch Familie und Freunde ein wichtiger Erfolgsfaktor von Gründungen, besonders solcher, die alleine erfolgen. Dabei geht es im Wesentlichen um die tatkräftige sowie moralische Unterstützung des Gründers und neuen Entrepreneurs.

Das nicht zu unterschätzende Problem vieler neuer Entrepreneure ist der Verlust sozialer Kontakte infolge der Arbeitsbelastung. Besonders für neue Entrepreneure mit Familie kann das zu einer großen Belastung für die Familie oder den Lebenspartner führen; umso mehr, als gemeinsame Urlaube oder Ähnliches zunächst kaum oder gar nicht möglich sind.

Tatsächlich erfolgen die Aufgabe des Unternehmens und die Rückkehr in ein Angestelltenverhältnis nicht selten auch aus diesem Grund. Gerade für werdende Entrepreneure mit Familie ist die Entscheidung zu gründen deshalb eine Familienentscheidung, bei der sich die Gründer der Unterstützung ihrer Familie oder des Lebenspartners vergewissern müssen. Sie laufen andernfalls Gefahr, den Erfolg des Unternehmens durch persönliche Krisen zu gefährden.

> Der Entrepreneur benötigt die Unterstützung der Familie und das Unternehmen benötigt den Entrepreneur.

5.2.4   Soziale Akzeptanz

Die soziale Akzeptanz des Entrepreneurs beeinflusst über Rollenbilder und Idole oft unbewusst die Entscheidung des Einzelnen zu gründen. Chef sein, Entscheidungen fällen oder reich werden sind hierbei gängige Assoziationen.

Das gesellschaftliche Image künftiger Entrepreneure beinhaltet aber auch abwertende Vorstellungen, die sich unter dem Sprichwort *„Wer nichts wird, wird Wirt"* zusammenfassen lassen. Dahinter verbirgt sich die Vorstellung, dass besonders gute Schüler oder Absolventen für eine Karriere in einem Großunternehmen prädestiniert sind, während die Unternehmensgründung eher eine Option für die weniger Guten ist.

Dass Gründungen auch durch den Wunsch nach Unabhängigkeit motiviert sind, bleibt dabei oft unberücksichtigt.

Für erfolgreiche Unternehmer gibt es dagegen häufig den Nachsatz: *„... aber ich möchte nicht wissen, wie er das gemacht hat"*, was Ausdruck einer unmittelbar negativen Vorstellung ist, die oft auf dem Aspekt des „Reichwerdens um jeden Preis" oder auf schlichtem Neid beruht. Dazu zählen Vorurteile wie reine Gewinnorientierung, Unehrlichkeit oder eine latente Bereitschaft zu Formen der Wirtschaftskriminalität wie beispielsweise Steuerhinterziehung.

Letzteres trifft Gründer während der Anfangsphase eher selten. Je erfolgreicher das Unternehmen aber wird, desto stärker werden sie mit solchen Vorurteilen konfrontiert. Für den Entrepreneur ist das eine primär persönliche und keine unmittelbar unternehmensbezogene „Belastung". Ungeachtet dessen dürfen wir aber nicht vergessen, dass gerade bei jungen Unternehmen eine Beziehung zwischen Kunde und Entrepreneur entsteht, die auch das Image des Unternehmens prägt.

Vor diesem Hintergrund sollten sich künftige Entrepreneure auch der persönlichen und sozialen Interaktion mit ihrer Umwelt bewusst sein und sich entsprechend vorbereiten. Das kann beispielsweise durch die Formulierung gewisser Verhaltensweisen und ethischer Grundsätze erfolgen, an die dann auch spätere Mitarbeiter gebunden sind.

Fallbeispiel Breuer IT   Paul Breuer hat ein kleines IT-Unternehmen mit fünf Mitarbeitern, das andere Unternehmen berät, ihnen die notwendige IT zusammenstellt, diese liefert, aufstellt und die Mitarbeiter schult. Als er gründete, gab es schon einige Unternehmen in seinem Bereich. Viele davon nutzten die Unkenntnis ihrer Kunden, um ihnen Lösungen zu verkaufen, welche sie in dem Umfang nicht benötigten. Paul Breuer ärgerte sich darüber, zumal er, wie seine Wettbewerber auch, wusste, dass mit der schnellen Entwicklung der Systeme manche Lösungen bald inkompatibel mit dem Stand der Technik sein würden. Für die Wettbewerber war das eine Möglichkeit, bestehende Kunden regelmäßig beraten zu können. Paul Breuer empfand das als eine Art des Betrugs.

Als er einen Kunden belieferte, den ein abgeworbener Mitarbeiter beraten hatte, fiel ihm auf, dass einige Hardwarekomponenten bereits nicht mehr dem neuesten Stand entsprachen und eine Datenbanksoftware bald nicht mehr mit neuen Programmen integrierbar sein würde. Er besprach das mit dem Kunden, erklärte das Problem und entschuldigte den „Fehler" seines Mitarbeiters damit, dass dieser noch neu war. Die „problematischen" Teile ersetzte er durch neuere, ohne Aufpreis.

Zufällig war der Kunde auch Mitglied im Lions Club, wo er die Geschichte weitererzählte. Anscheinend kannten viele das Ärgernis, Teile oder Programme relativ bald austauschen oder upgraden zu müssen. Jedenfalls meldeten sich einige Entrepreneure. Sie zählen heute zu Paul Breuers Kunden.

5.2.5 Clubs und persönliche Netzwerke

Wie der Fall von Herrn Breuers Kunden zeigt, hat dessen positive Erfahrung mit Breuer IT anderen Clubmitgliedern geholfen, einen zuverlässigen IT-Dienstleister zu finden. Clubs sind nichts anderes als institutionalisierte Netzwerke, deren Mitglieder Erfahrungen austauschen und sich gegenseitig in unternehmensbezogenen Angelegenheiten helfen können.

Diese gesammelte Erfahrung und Unterstützung ist gerade für Gründer, die manches noch nicht exakt beurteilen können, ein großer Vorteil. So erfahren sie frühzeitig von unzuverlässigen Lieferanten oder gefährlichen Geschäftspraktiken und können gegebenenfalls auf die Dienste oder Kontakte von Clubmitgliedern zurückgreifen.

Um hiervon zu profitieren, müssen Netzwerke aber nicht zwingend institutionalisiert sein. Der Erfolg vieler Gründer, die Minoritäten angehören, zeigt, dass die Zugehörigkeit zu losen Netzwerken ebenso hilfreich ist.[8] Der Aufbau eines eigenen Netzwerks erfordert allerdings Engagement und Zeit, was neue Entrepreneure aufgrund der Arbeitsbelastung oft nicht aufbringen können. Der Anschluss an existierende Netwerke ist deshalb die Regel. Neben den besagten Clubs, bietet sich dazu auch ein breites Spektrum öffentlich bereitgestellter Plattformen an. Hierzu haben neben den Kammern und Verbänden auch die Gemeinden Gründer- und Mittelstandsnetzwerke gebildet.

---

8. Einer Untersuchung von Risikokapitalgesellschaften zufolge erzielten Beteiligungen an Minoritätengründungen eine Rendite von rd. 20% im Vergleich zu durchschnittlich 17%, die andere Gründungen im Verlauf ihres Bestehens erzielten. Die Untersuchung wurde von Bradford und Bates im Jahre 2000 durchgeführt und kann über die Site *www.kauffmann.org* eingesehen werden.

ZUSAMMENFASSUNG

- Durch den Ausweis als Geschäftsführer wird der Entrepreneur für den Gesetzgeber zum Kaufmann, ungeachtet dessen, ob er eine kaufmännische Ausbildung bzw. Erfahrung hat oder nicht.

- In manchen Fällen haftet der Geschäftsführer für sein Fehlverhalten persönlich.

- Bei einer Gründung im Team können die Freiheiten des Geschäftsführers durch eine Liste zustimmungspflichtiger Entscheidungen begrenzt werden.

- Weil der Gesetzgeber Kunden, Mitarbeiter und Umwelt schützen möchte, ist für manche Betriebe eine Genehmigung und für manche Anlagen eine Betriebserlaubnis erforderlich. Viele Gründer sind sich der nötigen Genehmigungen und Betriebserlaubnis nicht bewusst.

- Mit der Gründung eines Unternehmens geht in der Regel eine Zwangsmitgliedschaft in einer Kammer einher, was auch mit Mitgliedsbeiträgen verbunden ist.

- Weil Gründer den steuerlichen Aspekt ihres zukünftigen Unternehmens meist einem Steuerberater übertragen, neigen sie häufig dazu, diesen Aspekt zu vernachlässigen.

- Mit Ausnahme der Landwirtschaft unterliegen Unternehmen der Gewerbesteuer, deren Höhe zwischen den Gemeinden stark variiert. Personengesellschaften sind darüber hinaus einkommensteuerpflichtig, während Kapitalgesellschaften körperschaftsteuerpflichtig sind.

- Die steuerliche Gesamtbelastung der Unternehmen setzt sich aus mehreren Steuern zusammen und kann in Summe 50% der Erträge und mehr betragen.

- Wenn bereits verplante Kundenzahlungen ausbleiben, kann Late Payment zu einem temporären Liquiditätsengpass führen. In aller Regel führt das zu zusätzlichen Kosten.

- Gerade junge Unternehmen sind dem Late Payment oft „wehrlos" ausgesetzt und sollten das in ihrem Businessplan bereits im Vorfeld berücksichtigen. Allerdings gibt es Agenturen, mit deren Hilfe „schwarze Schafe" ermittelt werden können.

- Gemeinden, Länder/Kantone, der Bund und die EU-Kommission bieten Gründern zahlreiche Förderungen in Form von Transfers in kind an. Diese sind oft sehr hilfreich, aber nicht immer bekannt.

- Inkubatoren bieten Gründern Starthilfe durch Unterstützung und die Bereitstellung kostengünstiger Infrastruktur. Allerdings beschränken sie sich häufig auf Gründungen in bestimmten Branchen.

- Mentoren sind erfahrene Geschäftsleute, die Gründern und jungen Entrepreneuren beim Aufbau des Unternehmens helfen wollen. Sie werden durch Mentorprogramme vermittelt und können mit Rat und Kontakten unterstützen.

- Gründer vernachlässigen häufig aus Unkenntnis und um Kosten zu vermeiden die persönliche Vorbereitung.

- Entrepreneure müssen sich um ihre soziale Absicherung selbst sorgen, weshalb Gründer diese Kosten bereits im Businessplan berücksichtigen sollten.

- Gründung und Führung eines eigenen Unternehmens sind mit einem hohen Zeitaufwand verbunden. Die Arbeitszeit Selbstständiger entspricht etwa der Arbeitszeit von eineinhalb Vollzeitbeschäftigten.

- Die Arbeitszeit wird durch Sachzwänge bestimmt und kann nur durch eine Ordnung der Aufgaben im Unternehmen geregelt werden.

- Die hohe Arbeitsbelastung führt zum Verlust sozialer Kontakte, weshalb der Rückhalt und die Unterstützung der Familie ein zentrales Moment für Entrepreneure ist.

- Clubs und Netzwerke sind ein teilweiser Ersatz für soziale Kontakte und ermöglichen den Zugriff auf Erfahrungen, Unterstützung und Geschäftsbeziehungen bereits etablierter Mitglieder.

ZUSAMMENFASSUNG

Fragen zur Diskussion

- Wenn der Gesetzgeber den Geschäftsführer als erfahrenen Kaufmann betrachtet, was sollten Gründer dann tun, um sich auf diese Aufgabe vorzubereiten?
- Warum ignorieren die meisten Gründer die abweichenden Gewerbesteuersätze bei ihrer Standortwahl?
- Wie groß schätzen Sie den Einfluss der Steuersätze auf die Gründerrate und welche Art von Gründungen mag davon am stärksten betroffen sein?
- Ist Late Payment eher eine Folge veränderter Zahlungsmoral oder das Ergebnis einer durch Liquiditätsengpässe verursachten Kettenreaktion?
- Wie würden Sie sich einem namhaften Neukunden gegenüber verhalten, von dem Sie in Erfahrung gebracht haben, dass er notorisch spät zahlt?
- Ist die Konzentration von Inkubatoren auf bestimmte Branchen sinnvoll oder sollten sie allen Gründungen offen stehen?
- Welche Art von Förderung im Sinne von Transfers in kind fänden Sie als Gründer besonders hilfreich, und gibt es sie bereits?
- Können Mentorprogramme wirklich helfen, wenn die Hauptmotivation des Gründers die Selbstverwirklichung ist?
- Warum gibt es kaum gesetzliche Regelungen zur sozialen Absicherung von Entrepreneuren, und sollte es sie geben?
- Stimmt es wirklich, dass Gründungen für die besonders guten Absolventen eher nicht in Frage kommen, oder ist alleine die Motivation entscheidend?
- Wenn die Arbeitszeit von Entrepreneuren im Durchschnitt dem 1,6-Fachen der Arbeitszeit Vollzeitbeschäftigter entspricht, könnten dann Entrepreneure nicht mehr neue Arbeitsplätze schaffen?
- Wie würden Sie sich entscheiden, wenn ihr Lebenspartner Sie zwei Jahre nach Gründung vor die Wahl „*Die Firma oder ich*" stellt? Und was sollten Sie tun, um nicht mit dieser Wahl konfrontiert zu werden?

Weiterführende Literatur

Achleitner, A.K., Engel, R., Konstitution und Leistung von Inkubatoren bei der Unterstützung von Unternehmensgründungen, in: Hommel, U., Knecht, T., (Hrsg.), Wertorientiertes Start-up-Management, S. 684 – 697, München, 2002

Aernoudt, R., Incubators: Tool for Entrepreneurship?, in Small Business Economics, 23/2, S. 127 – 135, 2004

Bates, T., Entrepreneur Human Capital Inputs and Small Business Longevity, in: The Review of Economics and Statistics, 72/4, S. 551 – 559, 1990

Birley, S., The Role of Networks in the Entrepreneurial Process, in: Journal of Business Venturing, 1, S. 107 – 117, 1985

Brüderl, J., Preisendörfer, P., Network Support and the Success of Newly Founded Businesses, in: Small Business Economics, 10/3, S. 213 – 225, 1998

Goebel, P., Die ökonomisch erfolgreichen Gründer, in: Faltin, G., et al. (Hrsg.), Entrepreneurship – Wie aus Ideen Unternehmen werden, München, 1998

Handler, W.C., Key Interpersonal Relationships of Next-Generation Family Members in Family Firms, in: Journal of Small Business Management, 29/3, S. 21 – 33, 1991

Johannisson, B., Networking and Entrepreneurial Growth, in: Sexton, D., Landström, H., (Hrsg.), Handbook of Entrepreneurship, Oxford, 2000

Sternberg, R., The Impact of Innovation Centres on Small Technology-Based Firms: The Example of the Federal Republic of Germany, in: Small Business Economics, 2/2, S. 105 – 118, 1990

Stewart, C.C., Inclusion and Control in Resort Family Businesses: A Developmental Approach to Conflict, in: Journal of Family and Economic Issues, 22/3, S. 293 – 320, 2001

Lebenszyklus

6

ÜBERBLICK

▟▟ *Bei Unternehmen werden im Angelsächsischen nicht umsonst die Begriffe „Geburts- und Sterberate" verwandt. Denn so wie Neugeborene durchlaufen Unternehmen einen Lebenszyklus, der mit der Gründung beginnt und dem Ausscheiden aus dem Markt abschließt. Dazwischen existieren jedoch Phasen, die der Kindheit, der Jugend und dem Erwachsenenalter durchaus vergleichbar sind. Auch sie folgen gewissen Mustern und sind je nach Phase mit besonderen Merkmalen und Hindernissen verbunden.*

In diesem Kapitel werden wir uns eingehend mit dem Lebenszyklus und den Besonderheiten der einzelnen Phasen befassen. Es geht darum, wie neu gegründete Unternehmen wachsen, welche Herausforderungen die Entrepreneure bewältigen müssen und ob sie den Lebenszyklus gegebenenfalls erneut beginnen können, ohne zuvor aus dem Markt zu scheiden. ▟▟

6.1 Welchen Lebenszyklus durchlaufen neue Unternehmen typischerweise?

Die Frage könnte ebenso lauten: „Wie entwickelt sich ein junges Unternehmen im Laufe der Zeit?" Die Antwort auf diese Frage könnte lauten: „Hoffentlich wächst es während es in einigen Punkten gleichzeitig eine Abnahme gibt." Das Wachstum würde sich auf die Erträge, den Umsatz oder möglicherweise die Anzahl der Mitarbeiter beziehen und die erhoffte Abnahme auf die Stückkosten, den Fremdkapitalanteil oder die Anzahl der Fehler der Entrepreneure.

Entscheidend bei der Untersuchung des Lebenszyklus ist daher, wie wir die Kriterien im Zeitablauf erfassen und woran wir sie messen wollen. Für gewöhnlich ist das der Umsatz. Solange wir die Entwicklung der dazugehörigen Kosten nicht kennen, erlaubt das allerdings nur eine begrenzte Aussage über den Ertrag oder den Erfolg eines Unternehmens. Aus diesem Grund werden wir neben dem Umsatz noch weitere Merkmale wie Umsatzrendite, Mitarbeiter und Investitionen im Zeitablauf untersuchen.

Die nächste Frage, die sich bei der Untersuchung des Lebenszyklus stellt, ist die nach der Zeit oder genauer gesagt der Dauer der Betrachtung. In Europa sind etwa 60% aller Unternehmen jünger als zehn Jahre. Das liegt daran, dass viele Gründungen bzw. daraus hervorgehende Unternehmen vorher scheitern oder aufgegeben werden. Tatsächlich überlebt nur etwa die Hälfte aller Gründungen die ersten sieben Jahre. Die Gründe für das Scheitern sind vielfältig und oft mit Hindernissen während einzelnen Phasen des Lebenszyklus verwoben.

6.1.1 Die Phasen des Lebenszyklus

Im Allgemeinen spiegeln die Phasen des Lebenszyklus den Aufbau des Unternehmens bis zum etablierten Anbieter wider. Zu Beginn gilt die Aufmerksamkeit der Entrepreneure der Schaffung des Unternehmens, was oft mit vielen Investitionen verbunden ist, und der Erprobung des Produkts oder Angebots. Dieser Schaffungs- oder Kreationsphase[1] folgt der Aufbau des Unternehmens. Die Entrepreneure bemühen sich, ihr Marktpotential zu erschließen, sie expandieren. Wie lange diese Expansionsphase dauert, hängt von den Zielen und Mitteln der Entrepreneure, der Größe des Marktes und dem Produkt ab. Die zunehmende Expansion führt allerdings auch zu der Notwendigkeit, Ordnung in die nunmehr aufgebauten Geschäftstätigkeiten zu bringen. Denn nicht selten führt das Bemühen um neue Kunden zu sehr unterschiedlichen Lieferbedingungen oder Preisen und in manchen Fällen auch zu Tätigkeiten, die einen Zusatz oder eine Erweiterung des ursprünglichen Angebots darstellen. Die Entrepreneure müssen ihre Geschäftstätigkeiten dann sortieren und ordnen. Diese Konsolidierungsphase könnte auch als Phase des Aufräumens und der Klärung aufgefasst werden, wie sie oft nach einer Sturm und Drangphase folgt. Erst danach setzt die so genannte Maturitätsphase ein. Das Unternehmen etabliert sich, es wird „erwachsen".

> Der Lebenszyklus besteht aus vier Phasen.

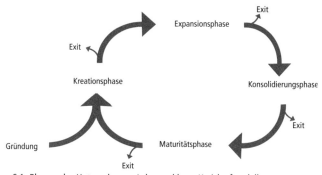

Abbildung 6.1: Phasen des Unternehmens-Lebenszyklus – Kreislaufmodell

Wie das Kreislaufmodell (*Abbildung 6.1*) zeigt, können die jungen Entrepreneure in jeder Phase des Lebenszyklus den Markt verlassen bzw. das Unternehmen schließen. Der häufigste Grund hierfür sind unzureichende Managementfähigkeiten des Entrepreneurs. Für gewöhnlich führt das zu Fehleinschätzungen beispielsweise des Marktpotentials, nötiger Maßnahmen zur Markterschließung oder zukünftiger Entwicklungen. Die vordergründige Ursache für Schließungen sind daher oft mangelnde Aufträge, vorzeitige Liquiditätsengpässe oder die mangelnde Vorbereitung und Anpassungsfähigkeit auf neue Entwicklungen. All das wiederum erklärt, warum beispielsweise Banken den Zukunftsperspektiven solcher Unternehmen wenig Vertrauen schenken und ihnen gegebenenfalls rettende Darlehen verwehren, was die Schließung oder schlimmstenfalls die Insolvenz nicht selten beschleunigt.

> Das Unternehmen kann in jeder Phase „sterben".

---

1. Die Kreationsphase beginnt nicht selten bereits vor der formalen Gründung.

Managementfähigkeiten und Produktlebenszyklus sind wesentliche Einflussfaktoren.

Allerdings sind die Managementfähigkeiten nur die eine Seite der Medaille. Auf der anderen Seite stehen das Produkt und der Produktlebenszyklus. Letzteres beeinflusst den Lebenszyklus eines Unternehmens mindestens ebenso sehr. Das liegt daran, dass ein Unternehmen letztendlich davon lebt, ein Produkt zu vertreiben, unabhängig davon, ob es das Produkt selbst herstellt oder nicht. Wie wir aus Kapitel IV wissen, ist der Lebenszyklus eines Produkts aber meistens begrenzt. Es wird irgendwann durch bessere oder neuere ersetzt oder schlicht obsolet.

In den Fällen, in denen der Produktlebenszyklus nicht begrenzt ist, wie beispielsweise bei Bier oder Coca Cola, begrenzt der Markt das weitere Wachstum eines „erwachsenen" bzw. maturen Unternehmens. Irgendwann ist das Marktpotential erreicht. Für solche Unternehmen ist weiteres Wachstum deshalb nur durch neue Produkte zu erzielen.

Für ein Unternehmen, auch wenn es alle Unternehmenslebenszyklen mit einem bestimmten Produkt durchlebt hat, bedeutet das, den Unternehmensertrag irgendwann um ein verbessertes oder neues Produkt ergänzen oder gänzlich damit erzielen zu müssen. Damit beginnt, zumindest für den mit dem neuen Produkt betrauten Unternehmensbereich, der Lebenszyklus aufs Neue. Es entsteht ein Kreislauf, bei dem am Ende des zweiten Durchlaufs zuweilen wenig an das einst vielleicht sogar mature Unternehmen erinnert.

6.1.2   Die zyklische Entwicklung

Wie bereits gesagt, können wir die Entwicklung junger Unternehmen anhand verschiedener Kriterien oder Merkmale verfolgen. Dabei wissen wir jetzt, dass die Entwicklung der Kriterien eigentlich nur der „sichtbare" oder besser gesagt messbare Ausdruck von Entwicklungen im Unternehmen ist. Es sollte uns daher nicht erstaunen, wenn die Investitionen während der Kreationsphase besonders hoch sind oder der Umsatz während der Expansionsphase besonders stark zunimmt.

Der Umsatz

Wenn wir die verschiedenen Gründungsarten und Branchen berücksichtigen, in denen Unternehmen gegründet werden können, liegt es nahe, dass die absolute Höhe des Umsatzes zwischen den verschiedenen Unternehmen abweicht. Das liegt nicht nur an den Besonderheiten der einzelnen Branchen, sondern unter anderem auch an der Größe des jeweiligen Marktes. Um sich das zu verdeutlichen, denke man nur an eine neue Pizzeria in einem Ort mit 5.000 Einwohnern und an eine Bio-Tech-Gründung, die weltweit tätig sein möchte. Der absolute Kapitalbedarf und Umsatz beider wird vermutlich ebenso unterschiedlich ausfallen wie die Dauer der einzelnen Phasen des Lebenszyklus.

Vor diesem Hintergrund können wir den Umsatz und die einzelnen Phasen nur verallgemeinernd mit dem Alter eines Unternehmens verbinden. Erfahrungswerte und Untersuchungen[2] legen nahe, dass sich der Umsatz im Laufe der Zeit wie in *Abbildung 6.2* dargestellt entwickelt.

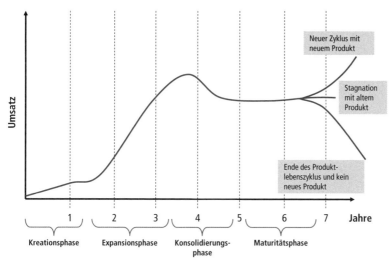

Abbildung 6.2: Umsatzentwicklung nach Phasen des Lebenszyklus

Dass der Umsatz während der Kreationsphase gering ist und in der Expansionsphase stark zunimmt, ist aufgrund der Entwicklung eines jungen Unternehmens weitgehend nachvollziehbar. Der darauf folgende Umsatzeinbruch ist es dagegen nicht. *Warum also bricht der Umsatz nach der Expansionsphase im Allgemeinen ein – warum bleibt er nicht einfach auf dem erreichten Niveau stehen?* Der Grund dafür liegt an Entwicklungen im Unternehmen und an der Reaktion des Marktes.

Aufgrund der Vielfalt gibt es natürlich immer Fälle, in denen der Umsatzeinbruch weitaus geringer ausfällt als bei anderen. Um den Grund oder besser gesagt das Muster dieser Entwicklung zu verstehen, müssen wir deshalb verallgemeinern.

Die Kreationsphase ist in der Regel von finanziellen „Engpässen" bestimmt. Das und die geringe Anzahl an Mitarbeitern, nämlich meist nur die Gründer, führt zu überschaubaren Strukturen. Die Entrepreneure hoffen natürlich auf höheren Umsatz und Wachstum, können aber aus Kostengründen noch nicht die Strukturen für das theoretische Marktpotential schaffen. Die Alternative ist: „Build as you grow", d.h. das Unternehmen finanziert das Wachstum aus den Erträgen. Wir nennen das auch organisches Wachstum.

Die meisten Unternehmen entschließen sich zu organischem Wachstum.

---

2. Wie beispielsweise die Untersuchung von Hunsdiek und Strobel. Sie zählten zu den Ersten und stellten bereits 1986 ähnliche Umsatzentwicklungen im Rahmen einer Langzeitstudie für Deutschland fest.

Dieses Wachstum beginnt mit der darauf folgenden Expansionsphase, während welcher der Umsatz stark und zuweilen schnell zunimmt. In dieser Zeit sind die Entrepreneure an zwei einander gegenseitig bedingenden „Fronten" tätig: mit der Akquise neuer Kunden und damit, zügig die Bedingungen zu schaffen, um zusätzliche Aufträge zu bedienen. Der Umsatz und das Unternehmen wachsen.

Allerdings gleicht dieses Wachstum oft einem Haus, bei dem nach Bedarf – und oft schnell – neue Zimmer hinzugebaut werden. Im Laufe der Zeit wird das Haus bzw. das Unternehmen unübersichtlich. Neben neuen Strukturen finden sich noch Prozessabläufe oder Entscheidungslinien, die aus den Anfangstagen des Unternehmens stammen und der jetzigen Größe gegebenenfalls nicht mehr entsprechen. Beispielsweise werden im Bemühen um neue Kunden während der Expansionsphase nicht selten zahlreiche Ausnahmen vom Chef selbst gewährt, was das Erkennen einer impliziten Regel zuweilen schwierig macht. So kommt es auch deshalb regelmäßig vor, dass der Chef noch nach vier Jahren fast jeden Ablauf weitgehend selbst entscheiden möchte.

> **Zu viele Sonderfälle führen zu Ineffizienzen.**

Die Folge sind Ineffizienzen. Da die meisten Unternehmen in dieser Phase noch nicht in der Lage sind, ihre Kosten gänzlich den Aufträgen zuzuordnen, fallen die Ineffizienzen zunächst nicht auf und lösen damit eine Kettenreaktion aus. Die erste Folge von Ineffizienzen sind höhere Kosten. Das wiederum führt zu abnehmenden Erträgen, dem die Entrepreneure in der Regel mit einer Preiserhöhung begegnen. Die Folge ist dann ein Umsatzeinbruch und die Erkenntnis, das Unternehmen neu ordnen zu müssen. Es beginnt die Konsolidierungsphase. Ausnahmen werden „begradigt" oder nicht mehr erlaubt, Prozessabläufe und Geschäftstätigkeiten überdacht und neu geordnet und Kompetenzen entsprechend verteilt.

> **Statt Kosten zu senken werden oft Preise erhöht – der Umsatz fällt.**

Der zweite Grund für den Umsatzeinbruch ist die Reaktion des Marktes. Aus Kapitel 3 wissen wir, dass es unterschiedliche Gründungsideen gibt: nachahmende, verbessernde und innovative. Bei verbessernden und innovativen Produkten wissen wir in der Regel erst nach der Expansionsphase, ob und gegebenenfalls wie erfolgreich sie sind. Ist das der Fall, wird es Nachahmer geben, deren Wettbewerb wahrscheinlich den Umsatz schmälert. Nachahmer folgen, solange es die Nachfrage erlaubt, wobei der Umsatz des letzten den des ersten recht bald schmälert. Bei Nachahmern wird die Expansionsphase deshalb in noch stärkerem Maße vom Wettbewerb und dem dann verbleibenden Marktpotential begrenzt. Bei solchen Unternehmen ist die Wachstumsphase deshalb in der Regel auch kürzer. Innovative Unternehmen haben dagegen die Möglichkeit, sich durch Patente zumindest teilweise vor Nachahmern zu schützen, was ihnen häufig eine längere und auf den Umsatz bezogen weiter reichende Expansionsphase erlaubt.

Die Investitionen

Wie wir aufgrund von Kapitel 4 bereits vermuten können, ist der Investitionsbedarf während der Kreationsphase in der Regel sehr hoch. Das liegt u.a. an der nötigen Erstausstattung, von der manches erst nach der formalen Gründung beschafft wird. In den Folgemonaten nimmt das Investitionsvolumen aber wie zu erwarten insgesamt ab. Diese Abnahme setzt sich auch während der Expansionsphase fort, wobei die Qualität der Investitionen während dieser Zeit eine andere ist. In aller Regel dienen die Investitionen dann der mit der Expansion einhergehenden Bedarfsdeckung, wie beispielsweise Investitionen für zusätzliche Arbeitsplätze oder eine Erweiterung der Anlagen.

Abbildung 6.3 verbindet – in verallgemeinernder Form – die Entwicklung der Investitionen mit den Phasen des Lebenszyklus.

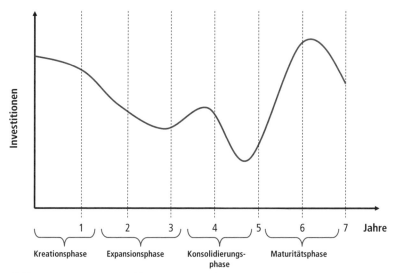

Abbildung 6.3: Investitionsentwicklung nach Phasen des Lebenszyklus

Die leichte Zunahme der Investitionen um das vierte Jahr erklärt sich zum einen durch auftragsbedingte Investitionen und zum anderen durch Ersatzinvestitionen. Ersteres wird dann nötig, wenn die verfügbaren Kapazitäten nicht mehr ausreichen, um die Aufträge abzuarbeiten. Wenn wir das Umsatzwachstum (*Abbildung 6.2*) zugrunde legen, wird dieser Punkt in der zweiten Hälfte der Expansionsphase erreicht.

Ersatzinvestitionen dienen dem Austausch alter bzw. abgeschriebener Anlagen. Jedes Gerät und jede Anlage ist irgendwann verbraucht und muss ersetzt werden. Wann das sein wird, wissen wir im Einzelfall nicht. Der Gesetzgeber geht in der Regel von vier Jahren aus. Damit das Unternehmen nach vier Jahren einen Austausch vornehmen kann, erlaubt der Gesetzgeber dem Unternehmen einen bestimmten Prozentsatz des Anschaffungspreises der alten Anlage vom zu versteuernden Gewinn abzuziehen und zurückzulegen. Bei einem Satz von 25% pro Jahr können durch diese Abschreibung somit 100% des Anschaffungspreises nach vier Jahren zurückgelegt werden. Die alte Anlage wird dann mit einem symbolischen Wert von einen Euro in den Büchern geführt.

Will der Entrepreneur die Anlage nach vier Jahren ersetzten, muss er aber aufgrund der Teuerung in aller Regel einen etwas höheren Preis für die neue Anlage bezahlen, wodurch das Investitionsvolumen zusätzlich noch ein wenig steigt. Will er sie nicht ersetzen, weil sie noch funktioniert, kann er keine weiteren 25% des Anschaffungspreises von seinem Gewinn abziehen; schließlich wurden die 100% bereits erreicht. Er muss seinen Gewinn dann ohne diesen Abzug versteuern.

Wie sich ein Entrepreneur im Einzelfall entscheidet, hängt von der Ertragslage und dem, was die Anlage dazu beiträgt, ab. Für ihn stellt sich die Frage, ob die Kosten der Ersatzinvestition, die ja auf einmal anfallen, für das Unternehmen „schmerzhafter" sind als der Verlust der Abschreibungsmöglichkeit. Wie wir von der Umsatzentwicklung wissen, fällt die Auseinandersetzung hiermit zeitlich oft mit einem Umsatzeinbruch zusammen. Damit ergibt sich zu der Frage, wie das Unternehmen neu geordnet werden soll, die weitere Frage, wie mit den Ersatzinvestitionen verfahren werden soll.

> Restrukturierung und Ersatzinvestitionen erhöhen die Gesamtinvestitionen.

Dieser Umstand erklärt, warum in dieser Phase Investitionen oft zunächst zurückgestellt werden. Es bietet sich nämlich dadurch die Gelegenheit, erst über eine gegebenenfalls neue Ordnung zu befinden und danach die dafür nötigen Investitionen (einschließlich etwaiger Ersatzinvestitionen) zu tätigen. Das erklärt auch, warum die Investitionen erst zum Ende der Konsolidierungsphase zunehmen.

In vielen Fällen wird der Umsatzeinbruch durch diese Restrukturierung gebremst. Das Unternehmen stabilisiert sich mit der Folge, dass gegen Mitte der Maturitätsphase das Investitionsvolumen wieder abnimmt.

Die Umsatzrendite

Erinnern wir uns, dass die Umsatzrendite eine Verhältniszahl ist. Es ist das Verhältnis von Gewinn zu Umsatz und es sagt uns, wie viel Prozent des Umsatzes eigentlich Gewinn ist; der Rest sind Kosten. Das Problem bei der Erhebung der Umsatzrendite ist, dass der Zeitpunkt, zu dem Kosten entstehen, nicht immer mit dem Zeitpunkt übereinstimmt, zu dem sie letztendlich beglichen werden. Das geschieht regelmäßig bei Bestellungen zum Ende des Geschäftsjahres. Die Ware kommt in diesem Jahr, aber die Rechnung wird erst zu Beginn des nächsten Geschäftsjahres beglichen. Wenn dafür ein Darlehen benötigt wurde, könnte sich der tatsächliche Ausgleich (die Bank geht dann eigentlich nur in Vorkasse) theoretisch über Jahre hinziehen.

Das bedeutet für uns, dass beispielsweise Anlaufverluste ihre Wirkung auf die Umsatzrendite erst in den Folgejahren entfalten können. Die Entwicklung der Umsatzrendite korreliert deshalb nicht immer mit dem Wachstum des Unternehmens.

Abbildung 6.4 illustriert die Entwicklung der Umsatzrendite in verallgemeinernder Form.

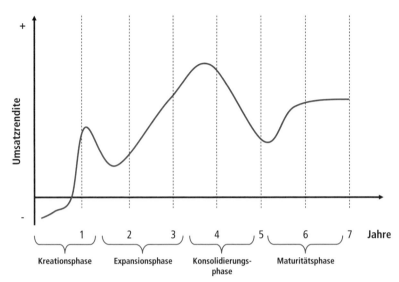

Abbildung 6.4: Umsatzrendite nach Phasen des Lebenszyklus

Wie *Abbildung 6.4* zeigt, steigt die Umsatzrendite bereits während der Kreationsphase stark an. Das hat einen einfachen Hintergrund. Der Absatz ist zu Beginn der Unternehmung noch recht gering, so dass beispielsweise in einem neu eröffneten Fahrradgeschäft ein weiterer Kunde den Umsatz (bei gleichen Preisen) verdoppeln könnte. Die Kosten für die Miete oder den Unternehmerlohn ändern sich dadurch aber nicht. Währenddessen würde der dritte Kunde den Umsatz um ein Drittel erhöhen, der vierte Kunde um ein Viertel und so weiter. Ab irgendeinem Punkt wäre der Break-even erreicht und das Unternehmen würde mit jedem weiteren Kunden Gewinn machen. Obwohl der prozentuale Beitrag jedes weiteren Kunden zum Umsatz abnimmt, ist er doch zu Beginn der Unternehmung immer noch höher als bei einem Händler, der 400 Fahrräder im Monat verkauft (bei gleichen Preisen wäre der Umsatzbeitrag jedes einzelnen Kunden dann nur noch 1/400). Solange die Kosten nicht sprunghaft ansteigen, bewirkt das für die Verhältniszahl Umsatzrendite somit einen Anstieg, der allerdings mit jedem weiteren Kunden geringer ausfällt.

Warum bricht die Umsatzrendite dann im zweiten Jahr ein? Auch das hat einen einfachen Grund. Fast alle Gründungen erleiden während der ersten Monate Anfangsverluste, weil der Break-even noch nicht erreicht ist. Diese Verluste werden in der Regel zum Teil aus Eigenkapital und durch kurzfristige Darlehen getragen. Gerade Letzteres dient ja nur dem Zweck, die Anfangsverluste zu überbrücken. Sobald das Unternehmen Gewinne erwirtschaftet, werden die Darlehen der Anfangszeit zurückgezahlt. Das ist nicht immer sinnvoll. Denn aus Kapitel IV wissen wir, dass langfristige Darlehen in der Regel billiger sind als kurzfristige. Abgesehen davon werden die Gewinne eigentlich für das organische Wachstum benötigt. Dennoch neigen die meisten neuen Entrepreneure dazu, operative Anlaufverluste mit kurzfristigen Darlehen auszugleichen.

Hinzu kommt, dass Entrepreneure während der Anfangszeit den Unternehmerlohn gering ansetzen. Sie möchten ihn in der Regel erst erhöhen, wenn das Unternehmen Gewinne macht. Höhere Löhne und die Rückzahlung von Darlehen verursachen aber zusätzliche Kosten. Die Folge ist ein Einbruch der Umsatzrendite.

Dieser Einbruch wiederholt sich in der Konsolidierungsphase. Wie wir wissen, sind anfängliche Ineffizienzen und die darauf folgenden Kosten der Restrukturierung und Ersatzinvestitionen dafür verantwortlich.

Die Beschäftigung

Entrepreneure gründen
nicht, um Arbeitsplätze
zu schaffen ...

Wie wir bereits aus Kapitel I wissen, ist der Beschäftigungsbeitrag von Gründungen regelmäßig im Mittelpunkt der gründungspolitischen Diskussion. *Wie entwickelt sich also die Beschäftigung neu gegründeter Unternehmen über die Phasen des Lebenszyklus?* Bevor wir diese Frage beantworten, sollten wir uns daran erinnern, dass Entrepreneure ihr Unternehmen nicht gründen, um Mitarbeiter einzustellen, also Beschäftigung zu ermöglichen, sie stellen Mitarbeiter vielmehr nach dem Bedarf ihres Unternehmens ein.

Wie viele Mitarbeiter ein Unternehmen benötigt, hängt aber von der Branche und der Größe des Unternehmens ab. Gerade bei Gründungen ist Letzteres das Ergebnis der Expansionsphase. Anders ausgedrückt, die Größe, die ein Unternehmen in der Maturitätsphase erreicht, wird weitgehend von dem Wachstum in der Expansionsphase bestimmt.

Wie uns die Entwicklung des Umsatzes zeigt, hängt – nach der Erschließung des Marktpotentials – zusätzliches Wachstum aber von der Fähigkeit des Unternehmens ab, den Lebenszyklus mit einem neuen Produkt erneut und erfolgreich zu beschreiten. Diese Fähigkeit liegt jedoch bei der Mehrheit der Unternehmen nicht vor, weshalb drei Fünftel der Unternehmen auch nicht älter als zehn Jahre sind. Viele von ihnen verlassen den Markt am Ende des Produktlebenszyklus.

Der andere Umstand ist, dass die Mehrheit aller Gründungen nachahmende sind. Sie stoßen in der Regel auf ein durch Wettbewerber begrenztes Markt- und folglich auch Wachstumspotential. Die Kombination beider Aspekte lässt darauf schließen, dass beim Gros aller Gründungen der Beschäftigungsaufbau in absoluten Zahlen nicht sehr hoch sein wird und ab einem gewissen Punkt nur noch ausscheidende Mitarbeiter ersetzt werden.

... und haben durch-
schnittlich 4,5 Mitarbei-
ter nach sechs Jahren.

Darauf deuten auch Untersuchungen zum Beschäftigungsaufbau[3] hin. Im Allgemeinen entwickelt sich dieser wie in *Abbildung 6.5* wiedergegeben. Danach liegt die durchschnittliche Beschäftigtenzahl einschließlich des oder der Gründer nach sechs Jahren bei etwa 4,5 Mitarbeitern, wobei diese Zahl oft bereits nach drei Jahren erreicht ist.

Damit entspricht die Beschäftigungsentwicklung in etwa auch den Erwartungen der meisten Gründer, denn rund vier Fünftel erwarten

---

3. Wie beispielsweise des Instituts für Arbeitsmarkt und Berufsforschung (in Deutschland) oder von Berlecon Research

nicht, überhaupt mehr als fünf Arbeitsplätze während der ersten fünf Jahre zu schaffen.[4]

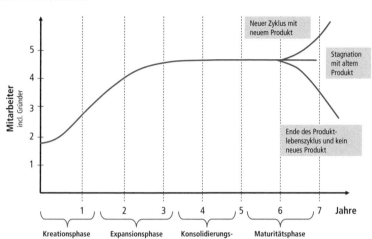

Abbildung 6.5: Beschäftigungsentwicklung nach Phasen des Lebenszyklus

6.1.3 Weicht die Entwicklung innovativer Gründungen vom generellen Lebenszyklus ab?

Die Antwort ist nein. Auch innovative Unternehmen durchlaufen die gleichen Phasen. Aber die Dauer der Phasen und die Entwicklung während der Phasen sind in der Regel anders.

Wie wir bereits aus Kapitel 3 wissen, haben innovative Gründungen höhere Kosten und sind auch meist mit höheren Investitionen verbunden. Anders als nachahmende Gründungen können innovative Gründungen ihr Marktpotential auch schlechter einschätzen. Die Kapazität, die während der Kreationsphase aufgebaut wird, dient deshalb in der Regel nur wenig mehr als dem Markteintritt. Erst wenn dieser erfolgreich bzw. Erfolg versprechend verläuft, wird die Kapazität für die Expansionsphase aufgebaut.

> Innovative Gründungen durchlaufen die gleichen Phasen – nur oft anders.

Entgegen dem allgemeinen Verlauf nehmen bei solchen Unternehmen die Investitionen deshalb oft im zweiten Jahr zu, um dann erst im dritten und vierten Jahr auf hohem Niveau abzunehmen. Allerdings geraten auch innovative Unternehmen in eine Konsolidierungsphase, an deren Ende die Investitionen wieder stark ansteigen.

Die zumindest temporäre Alleinstellung, die ein neues Produkt ermöglicht, führt aber im Allgemeinen zu einer längeren und am Umsatz gemessen oft steileren Expansionsphase. Das Unternehmen wächst schnell. Dabei sind viele, noch bevor sie ihr nationales Marktpotential gänzlich erschlossen haben, bereits im dritten Jahr im Ausland präsent. Allerdings verstärkt dieses geographische Wachstum auch die Probleme, mit denen die Entrepreneure in der Konsolidierungsphase konfrontiert werden.

---

4. Das zeigen Untersuchungen des Global Entrepreneurship Monitor.

Das schnelle und längere Wachstum innovativer Unternehmen führt zwangsläufig auch zu einem zügigen und im Umfang höheren Beschäftigungsaufbau. Allerdings erfolgen innovative Gründungen in der Regel im Team und beginnen daher bereits mit mehr (Eigentümer-)Mitarbeitern. Auch diese Unternehmen erreichen eine Maturitätsphase, mit der Folge, dass dann Einstellungen eher dem Ersatz ausscheidender Mitarbeiter dienen.

Die Größe, die das Unternehmen zur Maturitätsphase hin erreicht, kann aber deutlicher unter dem Spitzenwert der Expansionsphase liegen, als das im Allgemeinen der Fall ist. Das liegt weniger am Produktlebenszyklus als an der Dauer der Alleinstellung. Letzteres hängt davon ab, ob und wann die Nachahmung des innovativen Produkts möglich ist. Denn sobald Nachahmer einen nicht mehr oder nicht mehr so schnell wachsenden Markt betreten, wird die ehemals innovative Gründung Marktanteile und damit letztlich auch Umsatz an die Konkurrenz verlieren.

Innovative Entrepreneure verfügen jedoch über einen Vorteil. Sie sind Neuem gegenüber offen und besitzen die Erfahrung, eine innovative Gründung bereits zum Erfolg geführt zu haben. Viele dieser innovativen Entrepreneure schließen deshalb den Kreislauf des Lebenszyklus (oft noch vor dem Ende des Produktlebenszyklus) und betreten den Markt erneut mit einem neuen Produkt; sei es mit ihrem alten Unternehmen oder mit einem neuen.

> **Innovative Gründer neigen öfter dazu, den Lebenszyklus erneut zu beginnen.**

6.2 Mit welchen Haupthindernissen sind Entrepreneure während der Anfangsjahre konfrontiert?

> **Es gibt interne und externe Hindernisse.**

Wie wir nun aus Abschnitt 6.1 wissen, ist jede Phase des Lebenszyklus mit besonderen Herausforderungen verbunden. Die Bewältigung dieser Herausforderungen ist aber regelmäßig auch mit Hindernissen verbunden, wobei die Ursachen für diese Hindernisse sowohl interner als auch externer Natur sind. Ersteres ist beispielsweise der Fall, wenn die Schwierigkeiten auf mangelnde Voraussetzungen oder noch mangelnde Erfahrung des neuen Entrepreneurs zurückzuführen sind. Letzteres sind dagegen Schwierigkeiten, die aufgrund äußerer Einflüsse entstehen.

So unterschiedlich die Entwicklung während der Phasen des Lebenszyklus je nach Gründungsart oder Branche auch sein kann, so sehr können sich im konkreten Einzelfall die Schwierigkeiten oder Hindernisse unterscheiden oder unterschiedlich stark ausfallen. Aus diesem Grund sind wir auch hier gezwungen, uns in verallgemeinernder Weise auf die typischen Hindernisse zu konzentrieren.

Verschiedene Untersuchungen[5] zeigen, dass es bestimmte Hindernisse gibt, die besonders häufig oder überwiegend während bestimmter Phasen des Lebenszyklus auftreten. Daneben existieren aber auch Hindernisse, die über den gesamten Lebenszyklus hin andauern.

---

5. Wie beispielsweise des European Observatory for SMEs oder des Fraunhofer Instituts bei der regelmäßigen Evaluierung des Gründerwettbewerbs.

6.2.1 Interne Hindernisse

Während der Kreations- und Expansionsphase treten regelmäßig zahlreiche und oft einander gegenseitig bedingende Hindernisse auf, die alle aufzuzählen eine lange Liste ergäbe. Denken wir beispielsweise an ungünstige Bestellkonditionen, worunter junge Unternehmen häufig leiden. Die Ursache dafür liegt in der Regel nicht nur in einer zu geringen Bestellmenge, sondern auch in unzureichender Kenntnis verschiedener Beschaffungsmöglichkeiten. Wenn wir alle Hindernisse auflisten würden, hätten wir so bereits drei Problembereiche: „ungünstige Bestellkonditionen", „zu geringe Bestellmenge" und „unzureichende Kenntnis der Beschaffungsmöglichkeiten". Ausschlaggebend für die Entwicklung und das Wachstum des Unternehmens sind aber die ungünstigen Bestellkonditionen.

> Interne Hindernisse bedingen sich oft gegenseitig.

Sofern wir uns auf die unmittelbaren oder primär ausschlaggebenden Hindernisse konzentrieren, wird die anfangs lange Liste an Problemen deutlich kürzer. Dabei fallen sechs Problembereiche auf, die Entrepreneure während der ersten Jahre regelmäßig behindern. Das sind:

- ungünstige Beschaffungskonditionen
- eine zu niedrige Eigenkapitalquote
- die Beschaffung qualifizierten Personals
- mangelnde Kenntnis über Finanzierungsinstrumente und -möglichkeiten
- die hohe Arbeitsbelastung
- die Preiskalkulation und -gestaltung

Das erste, das wir an dieser Stelle feststellen müssen, ist, dass diese Probleme alle gleichzeitig auftreten, allerdings in unterschiedlicher Stärke. So nimmt die „mangelnde Kenntnis der Finanzierungsmöglichkeiten" oft im Laufe der Zeit durch den Austausch mit anderen Entrepreneuren und den Kontakt mit Finanzinstituten ab. Ähnliches gilt für die ungünstigen Bestellkonditionen. Sie sind zwar zu Beginn ein großes Hindernis, die Problematik nimmt aber mit steigenden Bestellmengen in der Regel ab.

Der Verlauf des Lebenszyklus und verschiedene Untersuchungen lassen darauf schließen, dass sich die einzelnen internen Hindernisse über die Phasen in etwa wie in *Abbildung 6.6* entwickeln.[6]

---

6. Um das allerdings mit Sicherheit sagen zu können, bedürfte es einer Langzeituntersuchung (über die ganzen sieben Jahre) der unterschiedlichsten Gründungen als repräsentative Stichprobe. Die meisten Untersuchungen konzentrieren sich aber nur auf bestimmte Branchen oder erfassen nur die Kreations- und Wachstumsphase, weshalb wir hier lediglich mit einiger Plausibilität schlussfolgern können.

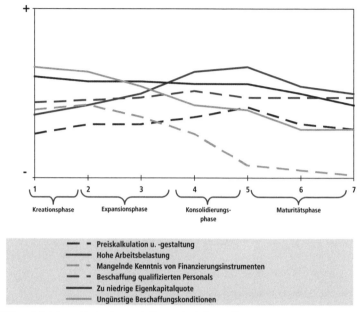

Abbildung 6.6: Interne Hindernisse nach Phasen des Lebenszyklus

Eigenkapitalquote

Wie *Abbildung 6.6* zeigt, ist neben den ungünstigen Bestellkonditionen eine zu geringe Eigenkapitalquote ein großes Hindernis. Abgesehen von der ursprünglichen Eigenkapitalquote bei Gründung, die oft bereits gering ist, liegt dies auch an den Anfangsverlusten, die teilweise aus Eigenkapital und durch zusätzliche Darlehen gedeckt werden. Obwohl nachfolgende und durch Darlehen finanzierte Investitionen die Eigenkapitalquote belasten, ermöglicht eine höhere Umsatzrendite (in der Maturitätsphase, s. Abschnitt *Umsatzrendite*) in der Regel dennoch einen Aufbau des Eigenkapitals.

Beschaffung qualifizierten Personals

Bei der Beschaffung qualifizierten Personals besteht ein genereller Nachteil.

Die Unternehmen sind meist über den gesamten Lebenszyklus mit dem Problem der Beschaffung qualifizierten Personals konfrontiert. Allerdings wird das Problem durch die Durchschnittsgröße von etwa 4,5 Mitarbeitern (s. Abschnitt *Beschäftigung*) etwas relativiert. Dabei geht es weniger um einen allgemeinen Mangel an qualifizierten Fachkräften, als vielmehr um die Schwierigkeit, solche Mitarbeiter für das Unternehmen zu gewinnen. Das liegt einerseits am Gehalt und an möglichen Zulagen, die häufig unter denen größerer Unternehmen liegen, und andererseits an einem oft befürchteten Mangel an Arbeitsplatzsicherheit. Denn bei einem Unternehmen mit vier oder fünf Mitarbeitern droht eine Krise den Einzelnen viel unmittelbarer zu treffen, als das bei einem Unternehmen mit 1.000 oder mehr Mitarbeitern zu befürchten wäre.

Eine weitere Ursache liegt in der geforderten Qualifikation, die oft sehr spezifisch ist. Größere und ältere Unternehmen haben die Möglichkeit, neue Mitarbeiter darauf hin zu schulen. Bei jüngeren und vor allem kleineren Unternehmen erfolgt das erstmals während der Expansionsphase, was zeitlich oft nur ein „learning by doing" erlaubt. Umso wichtiger ist dann die vorhandene Qualifikation und Erfahrung neuer Mitarbeiter. Vor diesem Hintergrund ist das Problem der Beschaffung qualifizierten Personals eher ein grundsätzliches, das den Entrepreneuren während der Expansionsphase stärker auffällt als in der Maturitätsphase, in der Mitarbeiter eher gelegentlich ersetzt werden müssen.

Arbeitsbelastung

Die Entwicklung der Arbeitsbelastung ist auffällig, hat aber einen einfachen Grund. Während der Expansionsphase werden die Entrepreneure durch die Akquisition neuer Kunden und die Bearbeitung oder Organisation der Aufträge zusätzlich stark beansprucht. Ihr Arbeitspensum nimmt daher während der ersten Jahre regelmäßig zu. Erst mit dem Einbruch des Umsatzes und der darauf folgenden Konsolidierungsphase tritt in der Regel eine effizientere Organisation der Abläufe in Kraft, was auch zu einer Entlastung der Entrepreneure führt.

Preiskalkulation und -gestaltung

Die genaue Preiskalkulation erfordert die Kenntnis der Marktpreise und eine umfassende Kenntnis der eigenen Kosten, die ja durch den Preis gedeckt werden sollen. Nur so kann bereits bei der Preiskalkulation eine realisierbare Marge eingerechnet werden. Tatsächlich haben junge Unternehmen aber oft erst zum Ende des Jahres einen genauen Überblick über ihre Kosten. Sie orientieren sich daher am Markt, schätzen ihre Kosten und schlagen einen Prozentsatz als Marge auf. Ob die Marge dann letztendlich realisiert wurde, zeigt sich erst am Ende des Jahres.

Der andere Aspekt ist die Preisgestaltung. Dabei geht es um die preisliche Positionierung des eigenen Produkts im Vergleich zu den Wettbewerbsprodukten. Gerade wenn es billiger sein soll, weil man sich damit einen höheren Absatz verspricht, ist eine genaue Preiskalkulation wichtig, um nicht am Ende doch mit Verlust verkauft zu haben.

Junge Unternehmen sind aufgrund der regelmäßig fehlenden Kenntnis ihrer genauen Kosten daher zu Beginn oft nicht in der Lage, ihre Preise genau zu kalkulieren. Sie verfügen in der Regel erst im zweiten Jahr über die nötigen Daten, weshalb dann oft auch eine Preisanpassung stattfindet. Zum Ende der Expansionsphase wird mit sinkender Umsatzrendite die Notwendigkeit einer erneuten Preiskalkulation wieder virulent. Allerdings müssen in dieser Konsolidierungsphase oft neue oder geänderte Abläufe und Prozesse in die Preiskalkulation mit einfließen, was sie zusätzlich erschwert.

6.2.2 Externe Hindernisse

Die Steuerhöhe zählt zu den meistgenannten Hindernissen.

Externe Hindernisse werden durch äußere Einflüsse oder Umstände verursacht und belasten junge Unternehmen ebenso sehr wie interne Schwierigkeiten und gelegentlich sogar mehr. Letzteres liegt daran, dass Entrepreneure meist wenige Möglichkeiten haben, äußere Umstände zu beeinflussen, während sie bei internen Hindernissen versuchen können, diese zu vermeiden oder zumindest zu verringern. Einige dieser externen Hindernisse, wie Late Payment oder die Steuerhöhe, kennen wir bereits. Die Frage, ob die Höhe der Steuerbelastung tatsächlich ein Hindernis ist, wird immer wieder – auch öffentlich – diskutiert. Das liegt an folgendem zwiespältigen Trade-off: Einerseits sind öffentliche Einnahmen zur Bereitstellung öffentlicher Leistungen, von denen auch Unternehmen profitieren, notwendig, andererseits haben Steuern möglicherweise eine behindernde Wirkung auf die Unternehmen. Aus diesem Grund sollten wir uns kurz mit dem Einfluss der Steuern auf das Unternehmen befassen.

Unternehmenssteuern wirken eigentlich genauso wie die Einkommenssteuer. Letztere mindert das verfügbare Einkommen von Privatpersonen, und Unternehmenssteuern mindern das verfügbare Kapital. Das Problem liegt nun darin, dass der Aufbau des Unternehmens Kapital erfordert. Bei zwei identischen Unternehmen wird das Unternehmen mit mehr Kapital deshalb vermutlich schneller wachsen als das andere.

Nun wissen wir, dass Wachstum aus Eigenkapital und Fremdkapital finanziert werden kann. Wenn die Erträge hoch besteuert werden und deshalb nur wenig übrig bleibt, um es als Eigenkapital einzusetzen, mag man annehmen, das Unternehmen könnte immer noch auf Fremdkapital zurückgreifen. Hohe Steuern begrenzen aber auch diese Möglichkeit. Denn die Fremdkapitalaufnahme wird durch die Höhe des verfügbaren Eigenkapitals begrenzt (weil der Fremdkapitalgeber das Risiko nicht alleine tragen möchte, s. Kapitel 5).

Wem wenig bleibt, der bekommt auch wenig und wächst entsprechend langsam.

Unternehmenssteuern mindern damit grundsätzlich die Fähigkeit eines Unternehmens, Wachstum zu finanzieren. Strittig ist die Frage, ab welcher Höhe sie die Unternehmen behindern. Dabei kann je nach Phase des Lebenszyklus schon eine steuerbedingte Minderung des verfügbaren Kapitals als Behinderung wirken oder zumindest von Entrepreneuren so empfunden werden.

Das gilt besonders für die Wachstums- und die Konsolidierungsphase, wobei in der letzteren Phase ein höherer Investitionsbedarf die kapitalmindernde Wirkung der Steuern oft noch unterstreicht. Aus diesem Grund neigen manche Gemeinden dazu, Gründungen für bis zu drei Jahren (also für die erste Wachstumsphase) von der Gewerbesteuer zu befreien.

Was sind nun die wesentlichen externen Hindernisse? Wie bereits bei den internen Hindernissen müssen wir auch hier vom Einzelfall absehen und verallgemeinern. Unter dieser Prämisse können sieben regelmäßig auftretende Problembereiche festgestellt werden. Das sind:

- Late Payment
- Geringe Nachfrage

■ Personalkosten

■ Sicherheitsanforderungen der Kapitalgeber

■ Höhe der Steuern und Abgaben

■ Zweifel an der Leistungsfähigkeit der Gründer

■ Konkurrenz etablierter Unternehmen

Abbildung 6.7 gibt die Entwicklung dieser Hindernisse unter den gleichen Voraussetzungen wie in *Abbildung 6.6* wider.

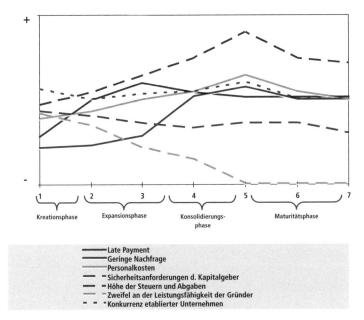

Abbildung 6.7: Externe Hindernisse nach Phasen des Lebenszyklus

Late Payment

Das Problem des Late Payment wurde bereits in Kapitel 5 behandelt. Wie stark dieses Problem junge Unternehmen wirklich behindert, ist jedoch branchenabhängig. Während der Kreationsphase ist die Anzahl solcher Fälle im Allgemeinen noch gering, was an der dann noch geringen Anzahl an Kunden liegt. Mit zunehmender Expansion nimmt aber deren Anzahl absolut zu. Wir wissen, dass das eine nachteilige Wirkung auf die Liquidität hat. Daneben führt es aber auch zur Einführung eines Mahnwesens, was in der Regel unausweichlich ist und zusätzliche Kosten verursacht.

Die leichte Abnahme dieser Problematik während der Kreations- und Maturitätsphase lässt sich durch zwei Umstände erklären. Einerseits erfahren die Unternehmen im Allgemeinen zu dieser Zeit einen Umsatzrückgang, was die Anzahl der Fälle mindert. Andererseits helfen etablierte Kundenbeziehungen und Vermeidungsstrategien, wie Anzahlungen, Bürgschaften oder Garantien, den Anteil und das Ausmaß des Late Payment zu mindern.

Geringe Nachfrage

Zu Beginn gibt es genug Kunden, nur müssen sie gewonnen werden ...

Die Höhe der Nachfrage, dem ein Unternehmen gegenübersteht, hängt vom Produkt und der Konkurrenzsituation ab. Wenn wir ein gegebenes Marktpotential als ausreichend großen Pool potentieller Nachfrager unterstellen, liegt zu Beginn die Problematik darin, diese Nachfrager auf das eigene Produkt aufmerksam zu machen und dafür zu gewinnen. Mit zunehmender Markterschließung (während der Expansionsphase) nimmt die Anzahl potentiell neuer Kunden aber ab. Aus der anfänglichen Schwierigkeit, die ausreichend vorhandenen Nachfrager zu erreichen, wird die Schwierigkeit, nicht mehr genügend neue Kunden zu bekommen.

... später dann gibt es nicht mehr genug Kunden, die man noch gewinnen kann.

Allerdings stellt sich die Frage, *wozu* ist die Nachfrage zu gering? In der Regel bezieht sich das auf weiteres Wachstum und weniger auf ein existenziell notwendiges Nachfrageniveau. Dennoch ist auch Letzteres möglich, beispielsweise dann, wenn Marktanteile an Konkurrenten verloren gehen oder der Produktlebenszyklus sich dem Ende zuneigt. Tatsächlich ist die Konkurrenz etablierter Unternehmen gerade für nachahmende Gründungen ein andauerndes Hindernis, dem letztendlich nur innovative Gründungen mit entsprechenden Schutzrechten temporär entgehen können.

Davon abgesehen werden mit der Restrukturierung und Konzentration auf Kernkompetenzen, wie das während der Konsolidierungsphase meist erfolgt, Kundenbeziehungen und die Bedienung einer bestimmten Nachfragegruppe oft stabilisiert. Dadurch wird die Problematik zu geringer Nachfrage gemildert.

Personalkosten

Personalkosten sind eine Kostenposition, mit der sich Entrepreneure schon zu Beginn auseinander setzen müssen. Während der Kreationsphase, an der anfangs oft noch keine Mitarbeiter beteiligt sind, bezieht sich das in der Regel nur auf die Unternehmergehälter. Diese bestimmen die Gründer aber selbst und Sozialabgaben fallen darauf nur bedingt an. Solange das der Fall ist, bestimmt primär die Höhe des Umsatzes die selbst gewählten Unternehmergehälter und damit die Personalkosten.

Das ändert sich, sobald Mitarbeiter eingestellt werden, und zwar gilt das besonders für feste Mitarbeiter. Deren Gehalt wird durch marktübliche Sätze oder Tarife bestimmt, zu dem noch Sozialabgaben kommen. Anders als beim Unternehmergehalt können die Mitarbeitergehälter also nicht ohne weiteres an die Umsatzentwicklung gekoppelt werden. Fällt der Umsatz, können diese Gehälter daher nicht einfach gekürzt werden.

Damit entstehen de facto „fixe" Kosten, die auf jeden Fall gedeckt werden müssen. Anders ausgedrückt entsteht damit für die Entrepreneure das Risiko, neben den übrigen fixen Kosten auch die mitarbeiterbezogenen Personalkosten in einer fixen Höhe zukünftig erwirtschaften zu müssen. Durch die Einstellung von Mitarbeitern verschiebt sich also der Break-even Point bzw. der Punkt, ab dem das Unternehmen Gewinn macht, nach oben. Um wie viel sich der BEP nach oben verschiebt, hängt von der Höhe der Personalkosten ab. Im Vergleich zu anderen europäischen Staaten sind diese in Deutschland und der Schweiz mit am höchsten und in Österreich auf mittlerem Niveau.

Das bedeutet aber nicht, dass die Höhe der Personalkosten in Deutschland und der Schweiz ein zwingendes Hindernis sein müssen. Die zentrale Frage ist: Wie viele Tage muss der Mitarbeiter arbeiten, um seine Personalkosten zu erwirtschaften, und hat der Entrepreneur auf Dauer so viele Aufträge, um das zu gewährleisten? Ersteres hängt davon ab, zu welchen Preisen der Entrepreneur seine Produkte oder Dienste verkaufen kann. Sind die Preise besonders hoch, wie das im Durchschnitt in der Schweiz der Fall ist, mögen 13 von 22 Arbeitstagen im Monat ausreichen, um trotz hoher Gehälter die Personalkosten des Mitarbeiters zu decken.

> Wie viele Tage braucht der Mitarbeiter, um seine Personalkosten zu erwirtschaften ...

Damit sind zwei Faktoren für die Frage, ob und inwiefern Personalkosten ein Hindernis werden oder sind, entscheidend:

- das Verhältnis zwischen den Preisen für die angebotenen Produkte und den Personalkosten

- die Dauerhaftigkeit eines bestimmten Auftragsniveaus

Während der Expansionsphase nimmt der Umsatz in der Regel zu. Die „Dauerhaftigkeit" eines bestimmten Auftragsniveaus ist daher meist für eine gewisse Zeit gewährleistet. Gleichzeitig nimmt besonders bei erfolgreichen Geschäftsideen der Wettbewerb zu, womit die Preise im Allgemeinen fallen. Je nachdem wie hoch die Personalkosten dann sind, besteht damit aber die Gefahr, 15 oder 17 Arbeitstage zu benötigen, um die Personalkosten des Mitarbeiters zu generieren. Ist der Mitarbeiter in dieser Zeit einmal krank, arbeitet wenig oder es fallen viele Feiertage an, droht dann sogar ein auf den Mitarbeiter bezogener Verlust.

> ... und reichen die Aufträge dafür aus?

Mit sinkenden Preisen nimmt das Hindernis der Personalkosten daher besonders dort zu, wo die Personalkosten ohnehin hoch sind.

Wie wir wissen, bricht im Allgemeinen der Umsatz im vierten Jahr ein. Die „Dauerhaftigkeit" eines für die Mitarbeiter ausreichenden Auftragsniveaus wird damit gefährdet. Eigentlich könnten wir annehmen, dass ein Entrepreneur in dem Fall Mitarbeiter entlässt. Tatsächlich jedoch übernehmen Mitarbeiter in einem zunächst kleinen Team in der Regel sehr bald eine wichtige Rolle, auf die das Unternehmen nicht einfach verzichten kann. Viele Entrepreneure neigen deshalb dazu, trotz des dann großen Hindernisses der Personalkosten an ihren Mitarbeitern festzuhalten. Nun führt die Konsolidierungsphase nicht zwingend zu mehr Umsatz, dafür aber meist zu mehr Ertrag, weil das Unternehmen bei gleichem Umsatz effizienter arbeitet. Bei gleichen Preisen führt das oft zu einer Abnahme der Arbeitstage, die nötig sind, um die Personalkosten zu decken. Deshalb nimmt das Hindernis der Personalkosten – obgleich noch vorhanden – zur Maturitätsphase hin ab.

Sicherheitsanforderungen der Kapitalgeber

Wie wir aus Kapitel 4 wissen, werden die Sicherheitsanforderungen der Kapitalgeber im Wesentlichen durch zwei Aspekte bestimmt: einerseits den Wunsch, verwertbare Sicherheiten in Höhe eines gewährten Darlehens zu erhalten, andererseits die Erwartungen an das Unternehmen. Letzteres ist gerade bei innovativen Gründungen ein wesentlicher Faktor und kann im Einzelfall dazu führen, dass auf Sicherheiten teilweise verzichtet oder Eigenkapital, beispielsweise für weiteres Wachstum, bereitgestellt wird.

Die Regel sind aber nachahmende und verbessernde Geschäftsideen, deren Marktpotential im Allgemeinen engeren Grenzen unterliegt. Die Erwartungen an das Unternehmen richten sich dann meist nach dessen Fähigkeit, den Schuldendienst für ein gewährtes Darlehen übernehmen zu können, also Zinsen und Tilgung regelmäßig bedienen zu können.

Während der Kreationsphase kann ein potentieller Kapitalgeber diese Fähigkeit in der Regel nur schwer beurteilen. Neben dem Eigenkapitalanteil fordern Kapitalgeber für den Darlehensanteil deshalb nicht selten Sicherheiten, die über das Darlehen hinaus auch die Zinsschuld mit abdecken. In dem Fall muss der Entrepreneur Sicherheiten bereitstellen, die über die Darlehenssumme hinaus reichen. Das ist in Zeiten hoher Investitionen, wie das während der Kreationsphase das Fall ist, ein großes Hindernis.

> Anfänglich müssen die Zinsen häufig mitbesichert werden.

Während der Expansionsphase nehmen die Investitionen ab und das Unternehmen erbringt gleichzeitig den Nachweis, den Schuldendienst bedienen zu können. Dass die Problematik im vierten und fünften Jahr wieder zunimmt, erklärt sich durch den Anstieg der Investitionen in dieser Zeit. Vielfach liegt die Schwierigkeit dann darin, dass Sicherheiten durch noch nicht abgelöste Darlehen der Anfangszeit noch teilweise gebunden sind und deshalb nicht oder nur teilweise für neue Darlehen verwandt werden können.

Zweifel an der Leistungsfähigkeit der Gründer

Das Ausmaß der Zweifel an der Leistungsfähigkeit der Gründer ist branchen- und zuweilen auch geschlechtsabhängig. Dabei können die Zweifel sowohl bei Lieferanten als auch bei Kunden bestehen.

Der Grund für die Zweifel ist einfach. In der Regel verfügen weder Lieferanten noch Kunden über Erfahrungen mit den Gründern. Die Lieferanten wissen nicht, ob das Unternehmen die gelieferte Ware bezahlen kann. Deshalb fordern sie zunächst hohe Anzahlungen oder Bürgschaften für die gelieferte Ware, was ein junges Unternehmen zusätzlich belastet.

> Mangelnde Erfahrung mit den Gründern ...

Ebenso wissen die Kunden nicht, ob das Unternehmen Versprechen halten bzw. die Ware in der vereinbarten Qualität zur vereinbarten Zeit liefern kann. Deshalb fordern sie zuweilen Preisabschläge als Ausgleich dafür, ein unbekanntes Unternehmen mit dem Auftrag zu betrauen.

Mit zunehmendem Bekanntheitsgrad und zunehmenden Erfahrungen der Lieferanten und Kunden nehmen diese Zweifel und die damit einhergehende Belastung jedoch ab.

> ... und zuweilen auch ihr Geschlecht führen zu Zweifeln.

Eine Besonderheit sind geschlechtsspezifische Zweifel an der Leistungsfähigkeit. Das gilt besonders für Branchen, die von Männer dominiert werden, wie beispielsweise Automobilzulieferer oder auch Fahrschulen. Handelt es sich in solchen Fällen um eine Gründerin, richten sich die Zweifel weniger auf das Geschäftskonzept als vielmehr auf das Geschlecht, denn – in aller Regel – wird der Gründerin die nötige Leistungsfähigkeit nicht zugetraut. Dabei beginnt die Konfrontation mit solchen Zweifeln oft bereits bei der Kapitalbeschaffung und setzt sich über Lieferanten bis hin zum Kunden fort.

Im Unterschied zu grundsätzlichen Zweifeln an den Gründern aufgrund mangelnder Erfahrung dauern geschlechtsspezifische Zweifel oft länger an.

ZUSAMMENFASSUNG

- Der Lebenszyklus besteht aus vier Phasen: Kreationsphase, Expansionsphase, Konsolidierungsphase und Maturitätsphase. Ein junges Unternehmen kann in jeder dieser Phasen „sterben".

- Managementfähigkeiten und der Produktlebenszyklus beeinflussen die Entwicklungsmöglichkeiten und Überlebenschancen des jungen Unternehmens.

- Der Lebenszyklus und seine Phasen können anhand verschiedener Merkmale verfolgt werden. Diese Merkmale, wie Umsatz, Investitionen oder Mitarbeiter, sind der sichtbare und messbare Ausdruck von Entwicklungen im Unternehmen.

- Die Investitionen nehmen nach der Kreationsphase ab und steigen zur Mitte der Konsolidierungsphase aufgrund von Restrukturierung und Ersatzinvestitionen wieder stark an.

- Der Umsatz steigt während der Expansionsphase stark an und bricht zum Ende dieser Phase in der Regel ein. Dadurch wird die Konsolidierungsphase eingeleitet, die meist in eine kostensenkende Restrukturierung des Unternehmens mündet.

- Die Umsatzrendite steigt während der Expansionsphase und bricht zum Ende dieser Phase ein.

- Der Beschäftigungsaufbau erreicht bereits nach ungefähr drei Jahren eine durchschnittliche Unternehmensgröße von etwa 4,5 Mitarbeitern und verharrt meist auf diesem Niveau.

- Innovative Gründungen durchlaufen die gleichen Phasen, aber die Dauer der Phasen und die Entwicklung währenddessen weicht in der Regel ab.

- Innovative Gründer neigen häufiger dazu, den Lebenszyklus mit einem neuen Produkt oder einem neuen Unternehmen erneut zu beginnen.

- Hohe Arbeitsbelastung, mangelnde Kenntnisse, ungünstige Bestellkonditionen, eine zu geringe Eigenkapitalquote, ungünstige Preiskalkulationen und die Beschaffung qualifizierten Personals sind häufige interne Hindernisse.

- Personalkosten und Steuerhöhe sind häufige externe Hindernisse, die die Fähigkeit zu organischem Wachstum erheblich behindern können.

- Kapitalgeber fordern zumindest anfänglich regelmäßig auch für Darlehenszinsen eine Sicherheit, was die vorhandenen Sicherheiten zusätzlich bindet.

- Noch gebundene Sicherheiten aus der Anfangszeit erschweren die Darlehensaufnahme für beispielsweise Investitionen während der Konsolidierungsphase.

- Aufgrund mangelnder Erfahrung mit den Gründern bzw. Bekanntheit des Unternehmens neigen Kunden und Lieferanten dazu, ihre Leistungsfähigkeit anzuzweifeln. Sie fordern deshalb regelmäßig Preisabschläge oder wünschen Sicherheiten oder Anzahlungen auf gelieferte Ware.

ZUSAMMENFASSUNG

Fragen zur Diskussion

- Ist die Schwierigkeit, qualifiziertes Personal zu beschaffen, wirklich ein internes Problem oder handelt es sich dabei vielmehr um ein externes Hindernis? Schließlich ist es das Gehalt und die Arbeitsplatzsicherheit, die bei interessanten potentiellen Mitarbeitern Zweifel daran aufkommen lassen, ob es nicht doch besser wäre, für ein Großunternehmen zu arbeiten.

- Eines der externen Hindernisse ist die geringe Nachfrage. Wenn die Nachfrage nicht ausreicht, war es dann nicht ohnehin ein Fehler das Unternehmen zu gründen?

- Warum ist das Ende der Expansionsphase durch einen Umsatzeinbruch gekennzeichnet? Und warum bricht der Umsatz ein?

- Warum sinkt die Umsatzrendite im zweiten Jahr, obwohl der Umsatz gleichzeitig steigt?

- Warum sinken der Umsatz und die Umsatzrendite während der Konsolidierungsphase? Sollten sich nicht beide in dieser Phase stabilisieren?

- Warum neigen angeblich innovative Gründer eher dazu, den Lebenszyklus mit einem neuen Produkt oder Unternehmen erneut zu beginnen?

- Im Businessplan wurden die Preise bereits kalkuliert. Wie kommt es dann, dass die Preiskalkulation ein Hindernis für junge Unternehmen darstellt?

- Ist ein hoher Preis der Arbeit ein generelles Problem?

- Wie beeinflussen der Preis der Arbeit und der Preis des Produkts die Entscheidung des Entrepreneurs, Mitarbeiter einzustellen?

- Warum nimmt der Beschäftigungsaufbau bei den meisten Unternehmen nach dem dritten Jahr kaum noch zu?

- Warum werden Unternehmenssteuern so häufig als Hindernis kritisiert? Schließlich werden aus diesen Mitteln Rahmenbedingungen finanziert, wie Gerichtsbarkeit oder Bildung, ohne die viele Unternehmen gar nicht erst operieren könnten.

- Ergibt sich der Entwicklungsverlauf der Merkmale, wie Umsatz oder Investitionen, durch die einzelnen Phasen im Allgemeinen zwangsläufig? Welchen Einfluss haben Entrepreneure darauf?

Weiterführende Literatur

Acs, Z.J., Audretsch, D.B., Innovation, Market Structure and Firm Size, in Review of Economics and Statistics, 69/4, S. 567 – 575, 1987

Almus, M., The Shadow of Death – An Emperical Analysis of the Pre-Exit Performance of New German Firms, in Small Business Economics, 23/3, S. 189 – 201, 2004

Barkham, R., et al, The Determinants of Small Firm Growth, Gateshead, 1996

Birley, S., Westhead, P., Growth and performance contrasts between "types" of small firms, in: Strategic Management Journal No. 2, S. 535 – 557, 1990

Cooper, A.C., Challenges in predicting new venture performance, in: Bull, I., et. al. (Hrsg.), Entrepreneurship: Perspectives on Theory Building, London, 1995

Flamholtz, E.G., Managing the Transition from an Entrepreneurship to a Professionally Managed Firm, San Francisco, 1986

Geldern von M., et al., Strategies, Uncertainty and Performance of Small Business Startups, in: Small Business Economics, 15/3, S. 165 – 181, 2000

Hulshoff, H.E., Westhoff, F.M.J. et al, New services, Strategic explanatory survey of a dynamic phenomenon, EIM Small Business Research and Consultancy, Zoetermeer, 1998

Hundsdiek, D., Strobel, E., Entwicklungslinien und Entwicklungsrisiken neugegründeter Unternehmen, Stuttgart, 1986

Klepper, S., Entry, Exit, Growth and Innovation over the Product Life Cycle, in: The American Economic Review, Bd. 86, Heft 3, S. 562 – 583, 1996

Mata, J., Firm Growth During Infancy, in: Small Business Economics, 6/1, S. 27 – 40, 1994

Mata, J., Portugal, P., Life Duration of new Firms, Journal of Industrial Economics, 27/3, S. 227 – 246, 1994

Mugler, J., Bestimmungsfaktoren der Attraktivität der Arbeit in Klein- und Mittelbetrieben, in: Bögenhold, D. (Hrsg.), Kleine und mittlere Unternehmen in der Arbeitsmarktforschung, Frankfurt a.M., S. 15 – 31, 2000

Schein, E.H., Role of the founder in creating organizational culture, in: Organizational Dynamics, Summer 1983, S. 13 – 28, 1983

Szyperski, N., Nathusius, K., Probleme der Unternehmensgründung – Eine betriebswirtschaftliche Analyse unternehmerischer Startbedingungen, Lohmar, 1999

TEIL II

Kleinunternehmen: Etappe oder Ziel?

Bestimmung & Bedeutung der Kleinunternehmen

7

ÜBERBLICK

▐▐ *Die meisten Gründungen sind auch nach sechs oder sieben Jahren noch vergleichsweise kleine Unternehmen. Tatsächlich ist „Kleinsein" keine Ausnahme, sondern in Europa eher die Regel. In diesem Kapitel wollen wir näher darauf eingehen, was eigentlich ein Kleinunternehmen ist und welche volkswirtschaftlichen Funktionen diese Unternehmen erfüllen.*

Bei dem Begriff „Kleinunternehmen" ist die erste Vorstellung der meisten Menschen die eines Unternehmens mit wenigen Mitarbeitern. Aber bis zu wie viel Mitarbeitern ist das Unternehmen eigentlich noch klein, und gilt das für alle Branchen? Wie sollte „Kleinsein" überhaupt definiert werden – ist nicht auch der Umsatz relevant?

Wir werden im Folgenden versuchen, Antworten auf diese Fragen zu finden. **▐▐**

7.1   Was sind Kleinunternehmen?

Die Unterscheidung zwischen klein, mittel und groß ist zunächst einmal eine sprachliche. Dabei wissen die Menschen, die sie anwenden, in der Regel, über welchen Gegenstand sie reden, und ermitteln durch den Vergleich mit anderem, ob er klein, mittel oder groß ist.

Bei Unternehmen verhält es sich eigentlich ähnlich. Dennoch gibt es bei der Abgrenzung von kleinen zu mittleren oder zu großen Unternehmen immer wieder Schwierigkeiten. Die Ursache dafür ist einerseits der Maßstab, also die Frage, *woran* wir vergleichen wollen, und andererseits die Vergleichsgröße, also die Frage, *womit* wir vergleichen wollen. Der erste Maßstab, der den meisten Menschen zunächst in den Sinn kommt, ist die Anzahl der Mitarbeiter, und genau daran lässt sich die Schwierigkeit, das Kleinsein zu bestimmen, sehr gut illustrieren.

Nehmen wir beispielsweise ein Unternehmen mit neun Mitarbeitern. In den meisten Fällen würde das Unternehmen als klein gelten. Aber ist ein Frisörsalon mit neun Mitarbeitern und dem größten lokalen Marktanteil wirklich klein? In einem anderen Fall würden wir ein Unternehmen mit 250 Mitarbeitern eher als groß bezeichnen, aber ist ein Automobilhersteller mit 250 Mitarbeitern wirklich groß?

Dieses kleine Beispiel zeigt, dass die Unterscheidung zwischen klein, mittel und groß keineswegs eindeutig ist und je nach Branche durchaus unterschiedlich ausfallen kann. Ähnliches gilt übrigens auch für den Umsatz. Auch dieser unterscheidet sich im Durchschnitt je nach Branche.

Aus diesem Grund muss bei der Entwicklung und der Anwendung einer bestimmten Abgrenzung immer auch der Zweck dieser Abgrenzung berücksichtigt werden.

In den meisten Fällen geht es bei der entsprechenden Forschung um qualitative Fragestellungen, wie beispielsweise „Wie werden Kleinunternehmen geführt?", „Welche finanziellen Besonderheiten haben sie?" oder „Wie beeinflusst sie der Wettbewerb?".

Große Unternehmen verfügen in der Regel über eine interne Leistungserfassung, werden meist von angestellten Managern geführt, sind oft börsennotiert, haben einen respektablen Marktanteil und sind inter-

> Die Abgrenzung von klein, mittel und groß ist nicht immer eindeutig.

national tätig. All das trifft im Allgemeinen nicht auf kleine Unternehmen zu, sie werden stattdessen meist vom Eigentümer an nur einem Standort geführt und sind selten international tätig. Mittlere Unternehmen liegen irgendwo dazwischen. Sie haben eine bestimmte Art der Leistungserfassung, werden von Eigentümern und Managern geführt, sind in gewissem Umfang auch international tätig, befinden sich aber oft in Familienbesitz und sind eher selten börsennotiert.

Diese Unterschiede und das Ziel, die Besonderheiten der verschiedenen Unternehmensgrößen zu erforschen, führen dazu, Unternehmen zunächst nach qualitativen Kriterien abzugrenzen. Diese Kriterien ermöglichen allerdings oft keine scharfe Abgrenzung zwischen klein, mittel und groß. Weil sie eben qualitativ sind, führen sie eher dazu, Unternehmen nach „solchen" und „andersartigen" zu unterscheiden. Dieser Ansatz wird deshalb eher dazu verwandt, den Mittelstand, der mehrheitlich aus Kleinunternehmen besteht, von nichtmittelständischen Unternehmen und damit meist Großunternehmen, abzugrenzen.

> Es gibt qualitative und quantitative Abgrenzungskriterien.

Tabelle 7.1

Qualitative Abgrenzung des Mittelstands

	Mittelstand	Nichtmittelstand
Merkmal	Eigentümer trägt / leistet	Führung / Management trägt / leistet
Risiko	X	– –
Haftung	X	– –
operative Mitarbeit	X	– –
Führung	X	– –

Legende
Eigentum: kontrollierende Mehrheit alleine oder als Familie
Risiko: trägt das unternehmerische Risiko
Haftung: haftet persönlich, in der Regel als Kleinunternehmer, auch bei
                                      einer GmbH
operative Mitarbeit: ist an allen relevanten operativen Entscheidungen beteiligt
Führung: leitet an und trifft die strategischen Entscheidungen

Im Grunde beruht die qualitative Abgrenzung darauf, ob Eigentum und Führung in einer Person oder Familie vereinigt sind oder nicht. Ist das nicht der Fall und die Eigentümer überlassen die Führung des Unternehmens einem angestellten Manager, werden sie Risiko und Haftung begrenzen und einen regelmäßigen Bericht über Ertrag, Leistungsfähigkeit und Perspektiven erhalten wollen.

> Fallen Eigentum und Führung zusammen oder sind sie getrennt?

Fallen Risiko, Haftung, und Führung beim Eigentümer zusammen, wird dieser sich auch durch Mitarbeit bzw. operative Entscheidungen am Ergebnis beteiligen wollen. Die Präsenz des Eigentümers beeinflusst daher in der Regel auch die Art, in der ein Unternehmen geführt wird, und damit letztendlich auch, wie es organisiert ist und am Markt operiert.

Die qualitative Abgrenzung ist deshalb viel eher dazu geeignet, das Wesen mittelständischer und besonders kleiner Unternehmen zu erforschen und aufzudecken als quantitative Abgrenzungskriterien.

Unglücklicherweise ist die qualitative Abgrenzung auch mit einigen Nachteilen behaftet. So sagt die Einheit von Eigentum und Führung zwar viel über das Wesen, aber nur wenig über die Größe des Unternehmens aus. Wir wissen, dass in nahezu allen Kleinunternehmen Eigentum und Führung zusammenfallen, in Einzelfällen kann das jedoch auch auf große Unternehmen zutreffen.

Der entscheidende Nachteil qualitativer Kriterien liegt allerdings in der Erfassung der zu erforschenden Unternehmen. Die überwiegende Mehrheit öffentlicher Statistiken beruht auf zählbaren und damit quantitativen Merkmalen. Eigentum ist statistisch nicht zuverlässig erfasst, ganz abgesehen davon, dass es sich bei Familienunternehmen oft auf unterschiedliche Namen verteilt. Qualitative Abgrenzungen führen also dazu, die Unternehmen, die wir untersuchen wollen, nur sehr unzuverlässig erfassen zu können. Das heißt, im Zweifelsfall wissen wir nicht genau, wie viele Unternehmen wir betrachten.

Aus diesem Grund neigen Politiker wie Wissenschaftler dazu, den Mittelstand, und damit auch Kleinunternehmen, anhand quantitativer Kriterien wie beispielsweise die Anzahl der Mitarbeiter zu erfassen und zu bestimmen. Weil Unternehmen unterschiedlicher Branchen, auch wenn sie über die gleiche Anzahl an Mitarbeitern verfügen, nicht immer vergleichbar sind, ist dieser Ansatz immer wieder mit Einschränkungen verbunden.

> Qualitative Abgrenzungen erklären mehr, sind aber schwerer zu erfassen …

> … weshalb in der Regel doch quantitative Kriterien verwandt werden.

7.1.1 Definitionen des „Kleinseins"

Infolge der Einschränkungen, die mit rein quantitativen Abgrenzungen verbunden sind, nahmen manche Staaten, darunter auch Deutschland[1], davon Abstand, kleine, mittlere und große Unternehmen überhaupt zu definieren. Sie benutzen stattdessen, je nach dem wofür die Größen bestimmt werden sollen, zweckorientierte Arbeitsdefinitionen. Andere definieren diese Unternehmen generell nach Anzahl der Mitarbeiter oder Umsatz, wobei deren Definitionen oft voneinander abweichen. In einigen Staaten sind Kleinunternehmen überhaupt nicht bestimmt, während in anderen die Abgrenzung noch vor Kleinunternehmen mit Mikrounternehmen beginnt.

---

1. In den 1970 festgelegten Grundsätzen einer Strukturpolitik heißt es hierzu: „Eine generelle und schematische Definition des Begriffs ‚kleine und mittlere Unternehmen' hält die Bundesregierung nicht für sinnvoll." (Deutscher Bundestag, Drucksache VV 1666, vom 29.12.1970)

Anfang der 90er Jahre entwickelte die Europäische Kommission eine einheitliche Definition kleiner und mittlerer Unternehmen, für die qualitative und quantitative Kriterien zusammengefasst wurden.

Diese Definition hat richtungweisenden Charakter, und zwar vor allem deshalb, weil sie für die Genehmigung mancher Fördermaßnahmen ausschlaggebend ist.[2] Dennoch existieren daneben zahlreiche nationale Definitionen mit zum Teil offiziellem Charakter.

Tabelle 7.2

Definitionen von Mikro- und Kleinunternehmen

Staat	Anzahl der Mitarbeiter	Umsatz p.a.	Bilanzsumme	Eigentum	
Deutschland[1]	bis 9	bis 1 Mio. €	– –	– –	Kleinunternehmen
Großbritannien	10 bis 49	bis 2,8 Mio. £	bis 1,4 Mio. £		
Irland	bis 50	bis 3,5 Mio. €	– –	– –	
Niederlande	bis 10	– –	– –	– –	
Norwegen	5 bis 20	– –	– –	– –	
Österreich	bis 49	bis 9 Mio. €	bis 9 Mio. €	mind. 75% Eigenbesitz	
Schweiz	10 bis 49				
EU	10 bis 49	bis 9 Mio. €	bis 10 Mio. €	mind. 75% Eigenbesitz	
Großbritannien	bis 9				Mikrounternehmen
Norwegen	bis 5	– –	– –	– –	
Schweiz	bis 10				
Schweden	bis 10	– –	– –	– –	
EU	bis 9	bis 2 Mio. €	bis 2 Mio. €	mind. 75% Eigenbesitz	

1 = In Deutschland existiert keine offizielle Definition. Das ist die allgemein akzeptierte Arbeitsdefinition des Instituts für Mittelstandsforschung Bonn (IFM-Bonn)

2. Die Europäische Kommission ist zur Förderung des Wettbewerbs innerhalb des Europäischen Binnenmarkts verpflichtet. Fördermaßnahmen bestehen aber aus Begünstigungen, die sich oft zum Nachteil der Nichtbegünstigten auswirken. Im Hinblick auf die Nichtbegünstigten kann das daher den Wettbewerb verzerren. Deshalb müssen Fördermaßnahmen in der Regel von der EU-Kommission als unbedenklich genehmigt werden, bevor die Mitgliedstaaten diese den Unternehmen anbieten können.

In allen Fällen sind Mikro- und Kleinunternehmen zumindest nach der Anzahl der Mitarbeiter bestimmt. Damit wird dem Umstand Rechnung getragen, dass die Festlegung eines bestimmten Umsatzes die unterschiedlichen Durchschnittsumsätze der verschiedenen Branchen berücksichtigen sollte. Hinzu kommt, dass ähnlich wie bei der Frage des Eigentums in den meisten Ländern auch der Umsatz statistisch nur unvollständig erfasst wird. Das liegt einerseits an den unterschiedlichen Rechtsformen und andererseits am Datenschutz. Deshalb sehen viele Staaten davon ab, Umsatzgrößenklassen zu verwenden.

Begriffe sind nicht eindeutig belegt.

Die Abweichungen zwischen der Arbeitsdefinition des IFM-Bonn[3] in Deutschland (siehe *Tabelle 7.2*) und dem Verständnis in England, Norwegen oder Schweden zeigen, dass die sprachliche Verwendung der Begriffe „mikro", „klein" oder „mittel" somit keineswegs einheitlich ist. Was in Deutschland als Kleinunternehmen gilt, wird in England als Mikrounternehmen bezeichnet. Der Begriff wird zwar auch in Norwegen verwandt, aber anders als in Großbritannien fallen Unternehmen ab fünf Mitarbeiter nicht mehr darunter. In Schweden können Mikrounternehmen noch identifiziert werden, Unternehmen mit 10 bis 200 Mitarbeitern gelten aber zumindest statistisch ohne weitere Einschränkung als klein *und* mittel.

Die Ursache dieses Mangels an Einheitlichkeit liegt in der Erkenntnis, dass sich die qualitativen Besonderheiten von Kleinunternehmen nicht plötzlich durch einen Mitarbeiter mehr oder weniger verändern. Die „Wesensveränderungen" bzw. die Veränderung der Besonderheiten hin zu mittelgroßen Unternehmen verläuft vielmehr fließend und ist nicht an einer bestimmten Anzahl an Mitarbeitern festzumachen.

Die quantitative Abgrenzung wird deshalb oft mehr von nationalen Bestimmungen als von betriebswirtschaftlichen Unterschieden beeinflusst, wie beispielsweise der Kündigungsschutz, der gegebenenfalls erst ab zehn Mitarbeiter greift, oder Bilanzierungsvorschriften, die gegebenenfalls erst ab fünf Mitarbeiter gelten.

Je nachdem wie stark die Abweichungen ausfallen, erschweren diese unterschiedlichen Abgrenzungen allerdings die Erfassung oder den Vergleich der jeweiligen Bedeutung und der Besonderheiten von Kleinunternehmen.

Wissenschaftler ziehen Größenklassen „unklaren" Begriffen vor.

Um eine gewisse Einheitlichkeit in der Forschung zu ermöglichen, neigen Wissenschaftler grenzüberschreitend dazu, Beschäftigtengrößenklassen zu verwenden, wie beispielsweise 0–9, 10–49 oder 50–249 Beschäftigte. Danach werden Unternehmen mit weniger als zehn Mitarbeitern in der Regel als Kleinunternehmen bezeichnet, während im angelsächsischen Raum „small business" und „micro-firms" oft für die gleichen Unternehmen synonym verwandt werden.

---

3. Das IFM-Bonn ist das vermutlich älteste und in Deutschland maßgebliche Institut für Mittelstandsforschung.

7.1.2 Öffentliche Vorteile des Kleinseins

Die öffentlichen Zweck- oder Arbeitsdefinitionen des Kleinseins bergen auch Vorteile für die Unternehmen, die darunter fallen. Aufgrund der geringen Anzahl an Mitarbeitern und dem vergleichsweise geringen Umsatz werden diese Unternehmen regelmäßig von manchen Verpflichtungen befreit oder es werden ihnen Erleichterungen gewährt.

Der Grund für diese Befreiungen und Erleichterungen liegt darin, dass bestimmte Pflichten oder Gesetzte oft mit einem zusätzlichen Aufwand und damit auch Kosten für Kleinunternehmen verbunden sind. Das alleine wäre kein Grund, sie von bestimmten Melde- oder Berichtspflichten, wie beispielsweise Bilanzierungsvorschriften, zu befreien. Allerdings sind die damit verbundenen Kosten, wenn sie im Verhältnis zum Umsatz betrachtet werden, für Kleinunternehmen oft unverhältnismäßig höher als für größere Unternehmen. Die Befreiungen und Erleichterungen dienen also dazu, gesetzlich verursachte Nachteile abzumildern.

> Kleinunternehmen profitieren von Erleichterungen und Befreiungen.

Das „Angebot" an Befreiungen und Erleichterungen unterscheidet sich zwischen den einzelnen europäischen Staaten. Die gängigen Erleichterungen und Befreiungen finden sich in den folgenden Bereichen:

- Bilanzierung und Steuererklärung
- Beschäftigung und Kündigungsschutz
- Förderprogramme

Bilanzierung In den meisten Ländern wurden die Bilanzierungsvorschriften vor dem Hintergrund mittlerer und großer Unternehmen entwickelt. Wir können uns das als einen umfangreichen Fragebogen mit vielen Seiten vorstellen, bei dem möglichst alle Fragen nach bestimmten Regeln beantwortet werden müssen. Diese Vorschriften sind an sich nicht unsinnig. Sie zielen darauf ab, auch komplexe und verschachtelte Geschäftstätigkeiten eines Jahres im Rahmen einer Bilanz nachvollziehbar abbilden zu können.

> Kleinunternehmen benötigen keine Bilanz für „große"...

Die Geschäftstätigkeit von Kleinunternehmen ist aber selten derart komplex, dass so umfangreiche Bilanzierungsvorschriften nötig wären, um sie im Rahmen einer Bilanz abzubilden. Sie dazu zu zwingen wäre in den meisten Fällen unnötig und würde nur zusätzliche Kosten verursachen. Deshalb wurden in vielen Staaten die Bilanzierungsvorschriften für Kleinunternehmen vereinfacht. Da aber der Umfang der Geschäftstätigkeit hierfür maßgeblich ist, werden im Hinblick auf die Vereinfachung Kleinunternehmen nicht nach der Anzahl der Mitarbeiter, sondern nach der Höhe des Umsatzes bestimmt.

Steuererklärung So wie die Bilanzierung ist die Steuererklärung in vielen Staaten eine sehr komplexe Angelegenheit, was nicht zuletzt daran liegt, dass sie auf der so genannten Steuerbilanz beruht. In den meisten Staaten wurde im Zuge vereinfachter Bilanzierungsvorschriften auch die Steuererklärung für Kleinunternehmen vereinfacht, wobei diese dann in der Regel ebenfalls nach ihrem Umsatz bestimmt werden. In manchen Ländern, wie Dänemark oder Schweden, geht die Vereinfachung sogar so weit, dass Kleinunternehmen ihre Steuererklärung mittels einer Eingabemaske online abgeben können.

> ... und dürfen ihre Steuern oft einfacher erklären.

Zusätzlich zu diesen Vereinfachungen profitieren Kleinunternehmen in manchen Staaten auch von Steuererleichterungen, wie beispielsweise in Deutschland durch die Verrechnung von Gewerbe- und Einkommenssteuer bis zu einer bestimmten Umsatzgrenze.

Beschäftigung   Die Einstellung und Verwaltung von Personal ist in vielen Ländern eine komplexe Angelegenheit. Das liegt nicht zuletzt an Abgabe- und Meldepflichten, die ein Arbeitgeber im Rahmen der sozialen Sicherungssysteme hat. Zusammengefasst können diese Pflichten einen erheblichen Verwaltungsaufwand und damit Kosten für den Kleinunternehmer verursachen. Aus diesem Grund wurden in vielen Staaten vereinfachte Abgabe- und Meldeverfahren eingeführt, wie in Deutschland, wo die Sozialabgaben in Summe mit der gesetzlichen Krankenversicherung angewiesen werden können, von wo sie dann weitergeleitet werden.

Ähnliches gilt für Beschäftigungsvorschriften. Beispielsweise wurde in vielen europäischen Staaten die Beschäftigung körperlich Behinderter durch Quoten geregelt. Demnach müssen Unternehmen, die der Quote nicht entsprechen, dafür regelmäßige Abgaben entrichten. Kleinunternehmen, in Deutschland sogar mit bis zu 20 Mitarbeitern, sind hiervon allerdings oft befreit.

Kündigungsschutz   Die meisten europäischen Staaten haben Kündigungsschutzgesetze, mit Hilfe derer die Arbeitnehmer vor ungerechtfertigter oder schlicht willkürlicher Kündigung geschützt werden sollen. Im Hinblick auf ein faires Miteinander von Arbeitgeber und Arbeitnehmer sind diese Gesetze sicher auch sinnvoll. Denn ohne sie wären Arbeitnehmer durch die Gefahr oder Androhung der Kündigung in einer persönlichen Abhängigkeit, die über das Maß des reinen Beschäftigungsverhältnisses hinausgeht.

Andererseits kann der Kündigungsschutz für alle Unternehmen zu Schwierigkeiten führen, wenn beispielsweise der Umsatz oder die Erträge einbrechen. In solchen Fällen sind so genannte betriebsbedingte Kündigungen möglich, allerdings bedarf es dann des entsprechenden Nachweises. Unabhängig davon sollen Kündigungen aber auch sozialverträglich sein, was unter anderem dazu führt, dass Gerichte auch bei betriebsbedingten Kündigungen den Unternehmen regelmäßig Entschädigungszahlungen auferlegen.

Für Kleinunternehmen mit fünf oder zehn Mitarbeitern ist der Einfluss ungeeigneter Mitarbeiter auf das Betriebsergebnis aber größer als bei größeren Unternehmen. Hinzu kommt, dass die Personalkosten eines einzelnen Mitarbeiters einen erheblichen Teil der Personalkosten ausmachen. Für sie ist eine erschwerte Trennung von einem ungeeigneten Mitarbeiter deshalb ein Hindernis, das die Leistungsfähigkeit des Unternehmens beeinträchtigt und es insgesamt gefährden kann. Andererseits führen Gerichtskosten und etwaige Entschädigungszahlungen zu Kosten, die gerade bei betriebsbedingten Kündigungen ein angeschlagenes Unternehmen dann noch zusätzlich belasten und gefährden.

Aus diesem Grund haben viele europäische Staaten, darunter auch Deutschland und Österreich, die Kündigungsschutzvorschriften für Kleinunternehmen gelockert oder aufgehoben.

Kleinunternehmen sind häufig vom Kündigungsschutz befreit.

Förderprogramme Die Innovations-, Beschäftigungs- und Wachstumsfunktion von Gründungen und den daraus hervorgegangenen Kleinunternehmen (siehe Kapitel 1) hat in allen europäischen Staaten zu einer Vielzahl an Förderprogrammen für diese Unternehmen geführt. Wie wir aus den Kapiteln 4 und 5 wissen, bestehen diese Förderungen aus *Transfers in cash* und *Transfers in kind*. Das in vielen Staaten sehr umfangreiche Angebot an Fördermaßnahmen reicht von Zuschüssen zu Messen oder Entwicklungskosten über Sonderdarlehen und Bürgschaften bis hin zu Informations- und Beratungsleistungen und umfasst in Deutschland und Österreich mehr als 300 verschiedene Programme.

7.2 Warum sind Kleinunternehmen wichtig?

Die Vielfalt und Unterschiedlichkeit der Kleinunternehmen vom Ebay Powerseller bis hin zum Dachdecker oder Ingenieurbüro ermöglicht es immer, allgemeine Aussagen über ihre Besonderheiten und ihren Beitrag im Einzelnen zu widerlegen. Aufgrund der zum Teil großen Unterschiede im Einzelfall ist auch ihr Beitrag zum Wohlstand nicht immer offensichtlich oder einfach zu erfassen. In ihrer Gesamtheit leisten sie jedoch einen bedeutenden Beitrag zum Wirtschaftswachstum, zur Ausbildung und nicht zuletzt zum Wettbewerb und zum Angebot in einer Volkswirtschaft.

7.2.1 Anzahl, Wirtschaftsbereiche und Beschäftigungsbeitrag

Kleinunternehmen stellen in Europa mit großem Abstand die Mehrheit aller Unternehmen. Ob nun als Mikro- oder Kleinunternehmen „definiert", beträgt der Anteil der Unternehmen mit weniger als zehn Mitarbeitern in Europa rund 93%. Dagegen beträgt der Anteil der Großunternehmen, zu denen bereits Unternehmen mit mehr als 250 Mitarbeitern zählen, lediglich 0,2%. Ein Unternehmen mit weniger als zehn Mitarbeitern ist damit die Regel und nicht die Ausnahme.

Mehr als neun Zehntel aller Unternehmen sind klein.

Abbildung 7.1 gibt die Anteile nach Beschäftigtengrößenklassen für die meisten europäischen Staaten wieder.

Trotz dieses hohen Anteils der Kleinunternehmen an der Unternehmenspopulation schwankt ihr Anteil an den einzelnen Wirtschaftsbereichen teilweise erheblich. Im Allgemeinen und von Nischenanbietern abgesehen, liegt das daran, dass in bestimmten Branchen Unternehmen erst ab einer bestimmten Größe eine dauerhafte Überlebenschance haben, wie beispielsweise Auto- oder Waschmaschinenhersteller. Dem stehen eher kleinbetrieblich dominierte Bereiche gegenüber, wie die Dienstleistungen, das Handwerk, die Gastronomie oder oftmals noch der Einzelhandel. *Abbildung 7.2* zeigt wie sich die Kleinunternehmen zusammengefasst für 19 europäische Staaten in etwa auf die verschiedenen Wirtschaftsbereiche verteilen.

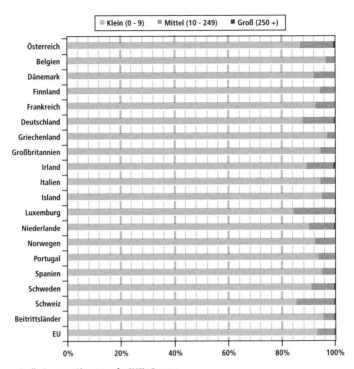

Quelle: European Observatory for SME's; Eurostat

Abbildung 7.1: Anzahl der Unternehmen nach Beschäftigtengrößenklassen in Prozent

> Der Anteil der Kleinunternehmen unterscheidet sich zwischen den einzelnen Branchen.

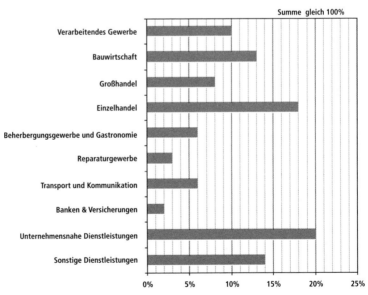

Quelle: European Observatory for SME's

Abbildung 7.2: Verteilung der Kleinunternehmen auf die Wirtschaftsbereiche, zusammengefasst für 19 europäische Staaten

Wie *Abbildung 7.2* zeigt, verteilt sich mehr als die Hälfte der Kleinunternehmen auf die Bereiche Dienstleistungen, Einzelhandel und Bauwirtschaft.

Wenn wir die Kleinunternehmen statt nach ihrer Anzahl nach ihrem Beitrag zur Beschäftigung betrachten, wird der Einfluss der Wirtschaftsbereiche besonders deutlich. Ausgehend von allen europäischen Staaten, entspricht der Beschäftigungsbeitrag der Kleinunternehmen mit einem Drittel in etwa dem der wenigen Großunternehmen. Im Gegensatz zum Beitrag von Kleinunternehmen an der Unternehmenspopulation schwankt ihr Beschäftigungsbeitrag allerdings zum Teil erheblich zwischen den einzelnen europäischen Staaten. Das liegt daran, dass in einzelnen Staaten kleinbetrieblich dominierte Bereiche stärker vertreten sind als in anderen, et vice versa. Wenn wir beispielsweise an ein Land wie Griechenland denken, das in hohem Maß von Tourismus, Dienstleistungen und Handel lebt, können wir bereits annehmen, dass dort der Beschäftigungsbeitrag der Kleinunternehmen höher sein wird als in mehr industriell geprägten Ländern wie Österreich, Schweiz oder Deutschland. *Abbildung 7.3* gibt den Beschäftigungsanteil der Kleinunternehmen für die meisten europäischen Staaten wieder.

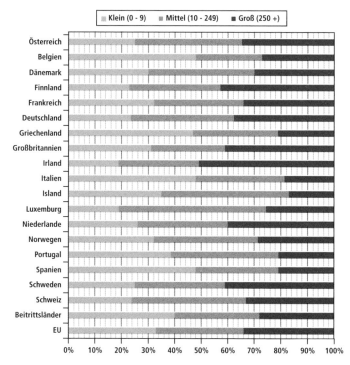

Quelle: European Observatory for SME's; Eurostat

Abbildung 7.3: Beschäftigungsanteile kleiner, mittlerer und großer Unternehmen

Eine starke industrielle Ausprägung ist allerdings nicht immer von Vorteil. Wenn viele Menschen bei Großunternehmen beschäftigt sind, läuft eine Region oder ein Land auch Gefahr, aufgrund von Produktionsverlagerungen oder schlimmstenfalls von Insolvenz eines Großunternehmens viele Arbeitsplätze auf einmal zu verlieren. Ein hoher Beschäftigungsanteil in Großunternehmen bedeutet daher auch immer eine gewisse wirtschaftspolitische Abhängigkeit von diesen Unternehmen.

7.2.2 Volkswirtschaftliche Funktionen

Wie der Anteil der Beschäftigung in Kleinunternehmen bereits zeigt, erfüllen diese Unternehmen auch volkswirtschaftliche Funktionen, von denen die Beschäftigungsfunktion vermutlich diejenige ist, die im Vordergrund steht.

Kleinunternehmen erfüllen wichtige Funktionen.

Wie die übrigen Unternehmen sind auch Kleinunternehmen dem Wettbewerb ausgesetzt. Ihnen fehlt es aber regelmäßig an den nötigen finanziellen und personellen Ressourcen, um im größeren Umfang eigenständig zu innovieren. Sie sind deshalb eher darauf angewiesen, bestehende marktnahe oder bereits marktfähige Innovationen aufzunehmen. Ihr Beitrag zu Fortschritt und Wachstum besteht daher mehr in der Verbreitung von Innovationen als in deren Entwicklung.

Abgesehen hiervon bestehen die volkswirtschaftlichen Funktionen der Kleinunternehmen hauptsächlich aus:

- Beschäftigungsfunktion
- Ausbildungsfunktion
- Nahversorgungsfunktion

Beschäftigungsfunktion

Gemessen an der Europäischen Union als Ganzes, einschließlich der zehn neuen Mitglieder, entspricht der Beschäftigungsbeitrag der Kleinunternehmen ziemlich genau dem der Großunternehmen. Damit sind sie in Summe ein ebenso großer Beschäftigungsfaktor wie die Großunternehmen. Allerdings unterscheidet sich deren Beschäftigungsbeitrag im Hinblick auf die Arbeitsplatzdauer und -sicherheit von dem der Großunternehmen.

Sie neigen dazu, ihre Mitarbeiter länger zu halten …

Der Hauptunterschied besteht darin, dass bestehende Kleinunternehmen auch während Krisen dazu neigen, an ihren Mitarbeitern soweit möglich festzuhalten. Das liegt einerseits an der eher familiären Struktur dieser Unternehmen. Andererseits liegt es am gängigen Kalkül, dass, sollte ein entlassener Mitarbeiter später wieder ersetzt werden können, die Suche nach einem „passenden" Mitarbeiter dann wieder mit Aufwand, Zeit und erneuten Einarbeitungskosten verbunden ist.

Managergeführte Großunternehmen – vor allem börsennotierte – unterliegen dagegen anderen Rahmenbedingungen. Sie sind schon allein aufgrund ihrer Größe weniger von einer „familiären" Atmosphäre geprägt. Anders als bei Kleinunternehmen ist aufgrund ihrer Börsennotierung ihre Ertragskraft, wonach das Management regelmäßig beurteilt wird, im öffentlichen Blickfeld. In Krisensituationen neigen Großunternehmen deshalb eher dazu, Mitarbeiter zu entlassen, wobei ihre Attraktivität spätere Neueinstellungen in der Regel vereinfacht. Der von Aktionären ausgeübte Zwang zur Verbesserung der Profitabilität zwingt das Management allerdings auch, die Produktivität der Mitarbeiter zu erhöhen. Das führt regelmäßig dazu, dass nur ein Teil einmal abgebauter Arbeitsplätze in besseren Zeiten wieder aufgebaut wird. Das heißt, Großunternehmen neigen im Allgemeinen dazu, die Beschäftigungsrate schneller abzubauen als aufzubauen, und benötigen daher länger, um einen einmal erreichten Beschäftigungsstand nach einer Krise wieder zu erreichen.[4]

Bestehende Kleinunternehmen halten ihre Beschäftigungsplätze deshalb länger und neigen aufgrund ihrer häufig geringeren Produktivität eher dazu, in guten Zeiten die Beschäftigung schneller aufzubauen. Das bedeutet aber nicht, dass ein Arbeitsplatz mit einem Kleinunternehmen deshalb zwingend sicherer ist. Denn ihre Ertragskraft und finanzielle Situation erlaubt es ihnen oft nicht, Krisen über einen längeren Zeitraum zu überstehen. Die Sterberate ist deshalb unter Kleinunternehmen deutlich höher als unter Großunternehmen.

> ... und stellen früher neue Mitarbeiter ein.

Der Zustrom neuer Unternehmen gleicht diese Abgänge jedoch oft aus. Tatsächlich haben Kleinunternehmen über die letzte Dekade hinweg mehr neue Arbeitsplätze geschaffen als Großunternehmen, was trotz der Abgänge in vielen Ländern zu einem schleichenden Anstieg des Beschäftigungsanteils in Kleinunternehmen geführt hat. Allerdings werden die Ursachen für dieses Phänomen zum Teil kontrovers diskutiert. Einige Wissenschaftler erklären das damit, dass junge Unternehmen meist klein sind und aufgrund ihrer Expansionsphase in kurzem Zeitraum viele Arbeitsplätze schaffen. Das heißt, junge Unternehmen schaffen mehr Arbeitsplätze als alte, und junge Unternehmen sind mehrheitlich auch klein. Andere argumentieren, die höhere Anzahl geschaffener Arbeitsplätze sei nur eine statistische Täuschung. Es ergebe sich daraus, dass die Beschäftigung in Kleinunternehmen versus der in Großunternehmen zu zwei verschiedenen Zeitpunkten verglichen wird. Wenn der Beschäftigungsanteil in Kleinunternehmen bei dem Vergleich höher ausfalle, könne das beispielsweise auch daran liegen, dass Großunternehmen einen Teil ihrer Arbeitsplätze im Ausland schaffen oder out-sourcen. [5]

---

4. Das wird von zahlreichen Untersuchungen bestätigt, wie beispielsweise von Weigand und Audretsch. Sie verglichen die Beschäftigungsentwicklung börsennotierter Großunternehmen mit der kleiner und mittlerer Unternehmen in Deutschland und stellten bei produktions- und forschungsintensiven Großunternehmen für die sechs Jahre von 1991–1996 einen Beschäftigungsrückgang von bis zu 1% jährlich fest.
5. Eine Zusammenfassung der Diskussion findet sich bei Turk, F., „Der Mittelstand als Beschäftigungsmotor, Fakt oder Fiktion?", in: List Forum für Wirtschafts- und Finanzpolitik 28, S. 254 – 271, 2002.

Ausbildungsfunktion

Die Anzahl der Kleinunternehmen und der Umstand, dass sie sich auf beinahe alle Branchen verteilen, tragen in entscheidendem Maß dazu bei, Ausbildungsplätze in den verschiedensten Berufen bereitzustellen. Die Existenz von Kleinunternehmen und der Umstand, dass viele von ihnen ausbilden, ermöglicht es jungen Menschen, aus einer großen Vielfalt eine Berufswahl oft vor Ort zu treffen. Tatsächlich sind die Lehre oder andere hochschulfreie Formen der Ausbildung für die Mehrheit der jungen Menschen der einzige Weg zu einer Berufsausbildung. Denn nur eine Minderheit der Schulabgänger qualifiziert sich für ein Hochschulstudium, aber auch von denen absolviert immer mehr zuvor auch eine Lehre.

> Kleinunternehmen bilden mehr aus als Großunternehmen.

Nun könnten wir annehmen, dass aufgrund der gleichen Beschäftigungsanteile von Klein- und Großunternehmen deren Beitrag zur Ausbildung der jungen Menschen sich ebenfalls entspricht. In den meisten europäischen Staaten ist das aber nicht der Fall. Obwohl beispielsweise in Deutschland der Beschäftigungsanteil der Großunternehmen mit etwa einem Drittel sogar über dem der Kleinunternehmen liegt (knapp 25 %), bilden Letztere beinahe ein Viertel aller Lehrlinge aus. Tatsächlich kommen in Deutschland auf jeden Lehrling in einem Großunternehmen etwa 1,5 Lehrlinge in Kleinunternehmen.

Damit erfüllen die Kleinunternehmen zusammen mit den mittelgroßen Unternehmen eine zentrale Ausbildungsfunktion.

Nahversorgungsfunktion

Die Nahversorgungsfunktion ergibt sich aus der flächenmäßigen Verteilung der Kleinunternehmen und dem Umfang ihrer Geschäftätigkeit. Für viele Unternehmen und manche Wirtschaftsbereiche sind vor allem Städte und Ballungszentren aufgrund der vergleichsweise hohen Nachfrage besonders interessant oder als Standort überhaupt erst lohnenswert. Das erklärt, warum wir beispielsweise große Einkaufszentren in ländlichen Gebieten eher selten vorfinden. Hier sind es vor allem Kleinunternehmen, die die Nachversorgung der Bevölkerung mit Gütern und Dienstleistungen gewährleisten.

> Kleinunternehmen gewährleisten auch die Versorgung in ländlichen Gebieten.

Diese Unternehmen sind oft auf den lokalen Markt beschränkt, wie beispielsweise bei vielen Dienstleistungen, beim Facheinzelhandel oder bei Handwerkern. Ohne die Versorgung durch diese Unternehmen verlören aber viele ländliche Gebiete an Attraktivität, was zu einer schleichenden Landflucht mit allen nachfolgenden Konsequenzen führen würde.

Die Nachversorgungsfunktion hat daher nicht nur eine ökonomische, sondern auch eine soziale Dimension für die Bevölkerung.

ZUSAMMENFASSUNG

- Kleinunternehmen verteilen sich auf beinahe sämtliche Wirtschaftsbereiche und unterscheiden sich auch deshalb oft sehr.

- Die Mehrheit der Kleinunternehmen konzentriert sich auf die Wirtschaftsbereiche Dienstleistungen, Einzelhandel und Bauwirtschaft.

- Kleinunternehmen können mithilfe qualitativer und quantitativer Kriterien bestimmt werden. Dennoch ist die Abgrenzung zu anderen Unternehmen nicht immer eindeutig.

- Qualitative Kriterien beruhen hauptsächlich auf der Frage, ob Eigentum und Führung miteinander verbunden sind oder nicht. Solche Abgrenzungen erklären die Besonderheiten der Kleinunternehmen in der Regel besser. Sie ermöglichen aber keine zuverlässige statistische Ermittlung der Kleinunternehmen.

- Quantitative Kriterien beruhen auf der Anzahl der Mitarbeiter und der Höhe des Umsatzes. Sie ermöglichen eine einfachere statistische Erfassung. Allerdings unterscheiden sich die durchschnittliche Anzahl der Mitarbeiter und die Höhe des Umsatzes je nach Wirtschaftsbereich.

- Es gibt keine allgemeingültige Definition der Kleinunternehmen. Manche Staaten verwenden zweckorientierte Definitionen, während in anderen die offiziellen Definitionen voneinander abweichen. Dabei werden die Begriffe „Kleinunternehmen" und „Mikrounternehmen" zum Teil synonym verwandt.

- Der Anteil der Kleinunternehmen liegt in Europa bei mehr als 9/10 aller Unternehmen. Allerdings unterscheidet sich dieser Anteil zwischen den einzelnen Staaten.

- In Europa entspricht der Beschäftigungsbeitrag der Kleinunternehmen mit einem Drittel in etwa dem der Großunternehmen. Allerdings unterscheidet sich auch ihr Beschäftigungsbeitrag zwischen den einzelnen Staaten.

- Kleinunternehmen profitieren in vielen Staaten von Erleichterungen und Befreiungen.

- Kleinunternehmen neigen eher dazu, marktnahe oder marktfähige Innovationen anzuwenden und zu vertreiben, als sie selbst zu entwickeln.

- Kleinunternehmen erfüllen volkswirtschaftliche Funktionen. Die Hauptfunktionen sind: Beschäftigungsfunktion, Ausbildungsfunktion und Nahversorgungsfunktion.

ZUSAMMENFASSUNG

Fragen zur Diskussion

- Kleinunternehmen unterscheiden sich von mittelgroßen, aber ab wann wird ein Kleinunternehmen zu einem mittelgroßen und was verändert sich dadurch?
- Warum können quantitative Abgrenzungskriterien den Vergleich mit anderen Unternehmen erschweren?
- Warum kann das Zusammenfallen von Eigentum und Führung die interne Organisation und auch den Marktauftritt des Unternehmens beeinflussen?
- Kleinunternehmen haben bei einem Vergleich der Länder innerhalb der EU annähernd den gleichen Anteil an der Unternehmenspopulation. Warum schwankt dennoch ihr Beschäftigungsanteil zwischen den europäischen Staaten?
- Welche Unterschiede bestehen hinsichtlich der Beschäftigung zwischen Kleinunternehmen und Großunternehmen und warum bestehen sie?
- Woran könnte es liegen, dass auch bei gleichem Beschäftigungsanteil der Ausbildungsanteil der Kleinunternehmen über dem der Großunternehmen liegt?
- Welche Folgen könnte eine Dominanz von Großunternehmen im Einzelhandel haben?
- Warum neigen Kleinunternehmer dazu, länger an ihren Mitarbeitern festzuhalten?
- Warum gibt es im Dienstleistungsbereich mehr Kleinunternehmen als in den anderen Wirtschaftsbereichen? Sind die Wachstumsmöglichkeiten im Dienstleistungsbereich geringer oder umfasst dieser Bereich nur insgesamt mehr Branchen?
- Wie kommt es, dass gerade Kleinunternehmen anscheinend mehr Arbeitsplätze schaffen als Großunternehmen?

Weiterführende Literatur

Begley, T.M., Using founder status, age of firm, and company growth rate as the basis for distinguishing entrepreneurs from managers of smaller businesses, in: Journal of Business Venturing, Mai 1995, Vol. 10, Nr.. 3, S. 249 – 263, 1995

Bridge, Simon, et al., Understanding Enterprise, Entrepreneurship and Small Business, Houndmills, New York, 2003

De, D., SME Policy in Europe, in: Sexton, D., Landström, H., (Hrsg.), Handbook of Entrepreneurship, Oxford, 2000

Drnovsek, M., Job Creation Process in a Transition Economy, in: Small Business Economics, October 2004, Vol. 23, Nr.. 3, S. 179 – 188, 2004

Europäische Kommission (Hrsg.), European Observatory for SMEs, Jahrgänge und Berichte seit 1994

Europäische Kommission, (Hrsg.), Continuous Vocational Training Survey I und II, Brüssel, 2000 und 2003

Günterberg, B., Wolter, H.J., Betriebliche Ausbildung im Mittelstand, Institut für Mittelstandsforschung Bonn (Hrsg.), IFM-Materialien Nr. 157, Bonn, 2001

Kranzusch, P., May-Strobl, E., Einzelunternehmen in der Krise, Wiesbaden, 2002

Loecher, U., Small and medium-sized enterprises – delimitation and the European definition in the area of industrial business, in: European Business Review, 8. September 2000, Vol. 12, Nr. 5, S. 261 – 264, 2000

Lundström, A., Stevenson, L., Entrepreneurship Policy for the Future, Swedish Foundation for Small Business Research (Hrsg.), Stockholm, 2001

OECD, (Hrsg.), The Role of SMEs: Findings and Issues, Paris, 2000

Reichenwald, R., Bäthge, M., Die Neue Welt der Mikrounternehmen, Wiesbaden, 2004

Storey, D., Understanding the Small Business Sector, London, 1995

Weigand, J., Audretsch, D., Does Science make a Difference? Investment, Finance and Corporate Governance in German Industries, Institute for Development Strategies, Discussionspapier Nr. 99, Indiana-Universität (USA), 1999

Schmidt, A., Der überproportionale Beitrag kleiner und mittlerer Unternehmen zur Beschäftigungsdynamik: Realität oder Fehlinterpretation von Statistiken?, in: Zeitschrift für Betriebswirtschaft (ZfB), Jg. 66 /5, S. 537 – 557, 1996

Die Kleinunternehmer

8

ÜBERBLICK

> **▐▐**   *Wir wissen nun, was Kleinunternehmen sind und warum sie eine bedeutende Rolle für eine Volkswirtschaft haben.*
>
> *In diesem Kapitel geht es darum, wer die Kleinunternehmer sind. Wachstum und Größe sind gängige Ziele, auch für Unternehmen. Wir möchten wissen, warum Kleinunternehmen klein sind und viele klein bleiben. Stoßen Kleinunternehmer an Wachstumsgrenzen oder gibt es möglicherweise Entrepreneure, die trotz des gängigen Ziels kein weiteres Wachstum wollen?*
>
> *Wie managen und führen Kleinunternehmer ihr Unternehmen? Gibt es Unterschiede hinsichtlich strategischer oder operativer Aufgabenstellungen und der Art, wie sie bewältigt werden?*
>
> *Die geringe Anzahl an Mitarbeitern lässt auf ein eher familiäres Arbeitsklima schließen. Aber welche Rolle haben die Mitarbeiter und wird von ihnen anderes gefordert als in größeren Unternehmen? Können die Mitarbeiter trotz der Anwesenheit des Eigentümers eigenverantwortlich arbeiten oder sind sie eher ausführende Befehlsempfänger? Auf diese Fragen wollen wir im Folgenden nach Antworten suchen.* **▐▐**

8.1   Wer sind die Kleinunternehmer?

> Kleinunternehmer sind meist ehemalige Gründer.

Die Mehrheit der Kleinunternehmer sind ehemalige Gründer, weshalb ihre Sozialstruktur in etwa der der Gründer entspricht. Wenn wir eine Momentaufnahme der Kleinunternehmer machen könnten, würden wir aber ein im Detail etwas anderes Bild erhalten als das der Gründer. Das liegt daran, dass zu jedem beliebigen Zeitpunkt ein Teil der Kleinunternehmer aus jungen Gründern mit einem *noch* kleinen Unternehmen besteht und ein anderer Teil aus Entrepreneuren, deren Unternehmen auch nach Jahren wenige Mitarbeiter zählt. Das heißt, Kleinunternehmen sind klein, aber von manchen, wie den jungen Gründern, wissen wir nicht, wie lange sie klein bleiben, während andere Kleinunternehmen schon lange klein sind und es vermutlich auch bleiben.

Diese zeitliche Differenzierung ist wichtig, um zu bestimmen, ob wir Kleinunternehmertum als Phase in einem Wachstumsprozess oder als Dauerzustand auffassen. Tatsächlich ist beides der Fall. Allerdings ist Kleinunternehmertum nur für eine Minderheit der Gründer lediglich eine Phase. Für die meisten von ihnen ist es ein Dauerzustand, der nicht selten auch so gewollt ist. Um ein besseres Verständnis der Kleinunternehmer zu erhalten, müssen wir daher zunächst die Gründe für das Kleinsein genauer betrachten.

8.1.1   Gründe des Kleinseins

Dass die Mehrheit der Kleinunternehmen auch nach Jahren kaum zehn Mitarbeiter zählt, hat vielfältige Ursachen, von denen manche auch miteinander verwoben sind. Da ist zunächst die Motivation des Gründers und späteren Entrepreneurs. Wie wir aus Kapitel II wissen, ist die Mehrzahl der freiwilligen Gründer durch den Wunsch nach Selbständigkeit und Unabhängigkeit motiviert.

Im konkreten Alltagsgeschehen bedeutet das in der Regel, *selbst schaffen* und *selbst bestimmen*. Größe im Sinne von mehr Mitarbeitern kann den Freiraum dazu aber einschränken. Einerseits, weil ein Unternehmen mit steigender Mitarbeiteranzahl meistens an Komplexität zunimmt, d.h. der Entrepreneur *kann* möglicherweise nicht mehr *alles* überblicken und gegebenenfalls entscheiden. Im Einzelfall müssen dann wichtige Aufgaben, Verantwortlichkeiten oder Entscheidungen an Mitarbeiter übertragen werden. Andererseits steigen mit zunehmender Mitarbeiteranzahl in der Regel auch die Verwaltungs- und Führungsaufgaben. Das heißt, der gestalterische kreative Anteil der Selbstverwirklichung wird dann zunehmend durch Führungsaufgaben verdrängt, die häufig von Sachzwängen bestimmt werden. Für viele Entrepreneure entspricht das aber nicht mehr ihrer ursprünglichen Vorstellung oder Absicht. Nicht wenige Kleinunternehmer sind deshalb mit sechs oder sieben Mitarbeitern zufrieden und streben darüber hinaus kein weiteres Wachstum an, zumindest nicht aktiv.

> Das Angebot beeinflusst die Größe und die Größe beeinflusst die Aufgaben.

Eine Weitere Ursache für das Kleinbleiben liegt in der Art des Produkts und damit auch der Branche. Viele Angebote, vor allem im Dienstleistungsbereich, können nur lokal sinnvoll angeboten werden, wie beispielsweise ein Haarschnitt oder die Arbeit einer Änderungsschneiderei. In beiden Fällen erfordert die Leistung die persönliche Anwesenheit des Kunden, und sei es nur, um Maß zu nehmen. Der Aktionsradius dieser Unternehmen wird deshalb durch die Bereitschaft ihrer Kunden, zu ihnen zu kommen, eingeschränkt. Er wird davon bestimmt, welchen Weg die Kunden für einen Haarschnitt oder eine Hosenänderung bereit sind, auf sich zu nehmen. Leben dort nicht viele Menschen, bleibt das Unternehmen in der Regel klein. Wenn nun doch viele Menschen in diesem Radius leben, schränkt der Wettbewerb anderer das Wachstum des einzelnen Unternehmens meistens ein, unabhängig davon, ob der Entrepreneur wachsen möchte oder nicht.

> Einige sind noch zu jung, andere können oder wollen nicht wachsen.

Damit können wir drei Ursachen für das Kleinsein unterscheiden:

- Gründer, die noch zu jung sind, um größer zu sein
- Entrepreneure, die nicht weiterwachsen wollen
- Entrepreneure, die nicht weiterwachsen können

Schon diese Unterscheidung macht es schwierig, die Frage „*Wer sind die Kleinunternehmer?* eindeutig zu beantworten. Tatsächlich kann, wenn man alle Kleinunternehmen betrachtet, kein einheitlicher Typus des Kleinunternehmers bestimmt werden. Andererseits wird aufgrund der wenigen Mitarbeiter das Wesen der Kleinunternehmen in weit stärkerem Maß vom Eigentümer und Entrepreneur bestimmt, als das in größeren Unternehmen der Fall ist. Ihre Grundeinstellung, Motivation und charakterlichen Eigenschaften helfen uns daher weit mehr, die Besonderheiten vieler Kleinunternehmen zu verstehen, als es bei größeren Unternehmen möglich wäre.

8.1.2   Typologie der Kleinunternehmer

Zahlreiche Untersuchungen deuten darauf hin, dass es, sehr verallgemeinert, zwei grundsätzliche Typen des Entrepreneurs gibt, einen eher unternehmerischen und einen eher konservativen.

Der unternehmerische Entrepreneur ist jemand, der besonders am kreativen Aspekt des Entrepreneurships Freude hat. Er möchte *schaffen* und *gestalten*, wobei für ihn das sichtbare Ergebnis seiner Arbeit, beispielsweise in Form von Wachstum, als Bestätigung und Ausdruck der Selbstverwirklichung von zentraler Bedeutung ist. Dagegen stehen für den konservativen Entrepreneur Kontinuität, Sicherheit und das Halten eines einmal erreichten Ergebnisses oder Niveaus stärker im Vordergrund. Im Gegensatz zum unternehmerischen Entrepreneur ist der konservative deshalb weniger offen für Veränderungen und insgesamt weniger risikobereit.

Wenn wir diese beiden Grundtypen des Entrepreneurs mit den Ursachen für das Kleinsein verbinden, erhalten wir eine Matrix. Diese erlaubt eine verallgemeinernde Typologisierung, mithilfe derer wir die zum Teil sehr widersprüchlichen Beobachtungen bei Kleinunternehmern besser einordnen können.

> Es gibt eher unternehmerische und eher konservative Entrepreneure.

Tabelle 8.1

Typologie der Kleinunternehmer

	eher unternehmerisch	eher konservativ
Junge Gründer	**Die jungen Wilden** Neigen dazu, schnelles Wachstum anzustreben	**Die Idealisten** Neigen dazu, die Dinge besser machen zu wollen
Wollen nicht weiterwachsen	**Die Wanderer** Neigen dazu, neue oder andere Unternehmungen zu beginnen	**Die Sesshaften** Neigen dazu, mit wenig Veränderung beim Unternehmen zu bleiben
Können nicht weiterwachsen	**Die Spezialisten** Neigen dazu, eine Nische anzustreben	

Die jungen Wilden   Dieser Typus findet sich häufig unter innovativen Gründern. Es sind Menschen, die das Bestehende im Bereich ihres Produkts revolutionieren wollen. Ihr Blickwinkel ist weniger geographisch, beispielsweise auf ihre Region oder ihr Land beschränkt, sondern ihr Fokus richtet sich vielmehr auf das Produkt an sich. Von allen Gründern sind sie deshalb diejenigen, die am ehesten internationalisieren und ihr Produkt auch im Ausland anbieten, oft noch bevor sie ihr nationales Marktpotential erschlossen haben. Aufgrund ihres Strebens nach schnellem Wachstum, neigen sie damit auch eher dazu, Kleinunternehmer auf Zeit zu sein. Das heißt, für sie ist der Zustand des Kleinseins eher eine Phase.

Die Wanderer Dieser Typus findet sich in vielen Branchen, vor allem aber in solchen mit geringen Zugangskosten, wie beispielsweise den Dienstleistungen. Es sind Menschen, die sehr offen für Neues sind und daher auch häufig unternehmerische Gelegenheiten erkennen, die sie dann oft auch ergreifen und umsetzen möchten. Der Aufbau neuer Unternehmungen liegt ihnen mehr als die Routine und das Tagesgeschäft der Führung eines bereits konsolidierten Unternehmens. Sie neigen deshalb eher dazu, sich an unterschiedlichen Unternehmungen zu beteiligen, ihr Unternehmen zu verkaufen oder Wiederholungsgründer zu sein. Das Kleinsein ist daher Folge ihrer Art der Selbstverwirklichung und nicht selten auch ihrer „Wanderschaft" durch die verschiedenen Unternehmungen.

Die Spezialisten Auch dieser Typus findet sich in beinahe allen Branchen. Spezialisten wollen in der Regel wachsen. Ihre Wachstumsmöglichkeiten werden aber durch Wettbewerber eingeschränkt. Anstatt sich mit den gegebenen Umständen zu arrangieren, neigt dieser Typus dazu, einen „Ausweg" zu suchen. Der liegt oftmals darin, sich innerhalb einer Nische zu spezialisieren. Dadurch nimmt die Anzahl potentieller Wettbewerber ab, während sich aufgrund der Spezialisierung der Aktionsradius ausdehnt. Für den Spezialisten mit der Absicht zu wachsen besteht damit die Möglichkeit, „ein großer Fisch im kleinen Teich" zu werden. Dass viele Spezialisten letztendlich doch Kleinunternehmer bleiben, liegt oft an der Größe des „Teiches" bzw. der Nische, die sie besetzen. Sie ist häufig nicht groß genug.

Die Idealisten Diese Einordnung trifft auf die meisten jungen Gründer zu. Sie beginnen ihr Unternehmen in der Regel nicht mit einem gänzlich neuen Produkt. Ihre Motivation ist vielmehr, ein verbessertes Produkt anzubieten bzw. die Dinge sehr bewusst besser zu machen als ihre Konkurrenten. Das drückt sich im Allgemeinen in einem hohen Qualitäts- und Servicebewusstsein und entsprechenden Standards aus. Wegen dieses Anspruchs ist es für sie daher meist nicht erstrebenswert, hohe Qualitäts- oder Servicestandards für schnelles Wachstum zu gefährden. Solche Standards sind immer mit zusätzlichen bzw. höheren Kosten verbunden. Dieser Anspruch und die damit verbundenen Kosten führen aber zu einem höheren Preis oder beeinträchtigen die Erträge. Unabhängig von der Branche führt das dann zu langsamerem Wachstum und erklärt damit, warum viele Gründungen auch noch nach Jahren kleine Unternehmen sind.

Die Sesshaften Dieser Typus findet sich vor allem unter konservativen Entrepreneuren, und zwar sowohl unter solchen, die nicht mehr wachsen wollen, als auch unter solchen, die nicht mehr wachsen können. Im Gegensatz zum Spezialisten hat der Sesshafte aufgrund seiner konservativen Grundeinstellung eine größere Scheu vor der Veränderung. Im Allgemeinen lehnt er Risiken stärker ab, er ist also risikoaverser. Infolgedessen scheut der Sesshafte auch das Risiko, der Wachstumsbehinderung durch eine „Flucht" in die Nische zu begegnen. Stattdessen neigt er eher dazu, bei dem Bestehenden zu bleiben und das Beste aus der

Situation zu machen. Er ist bemüht, das Erreichte zu erhalten und durch vorsichtige Veränderungen schrittweise zu verbessern. Letzteres gilt auch für diejenigen, die nicht mehr wachsen wollen.

Wir können uns das am Beispiel eines Obst- und Gemüsehändlers verdeutlichen. Der Sesshafte wird versuchen, sein Standardsortiment zu halten und sich beispielsweise durch besonders frische Ware und zuvorkommenden Service auszuzeichnen. Der Spezialist mag dagegen versuchen, sich auf Bio-Ware zu spezialisieren, obwohl das möglicherweise bedeutet, teurer anbieten zu müssen.

Die vielen Unternehmen, mit denen wir im täglichen Leben konfrontiert sind, entsprechen oft dem Typ des „sesshaften" Entrepreneurs, wie oftmals der Metzger, der Frisör oder der Dachdecker, weshalb dieser Typ das Bild des Kleinunternehmers auch häufig prägt. Tatsächlich beschäftigen alleine in Deutschland mehr als drei Millionen Unternehmen weniger als zehn Mitarbeiter und diese entsprechen bei weitem nicht alle dem Typ des „sesshaften" Kleinunternehmers. Junge Wilde, Wanderer, Spezialisten, Idealisten und Sesshafte sind im Detail sehr verschieden, was sich letztendlich in den Unternehmenszielen und dem Marktauftritt niederschlägt.

8.2 Welche Gemeinsamkeiten haben Kleinunternehmen?

> Es sind in der Regel Eigentümerunternehmer.

Trotz ihrer Unterschiedlichkeit, ob nun branchen- oder typbezogen, haben Kleinunternehmen viele Gemeinsamkeiten, die überwiegend aus dem Kleinsein hervorgehen. Die erste zentrale Gemeinsamkeit ist, dass es sich bei Kleinunternehmern beinahe immer um Eigentümerunternehmer handelt, bei denen Eigentum, Risiko, Führung und aktive Mitarbeit oft in einer Person zusammenkommen. Folglich kommt der Familie des Kleinunternehmers eine besondere Rolle zu, und zwar ungeachtet dessen, um welchen Typ Kleinunternehmer es sich handelt.

8.2.1 Die Rolle der Familie

> Weil Entrepreneurship eine Lebensform ist, ist Familienunterstützung entscheidend.

Neben der Möglichkeit, Einkommen zu erzielen, ist Entrepreneurship für die meisten die Grundlage der Unabhängigkeit und Selbstverwirklichung. Entrepreneurship und alles, was im Einzelnen damit zusammenhängt, ist letztendlich selbst bestimmt und hat damit eine persönliche Komponente, die das Leben des Entrepreneurs in weiten Teilen ausmacht. Es ist eine Lebensform die, wie wir aus Kapitel 5 wissen, die Familie beeinflusst und beeinträchtigt und deshalb von ihr akzeptiert und mitgetragen werden muss, um letztendlich erfolgreich gelebt werden zu können. Das gilt besonders für Kleinunternehmer, die aufgrund der wenigen Mitarbeiter nicht die Möglichkeit haben, Aufgaben und Entscheidungen in größerem Umfang zu delegieren und es oft auch nicht wollen.

Unabhängig vom Typ des Kleinunternehmers kommt der Familie oder dem Lebenspartner daher eine besondere Rolle zu. Aus den vorangegangenen Kapiteln sind uns bereits einige Formen der Hilfestellung, wie die finanzielle oder moralische Unterstützung, bekannt. Bei Kleinunternehmen erfüllt die Familie aber darüber hinaus noch regelmäßig weitere Funktionen. Zusammengefasst lassen sich vier Funktionen unterscheiden.

Die Familie fungiert als Quelle für:

- zusätzliche Arbeitskraft
- Rat
- moralische Unterstützung
- Kapital

Ungeachtet der Eigentumsverhältnisse sind Kleinunternehmen daher oft auch Familienunternehmen, bei denen einzelne Familienmitglieder in das Unternehmen eingebunden sind. Das gilt beispielsweise für die Buchhaltung, die Auslieferung oder im Bereich Bedienung und Verkauf. Tatsächlich arbeiten in rund einem Drittel aller Kleinunternehmen Familienmitglieder mit, wobei etwa ein Drittel davon dies unentgeltlich tut. Im Hinblick auf die oft schwache finanzielle Ausstattung ist die Familie als Quelle zusätzlicher und oft unentgeltlicher Arbeitskraft eine wesentliche Unterstützung.

8.2.2 Die Rolle der Mitarbeiter

Aus Kapitel 6 wissen wir bereits, dass junge und auch kleine Unternehmen häufig Schwierigkeiten haben, qualifizierte Mitarbeiter zu finden. Allerdings stellt sich bei der Frage der Qualifikation auch regelmäßig die Frage, *qualifiziert wofür?* Kleinunternehmen sind zwar meist weniger komplex als größere, dafür ist es bei ihnen aber in der Regel schwieriger, Aufgaben und Verantwortungsbereiche abgrenzend zu bestimmen. Infolgedessen erfordert die Mitarbeit in einem Kleinunternehmen oft ein höheres Maß an funktioneller Flexibilität. Das heißt, die Mitarbeiter müssen die Fähigkeit und Bereitschaft mitbringen, im oft regelmäßig auftretenden Bedarfsfall auch aufgabenfremde Tätigkeiten und Funktionen zu übernehmen. Das bedeutet, sie müssen flexibel sein. Deshalb werden Arbeitsplatzbeschreibungen, wie das in Großunternehmen üblich ist, in Kleinunternehmen eher selten angefertigt oder eingehalten.

Mitarbeiter müssen ein hohes Maß an funktioneller Flexibilität haben ...

Der bisweilen mangelnden Berechenbarkeit des Tagesablaufs steht allerdings der oft spürbare Wert, den der einzelne Mitarbeiter für das Unternehmen hat, gegenüber. Tatsächlich ist die interne Organisation vieler Kleinunternehmen selten starr. In vielen Fällen entwickelt sich die Aufgabenverteilung entlang der Fähigkeiten einzelner Mitarbeiter. Damit spielen die einzelnen Mitarbeiter neben dem Umstand, dass sie gegebenenfalls ein Viertel des Personals ausmachen, häufig eine tragende Rolle für das Unternehmen, weshalb sie dann entsprechend schwer zu ersetzen sind. Dies erklärt unter anderem, warum Kleinun-

... und ihre Fähigkeiten beeinflussen die Organisation.

ternehmer auch in Krisenzeiten dazu neigen, möglichst lange an ihren Mitarbeitern festzuhalten.

Der Umstand, dass in vielen Kleinunternehmen auch Familienmitglieder regelmäßig tätig sind, erfordert von den Mitarbeitern allerdings auch ein höheres Maß an Fingerspitzengefühl. Denn die latente Einheit von Familie und Entrepreneurship führt nicht selten auch dazu, dass familiäre Angelegenheiten und schlimmstenfalls Familienkonflikte in das Unternehmen getragen werden. Damit erhalten die Mitarbeiter nicht nur einen weitgehenden Einblick ins Unternehmen, sondern auch in das Privatleben des Kleinunternehmers. Vor diesem Hintergrund haben Werte, wie Loyalität, Ehrlichkeit und Integrität, einen viel unmittelbareren Einfluss auf das Betriebsklima und damit auf das Unternehmen, als das in größeren Unternehmen der Fall ist.

Aufgrund ihrer Rolle würde man meinen, dass Kleinunternehmer ihre Mitarbeiter auch an entsprechenden Schulungs- oder Weiterbildungsmaßnahmen teilnehmen lassen. Tatsächlich trifft das auch auf etwa vier Fünftel der Kleinunternehmen in Europa zu. Allerdings neigen größere Unternehmen dazu, ihre Mitarbeiter öfter und regelmäßiger an Fortbildungsmaßnahmen teilnehmen zu lassen.

Die Hauptursache für diesen Unterschied ist der Zeitmangel. Denn bei wenigen Mitarbeitern beeinträchtigt das Fehlen eines einzelnen Mitarbeiters ein Unternehmen mehr als bei einer größeren Belegschaft. Als Ursache folgen dem Zeitmangel mit großem Abstand die Kosten der Fortbildungsmaßnahmen und eine mangelnde Kenntnis entsprechender Angebote[1]. Abgesehen davon bestehen bei der Wahl der jeweiligen Maßnahmen keine Unterschiede zwischen kleinen und großen Unternehmen. Messen und Ausstellungen gefolgt von Schulungen und Seminaren und schließlich der Aufforderung, sich mit Fachliteratur auf dem Laufenden zu halten, sind in allen Unternehmen die drei gängigsten Arten, die Fähigkeiten und Kompetenzen der Mitarbeiter zu aktualisieren und zu verbessern.

8.2.3 Management und Führung

Die meisten haben keine Managementausbildung.

Kleinunternehmen existieren nicht nur in beinahe allen Branchen, sie werden auch von Menschen unterschiedlicher Herkunft und unterschiedlichen Bildungsstands geleitet. Die wenigsten von ihnen verfügen über eine formale wirtschaftliche Ausbildung oder haben Managementtechniken im Rahmen von Schulungen oder Seminaren erlernt. Sie leiten ihr Unternehmen vielmehr so, wie sie es für richtig halten. Das Management von Kleinunternehmen ist deshalb oft das Ergebnis intuitiver Entscheidungen, die ihrerseits auf Erfahrungen und den charakterlichen Eigenschaften des Kleinunternehmers beruhen.

---

1. Das zeigen Untersuchungen der Europäischen Kommission, wie: The second European survey of continuing vocational training, Brüssel, 2001.

Nun könnte man annehmen, dass das letztendlich auf viele Entrepreneure und möglicherweise auch auf manche Vorstände zutrifft. Tatsächlich beeinflusst das Kleinsein aber das Management und die Führung des Unternehmens in weiten Teilen. Um das und die entsprechenden Besonderheiten der Kleinunternehmen besser zu verstehen, müssen wir uns mit dem Konzept des Managements und der Führung etwas genauer befassen.

Worum es bei Management und der Führung geht

Intuitiv glauben wir vermutlich alle zu wissen, was Management und Führung ist. Wissenschaftler sind sich darüber aber nicht immer einig. Tatsächlich existieren zahlreiche Management- und Führungskonzepte, die unterschiedliche Herangehensweisen und Lösungen für Management- und Führungsaufgaben nahe legen. Deshalb können wir hier nur auf den allgemeinen Rahmen eingehen. *Worum geht es also bei Management und Führung?* Management und Führung bestehen zunächst aus Aufgaben, die ein Entrepreneur erfüllen muss. Dabei können je nach Unternehmen oder Situation manche Aufgaben komplexer sein oder häufiger anfallen als andere. Dennoch muss ein Entrepreneur sein Unternehmen mit einem Blick auf alle Aufgaben betrachten. Wir können uns das als eine *Management-Brille* vorstellen, durch die der Entrepreneur sein Unternehmen sieht und die verschiedenen Aufgaben und Inhalte erkennt, so wie in *Abbildung 8.1*.

Die Begriffe, die hierfür regelmäßig verwandt werden und letztlich die Aufgaben des Managements und der Führung widerspiegeln, sind folgende:

- Strategisches Management ist der Prozess, langfristige Unternehmensziele zu formulieren, Pläne zur Zielerreichung zu entwickeln und die Ressourcen zur Planerfüllung zu organisieren und einzusetzen.

- Zielbestimmung ist die Formulierung eines in der Zukunft zu erreichenden Zustands. Das kann beispielsweise eine bestimmte Marktposition oder ein bestimmter Ertrag sein.

- Planung ist das Entwerfen einer Ordnung, in deren Rahmen sich zielgerichtete Prozesse vollziehen sollen. Im Hinblick auf das Unternehmensziel beinhaltet das regelmäßig die Festlegung von Subzielen, ähnlich den Stufen einer Treppe, die nach oben führt.

- Organisation ist die zielorientierte Steuerung von Handlungen oder Aktivitäten, an denen mehrere beteiligt sind und/oder die aus mehreren Aufgaben bestehen.

- Anleitung ist eine erläuternde Tätigkeit mit dem Ziel, dass Mitarbeiter ihre Aufgaben selbständig in einer gewünschten Weise verrichten.

- Motivierung ist das Schaffen zielgerichteter und handlungsorientierter Anreize.

- Disziplinierung ist eine zurechtweisende Tätigkeit, welche die Androhung von Sanktionen beinhalten kann.

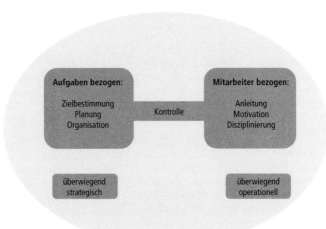

Abbildung 8.1: Allgemeine Inhalte der Management- und Führungsaufgaben „Die Management-Brille"

Management beinhaltet strategische und operative Aspekte.

Wie die „Management-Brille" zeigt, beinhalten Management und Führung strategische und operative Aspekte. Dabei ist es so, dass zunächst wie durch eine Brille oder ein Fernglas das Terrain erfasst und der eigene Standort bestimmt wird, in unserem Fall sind das die ökonomischen Rahmenbedingungen, wie Wettbewerb, Preise oder Marktlücken und die eigene Leistung und Leistungsfähigkeit. Es ist der Blick nach außen und der Blick nach innen. Darauf aufbauend müssen Ziele entwickelt werden wie das eines bestimmten Ertrags, Umsatzes oder einer bestimmten Marktposition. Das führt zur Entwicklung und Umsetzung einer entsprechenden Planung und Organisation. Um die Ziele im Tagesgeschäft zu erreichen, müssen dann die Mitarbeiter angeleitet, motiviert und gelegentlich auch diszipliniert werden.

Kontrolle verbindet das Strategische mit dem Operativen.

In diesem Gesamtzusammenhang ist die Kontrolle das verbindende Element zwischen den operativen Abläufen und Ergebnissen, wie beispielsweise die Leistung der Mitarbeiter oder die Umsätze, und den strategischen Entscheidungen, wie die Zielbestimmung oder Planung. Aus dem Grund kommt Kontrollinstrumenten, wie solchen zur Bestands-, Zeit- oder Kostenerfassung, eine besondere Bedeutung zu.

Denn strategische Entscheidungen erfordern immer die Kenntnis operativer Abläufe und Ergebnisse. Schließlich können wir keine realistischen Ziele, Pläne oder Organisationsstrukturen entwickeln, wenn wir nicht wissen, wie gut, wie teuer oder wie schnell das Unternehmen arbeitet oder wer mit wem zusammenarbeiten muss, um bestimmte Ergebnisse zu erzielen. Andererseits können die Ziele nur dann erreicht werden, wenn innerhalb der festgelegten operativen Abläufe auch das geschieht, was dort geschehen soll.

Strategische und operative Aufgaben sind also Teil eines Ganzen. Dennoch bestehen zwischen diesen Aufgabenbereichen deutliche Unterschiede. Ein wesentlicher Unterschied ist der, dass strategische

Entscheidungen überwiegend aus einer strukturierten Auseinandersetzung mit Daten und Gedanken entstehen. Operative Aufgaben beinhalten dagegen fast immer die Interaktion mit anderen Menschen.

Dieser Unterschied hat zu einer Vielzahl von Management- und Führungsansätzen geführt, von denen manche mehr auf die analytisch strukturierte Entscheidungsfindung fokussiert sind und andere mehr auf die Führung von Menschen, also verhaltensorientiert sind. Tatsächlich erfordern das Management und die Führung eines Unternehmens aber Qualitäten in beiden Bereichen.

Kleinunternehmen sind allerdings von wenigen Mitarbeitern und von mitarbeitenden Entrepreneuren gekennzeichnet. Die Art oder der Stil, in dem Kleinunternehmer ihre Mitarbeiter führen, beeinflusst daher immer das gesamte Unternehmen et vice versa.

Führungsstile Wer schon einmal in einer größeren Organisation oder in verschiedenen Unternehmen gearbeitet hat, wird wissen, dass es verschiedene und teilweise sehr unterschiedliche Führungsstile gibt. Um sie zu beschreiben, werden oft Schlagwörter, wie „patriarchalisch", „kollegial" oder „kompetent" benutzt. Damit will man persönliche Fähigkeiten, wie die des Zuhörens und Motivierens, oder die Durchsetzungsstärke zum Ausdruck bringen. Aus der Sicht der Mitarbeiter geht es letztendlich um das zwischenmenschliche Verhalten des Chefs. Nun lassen sich die unterschiedlichen Facetten zwischenmenschlichen Verhaltens nur schwer kategorisieren, ganz abgesehen davon, dass sie auch von Situationen beeinflusst werden. Verallgemeinernd können wir aber dennoch eine Unterscheidung in zwei grobe Kategorien vornehmen:

> Führungsstile können sehr verschieden sein.

- Führung aufgrund der Position
- Führung aufgrund der Kompetenz

Beide Arten müssen sich nicht zwingend ausschließen, aber um den Unterschied zu verstehen, hilft es, sie getrennt zu betrachten.

Die Führung aufgrund einer Position beruht auf der Positionsautorität des Chefs. Dieser Stil wird häufig als patriarchalisch oder autoritär bezeichnet. Im Extremfall beschränkt sich der Chef dabei auf eine reine Aufgabenorientierung. Das heißt, er erkennt Aufgaben und verteilt sie an die Mitarbeiter, ohne – im Extremfall – dabei auf die Mitarbeiter selbst einzugehen. Hierbei geht es letztendlich um Anordnen oder Befehlen und Kontrollieren. Die hierzu nötige Autorität oder Macht ergibt sich aus der so genannten Sanktionsgewalt der Führungsposition, also der Möglichkeit, Mitarbeiter zu disziplinieren oder ihnen letztendlich zu kündigen.

> Der autoritäre Stil beruht auf der Positionsautorität.

Auf viele wirkt ein überwiegend auf die Positionsautorität *beschränkter* Führungsstil eher abstoßend. Die Führung von Menschen erfordert aber auch ein der Situation, der Aufgabe und der Gruppe angemessenes Verhalten. In diesem Zusammenhang kann ein autoritärer Führungsstil daher durchaus angebracht sein. Führungsstile beruhen allerdings auch auf kulturellen Aspekten. So wird in manchen Ländern, wie beispielsweise in Japan oder China, ein autoritärer Führungsstil auch oft als Ausdruck der Stärke empfunden.

Die Führung aufgrund der Kompetenz beruht auf einer Kompetenz- oder Fachautorität. Dieser Stil wird häufig als kollegial oder partizipativ bezeichnet. Dabei geht es dem Vorgesetzten in der Regel darum, die Mitarbeiter für bestimmte Ziele und eine „freiwillige" Mitarbeit an diesen Zielen zu motivieren. Hierzu ist Vertrauen in die Urteilkraft- und -fähigkeit des Chefs notwendig, was dieser eben durch entsprechende Fachkenntnisse und -kompetenz belegt. Damit wird die Autorität des Chefs nicht allein durch dessen Position, sondern auch durch seine Fachkompetenz begründet. Hierbei werden die Mitarbeiter mehr mit Argumenten und Mitwirkung als mit Anordnungen und Kontrolle geführt. Dadurch steht der Chef der Gruppe von Mitarbeitern einerseits zwar vor, wird aber andererseits auch als Teil der Gruppe aufgefasst. Das heißt, die Aufgaben und Ziele des Unternehmens werden bei diesem Stil stärker über den „Umweg" der Gruppenintegration verfolgt als durch Befehle und Kontrolle, obgleich auch hierbei Kontrolle stattfindet.

Für viele gilt dieser Führungsstil trotz des „Umwegs" als effizienter, weil sich die Mitarbeiter aufgrund ihrer Mitwirkung verantwortlich fühlen und motivierter arbeiten. Allerdings erfordert es auch die Bereitschaft des Vorgesetzten, Gegenargumente oder Kompetenzen in anderen Bereichen zu akzeptieren. Das ist aber in der Regel nur dann möglich, wenn der Chef selbst über ausgeprägte Fachkompetenzen, die von den Mitarbeitern als solche auch anerkannt werden, verfügt.

„Intuitives" Management kleiner Unternehmen

Wir wissen, dass das Management und die Führung kleiner Unternehmen durch einen hohen Anteil intuitiver Entscheidungen, die auf Erfahrungen und charakterlichen Eigenschaften beruhen, gekennzeichnet sind. Nun trifft das möglicherweise auch auf manche Vorstände großer Unternehmen zu. Worin unterscheiden sich dann also Management und Führung in Kleinunternehmen von denen in Großunternehmen?

Strategische Aufgabenstellungen Abgesehen von der Gründungs- und der Konsolidierungsphase, die von strategischen Aufgabenstellungen gekennzeichnet sind, liegt der große Unterschied zwischen kleinen und großen Unternehmen in der Gewichtung und der Komplexität der Aufgaben. Mit Ausnahme der jungen Wilden bleiben die übrigen Kleinunternehmer in der Regel klein und erzielen den überwiegenden Teil ihres Umsatzes lokal und regional. Für sie sind strategische Aufgabenstellungen deshalb meist weniger komplex und auf ein überschaubares Angebot und einen überschaubaren Markt begrenzt. Im Vergleich zu größeren Unternehmen mit einem größeren Aktionsradius oder Angebot fallen solche Entscheidungen daher seltener an. Neben den finanziellen Rahmenbedingungen erklärt das auch, warum Kleinunternehmer häufig angeben, keine Instrumente zur strategischen Entscheidungsfindung, wie beispielsweise Markt- oder Konkurrenzanalysen, zu benötigen.

In der Regel kennen sie ihren Markt und ihre Konkurrenten und glauben, ihre Entscheidungen aufgrund ihrer Beobachtungen und Einschätzung fällen zu können, was in der Regel auch so geschieht. Abgesehen von den Kosten, die mit externer Beratung verbunden sind, glauben sie häufig, die Empfehlungen oder Ergebnisse einer Beratung nicht ausreichend nutzen oder umsetzen zu können. Neben den Kosten liegt ein Grund für die befürchteten Umsetzungsschwierigkeiten in der Organisation, die oft eher mitarbeiter- als aufgabenbezogen gewachsen ist. Bis auf ihren Steuerberater beanspruchen Kleinunternehmer deshalb eher selten die Dienste externer Berater für ihre strategischen Entscheidungen. Stattdessen greifen sie vielmehr auf Familie, Lebenspartner, Mitarbeiter und Freunde zurück, was selten zu einer fundierten und differenzierten Abwägung aller Chancen und Risiken führt.

> Entscheidungen werden meist alleine ohne fundierte Beratung und Analyse getroffen.

Kleinunternehmer treffen strategische Entscheidungen somit eher intuitiv aufgrund ihrer persönlichen Erfahrungen, Beobachtungen und Einschätzungen. Markt-, Wettbewerbs und Kundenanalysen, wie sie in Großunternehmen für solche Entscheidungen regelmäßig eingesetzt werden, werden von Kleinunternehmern daher eher selten verwandt.

Kontrolle Die Kontrolle beziehungsweise detaillierte Kenntnis aller Unternehmensabläufe, Kosten und Erträge ist eine zentrale Grundlage für die Bestimmung der Unternehmensposition im Vergleich zu den Wettbewerbern und der Unternehmensziele. Dank der Entwicklung im Bereich der EDV hat vor allem deshalb das Controlling als Instrument zur Unternehmenssteuerung an Bedeutung gewonnen. Der Umstand, dass Kleinunternehmen über wenige Mitarbeiter verfügen, macht sie allerdings überschaubar. Kleinunternehmen verfügen auch deshalb selten über differenzierte Controllingsysteme. Infolgedessen ist eine eindeutige auftrags- oder produktbezogene Kostenerfassung und -zuweisung oft nicht möglich. In diesen Fällen beschränkt sich die Leistungsbemessung auf die Erfassung der Tagesumsätze oder Auftragseingänge. Kleinunternehmer wissen daher häufig nicht genau, wie viel sie an einem Auftrag oder einer Leistung tatsächlich verdienen.

> Kleinunternehmen verfügen in der Regel nicht über differenzierte Controllingsysteme.

Viele stört das jedoch nicht, sofern sie alle ihre Kosten decken und von dem Unternehmen leben können. Schließlich sind Kleinunternehmer als alleinige Inhaber keinen Dritten zur Rechenschaft verpflichtet, wie beispielsweise Aktionären. Solange sie mit den Unternehmensergebnissen zufrieden sind, besteht für viele somit auch kein Druck zur Optimierung. Aufgrund der Tatsache, dass sie an beinahe allen Prozessen beteiligt sind, kennen sie ihr Unternehmen zudem sehr gut. Ungeachtet dessen, ist eine genaue Kostenerfassung und -zuordnung aufgrund der oft unterschiedlichen Aufgaben, die einzelne Mitarbeiter im Laufe eines Tages verrichten, schwierig und manchmal auch eher hinderlich.[2] Die meisten Kleinunternehmer können deshalb keine Notwendigkeit für ein Controllingsystem erkennen.

---

2. Wenn ein IT-Spezialist verschiedene Computer montiert und zwischendurch Kunden berät, weiß er am Ende des Tages vermutlich nicht mehr genau, wie viel Zeit er zum Zusammenbau eines bestimmten Computers benötigte.

Operative Aufgaben-
stellungen kennzeich-
nen das Tagesgeschäft
der Kleinunternehmer.

Operative Aufgabenstellungen Aufgrund ihrer aktiven Mitarbeit ist das Tagesgeschäft der Kleinunternehmer von operativen Aufgabenstellungen gekennzeichnet. Die Mitarbeit führt allerdings auch zu einer Nähe zu den Mitarbeitern, aufgrund derer sich in den meisten Fällen ein familiäres Klima entwickelt. Dieses Klima beeinflusst auch die Art, in der Anleitung, Motivation und Disziplinierung erfolgen. Dabei führen Nähe und Kenntnis der familiären Umstände der Mitarbeiter regelmäßig zu mehr Verständnis und Flexibilität im Umgang mit den Mitarbeitern. Andererseits erschwert die persönliche Nähe auch die Disziplinierung der Mitarbeiter, was letztendlich zu einer Verquickung privat-persönlicher und sachbezogener Sachverhalte führen kann. In dem Fall können und werden die operativen Aufgaben des Managements nicht immer im Interesse des Unternehmens verfolgt oder erfüllt. Die Erfüllung der operativen Aufgaben verlangt den Kleinunternehmern deshalb ein hohes Maß an interpersoneller Kompetenz und die Fähigkeit, persönliche Grenzen zu ziehen, ebenso ab wie die Fähigkeit, Konflikte zu lösen.

Kleinunternehmen werden regelmäßig mit ein oder zwei aktiven Personen gegründet, einschließlich der/des Gründer(s), wobei das operative Tagesgeschäft zu Beginn mehrheitlich von den Gründern getragen wird. Um in die Lage zu kommen, Mitarbeiter einzustellen, müssen die Gründer und anschließenden Kleinunternehmer deshalb über eine gewisse Fachkompetenz verfügen. Dabei ist der Umstand, dass Mitarbeiter eingestellt werden können, in der Regel auch ein Beleg ihres Könnens. Dies und die notwendige Zusammenarbeit mit den Mitarbeitern legen damit sehr früh die Grundlagen für einen auf Fachkompetenz beruhenden Führungsstil.

Das bedeutet nicht, dass alle Kleinunternehmen in diesem Stil geführt werden. Die Art, wie die operativen Aufgaben wahrgenommen werden, hängt nicht nur von der Fachkompetenz des Entrepreneurs ab, sondern auch von dessen Persönlichkeit und den sonstigen Rahmenbedingungen, wie beispielsweise die Aufgaben, die im Einzelnen erfüllt werden müssen, oder die Erfahrungen und das Können der Mitarbeiter. Auf die Vielzahl von Kleinunternehmen übertragen, können wir daher nicht mit Bestimmtheit festlegen, wie und mit welchem Stil die operativen Aufgaben wahrgenommen werden.

Allerdings wird die Erfüllung der operativen Aufgaben im Rahmen einer Mitarbeit im kleinen Team auf Dauer eher selten *allein* aufgrund der Positionsautorität möglich sein. Schließlich besteht in weiten Teilen Europas ein mittlerweile kulturell verankerter Wunsch nach Mitsprache. Andererseits liegen das Eigentum und das unternehmerische Risiko in der Regel *allein* beim Kleinunternehmer, weshalb dieser auch im Hinblick auf seine ursprüngliche Gründungsmotivation strategische Entscheidungen überwiegend alleine fällt. Die treffendste Beschreibung der meisten Kleinunternehmer wäre deshalb wahrscheinlich die, eines *„kompetenten Patriarchen"*.

Was können Kleinunternehmer besser machen?

Als Erstes wäre es ratsam, ihr Verhältnis zu Beratern zu ändern. Wie wir wissen, scheuen Kleinunternehmer häufig die Kosten eines externen Beraters und befürchten, dass deren Rat nichts Neues oder Umsetzbares bietet. Das liegt unter anderem auch daran, dass Berater regelmäßig für mittlere und vor allem große Unternehmen tätig sind und deren Tagessätze dem Monatseinkommen eines Kleinunternehmers oft nahe kommen. Es liegt aber auch daran, dass sie aufgrund ihrer täglichen Mitarbeit häufig überzeugt sind, ihren Markt und die unternehmensbezogenen Prozesse besser zu kennen als andere. In vielen Fällen trifft das auch zu. Allerdings bedeutet das nicht, dass die strategischen Entscheidungen und operativen Abläufe und Prozesse deswegen zwingend sinnvoll oder effizient sind.

Tatsächlich wird durch die tägliche Einbindung in beinahe alle Prozesse der Blick für Ineffizienzen oder neue Möglichkeiten, die gar zu Wachstum führen könnten, oft verstellt. Ein verändertes Verhältnis zu Beratern, die auch aus Hochschulen stammen können, setzt deshalb die Erkenntnis voraus, dass Verbesserungen möglich sind, auch für sie.

Fallstudie Ingenieurbüro & Handelsunternehmen Ein „Spezialist", der dank studentischer Berater doch weiterwachsen kann

Herr Relkis führt ein kleines Ingenieurbüro und Handelsunternehmen in Süddeutschland. Das Unternehmen bietet mit vier Vollzeit- und drei Teilzeitmitarbeitern Unternehmen aus den Bereichen Automotive und Antriebstechnik Entwicklungslösungen und Spezialteile aus Sinter an. In diesem Zusammenhang wollte Herr Relkis sein Angebot um ein Standardsortiment an Kunststoffgleitlagern ausweiten. Er hatte sich schon länger mit diesem Gedanken getragen, unter anderem auch, weil seine Kunden zunehmend danach fragten. Der Markt hierfür wird aber von zwei großen Anbietern dominiert, bei denen auch die Kunden von Herrn Relkis die Teile zu annähernd gleichen Preisen beziehen können wie er selbst. Für das Ingenieurbüro war eine Gewinnmarge darauf somit nahezu unmöglich. Er überlegte deshalb, eine gebrauchte Kunststoffgießanlage zu erwerben, um Kunststoffgleitlager selbst herstellen zu können. Die Kosten für eine kleine Anlage lagen bereits bei rund 100.000 € und stellten eine erhebliche Investition für seine Firma dar. Herr Relkis sprach darüber mit seiner studentischen Teilzeitkraft. Er wollte die qualifizierte Meinung eines zumindest teilweise Außenstehenden einholen und war dabei auch bereit zuzuhören.

Seine studentische Teilzeitkraft suchte zur selben Zeit nach einem Unternehmensprojekt für ihre KMU-Vorlesung. Sie bot Herrn Relkis an, mit anderen Studenten eine Marktstudie zu Herstellern und Kunden und eine anschließende „Make-or-Buy"-Analyse durchzuführen, um dann gegebenenfalls nach einer Anlage oder einem Hersteller zu suchen.

Die Dominanz der beiden Hersteller bestätigte sich jedoch schnell. Sie fanden auch heraus, dass der Markt für Kunststoffgleitlager wächst und längerfristige Wachstumspotentiale hat. Allerdings wurde im Rahmen der „Make-or-Buy"-Analyse schnell klar, dass die Investition in eine eigene Anlage – wenn auch gebraucht – ein erhebliches Risiko für die Firma darstellen würde. Denn um erfolgreich zu sein, müsste sie die gleiche Qualität günstiger anbieten können, trotz einer alten Anlage und des Umstands, dass Herr Relkis sie zu Beginn entweder nicht auslasten könnte oder auf Lager produzieren müsste. Bei Letzterem hätte er den Lagerbestand bis zum Abverkauf vorfinanzieren müssen, was zu zusätzlichen Kosten geführt hätte. Herr Relkis müsste also trotz höherer Kosten günstiger anbieten. Die Fertigung mit einer eigenen Anlage war also nicht sinnvoll, es blieb somit nur der Einkauf als Zwischenhändler.

Das studentische Beraterteam erfasste daraufhin die Spezifikationen eines Standardsortiments, und eine weltweite Suche nach Herstellern begann. Letztendlich wurde ein Hersteller in Südafrika gefunden, der das geforderte Sortiment in einer gleichwertigen Qualität anbieten konnte und bei dem die übrigen Umstände die Möglichkeit einer reibungslosen Zusammenarbeit versprachen. Die Firma belieferte bereits Unternehmen in England, hielt Lieferzeiten und Qualitätsstandards ein und konnte bei den Lieferungen nach England einen Zwischenstopp in Frankfurt ermöglichen.

Heute vertreibt Herr Relkis neben seinem übrigen Angebot auch erfolgreich Kunststoffgleitlager, und zwar günstiger als seine Konkurrenz. Als "Spezialist" gelang es ihm dadurch, seine Nische auszuweiten und neues Wachstumspotential zu erschließen.

Beratung ist nicht immer erfolgreich. Der Fall von Herrn Relkis zeigt uns aber, dass sie helfen kann, zum Beispiel die Risiken strategischer Entscheidungen besser zu ermitteln oder neue Möglichkeiten aufzudecken. Die Beratung kann aber ebenso gut dazu dienen, tatsächlich anfallende Kosten zu ermitteln. Denn abgesehen vom Mangel an selbst einfachen Controlling-Instrumenten ist es häufig so, dass Kleinunternehmer ihren eigenen zeitlichen Arbeitseinsatz in ihrer Kosten- und Preiskalkulation nicht berücksichtigen oder sich der wirklichen Kostentreiber in ihrem Unternehmen nicht bewusst sind.

Dabei muss externe Beratung nicht immer teuer sein: Der Rückgriff auf studentische Teams, lokale Berater oder das Angebot der Handels- und Handwerkskammern ist in aller Regel deutlich günstiger als die Tagessätze großer etablierter Beratungsfirmen. Die entscheidende Voraussetzung hierfür ist aber die Bereitschaft der Kleinunternehmer, externen Rat zuzulassen. Aufgrund ihrer Motivation und ihrer täglichen Einbindung in das operative Geschäft als „kompetenter Patriarch" ist das aber nicht immer der Fall.

ZUSAMMENFASSUNG

- Die meisten Kleinunternehmer sind ehemalige Gründer, für die das Kleinsein ein Dauerzustand ist.
- Die drei Gründe für das Kleinsein sind: Die Unternehmen sind noch zu jung, um groß zu sein, die Entrepreneure können nicht weiterwachsen oder sie wollen nicht weiterwachsen.
- Man kann zwischen eher unternehmerischen und eher konservativen Entrepreneuren unterscheiden.
- Verallgemeinernd können fünf Kleinunternehmertypen unterschieden werden: junge Wilde, Wanderer, Spezialisten, Idealisten und Sesshafte. Bei diesen verschiedenen Typen hängen die Gründe für das Kleinsein je nachdem eher mit einer unternehmerischen oder eher einer konservativen Grundeinstellung zusammen.
- Eine Gemeinsamkeit der Kleinunternehmer liegt in der besonderen Rolle der Familie, die vier zentrale Funktionen erfüllt: Quelle zusätzlicher Arbeitskraft, Rat, moralische Unterstützung und Kapital.
- Aufgrund der weinigen Mitarbeiter müssen Einzelne oft verschiedene Funktionen im Unternehmen erfüllen und daher funktionell flexibel sein. Die Nähe zum mitarbeitenden Kleinunternehmer und dessen Familie erfordert von den Mitarbeitern zudem ein hohes Maß an Loyalität und persönlicher Integrität.
- Management und Führung sind regelmäßig intuitiv und beruhen auf Erfahrungen und persönlichen Beobachtungen des Kleinunternehmers.
- Das Management besteht aus strategischen und operativen Aufgabenstellungen, wobei Letzteres in Kleinunternehmen unter anderem aufgrund der Mitarbeit des Entrepreneurs überwiegt.
- Kleinunternehmer nutzen Markt-, Kunden- oder Wettbewerbsanalysen nur selten für ihre strategischen Aufgabenstellungen. Abgesehen vom Steuerberater gilt das in der Regel auch für externe Berater. Differenzierte Controlling-Instrumente werden in Kleinunternehmen kaum eingesetzt.
- Führungsstile werden weitgehend durch die Persönlichkeit, den kulturellen Hintergrund und die Fachkompetenz beeinflusst und unterscheiden sich daher sehr. Sie können beispielsweise eher autoritär oder eher partizipativ sein.

ZUSAMMENFASSUNG

Fragen zur Diskussion

- Wachstum ist ein gängiges Ziel. Warum wollen manche Kleinunternehmer dennoch nicht wachsen?
- Welche Faktoren behindern das Wachstum von Kleinunternehmen?
- Welche Vorteile könnten Kleinunternehmen im Vergleich zu größeren für den Entrepreneur haben?
- Welchen Einfluss könnten einerseits aktive Mitarbeit und andererseits Eigentum und persönliches Risiko auf den Führungsstil der Kleinunternehmer haben?
- Warum verfügen Kleinunternehmen selten über Arbeitsplatzbeschreibungen, und welchen Einfluss könnte das auf die erforderlichen Qualifikationen potentieller Mitarbeiter haben?
- Warum nutzen Kleinunternehmer Markt-, Kunden- oder Wettbewerbsanalysen nur selten für ihre strategische Entscheidungsfindung?
- Warum setzen Kleinunternehmer differenzierte Controlling-Instrumente in der Regel nicht zur Kosten- und Leistungserfassung ein?
- Könnte zwischen dem unternehmerischen Ziel, Gewinn zu machen, und der Gründungsmotivation der Selbstverwirklichung ein Konflikt bestehen? Wenn das bei vielen Kleinunternehmern der Fall wäre, was würde es erklären?

Weiterführende Literatur

Bricklin, D., Natuaral-Born Entrepreneur, in: Harvard Business Review, S. 53 – 59, September, 2001

Davidsson, P., Wiklund, J., Conceptual and Empirical Challenges in the Study of Firm Growth, in: Sexton, D., Landström, H., (Hrsg.), Handbook of Entrepreneurship, S. 26 – 44, Oxford, 2000

De Kok, J., Lorraine, M., Organization Context and Human Resource Management in the Small Firm, in: Small Business Economics, Vol. 17/4, S. 273 – 91, 2001

Fuller T., Lewis J., Relationships Mean Everything; A Typology of Small-Business Relationship Strategies in a Reflexive Context, in: British Journal of Management, Vol. 13, Nr. 4, S. 317 – 336, 2002

Hitt, M., Ireland, D.R., The Intersection of Entrepreneurship and Strategic Management Research, in: Sexton, D., Landström, H., (Hrsg.), Handbook of Entrepreneurship, S. 45 – 63, Oxford, 2000

Kay, R. et al, Restart – Eine Zweite Chance für gescheiterte Unternehmer?, Schriften zur Mittelstandsforschung, Nr. 103 NF, Wiesbaden, 2004

Mukhtar, Syeda-Masooda, Differences in Male and Female Management Characteristics: A Study of Owner-Manager Businesses, in: Small Business Economics, Vol. 18, S. 289 – 311, 2002

Risseeuw, P., Masurel, E., The Role of Planning in Small Firms: Empirical Evidence from a Service Industry, Small Business Economics, 6. Jg., S. 313 – 322, 1994

Rogoff, E. et.al., Who Done It? – Attributions by Entrepreneurs and Experts of the Factors that Cause and Impede Small Business Success, in Journal of Small Business Management, Vol. 42/4, S. 364 – 376, 2004

Sarasvathy, S.D., What makes Entrepreneurs Entrepreneurial? Working Paper, University of Whashington, School of Business, 2001

Schwiering, D., Mittelständische Unternehmensführung unter veränderten kulturellen Bedingungen, in: Schwiering, D. (Hrsg.), Mittelständische Unternehmensführung im kulturellen Wandel, S. 3 – 36, Stuttgart, 1996

Ulrich, P., Fluri, E., Management (7. Aufl.), Bern, Stuttgart, 1995

Die Kleinunternehmen

9

ÜBERBLICK

❚❚   *Wir haben nun eine Vorstellung davon, wie unterschiedlich Kleinunternehmer sind und welche Gemeinsamkeiten sie dennoch haben.*

In diesem Kapitel wollen wir die Kleinunternehmen genauer betrachten. Es geht darum, ob sie wirklich anders als größere Unternehmen sind, wenn wir sie im Hinblick auf ihre finanzielle Situation, wie beispielsweise ihre Finanzierungsmöglichkeiten oder ihre Produktivität und Rentabilität untersuchen. Tatsächlich besteht zwischen der finanziellen Situation und der Leistungsfähigkeit ein wechselseitiges Verhältnis. Wir werden deshalb auch den Vertrieb und Möglichkeiten des Wachstums, wie beispielsweise mittels Kooperationen, genauer betrachten.

Wir wollen wissen, worin und warum gegebenenfalls Unterschiede bestehen, behindern sie deren Wachstum, und falls dem so ist, was können Kleinunternehmer gegebenenfalls besser machen?   **❚❚**

9.1   Welche Finanzstruktur haben Kleinunternehmen?

Wie wir aus dem vorangegangen Kapitel wissen, neigen viele Kleinunternehmen dazu, auch klein zu bleiben. Dennoch müssen auch diese Unternehmen rentabel arbeiten, produktiv sein, sich Veränderungen anpassen, investieren und ihre Kosten decken. Neben den entsprechenden Managemententscheidungen erfordert das allerdings auch die nötigen finanziellen Möglichkeiten. Tatsächlich besteht zwischen der Leistung und der Leistungsfähigkeit des Unternehmens und den finanziellen Möglichkeiten ein wechselseitiges Verhältnis. Denn einerseits beeinflussen Produktivität und Rentabilität die finanzielle Ausstattung sowie die Möglichkeiten zur Kapitalbeschaffung, und andererseits beeinflusst die finanzielle Situation die Möglichkeiten des Unternehmens, seine Leistungs- und Wettbewerbsfähigkeit zu erhalten und zu verbessern. Das gilt jedoch für alle Unternehmen. Vor diesem Hintergrund könnten wir annehmen, dass in dieser Hinsicht kein wesentlicher Unterschied zwischen kleinen und größeren Unternehmen besteht. *Aber stimmt das wirklich, oder neigen Kleinunternehmen dazu, sich anders als größere Unternehmen zu finanzieren?*

9.1.1   Die finanzielle Situation

Abgesehen von der Leistungsfähigkeit, die wir im kommenden Abschnitt genauer untersuchen, wird die finanzielle Situation im Wesentlichen von der Eigenkapitalquote, den Kapitalkosten und den Möglichkeiten der Kapitalbeschaffung bestimmt.

Allgemeine Faktoren   Wie wir aus Kapitel 4 wissen, ist die Eigenkapitalquote das Verhältnis des haftenden Kapitals zum Fremdkapital, wie beispielsweise Darlehen. Diese Quote ist deshalb wichtig, weil sie eine Aussage darüber macht, wie hoch der Anteil eigenen bzw. fremden Geldes oder Kapitals ist, mit dem das Unternehmen arbeitet. Grundsätzlich wird das gesamte im Unternehmen eingesetzte Kapital dem Risiko des Verlustes ausgesetzt. Dadurch ergeben sich aber für die Kapitalbeschaffung zwei Probleme.

Das erste Problem ist das so genannte „Moral Hazard". Dabei geht es eigentlich um das Phänomen, dass Menschen mit ihrem Eigentum in der Regel vorsichtiger umgehen als mit fremdem Eigentum. Wenn wir das auf das eingesetzte Kapital übertragen, führt es zur Annahme, dass Entrepreneure und Manager eher zu riskanten Geschäften neigen, wenn im Fall des Scheiterns jemand anderer den Schaden bzw. Verlust hat.

> **Eigenkapital, Vertrauen und Sicherheiten bestimmen die Situation.**

Deshalb nährt eine geringe Eigenkapitalquote bei Fremdkapitalgebern, wie beispielsweise einer Bank, die Befürchtung, dass mit ihrem Kapital möglicherweise unvorsichtig umgegangen wird. Denn auf das Kapital bezogen bedeutet eine geringe Eigenkapitalquote, dass der Entrepreneur weniger zu verlieren hat als die Fremdkapitalgeber. Das Problem könnte gelöst werden, wenn beispielsweise die Bank das Unternehmen kontrollieren könnte. Bei Kleinunternehmen ist das in der Praxis aber kaum möglich, ganz abgesehen davon, dass die Bank in der Regel weniger über das Unternehmen und die Details der Branche weiß als der Entrepreneur.

Das führt zum zweiten Problem. Im Fall des Scheiterns möchte ein Fremdkapitalgeber sein Geld nicht verlieren. Deshalb verlangen Fremdkapitalgeber für das bereitgestellte Kapital Sicherheiten, die sie im Fall des Scheiterns veräußern können, um ihr eingesetztes Kapital zurückzuerhalten.

Aus der Perspektive der Unternehmen betrachtet, beeinflussen damit die Eigenkapitalquote und die verfügbaren Sicherheiten die Möglichkeiten der Kapitalbeschaffung im Sinne von Fremdkapital. Denn eine geringe Eigenkapitalquote schreckt potentielle Fremdkapitalgeber davon ab, dem Unternehmen noch weiteres Kapital bereitzustellen, während ein Mangel an Sicherheiten die Kapitalbeschaffung zumindest in Form von Darlehen in aller Regel vereitelt.

> **Eigenkapitalquote und Sicherheiten beeinflussen die Kapitalbeschaffung.**

Aus der Perspektive der Kapitalgeber betrachtet, wird die Bereitschaft Kapital anzubieten nicht nur davon beeinflusst, ob formelle Erfordernisse gegeben sind, wie etwa ausreichende Sicherheiten, sondern auch von der Profitabilität der Ausleihung. Die Bearbeitung eines Darlehensantrags, die Prüfung der eingereichten Unterlagen und die laufende Betreuung eines Darlehens sind mit Aufwand und Kosten verbunden. Eine Bank möchte die einmaligen Kosten möglichst bald ausgleichen und nach Abzug der laufenden Kosten einen möglichst hohen Ertrag erzielen. Besonders Banken neigen deshalb dazu, den Aufwand der Darlehensbearbeitung dem möglichen Ertrag aus der Ausleihung gegenüberzustellen. Nun besteht dieser Ertrag nur aus einem Bruchteil des geforderten Zinses, während der Aufwand für die Darlehensbearbeitung ungeachtet der Darlehenshöhe häufig in etwa gleich hoch ist. Infolgedessen sind Anträge über kleine Darlehenssummen meist weniger profitabel, was das Kapitalangebot entsprechend beeinflusst.

Die Kapitalkosten bestehen in der Hauptsache aus dem Zins, der für Fremdkapital gezahlt werden muss. Sie beinhalten in der Regel aber auch einen Risikoaufschlag, der sich nach dem Risiko bemisst, das der Fremdkapitalgeber glaubt mit der Darlehensvergabe einzugehen, selbst wenn Sicherheiten vorhanden sind. Denn tritt der Fall einer Einlösung der Sicherheiten durch Einzug, Verkauf oder Versteigerung ein, ist dies mit Aufwand und Kosten für den Kapitalgeber verbunden. Bei geringen Darlehenshöhen kann zusätzlich noch ein „Margenaufschlag" gefordert werden. Damit versucht eine Bank die geringe Profitabilität einer kleinen Ausleihung zu verbessern.

Wie sieht nun die finanzielle Situation der Kleinunternehmen aus?

Eigenkapital

Es wird im Allgemeinen angenommen, dass Kleinunternehmen im Durchschnitt zu niedrigen Eigenkapitalquoten neigen. Das trifft aber nicht überall zu. Tatsächlich variieren innerhalb Europas und auch im Vergleich zu den USA die durchschnittlichen Eigenkapitalquoten teilweise erheblich.

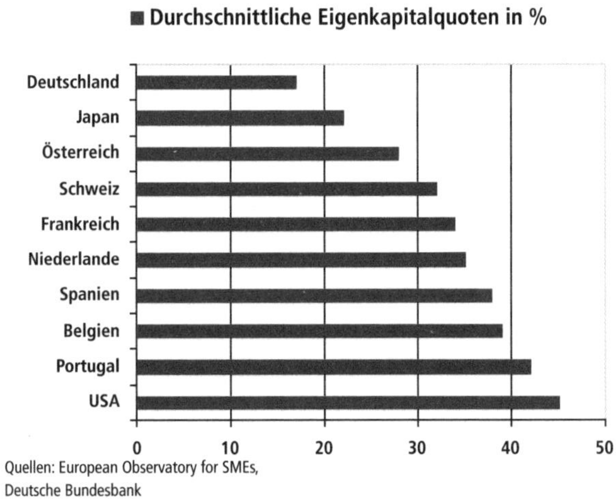

■ **Durchschnittliche Eigenkapitalquoten in %**

Quellen: European Observatory for SMEs,
Deutsche Bundesbank

Abbildung 9.1: Durchschnittliche Eigenkapitalquoten in ausgewählten Ländern

Die Ursachen für solche Unterschiede liegen unter anderem in der jeweiligen Struktur des Kapitalmarkts und der Besteuerung.

So überwiegt im deutschsprachigen Raum das so genannte Hausbankprinzip. Danach finanziert sich ein Unternehmen, und nicht selten auch der Entrepreneur selbst, fast ausschließlich über *eine* Bank, die dann zur Hausbank wird. Der Vorteil dieses Prinzips ist, dass die Hausbank das Unternehmen und den Entrepreneur dadurch besser kennt und sich zwischen beiden ein stabiles Vertrauensverhältnis entwickeln kann. Infolgedessen kann eine Bank die Gefahr des Moral Hazard auch bei geringer Eigenkapitalquote besser abschätzen. Das hat lange Zeit geringe Eigenkapitalquoten ermöglicht.

Im Vergleich dazu ist ein Entrepreneur, der für die unterschiedlichen Belange seines Unternehmens auf verschiedene Banken zurückgreift – wie in den USA oft der Fall –, bei keiner Bank umfassend bekannt. Die Abschätzung des Risikos und der Gefahr des Moral Hazard ist dann schwieriger und die geforderte Eigenkapitalquote regelmäßig höher.

Hausbankprinzip und Doppelbesteuerung erklären oft geringe Eigenkapitalquoten.

Der Einfluss der Besteuerung liegt im Wesentlichen darin, dass in manchen Ländern, wie beispielsweise in Deutschland, das Eigenkapital de facto doppelt besteuert wird. Das heißt, ein einmal erzielter Gewinn wird besteuert. Wird der Gewinn danach in das Unternehmen reinvestiert, so wird er im Rahmen der Gewerbesteuer im Folgejahr erneut versteuert. Damit hat das Unternehmen den reinvestierten Vorjahresgewinn de facto doppelt versteuert. Auch Fremdkapital besteht aus zuvor erzielten Gewinnen, allerdings haben dann andere und nicht der Entrepreneur diese erstmals versteuert. Aus steuerlicher Sicht des Entrepreneurs ist es deshalb oft sinnvoll, statt eigenes fremdes Kapital zu nutzen, zumal der Teil des Gewinns, der zur Bedienung eines Darlehens dient, der Ertragssteuer nicht unterliegt, in der Hinsicht also steuerfrei bleibt. Als Folge davon sinkt aber der Eigenkapitalanteil.

Diese Umstände erklären die geringen Eigenkapitalquoten in Ländern wie Deutschland und Japan. In Deutschland liegt diese Quote bei mittelständischen Unternehmen, von denen die meisten klein sind, bei durchschnittlich 7,5%, während sie bei großen Unternehmen etwa 25% beträgt; daraus ergibt sich insgesamt eine durchschnittliche Eigenkapitalquote von etwa 17%.

Tatsächlich ist die durchschnittliche Eigenkapitalquote von Kleinunternehmen regelmäßig geringer als die von Großunternehmen, und zwar auch in Ländern mit allgemein höheren Eigenkapitalquoten.

Das liegt unter anderem am unterschiedlichen Anteil der Kleinunternehmen an den einzelnen Wirtschaftsbereichen. Denn die Eigenheiten mancher Bereiche führen im Durchschnitt zu unterschiedlich hohen Eigenkapitalquoten.

So erfordern beispielsweise produktionsintensive Branchen Anlagen und Gebäude. Ihr Wert geht in das Bilanzvermögen des Unternehmens ein, auch wenn sie zunächst teilweise fremd finanziert werden. Mit fortschreitender Tilgung erhöht ihr Wert aber den Eigenkapitalanteil am Bilanzvermögen. Einzelhandelsunternehmen beispielsweise benötigen solche Anlagen dagegen nicht. Sie kaufen und verkaufen Waren, die sie bis zum Weiterverkauf teilweise mit einem Lieferantenkredit finanzieren. Dabei nutzen sie ihre Einnahmen, um ihre Lieferantenkredite zu tilgen, ohne dass sich dadurch ihr Eigenkapital nennenswert erhöht.

Viele Kleinunternehmen sind in Branchen mit geringem Eigenmittelbedarf angesiedelt.

Nun sind besonders viele Kleinunternehmen in Branchen angesiedelt, die vergleichsweise geringe Eigenmittel erfordern, während der Anteil größerer Unternehmen in kapitalintensiveren Branchen höher ist. Das erklärt zumindest teilweise, warum bei statistischen Vergleichen Kleinunternehmen im Allgemeinen eine geringere durchschnittliche Eigenkapitalquote aufweisen als größere Unternehmen. *Abbildung 9.2* zeigt die durchschnittlichen Eigenkapitalquoten nach Branchen für Deutschland.

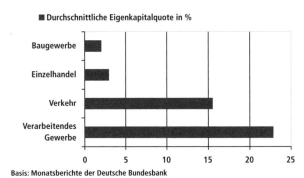

Abbildung 9.2: Durchschnittliche Eigenkapitalquoten nach Branchen in Deutschland, in Prozent

Möglichkeiten der Kapitalbeschaffung

Theoretisch werden die Möglichkeiten der Kapitalbeschaffung vom Angebot bestimmt. Praktisch qualifizieren sich Kleinunternehmen aber nicht für alle Angebote. So wird der Börsengang als Möglichkeit der Kapitalbeschaffung häufig diskutiert. Für die überwiegende Mehrheit der Kleinunternehmen, wie Handwerksbetriebe, Einzelunternehmen oder kleine Dienstleister, kommt diese Möglichkeit aber praktisch nicht in Betracht.

In der Hauptsache beschränken sich deren Möglichkeiten der Kapitalbeschaffung im Bereich des Fremdkapitals auf Lieferantenkredite und Darlehen und beim Eigenkapital auf Beteiligungen und reinvestierte Gewinne.

Lieferantenkredite Lieferantenkredite sind ein gängiges Mittel kurzfristiger Finanzierung, die besonders im Einzelhandel und im Baugewerbe häufig eingesetzt werden. Der Vorteil dieser Finanzierungsart ist, dass sie mit einer Bestellung verbunden ist. Für den Lieferanten bedeutet das also einen zusätzlichen Auftrag. Sofern die Bestellung sich im Rahmen der üblichen Geschäftstätigkeit des Bestellers bewegt und dieser seinen Verpflichtungen beim Lieferanten bisher nachkam, kann oft ein Zahlungsziel von mehreren Wochen vereinbart werden. Andernfalls oder bei größeren oder grenzüberschreitenden Bestellungen fordern die Lieferanten in der Regel Sicherheiten, beispielsweise in Form einer Bankbürgschaft.

> Lieferantenkredite sind unbürokratisch, aber sehr teuer.

Der Nachteil des Lieferantenkredits liegt darin, dass er meist teuer ist. Denn die Möglichkeit, ein eingeräumtes Skonto zu nutzen, wird in der Praxis regelmäßig aufgegeben. Der eigentliche Preis des Lieferantenkredits wird dann anhand der folgenden Modellberechnung deutlich.

Modellrechnung

Warenwert laut Rechnung	€ 10.000
Zahlungsziel	4 Wochen
Skonto, bei Zahlung innerhalb 7 Tagen **2%**, das sind	€ 200
Der eigentliche Warenwert beträgt demnach nur	€ 9.800

Wir zahlen nach 4 Wochen

Für die 3 Wochen nach Ablauf der Skontozeit zahlen wir einen Aufschlag von € 200. Bezogen auf den eigentlichen Warenwert von € 9.800 ist das sogar mehr als das ausgewiesene Skonto. Denn € 200 entsprechen 2,04% des eigentlichen Warenwertes.

Der Zinssatz für einen dreiwöchigen Lieferantenkredit über € 9.800 beträgt demnach: 2,04%

Auf das Jahr bezogen wäre das ein äquivalenter Zinssatz (oder Effektivzinssatz) von

$$\text{Skonto} \ \ x \ \ \frac{52 \text{ Wochen}}{\text{Zahlungsziel} - \text{Skontozeit}} = 2,04\% \ \ x \ \ \frac{52}{4-1} = 35,4\%$$

Angenommen ein Unternehmen bestellt an jedem Monatsanfang Waren im Rechnungswert von € 10.000 zu den obigen Konditionen und begleicht die Rechnung an jedem Monatsende. Dann nimmt es jeden Monat einen dreiwöchigen Lieferantenkredit über € 9.800 auf und zahlt dafür monatlich € 200. Es zahlt also 12 x € 200 für 12 x 3 Wochen Lieferantenkredit (die Skontozeit, jeweils eine Woche, ist zinsfrei), also € 2.400 dafür, dass der Lieferant € 9.800 für insgesamt 36 Wochen vorstreckt (also € 66,66 pro Woche). Das sind 24,5% für 36 Wochen. Das Jahr hat aber 52 Wochen, und Unternehmen haben in der Regel mehrere Lieferantenkredite, die nicht zeitgleich beginnen oder auslaufen. Hätte es in jeder Woche des Jahres Lieferantenkredite zu obigen Konditionen von durchschnittlich € 9.800, dann würde es dafür insgesamt € 3.466 zahlen (52 x € 66,66). Bezogen auf den eigentlichen Warenwert der Ausleihung (€ 9.800) sind das 35,4%.

Das Skonto aufzugeben rechnet sich also nur, wenn der äquivalente Jahreszins dem Zins, den eine Bank vom Unternehmen verlangen würde, entspricht oder darunter liegt. Das ist bei Lieferantenkrediten aber selten der Fall, weshalb sie zu den teuersten Formen der Finanzierung zählen.

Darlehen Die geringe Eigenkapitalquote vieler Kleinunternehmen konnte bereits in der Vergangenheit ein Hindernis bei der Kapitalbeschaffung sein; sie wird es zusehends durch Veränderungen, wie sie beispielsweise im Zuge der Basel-II-Richtlinien erfolgen. Nach diesen Richtlinien, die de facto für die meisten europäischen Banken gelten, sollen Banken das Risiko, das sie beispielsweise mit Darlehen eingehen, auf ein bestimmtes durchschnittliches Risiko begrenzen. Um das

Darlehen sind billiger, erfordern aber Eigenkapital und Sicherheiten.

zu erreichen, müssen sie neue wie alte Schuldner in Kategorien wie geringes, mittleres und hohes Risiko einteilen. Diese Einteilung erfolgt u.a. anhand der Eigenkapitalquote und gelegentlich auch anhand der Branche. Für viele Kleinunternehmen kann deren geringe Eigenkapitalquote oder Eigenkapitalanteil an einer Finanzierung deshalb zu einer ungünstigen Einstufung und damit zur Ablehnung ihres Darlehensantrags führen. Die geringe Eigenkapitalquote mag dann immer noch steuerlich vorteilhaft sein, aber nötige Investitionen oder sonstige Finanzierungsbedürfnisse behindern.

Eine Unterform der Darlehen ist der Kontokorrentkredit, der eigentlich ebenso funktioniert wie ein privater Überziehungskredit. Der Vorteil des Kontokorrentkredits ist, dass er im Rahmen des eingeräumten Kontokorrents kurzfristig und vor allem ohne Beantragung genutzt werden kann. Dabei wird oft zwischen Unternehmen und der Bank eine Regelung getroffen, nach der das Kontokorrent durch regelmäßige Mindestzahlungen bedient werden muss. Der Nachteil dieses kurzfristigen Darlehens ist, dass er teuer ist. Denn die geforderten Zinsen für einen Kontokorrentkredit liegen regelmäßig deutlich über denen für ein mittel- oder langfristiges Darlehen.

Eine andere Form der Darlehen sind Gesellschafter- und Familiendarlehen. Bei dieser Möglichkeit gewährt der Eigentümer, Gesellschafter oder dessen Familienangehörige seinem Unternehmen ein Darlehen. Der Vorteil dieser Darlehen ist, dass ihre Gewährung in der Regel nicht an die Eigenkapitalquote des Unternehmens gebunden ist und die Konditionen privat vereinbart werden können.

Beteiligungen Beteiligungen sind eine Form des Eigenkapitals und können als aktive oder passive (stille) Beteiligung erfolgen. In beiden Fällen führt eine Beteiligung dazu, dass eine weitere Person oder Gesellschaft Eigentum am Unternehmen hat. Denken wir an die Motivation der meisten Gründer und späteren Kleinunternehmer, so ist das aber aufgrund der Mitsprache, zu der Beteiligungen führen, häufig nicht erwünscht. Das gilt insbesondere für aktive Beteiligungen. Davon abgesehen ist eine Beteiligung in Form von haftendem Eigenkapital in der Regel unbesichert und unterliegt damit gänzlich dem unternehmerischen Risiko des Verlustes. Bei der Mehrheit der Kleinunternehmen rechtfertigen die Ertragsaussichten aber kein solches Risiko. Einem potentiellen Geldgeber bieten fest verzinsliche Anlagen oft ähnliche und gelegentlich höhere Renditen, und das in vielen Fällen ohne Risiko.

Reinvestierte Gewinne Die Eigenfinanzierung durch reinvestierte bzw. nicht ausgeschüttete Gewinne ist eine gängige Form der Finanzierung. Sie hat den Vorteil, die Eigenkapitalquote zu erhöhen. Diese Möglichkeit der Eigenfinanzierung wird allerdings durch die Höhe der anfallenden Gewinne begrenzt. Die Eigenfinanzierung ist deshalb oft Teil einer Gesamtfinanzierung, bei der der andere Teil aus einem Darlehen besteht. Das heißt, die reinvestierten Gewinne stellen dann den Eigenkapitalanteil einer Finanzierung dar. In dem Fall erhöhen sie die Eigenkapitalquote nur, wenn ihr Anteil an der Gesamtfinanzierung höher als die bestehende Eigenkapitalquote ist.

Beteiligungen bieten Eigenkapital, können aber die Unabhängigkeit einschränken.

Reinvestierte Gewinne sind am attraktivsten, hängen aber vom Ertrag ab.

Kapitalkosten

Wie zu erwarten, unterscheiden sich die Kapitalkosten, die mit den einzelnen Finanzierungsarten verbunden sind. Bei Beteiligungen bestehen sie aus der Gewinnbeteiligung, die dafür zu gewähren ist. Diese muss aber nicht zwingend dem prozentualen Anteil der Beteiligung am Unternehmen entsprechen. Sie kann sowohl höher oder niedriger liegen oder sich auf einen bestimmten Geschäftsbereich beschränken.

Bei reinvestierten Gewinnen sind die Kapitalkosten dagegen schwerer zu ermitteln. Theoretisch bestehen sie aus den Opportunitätskosten, also dem Ertrag, der mit diesen Mitteln anderweitig hätte erzielt werden können. Aufgrund ihrer ohnehin geringen Eigenkapitalquote haben Kleinunternehmer aber in vielen Fällen nicht die Freiheit, alternative Anlagen zu erwägen. Denn die Gewinne werden nicht selten zur Finanzierung notwendiger Ersatz-[1] oder Neuinvestitionen benötigt, da sie andernfalls die Vorhaben oft nicht finanzieren können.

Mit Bezug auf die vorangegangenen Abschnitte können wir vermuten, dass sich die Kapitalkosten (bzw. der Zins) bei Darlehen aus verschiedenen Parametern errechnen. Sie entsprechen deshalb selten den Zinsstaffeln, die wir aus den Schaufenstern der Banken kennen. Neben dem Risikoaufschlag beinhalten sie vor allem bei kleinen Darlehen regelmäßig auch einen Margenaufschlag[2] auf den Zins. Das führt dazu, dass Kleinunternehmen aufgrund ihrer geringeren Darlehenhöhe häufig höhere Zinsen bzw. relativ höhere Kapitalkosten tragen müssen.

Wie finanzieren sich Kleinunternehmen?

Die Möglichkeiten der Kapitalbeschaffung, die Kapitalkosten und die Eigenkapitalausstattung lassen bereits darauf schließen, dass für Kleinunternehmen die Finanzierung aus Eigenmitteln am bedeutendsten ist. Das klingt paradox. Denn deren hohe Fremdkapitalquote sagt uns, dass sie mehr fremdes als eigenes Kapital verwenden. Die Auflösung dieses scheinbaren Widerspruchs liegt im Lebenszyklus und den Veränderungen im Bankensektor begründet.

Eigenmittel sind am bedeutendsten ...

Wie wir aus Kapitel 6 wissen, ist die Gründungszeit mit erheblichen Investitionen verbunden. Danach entsteht vor allem während der Expansionsphase die Notwendigkeit, das operative Geschäft zu finanzieren, wie beispielsweise Forderungen oder Vorräte. Für die meisten Gründer ist das junge Unternehmen aber auch die Haupteinkommensquelle, was oft zu Entnahmen für den Lebensunterhalt führt, da das Unternehmergehalt oft gering und gelegentlich gar nicht angesetzt wird.

... aber aus der Gründungs- und Expansionsphase bestehen oft noch Forderungen ...

---

1. Tatsächlich neigen viele Kleinunternehmer dazu, die Mittel aus Abschreibungen nicht zurückzulegen, sondern für das operative Geschäft zu verwenden. Infolgedessen fehlen häufig die Rücklagen für Ersatzinvestitionen.
2. Nicht zu verwechseln mit den Bearbeitungskosten, die als Einmalzahlung abgegolten werden und separat ausgewiesen sind.

Hinzu kommen Steuer-, Zins- und Tilgungszahlungen, welche die Liquidität des Unternehmens weiter belasten. Die Konsolidierungsphase ist dann regelmäßig mit einem erneuten Investitionsbedarf verbunden. Infolgedessen gelingt es nur wenigen Kleinunternehmen, den Fremdkapitalanteil zu reduzieren, auch wenn sie den zweiten Investitionsschub mit einem höheren Eigenmittelanteil als bei der Gründung finanzieren.

Ihre Möglichkeit, den Fremdkapitalanteil zu reduzieren, wird durch einen weiteren Umstand regelmäßig erschwert: Die Preise und damit die Kosten für Personal oder Material steigen in aller Regel kontinuierlich. Die Kleinunternehmen sind jedoch oft nicht in der Lage, ihre eigenen Preise entsprechend anzupassen. Höhere Kosten bei annähernd gleichen Preisen führen aber zu geringeren Margen und Gewinnen. Auch wenn sie ihre Eigenmittel verwenden, bleibt ihnen dann weniger Kapital, um den Fremdkapitalanteil abzubauen. Viele Kleinunternehmen *„schieben"* daher einen hohen Fremdkapitalanteil vor sich her, obwohl sie ihre Gewinne als Eigenmittel reinvestieren.

Obwohl das Fremdkapital steuerlich besser als das Eigenkapital gestellt ist, liegt ein hoher Anteil an Eigenmitteln letztlich doch im Interesse der Kleinunternehmer. Denn neben den Vorteilen für zukünftige Finanzierungen entspricht es auch ihrer Motivation und ihrem Streben nach Unabhängigkeit. *„Ich habe bereits genug Schulden und möchte mich jetzt nicht weiter langfristig verpflichten."* Diese Einstellung führt dazu, dass Kleinunternehmen sich mit Blick auf erwartete oder ausstehende Erträge vorwiegend kurzfristig und damit meist teuer finanzieren. Denn neue und überwiegend operative Verbindlichkeiten bzw. *Schulden* sollen möglichst kurzfristig ausgeglichen werden. Kleinunternehmen greifen deshalb stärker auf Kontokorrent- und Lieferantenkredite zurück, als mittel und langfristige Finanzierungsmöglichkeiten zu nutzen.

Kurzfristige Finanzierungsarten vermitteln neben dem Vorteil, unbürokratisch zu sein, auch den subjektiven Eindruck, nur kurzfristig verschuldet zu sein. Ein mittel- oder langfristiges Darlehen dokumentiert dagegen die Schuld auf längere Zeit und erfordert zudem auch einen Antrag und eine Prüfung. Es wird deshalb meist nur für größere Investitionen genutzt.

Damit erscheint der Einsatz von – überwiegend erwirtschafteten – Eigenmitteln tatsächlich die bedeutendste Finanzierungsart zu sein. Objektiv betrachtet erhöht sie den Eigenkapitalanteil kleiner Unternehmen dennoch selten nennenswert. Denn ein nicht unwesentlicher Teil dessen *„verpufft"* zur Bedienung höherer Kapitalkosten. Deshalb verfügen Kleinunternehmen oft nicht über ausreichende Rücklagen, beispielsweise aus Abschreibungen, um Investitionen darlehensfrei zu finanzieren.

... weshalb der Anteil an Fremdkapital in Kleinunternehmen oft hoch ist.

Dabei neigen sie zu kurzfristigen und teuren Finanzierungen ...

... die mehr Eigenmittel verbrauchen.

Eigenmittel gewinnen aber auch aufgrund der bereits angesprochenen Veränderungen im Bankensektor an Bedeutung. Dies führt dazu, dass Unternehmen mit ausgesprochen geringen Eigenkapitalquoten und gelegentlich auch solche aus bestimmten Branchen einen erschwerten Zugang zu Darlehen haben. Das liegt daran, dass geringe Eigenkapitalquoten ebenso wie bestimmte Branchen je nach deren konjunktureller Lage als „hohes Risiko" eingestuft werden. In der Vergangenheit konnten Vertrauen, das Alter des Unternehmens oder der Bekanntheitsgrad darüber hinweghelfen. Mittlerweile sind Banken angehalten, ihre eigenen Rücklagen dem Risiko ihrer Ausleihung anzupassen. Viel Rücklage für eine riskante Ausleihung bindet daher mehr Kapital der Bank als weniger Rücklage für eine weniger riskante Ausleihung. Riskante Ausleihungen sind aufgrund des gebundenen Kapitals für eine Bank deshalb auch teurer.

Infolgedessen haben Kleinunternehmen, deren Mehrheit über eine geringe Eigenkapitalquote verfügt, nicht selten Schwierigkeiten, Darlehen zu annehmbaren Konditionen zu erhalten. Im Vergleich mit anderen Staaten, wie Frankreich, Österreich oder der Schweiz, ist dieser Umstand in Deutschland aufgrund ausgesprochen geringer Eigenkapitalquoten besonders ausgeprägt.

Damit sind Eigenmittel, ob aus Gewinnen, Abschreibungen oder privatem Vermögen, nicht nur subjektiv, sondern auch objektiv ein bedeutendes Finanzierungsinstrument.

Was können Kleinunternehmen besser machen?

Die Möglichkeiten für Kleinunternehmen, ihre finanzielle Struktur zu verbessern, sind in vielen Bereichen offensichtlich. Das gilt allerdings nicht immer für die Möglichkeiten, Verbesserungen umzusetzen.

Unter sonst gleichen Bedingungen besteht die Hauptmöglichkeit darin, die Kapitalkosten zu senken. Denn diese werden aus den Erträgen bedient. Sie schmälern somit den Gewinn und die verbleibenden Eigenmittel. Konkret bedeutet das, Skonti zu nutzen statt Lieferantenkredite und auf Dauer weitgehend ausgenützte Kontokorrentkredite durch mittelfristige Darlehen zu ersetzen. Die Wirkung dieser vergleichsweise einfachen Maßnahme zeigt das folgende Beispiel.

Beispiel Angenommen unser Unternehmen benötigt zu jeder Zeit ein operatives Kapital von € 50.000. Davon entfallen 60% auf Material und Vorräte und 40% auf Löhne, Miete, Versicherungen, Energie etc. Nun haben wir trotz geringer Eigenmittel unterschiedliche Möglichkeiten, das zu finanzieren.

	Alternative 1			Alternative 2	
	Finanzie-rung	Kapital-kosten		Finanzie-rung	Kapital-kosten
60% per:	Lieferanten-kredit (3W., 2%)	€ 10.620	0% per:	Lieferanten-kredit (3W., 2%)	
0% per:	Mittel-fristiges Bankdar-lehen (6%)		70% per:	Mittel-fristiges Bankdar-lehen (6%)	€ 2.100
30% per:	Konto-korrent (10%)	€ 1.500	20% per:	Konto-korrent (10%)	€ 1.000
10% per:	Eigen-mittel [1] (3%)	€ 150	10% per:	Eigenmittel (3%)	€ 150
Summe der Kapitalkosten Alternative 1		**€ 12.270**	**Summe der Kapitalkosten Alternative 2**		**€ 3.350**

[1] Der Preis der Eigenmittel sind die Opportunitätskosten, also der Zins, den man beispielsweise durch eine Anlage damit hätte erzielen können.

Wie das Beispiel zeigt, besteht für unser Kleinunternehmen mit einem operativen Kapital von € 50.000 die Möglichkeit, die Kapitalkosten um jährlich € 8.920 zu senken. Das sind etwa 73% und damit eine erhebliche Einsparung. Diese Mittel stünden dem Unternehmen jetzt als Eigenmittel zur Verfügung und könnten zur Abgeltung bestehender Darlehen, für Investitionen oder Marketing und Werbeinitiativen genutzt werden. Letzteres ist für das Wachstum des Unternehmens nicht unwesentlich. Dennoch investieren Kleinunternehmen selten und meist wenig in Werbung, weil ihnen die Mittel für solche Maßnahmen oft fehlen.

Angenommen, ein Drittel dieser Mittel würde zu Marketingzwecken verwandt und zwei Drittel würden in das Bilanzvermögen eingehen. Dann könnte unser Kleinunternehmen, mit einem Bilanzwert von € 200.000 und einer Eigenkapitalquote von 7% diese Quote binnen zwei Jahren auf knapp 13% erhöhen. Das Einsparungspotential eines Kleinunternehmens hängt allerdings von den gegebenen finanziellen Strukturen ab. Tatsächlich finanzieren sich Kleinunternehmen aber in erheblichem Umfang durch Lieferantenkredite.

Kurzfristige Kredite durch mittel- und langfristige Darlehen zu ersetzten ist für Kleinunternehmen aber nicht immer problemlos möglich. Denn neben den Eigenmitteln, die sie einbringen, benötigen sie vor allem Sicherheiten, die ihnen in ausreichender Höhe häufig fehlen. Als Folge davon können sie in einer Falle hoher Kapitalkosten gefangen sein. Sofern ihnen auch private Sicherheiten fehlen, bleibt ihnen als Ausweg aus dieser Falle oft nur die Hoffnung auf einen Anstieg der Nachfrage und damit einen langsamen Austausch der Lieferantenkredite durch Eigenmittel.

Fehlen Sicherheiten, so bieten einige europäische Staaten, unter anderem Deutschland, England oder Frankreich, Förderprogramme an. Dabei handelt es sich in der Regel um Kombinationen aus zinssubventionierten Darlehen und Bürgschaften, mit deren Hilfe auch im Bereich des operativen Kapitals kurzfristige Finanzierungen durch mittel- und langfristige ersetzt werden können.

9.2 Wie leistungsfähig sind Kleinunternehmen?

Aufgrund der finanziellen Situation sind die Möglichkeiten der Kleinunternehmen, leistungssteigernde Investitionen zu tätigen, oft begrenzt. Unabhängig davon gilt für viele allerdings auch, dass der Umfang ihrer Geschäftstätigkeit größere Anlagen, beispielsweise für die Großserienfertigung, nicht rechtfertigt, weil sie diese nicht auslasten könnten. In nicht produzierenden Branchen, wie der Dienstleistungsbranche, wird die Leistungsfähigkeit zudem stark von personellen und organisatorischen Rahmenbedingungen beeinflusst. Aber auch in diesen Bereichen besteht die Möglichkeit, Prozesse effizient zu gestalten. In der Regel erfolgt das auch in Kleinunternehmen durch Arbeitsteilung. Allerdings beschränkt die Anzahl der Mitarbeiter oft die Möglichkeit, einen höheren Grad der Arbeitsteilung zu erreichen. Damit verbundene Effizienz- und Produktivitätsvorteile ergeben sich für sie deshalb oft nicht. Im Vergleich mit Großunternehmen birgt ihr Kleinsein und die Art der Führung aber den Vorteil kurzer Wege und schneller Entscheidungen.

9.2.1 Produktivität

Der Begriff der Produktivität wird im Zusammenhang mit Unternehmen regelmäßig verwandt. Aber wissen wir wirklich, was er bedeutet? Im Kern geht es darum, wie viel beispielsweise in einer Stunde oder einem Tag produziert wird, unabhängig davon, ob es Produkte oder Dienstleistungen sind. Allerdings entsteht beim Versuch, Produktivität zu vergleichen, regelmäßig das Problem, Äpfel mit Birnen zu vergleichen. Ist der Händler, der am Tag 150 T-Shirts verkauft, produktiver als der Fliesbandarbeiter, der 20 Motorblöcke einbaut? Wissenschaftler lösen dieses Problem, indem sie nicht die Anzahl, sondern den geschaffenen Mehrwert oder besser gesagt die Wertschöpfung, beispielsweise in Euro gemessen, miteinander vergleichen.

Produktivität wird häufig an der Wertschöpfung gemessen.

Aber diese Lösung hat eine Schwäche: Der Rückschuss von der Wertschöpfung auf die Produktivität wird von den absoluten Preisen, die wir für diese Güter und Dienstleistungen zu zahlen bereit sind, beeinflusst. Angenommen der Verkauf der 150 T-Shirts hat dem Händler nach Abzug aller Vorleistungen als Einnahme einen „Mehrwert" von € 150 gebracht und der Einbau der Motoren hat nach Abzug aller Vorleistungen einen Mehrwert von € 250 geschaffen. Wenn wir die Produktivität nach der Wertschöpfung bemessen, wäre demnach der Fliesbandarbeiter produktiver als der Händler. Hätte der Händler aber eine große Auswahl teurer Marken T-Shirts mit intensiver Beratung angeboten und damit einen Mehrwert von € 260 geschaffen, erschiene er produktiver. An der Wertschöpfung gemessen, sagt uns die Produktivität deshalb nicht, wie viel wir arbeiten, sondern wie viel Wert wir mit unserer Arbeit schaffen bzw. produzieren. Dabei hängt die Bewertung des Geschaffenen entscheidend davon ab, wie viel wir dafür zu zahlen bereit sind.

Tatsächlich erlaubt die Verschiedenheit der Güter oft keine andere Möglichkeit als die, die Produktivität nach ihrem Wert zu erfassen. Danach beurteilt, liegt die Produktivität kleiner Unternehmen regelmäßig weit unter der großer Unternehmen.

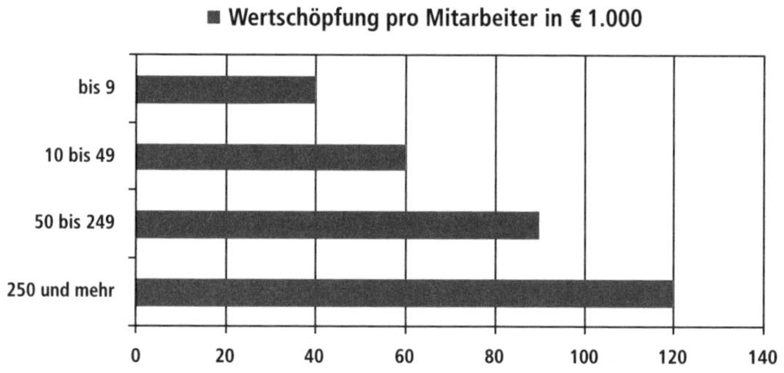

■ Wertschöpfung pro Mitarbeiter in € 1.000

Quelle: European Observatory for SMEs, 2003

Abbildung 9.3: Wertschöpfung nach Beschäftigtengrößenklassen in Europa

Kleinunternehmen neigen zu einer geringeren Wertschöpfung.

Die Ursache für die geringe Wertschöpfung der Kleinunternehmen liegt nicht etwa darin, dass in diesen Unternehmen wenig gearbeitet wird. Sie liegt vielmehr darin, *wie* und *woran* gearbeitet wird, das heißt, wie die Produkte hergestellt bzw. die Dienstleistungen erbracht werden und wie viel Mehrwert die Unternehmen eigentlich schaffen können. Letzteres ist u.a. auch branchenabhängig. So beschränkt sich die Möglichkeit der Wertschöpfung im Einzelhandel in der Regel auf Verfügbarkeit, Auswahl, Präsentation und Beratung.

Unabhängig davon wie viel mehr an Wert geschaffen werden kann, ist die eigentliche Produktion oder Erbringung von Dienstleistungen in Kleinunternehmen regelmäßig mit einem hohen Anteil an menschlicher Arbeit verbunden. Das liegt einerseits daran, dass Kleinunternehmen überwiegend in Branchen aktiv sind, in denen viele Leistungen nicht automatisiert oder maschinell erbracht werden können, ganz gleich ob das kostengünstiger wäre oder nicht. Andererseits rechtfertigt auch bei produzierenden Kleinunternehmen der Absatz häufig nicht die Investition in Anlagen, die mehr Output bei gleichen Lohnkosten ermöglichen, also die Produktivität steigern. Infolgedessen benötigen Kleinunternehmen zur Wertschöpfung oft mehr menschliche Arbeit als größere Unternehmen.

9.2.2 Rentabilität

Die Rentabilität drückt den Gewinn oder die Ertragskraft eines Unternehmens aus. Sie wird häufig als Verhältnis des Gewinns (nach Abzug aller Kosten) zum Umsatz (Umsatzrendite) oder zum Eigenkapital (Eigenkapitalrendite) dargestellt. Die Rendite, aus der sich die Rentabilität ableitet, ist also ein Ergebnis. Sie wird vom Preis, den ein Unternehmen für seine Produkte erhält und von den Kosten, die das Unternehmen damit hat, beeinflusst.

Nun sind bei der Vielfalt der Güter die Preise, welche die Unternehmen für ihre Produkte erhalten, und die Kosten, die sie aufgrund der Herstellung und Bereitstellung haben, sehr unterschiedlich. So müssen manche Unternehmen zu ihren übrigen Kosten noch Lizenzgebühren zahlen, während andere beispielsweise hohe Vertriebskosten haben.

Allen Unternehmen gemein ist aber, dass sie Vorleistungen beziehen und Löhne zahlen müssen. Dabei können die Vorleistungen Rohstoffe, halbfertige Teile oder Handelswaren sein. Wenn wir die Vorleistungen und Löhne vom Umsatz abziehen, erhalten wir den Betrag der übrig bleibt, um alle anderen Kosten, wie beispielsweise Mieten, Versicherungen oder Zinsen, zu decken. Dieser Bruttoertrag ist ein erster Anhaltspunkt dafür, wie rentabel das Unternehmen möglicherweise ist.

Der Bruttoertrag bietet einen ersten Anhaltspunkt.

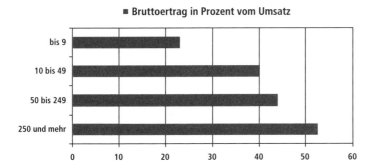

■ Bruttoertrag in Prozent vom Umsatz

Quelle: European Observatory for SMEs, 2003

Abbildung 9.4: Bruttoertrag nach Beschäftigtengrößenklassen in Europa

Wie *Abbildung 9.4* zeigt, liegt der Bruttoertrag der Kleinunternehmen deutlich unter dem größerer Unternehmen. Das heißt, der Anteil des Umsatzes der zur Zahlung der Vorleistungen und Löhne benötigt wird, ist bei Kleinunternehmen am höchsten. Ihnen bleiben danach etwas mehr als ein Fünftel des Umsatzes, um alle anderen Kosten zu decken. Was dann noch übrig bleibt, ist der Gewinn oder die Nettorendite vor Steuern.

Warum ist der Bruttoertrag der Kleinunternehmen so viel geringer? Das hat hauptsächlich zwei Gründe. Der erste hängt mit dem Anteil der eigenen Wertschöpfung zusammen. Dieser Anteil ist in Kleinunternehmen nicht nur pro Mitarbeiter am geringsten, wie *Abbildung 9.3* zeigt, sondern auch dann, wenn wir ihn am Umsatz messen. Das heißt, in Kleinunternehmen wird ein Großteil des Umsatzes mit zuvor fremdbezogenen Leistungen oder Waren erwirtschaftet. Wenn sie anteilsmäßig mehr fremde als eigene Leistungen verkaufen, werden Kleinunternehmen auch einen höheren Anteil ihres Umsatzes zur Zahlung der fremdbezogenen Waren benötigen. Bei sonst gleichen Margen wird der Bruttoertrag infolgedessen geringer ausfallen.

Der zweite Grund liegt in der Höhe der Bestellmenge. Auch wenn Kleinunternehmen ihren Umsatz durch den Weiterverkauf oder die Verarbeitung vieler fremder Leistungen erzielen, ist ihre absolute Bestellmenge aufgrund des vergleichsweise geringen Absatzes meist niedriger als die größerer Unternehmen. Infolgedessen liegen die Einkaufspreise der Kleinunternehmen häufig über den Preisen, die für größere Bestellmengen angeboten werden. Das heißt, Kleinunternehmen benötigen in der Regel nicht nur mehr Vorleistungen, sie kaufen zumindest einen Teil dieser Vorleistungen auch teurer ein.

Sind Kleinunternehmen deshalb weniger rentabel? Der geringere Bruttoertrag lässt zunächst darauf schließen. Allerdings bedingt ein hoher Anteil fremdbezogener Leistungen auch, dass weniger selbst produziert werden muss. Das heißt aber auch, dass weniger Anlagen und was sonst noch dafür nötig ist, erforderlich sind. Die damit verbundenen Kosten, wie Energie, Gebäude oder Zinsen für mögliche Darlehen, fallen also geringer aus. Es muss daher weniger vom Bruttoertrag abgezogen werden. Hinzu kommt, dass Kleinunternehmen aufgrund ihrer meist lokalen Orientierung auch entsprechend weniger Marketingausgaben haben. Somit könnten sie trotz geringeren Bruttoertrags einen Nettoertrag erzielen, der mit größeren Unternehmen durchaus vergleichbar ist , das heißt, sie könnten ebenso rentabel sein.

Genau das zeigen auch viele Untersuchungen[3]. Viele weisen Kleinunternehmen sogar als rentabler aus als ihre größeren Wettbewerber. Das wird regelmäßig mit dem hohen Verwaltungsaufwand und den Ineffizienzen der Größe begründet, bei denen einzelne Abteilungen gelegentlich nicht wissen, was andere Abteilungen tun. Solche Ineffizienzen verursachen oft erhebliche Kosten, weshalb der Nettoertrag großer Unternehmen auch unter dem der Kleinunternehmen liegen kann.

Im Hinblick auf die Rentabilität stehen den größenspezifischen Nachteilen somit auch die Vorteile des Kleinseins im Hinblick auf Verwaltung, Übersichtlichkeit und Zügigkeit der Entscheidung gegenüber. Aufgrund dessen sind Kleinunternehmen nicht unbedingt weniger rentabel als größere Unternehmen. Im Gegenteil, oft sind sie deutlich rentabler.

Gemessen um Umsatz bestellen Kleinunternehmen mehr und bezahlen mehr ...

... sind aber dennoch oft rentabler als größere Unternehmen.

---

3. Wie beispielsweise die Untersuchung „SMEs in Europe 2003" des European Observatory for SMEs.

9.3 Welche typischen Vertriebsstrukturen haben Kleinunternehmen?

Theoretisch wird der Vertrieb von den Kapazitäten und den personellen und finanziellen Möglichkeiten beeinflusst. Allerdings bestehen zwischen den Wirtschaftsbereichen Unterschiede im Hinblick auf die Notwendigkeit und den Aufwand, beispielsweise Ware bzw. Dienstleistungen national oder international zu vertreiben. Wenn man beispielsweise den Dienstleistungsbereich mit dem produzierenden Gewerbe vergleicht, unterscheidet sich auch deshalb der Vertriebsradius oder der Umsatzanteil, der auf lokalen, regionalen, nationalen oder gar internationalen Märkten erreicht wird.

Wenn es um den Vertrieb geht, beeinflusst allerdings auch die Größe die Möglichkeiten und die Mittel. Die Wahrscheinlichkeit, einen geographisch weiter gefassten Markt zu bedienen, korreliert deshalb positiv mit der Unternehmensgröße. Das heißt, die Wahrscheinlichkeit beispielsweise zu exportieren und der damit verbundene Umsatzanteil steigen mit zunehmender Größe des Unternehmens et vice versa. Diese allgemeine Beobachtung muss aber nicht zwingend die Regel sein. Denn das Internet, Formen der Kooperation und die Einheitswährung gleichen größenspezifische Nachteile im Hinblick auf Vertrieb und Umsatzwachstum teilweise aus. *Aber nutzen Kleinunternehmen diese Möglichkeiten? Wie sehen ihre typischen Vertriebsstrukturen aus?*

9.3.1 Vertriebsradius

Die meisten Gründungen erfolgen im Einzugsbereich der Gründer und sind für diesen Bereich bzw. Markt konzipiert. Das gilt beispielsweise für die Mehrheit der Handwerks- und Einzelhandelsunternehmen und viele Unternehmen im Dienstleistungsbereich. Infolgedessen sind die daraus hervorgegangenen Kleinunternehmen hauptsächlich auf den lokalen und regionalen Markt ausgerichtet. Sofern die Ursprungskonzeption keinen weiteren Vertriebsradius vorsieht, ist die Erweiterung des Absatzmarkts ein Schritt, der erst während der Expansionsphase oder nach der Konsolidierungsphase angestrebt wird, wenn überhaupt.

> Kleinunternehmen bedienen überwiegend lokale und regionale Märkte.

Mehr Absatz erfordert jedoch meist Investitionen und mehr Personal. Nun geht das Streben nach Unabhängigkeit oft mit dem Wunsch einher, die Kontrolle über das Unternehmen nicht zu verlieren. Ein größerer Absatzmarkt oder erweiterter Vertriebsradius erfordert aber häufig, Entscheidungen an Mitarbeiter zu delegieren. Dadurch entsteht für den Kleinunternehmer zwischen dem Ziel zu wachsen und dem Wunsch, die Kontrolle zu behalten, nicht selten ein Zielkonflikt, was zur Folge haben kann, dass der Vertriebsradius lokal und/oder regional bleibt. Auch aus diesem Grund erwirtschaften Kleinunternehmen im Allgemeinen rund drei Viertel ihres Umsatzes auf lokalen und regionalen Märkten, wie *Abbildung 9.5* zeigt.

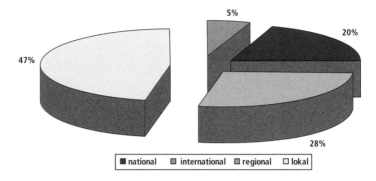

Quelle: Eigene Berechnungen, European Observatory for SME's

Abbildung 9.5: Kleinunternehmen und der Umsatzanteil nach Märkten

9.3.2 Internationalisierung

Viele erwägen keine Auslandsbeziehungen.

Theoretisch hat die Einführung des Euros Kleinunternehmen den Vertrieb und Einkauf zumindest im europäischen Ausland vereinfacht. Die überwiegend lokale Ausrichtung von Kleinunternehmen beispielsweise in den Bereichen Bau, Einzelhandel oder Dienstleistungen lässt aber vermuten, dass viele im Euro keine zusätzlichen Chancen für ihr Wachstum erkennen. Das liegt überwiegend daran, dass viele Kleinunternehmer sich ohnehin nicht mit dem Gedanken einer Internationalisierung tragen.

Neben allgemeinen Einflüssen der Branche liegt das unter anderem an:

- mentalen Barrieren
- personellen Ressourcen
- den damit verbundenen Kosten
- einem Mangel an erkennbaren Vorteilen

Angst vor Risiko und Kontrollverlust

Mentale Barrieren Die mentalen Barrieren beruhen hauptsächlich auf zwei Faktoren: Gewohnheit und die Angst vor dem Unbekannten. Die Gewohnheit lässt Kleinunternehmer an ihrem angestammten Konzept, das meist lokal und/oder regional ausgerichtet ist, festhalten. Sofern Wachstumsziele vorliegen, beziehen sie sich deshalb meist auf diese Märkte. Sie sind bekannter, und es erscheint deshalb leichter, sie weiter zu erschließen, was in vielen Fällen auch zutreffen kann. Dagegen ist die Angst vor dem Unbekannten ein Phänomen, das unter anderem auf der persönlichen Risikobereitschaft, dem Bildungsstand und den persönlichen Erfahrungen beruht. Eher konservative Entrepreneure (s. Kap. 8) ziehen es daher vor, Abstand von Unternehmungen zu nehmen, die mit teilweise unbekannten oder als unsicher empfundenen Faktoren verbunden sind. Beim Handel mit anderen Ländern ist das jedoch immer der Fall, allein schon aufgrund der kulturellen Unterschiede. Es sind die Bildung und die persönlichen Erfahrungen, beispielsweise im Ausland, die Entrepreneuren helfen, dieses Risiko besser einzuschätzen und zu kontrollieren als andere.

Personelle Ressourcen Kleinunternehmen verfügen oft nicht über die personellen Ressourcen, um sich am internationalen Handel zu beteiligen. In vielen Unternehmen ist es ein Zeitproblem und in nicht wenigen ein Mangel an nötigen Fähigkeiten; somit wird eine Internationalisierung von vornherein verhindert. Letzteres wird bereits an der Sprache deutlich. Denn die Mehrheit der Kleinunternehmer beherrscht keine Fremdsprache ausreichend gut, um darin sicher Verhandlungen führen zu können.

Kosten der Internationalisierung Ob auf Seiten der Beschaffung oder des Absatzes, Internationalisierung ist in der Regel immer mit zusätzlichen Kosten verbunden. Das ergibt sich bereits daraus, dass grenzüberschreitende Beschaffung oder Absatz meist einen zusätzlichen Aufwand erfordern. Im Einzelfall kann der sich beispielsweise aus nötigen Übersetzungen, höherem Kommunikationsaufwand oder den Kosten einer Exportversicherung ergeben. Sofern technische Unterschiede bestehen, erhöht die nötige Anpassung, wie beispielsweise von Steckern für unterschiedliche Steckdosen, die Kosten weiter.

Mangel an erkennbaren Vorteilen Viele Kleinunternehmen können in der Internationalisierung keinen Vorteil für ihr Unternehmen erkennen. Tatsächlich ist sie auch nicht grundsätzlich oder immer vorteilhaft. Aber auch wenn ein theoretischer Nutzen vorliegt, ist der tatsächliche Aufwand nicht immer absehbar, was viele Kleinunternehmer zusätzlich abhält. Bei der Beschaffung sind im Ausland das Risiko und der Aufwand oft einfacher zu erfassen als beim Vertrieb. Das erklärt auch, warum von den international tätigen Kleinunternehmen die Mehrheit im Ausland beschafft und nicht vertreibt.

> Vorteil und Aufwand sind oft schwer zu ermitteln.

Wir könnten annehmen, dass aufgrund der beschriebenen Hinderungsgründe der Anteil der international aktiven Kleinunternehmen recht gering ist. Jedoch ist tatsächlich rund ein Drittel der Kleinunternehmen in Europa in der einen oder anderen Form international aktiv. Bei der überwiegenden Mehrheit dieser Unternehmen führen Beschaffung und Einkauf zum Aufbau einer Auslandsbeziehung, wie beispielsweise bei einem Weinhändler, der seinen Wein direkt von Winzern oder Großhändlern in Frankreich oder Italien bezieht.

> Die Mehrheit der „Internationalen" beschafft im Ausland

Nur etwa ein Sechstel der international aktiven Kleinunternehmen exportiert; die meisten kommen aus dem produzierenden Gewerbe. Allerdings zeigen Untersuchungen, dass die Kleinunternehmer dabei selten strukturiert vorgehen. Tatsächlich beruht ihr Export häufig mehr auf Zufall als auf dem Plan, zukünftig zu exportieren. Neben mangelnden personellen Ressourcen und den genannten Hindernissen liegt das oft auch an der Person des Entrepreneurs. Denn für viele ist das persönliche Verhältnis zu einem potentiellen ausländischen Handelpartner zunächst wichtiger als dessen rein betriebswirtschaftliche Eignung. Infolgedessen beanspruchen Kleinunternehmer eher ungern die Dienste von Kammern oder Beratern für die Suche und Wahl geeigneter Handelspartner im Ausland. Viel wichtiger sind dagegen persönliche

Bekanntschaften und Empfehlungen von Geschäftsfreunden. Wen der Kleinunternehmer möglicherweise auf einer Messe trifft oder wen ein Geschäftspartner empfiehlt und wann sich das ergibt, wird aber häufig vom Zufall bestimmt.

9.3.3 Kooperation

Kooperation ist die gängigste Art, die Reichweite zu erweitern, und insbesondere für Kleinunternehmen oft die einzige Möglichkeit, Synergien zu erreichen. Ein wesentlicher Vorteil der Kooperation liegt darin, dass die beteiligten Unternehmen dabei ihre Eigenständigkeit nicht verlieren.

> **Kooperationen erlauben den Erhalt der Eigenständigkeit.**

Kooperationen können in den unterschiedlichsten Bereichen erfolgen. Am häufigsten sind Vertriebs- und Einkaufskooperationen, wohingegen Forschungs- und Entwicklungskooperationen eher selten sind. Das liegt einerseits daran, dass nur wenige Kleinunternehmen im F&E-Bereich aktiv sind. Andererseits müssen dann gegebenenfalls erteilte Schutzrechte geteilt werden, was von konkurrierenden Unternehmen selten als Vorteil gewertet wird. Allerdings erleichtern Kooperationen mit Technologieführern oder Unternehmen mit speziellem Know-how Kleinunternehmen den Zugang hierzu. In diesem Bereich besteht die Kooperation deshalb häufig aus einer Zuarbeit mit einer nachfolgenden Liefer- oder Vertriebsvereinbarung.

Bei Kleinunternehmen sind die Hauptgründe für eine Kooperation in absteigender Folge:

1. Zugang zu neuen und größeren Märkten

2. erweitertes Produktangebot

3. Zugang zu Know-how und Technologien

Zugang zu neuen und größeren Märkten Dieses Ziel führt zu Vertriebskooperationen, die im Einzelnen sehr unterschiedlich gestaltet sein können. Die wesentlichen Vorteile der Vertriebskooperationen liegen in der Komplementarität der Güter und in der Marktnähe des Kooperationspartners.

> **Komplementarität und Marktnähe sind wichtig.**

Bei der Komplementarität geht es darum, dass sich Güter oder Dienstleistungen oft ergänzen und daher auch gemeinsam angeboten werden können. Den beteiligten Unternehmen bietet das den Wettbewerbsvorteil, ihren Kunden ein Komplettangebot unterbreiten zu können. Die vielen Zusammenschlüsse unterschiedlicher Handwerker, wie Sanitärinstallateure, Fliesenleger, Elektriker und Maurer sind ein Beispiel dafür. Deren Kunden profitieren von der Absprache und gegebenenfalls gemeinschaftlichen Anfahrt der einzelnen Unternehmen und sparen dadurch Zeit und oft auch Kosten, während die Unternehmen durch Zusammenlegung, beispielsweise der Auftragsannahme, auch selbst Kosten einsparen können. Aufgrund der Möglichkeit, ein Gesamtangebot zu unterbreiten, verbessern solche Kooperationen darüber hinaus den Zugang zum Markt für Neubauten und Totalsanierungen.

Die Marktnähe des Kooperationspartners, beispielsweise in einem anderem Kanton, Bundesland oder im Ausland, ermöglicht den Kooperationspartnern, ihre Produkte auch außerhalb ihres bestehenden Vertriebsradius anzubieten, ohne die Kosten und das Risiko einer eigenen Repräsentanz tragen zu müssen. Solche Kooperationen beruhen häufig auf Kommissionsvereinbarungen, bei denen der vertreibende Kooperationspartner eine Kommission auf die vertriebenen Produkte erhält. So braucht auch der vertreibende Partner nicht das Risiko einzugehen, die Produkte zunächst erwerben und anschließend verkaufen zu müssen.

Erweitertes Produktangebot Die Vertriebskooperation ermöglicht auch, das Produktangebot zu erweitern und zwar für den empfangenden Partner einer solchen Kooperation. Dieser erweitert mit den empfangenen Produkten sein Angebot. Dabei ermöglichen komplementäre Produkte auch Paketlösungen anzubieten, die ein zusätzlicher Wettbewerbsvorteil sein können. Eine andere Form, das Produktangebot auszuweiten und dabei Kosten einzusparen, sind Beschaffungskooperationen. Denn gemeinschaftlich höhere Bestellvolumen ermöglichen den Kooperationspartnern oft günstigere Einkaufspreise bzw. Konditionen. Das wiederum ermöglicht Kleinunternehmen, ihr Angebot um Produkte zu erweitern, die sie aufgrund sonst zu geringer Bestellmengen nicht wettbewerbsfähig anbieten könnten. Ein Beispiel für solche Beschaffungskooperationen sind die Einkaufsgesellschaften im Einzelhandel. Sie sind häufig als Genossenschaft organisiert und übernehmen den Einkauf für ihre Mitglieder, die meist aus kleinen und mittleren Einzelhandelsunternehmen bestehen.

Zugang zu Know-how und Technologien Dieses Ziel führt zu unterschiedlichen Arten der Kooperation. Bei Forschungskooperationen, an denen Kleinunternehmen seltener beteiligt sind, findet deren Zusammenarbeit häufig mit einem größeren Unternehmen statt. Neben dem Zugang zu Know-how ermöglicht das Kleinunternehmen oft den Zugang zu technischen Anlagen, über die sie selbst nicht verfügen. Ein Beispiel hierfür sind Entwicklungskooperationen im IT-Bereich, bei denen selbst sehr kleine und oft junge Unternehmen regelmäßig mit Großunternehmen kooperieren.

Kooperationen sind in erster Line eine Form freiwilliger Zusammenarbeit zum Vorteil der Beteiligten. Allerdings besteht immer die Möglichkeit, dass der eine den anderen übervorteilt oder ausnützt. Deshalb ist Vertrauen eine der Grundvoraussetzungen für eine Kooperation. Darauf aufbauend können wir zwei Formen der Kooperation unterscheiden:

- informelle Kooperationen
- formelle Kooperationen

Formelle und informelle Kooperationen Das bezeichnende Merkmal informeller Kooperationen ist, dass sie nicht auf einer formellen Vereinbarung, wie beispielsweise einem Vertrag, sondern auf mündlicher Absprache und gegebenenfalls Memoranden beruhen.

Diese Form der Kooperation mag uns auf den ersten Blick erstaunen. Schließlich scheint es „Weisheiten", die der Volksmund in Aussagen wie *„Vertrauen ist gut, Kontrolle ist besser"* ausdrückt, zu widersprechen. Tatsächlich ist das aber nur bedingt der Fall. Ein Vertrag regelt zwar Abläufe und Streitfälle und ermöglicht gegebenenfalls auch die Kontrolle, er verhindert aber nicht vertragswidriges Verhalten wie die Übervorteilung oder den Betrug.

Für viele Kleinunternehmer sind deshalb der persönliche Eindruck und das Vorhandensein gemeinsamer Werte für die Zusammenarbeit zunächst wichtiger als ein formaler Vertrag. Deshalb beginnt insbesondere bei Kleinunternehmen die Kooperation häufig auf der Grundlage mündlicher Vereinbarungen. Teilweise geschieht das auch aus Vorsicht. Erst im Laufe der Zeit und nachdem die Parteien erfolgreich kooperieren und das gegenseitige Vertrauen ausgebaut haben, neigen Kleinunternehmen dazu, Kooperationen zu formalisieren. In der Regel erfolgt das dann aber erst im Zuge einer Ausweitung der Kooperation und dient der Fixierung komplexerer Sachverhalte. Ist das nicht nötig, bleibt die Kooperation in der Regel informell. Dieser Umstand erklärt, warum etwa drei Fünftel aller kooperierenden Kleinunternehmen dies auf der Basis informeller Vereinbarungen tun.

Aber warum neigen dann zwei Fünftel zu formellen Kooperationen? Die Gründe dafür liegen in der Komplexität der Kooperation und in den Erfahrungen der Kooperationspartner. So beziehen sich Kooperationen im Baubereich in der Regel auf die gemeinsame Erstellung von Bauprojekten. In solchen Fällen verhindert eine vorherige Fixierung der einzelnen Arbeiten spätere Missverständnisse und erlaubt dem Auftraggeber eine eindeutige Zuordnung der Einzelverantwortung für bestimmte Arbeiten. Aus diesem Grund sind Kooperationen im Baubereich häufig formalisiert. Ähnliches gilt im Bereich der Unternehmensdienstleistungen oder bei Forschungsprojekten. Die Formalisierung dient hier einer klaren Zuordnung der Verantwortlichkeiten im Außenverhältnis, also Dritten gegenüber, bzw. der Zuordnung möglicher Rechte im Innenverhältnis.

Der zweite Grund sind negative Erfahrungen mit zuvor eingegangenen informellen Kooperationen, welche die Unternehmen durch Verträge verhindern wollen. Die Kooperationen werden durch die Verträge jedoch nicht zwingend sicherer oder besser. Vielmehr unterstreicht die Bereitschaft, einen Vertrag einzugehen, die Ernsthaftigkeit der Partner, zusammenarbeiten zu wollen.

9.3.4 Internet

Das Internet ist inzwischen zu einer selbstverständlichen Plattform geworden, auf deren Grundlage sich neue Geschäftsideen, Beschaffungs-, und Vertriebsmöglichkeiten entwickeln. Das zeigen uns viele Beispiele ehemals kleiner Unternehmen, die dank der Nutzung des Internets schnell gewachsen sind, ebenso wie die vielen Kleinunternehmen, die ihre Produkte beispielsweise bei Ebay zu Mindestpreisen versteigern.

Sind diese Unternehmen Pioniere der Internetnutzung? Inzwischen vermutlich nicht mehr, aber es ist immer noch eine Minderheit der Kleinunternehmer, die Möglichkeiten gefunden haben, das Internet für ihr Unternehmen erfolgreich zu nutzen. Das hat unterschiedliche Gründe. Ein Grund ist die Branchenzugehörigkeit. So erfordern viele Dienstleistungen die persönliche Anwesenheit und können von Seiten des Kleinunternehmers nur in einem begrenzten Radius angeboten werden. In solchen Branchen erkennen Kleinunternehmer deshalb oft keinen Nutzen in einer Internetpräsenz für ihr Unternehmen. Ein weiterer Grund liegt in der Anzahl bereits existierender Websites und dem daraus resultierenden Problem, unentdeckt zu bleiben. Dem können Unternehmen entgegenwirken, indem sie sich für eine professionelle Website mit entsprechender Platzierung in den einschlägigen Suchmaschinen entscheiden. Darin liegt auch die Gemeinsamkeit der Unternehmen, die das Internet, beispielsweise zur Erweiterung ihres Vertriebsradius, erfolgreich nutzen. Sie verfolgen diese Strategie konsequent, und zwar auf der Grundlage eines weitgehend professionellen Internetauftritts, was häufig auch Möglichkeiten zur Interaktion einschließt.

> Nur eine Minderheit hat Möglichkeiten gefunden, das Internet erfolgreich zu nutzen.

Viele Kleinunternehmer scheuen allerdings die Kosten einer professionellen Website und fürchten, diese nicht durch zusätzliche Aufträge erwirtschaften zu können. Das Grundproblem ist also die Kosten-Nutzen-Abwägung. Tatsächlich sind professionell erstellte Websites mit entsprechender Platzierung in den entsprechenden Suchmaschinen kostenintensiv und rechnen sich daher nicht für jedes Unternehmen. Vor diesem Hintergrund liegt die Hauptnutzung des Internets zunächst in der Beschaffung und dem Informationsaustausch, beispielsweise zu Angeboten oder Terminen. Dadurch ermöglichen Websites, auf die bestehende Kunden aufmerksam gemacht werden, eine bessere Kundenbindung und können bei entsprechender Platzierung auch zu neuen Kunden führen.

ZUSAMMENFASSUNG

- Kleinunternehmen neigen in beinahe allen Ländern dazu, eine geringere Eigenkapitalquote als größere Unternehmen auszuweisen.

- Deutschland und Österreich weisen insgesamt geringe Eigenkapitalquoten aus. In Deutschland liegt sie für Kleinunternehmen bei durchschnittlich 7,5%.

- Die Möglichkeiten der Kapitalbeschaffung werden vom Eigenkapital, vom Vertrauen und Sicherheiten beeinflusst, während das Kapitalangebot vom Risiko und möglichen Ertrag beeinflusst wird.

- Eigenkapital in Form von Beteiligungen ist aufgrund des befürchteten Kontrollverlustes nur selten eine Finanzierungsoption.

- Eigenmittel sind die bedeutendste Finanzierungsquelle der Kleinunternehmer. Dennoch „schieben" viele einen hohen Fremdkapitalanteil aus der Gründungs- und Expansionsphase vor sich her.

- Kleinunternehmer neigen zu kurzfristigen und unbürokratischen Finanzierungsarten, wie Lieferantenkredite oder die Ausnutzung des Kontokorrents.

- Wertschöpfung und Bruttoertrag sind in Kleinunternehmen im Durchschnitt geringer als in größeren Unternehmen. Dennoch erreichen sie oft höhere Renditen als größere Unternehmen.

- Der Vertriebsradius von Kleinunternehmen ist oft konzeptionsbedingt auf lokale und regionale Märkte beschränkt. Dennoch ist rund ein Drittel international tätig, allerdings meist im Bereich der Beschaffung.

- Mentale Barrieren, ein Mangel an personellen Ressourcen, zu hohe Kosten und der Mangel an erkennbaren Vorteilen sind die häufigsten Gründe, nicht international tätig zu werden.

- Kooperationen bieten die Möglichkeit, ohne Gefährdung der Eigenständigkeit Wettbewerbsvorteile zu erschließen. Sie setzten allerdings Vertrauen voraus.

- Die Mehrheit der Kooperationen von Kleinunternehmen ist informell. Formelle Kooperationen dienen meist der Regelung komplexer Abläufe und Dritten als Grundlage der Zuordnung, wer wofür verantwortlich ist.

- Viele Kleinunternehmer finden keine Möglichkeit, das Internet erfolgreich für ihr Unternehmen zu nutzen. Neben Besonderheiten der Branche liegt das auch an der Vielzahl bereits existierender Websites und den Kosten eines professionellen Webauftritts.

ZUSAMMENFASSUNG

Fragen zur Diskussion

- Warum ist die durchschnittliche Eigenkapitalquote in Ländern wie Japan, Deutschland oder Österreich insgesamt geringer als in vielen anderen Ländern?

- Warum neigen Kleinunternehmen zu durchschnittlich geringeren Eigenkapitalquoten als größere Unternehmen?

- Wenn Eigenmittel die bedeutendste Finanzierungsquelle sind, warum weisen Kleinunternehmen dann nicht eine geringere Fremdkapitalquote aus?

- Warum neigen Finanzinstitute gelegentlich dazu, von Kleinunternehmen höhere Zinssätze zu verlangen? Ist dieses Verhalten rational oder nutzen Finanzinstitute eine Machtposition aus?

- Worauf hin würden Sie die Finanzstruktur eines Kleinunternehmens prüfen und was würden Sie einem Kleinunternehmer gegebenenfalls raten?

- Warum ist die Wertschöpfung im Durchschnitt in Kleinunternehmen geringer als in größeren Unternehmen?

- Woran liegt es, dass Kleinunternehmen einen durchschnittlich geringeren Bruttoertrag erzielen als größere Unternehmen, und warum erreichen viele Kleinunternehmen dennoch eine höhere Rendite?

- Warum ist der Vertriebsradius vieler Kleinunternehmen auf lokale und regionale Märkte beschränkt?

- Wie kommt es, dass trotz des europäischen Binnenmarkts und weitgehend einheitlicher Währung nur etwa ein Sechstel der Kleinunternehmen exportiert?

- Welche Vor- und Nachteile haben Beschaffungs- und Vertriebskooperationen für Kleinunternehmen?

- Warum neigen Kleinunternehmer häufiger zu informellen als zu formellen Kooperationen?

Weiterführende Literatur

Becchetti, L. Trovato, G., The Determinants of Growth for Small and Medium Sized Firms: The Role of the Availability of External Finance, in: Small Business Economics, Vol. 19/4, S. 291 – 306, 2001

Carter, S., Jones-Evans, D., Enterprise and Small Business – Principles, Practice and Policy, Harlow, 2000

Deeg, R., Finance Capitalism Unveils: Banks and the German Political Economy, Ann Arbor, 1999

Donkels, R., Financing Growth: Recent Developments in theeht European Scene, in Sexton, D., Landström, H. (Hrsg), Handbook of Entrepreneurship, Oxford, 2000

European Observatory for SMEs, 2003, No.4, SMEs and Internationalisation, Brüssel, 2003

European Observatory for SMEs, 2003, No.5, SMEs and Co-operation, Brüssel, 2003

Geiseler, C., Das Finanzierungsverhalten kleiner und mittlerer Unternehmen – eine empirische Untersuchung, Wiesbaden, 1999

Kranzusch, P., May-Strobl, E., Einzelunternehmen in der Krise, IFM-Bonn, Schriften zur Mittelstandsforschung, Gütersloh, 2002

Lechler, T., Social Interaction: A Determinant of Entrepreneurial Team Venture Success, in: Small Business Economics, Vol. 16(4), pages 263 – 278, 2001

Levaratto, N., Small Firms Finance in France, in: Small Business Economics, Vol. 8/4, S. 279 – 315, 1996

Maaß, F., Wallau, F., Internationale Kooperationen kleiner und mittlerer Unternehmen – unter besonderer Berücksichtigung der neuen Bundesländer, IFM-Materialien Nr. 158, Bonn, 2003

McConaugby, D., et al., Founding Family Controlled Firms: Performance, Risk, and Value, in: Journal of Small Business Management, Vol. 39, S. 32 – 49, 2001

OECD, Small and Medium Enterprise Outlook, Paris, 2002

Paffenholz, G., Krisenhafte Entwicklungen in mittelständischen Unternehmen, IFM-Materialien Nr. 130, Bonn, 1998

TEIL III

Der Mittelstand

Bestimmung & Bedeutung des Mittelstands

10

ÜBERBLICK

> ❚❚ *Die meisten Gründungen führen zu Kleinunternehmen, von denen ein Teil zu mittelständischen Unternehmen heranwächst. In diesem Kapitel wollen wir uns deshalb näher mit dem Mittelstand befassen. Es geht zunächst darum, wer oder was der Mittelstand ist. Gibt es Merkmale, die das Wesen des Mittelstands bestimmen oder sind es einfach nur Unternehmen einer bestimmten Größe?*
>
> *Unabhängig davon bezeichnen Politiker, Wirtschaftsvertreter und Wissenschaftler den Mittelstand immer wieder als Rückgrat der Wirtschaft. Wir wollen uns auch dieser Aussage widmen und herausfinden, worin dieser Beitrag besteht und warum er als so wichtig erachtet wird.* ❚❚

10.1 Wer ist der Mittelstand?

Wirtschaftsexperten und Politiker sprechen häufig vom Mittelstand und bezeichnen ihn als Rückgrat der Wirtschaft. *Aber was genau ist der Mittelstand?* Die meisten Menschen haben eine intuitive Vorstellung davon, was mit Mittelstand gemeint ist. Dieses Verständnis ist aber keineswegs einheitlich, sondern besteht vielmehr aus einem Sammelsurium unterschiedlicher Vorstellungen darüber, wie und wer der Mittelstand ist oder was ihn ausmacht, wie beispielsweise:

- dass Eigentum und Führung zusammenfallen
- dass Führung und Haftung zusammenfallen
- dass keine marktbeherrschende Stellung vorliegt
- Werte eine Rolle spielen
- ein gewisses familiäres Klima herrscht
- das Unternehmen eben mittelgroß ist bzw. die meisten Mitarbeiter sich kennen

> Der Begriff „Mittelstand" wird oft wesensbestimmend verwandt.

Der Begriff „Mittelstand" ist ein sehr alter im deutschsprachigen Raum geprägter Begriff, für den es weder im frankophonen noch im anglophonen Raum eine Entsprechung gibt. Das liegt daran, dass unser Verständnis des Mittelstands nicht nur auf dessen wirtschaftlichem, sondern auch auf dessen gesellschaftlichem Beitrag beruht und damit auch qualitative Kriterien, wie Gesinnung oder Haltung, einschließt. Tatsächlich wird der Begriff „Mittelstand" im öffentlichen Verständnis oft wesensbestimmend verwandt, dabei ist eine bestimmte Unternehmensgröße häufig zweitrangig. Infolgedessen reicht der Begriff *Mittelstand* auch weiter als größenbestimmende Begriffe wie *kleine und mittlere Unternehmen (KMU)* oder *petites et moyennes entreprises (PME)* im Französischen und *small and medium-sized enterprises (SME)* im Englischen.

Dass viele Merkmale qualitativ oder wesensbestimmend sind, führt jedoch zu der Schwierigkeit, dass sie zwar im Einzelfall das Gemeinte gegebenenfalls treffend beschreiben, aber statistisch oft nicht oder nur sehr schwer zu erfassen sind. Dennoch sind qualitative Kriterien zur Abgrenzung des Mittelstands durchaus berechtigt und nötig. Wissenschaftler neigen deshalb dazu, den Mittelstand anhand quantitativer und qualitativer Kriterien zu bestimmen. Allerdings sind weder die qualitativen noch die quantitativen Kriterien immer einheitlich.

Qualitative Kriterien Das bezeichnendste qualitative Kriterium ist die *Einheit von Eigentum und Führung*, das wir aus Kapitel 7 bereits kennen. Das heißt, auch beim Mittelstand gehen wir davon aus, dass es sich um ein eigentümergeführtes Unternehmen handelt. Daneben existieren noch weitere Kriterien, die fallweise verwandt werden. Ein Beispiel ist die persönliche Haftung. Weil sie bei Kapitalgesellschaften zumindest formal eingeschränkt ist, wird gelegentlich auch die Einheit von Haftung und Führung postuliert. Allerdings führt das zu einer Differenzierung zwischen Kapitalgesellschaften und Personengesellschaften, wodurch viele als Mittelständler empfundene Unternehmen ungeachtet ihrer Größe nicht mehr dem Mittelstand zugerechnet würden.[1] In vielen Ländern ist auch der Wirtschaftsbereich ein gängiges Unterscheidungsmerkmal. So wird beispielsweise der primäre Sektor, also die Land- und Forstwirtschaft, regelmäßig getrennt betrachtet, oder es werden unterschiedliche Bezeichnungen für mittelgroße Unternehmen verwandt, je nachdem ob es sich um produzierende oder nicht produzierende Unternehmen handelt.

> Die Einheit von Eigentum und Führung ist ein bezeichnendes Merkmal.

In allen Fällen dienen die qualitativen Kriterien dazu, die zu untersuchenden oder gegebenenfalls zu fördernden Unternehmen genauer einzugrenzen. Für die Wissenschaft sind diese Kriterien aufgrund der statistischen Schwierigkeiten aber selten anwendbar. Wie wir aus Kapitel VII wissen, zeigt sich das bereits beim Kriterium Einheit von Eigentum und Führung, aber auch im Wirtschaftsbereich bestehen im Detail gelegentlich Schwierigkeiten. Denn viele Unternehmen sind aufgrund unterschiedlicher Geschäftsbereiche nicht in der Lage, den Wirtschaftsbereich, dem sie angehören, selbst eindeutig zu bestimmen.

> Qualitative Kriterien sind oft zutreffender, aber quantitative sind statistisch besser zu erfassen …

Quantitative Kriterien Quantitative Kriterien sind uns ebenfalls aus Kapitel 7 bekannt. Die gängigsten sind die Anzahl der Beschäftigten, der Umsatz und die Bilanzsumme. Der Vorteil dieser Kriterien ist, dass sich die Unternehmenspopulation damit anhand verfügbarer Statistiken leicht einordnen lässt. Allerdings werden damit auch solche Unternehmen dem Mittelstand zugeordnet, die beispielsweise formal wenige Mitarbeiter haben, aber faktisch einem Konzern zugeordnet sind. Daneben besteht die Schwierigkeit, dass sich die Besonderheiten des Mittelstands selten anhand eines bestimmten Umsatzes oder einer festgelegten Anzahl an Beschäftigten ausmachen lässt. Das gilt auch für die betrieblichen Besonderheiten, die darüber hinaus vom Wirtschaftsbereich und den Märkten beeinflusst werden. Allerdings erlaubt die amtliche Statistik nur selten eine differenzierte Betrachtung, bei der neben quantitativen auch qualitative Kriterien, wie beispielsweise die Einheit von Eigentum und Führung, zur Abgrenzung verwendet werden können. Wissenschaftler gleichen diesen Mangel durch empirische Untersuchungen, bei denen eben auch qualitative Kriterien berücksichtigt werden, aus. Aber nur wenige dieser Untersuchungen können den Mittelstand in einem gesamten Land abbilden oder für internationale Vergleiche genutzt werden.

---

1. Ein Weiteres Problem besteht darin, dass viele mittelständische Unternehmen ihre Rechtsform nur aus steuerlichen Erwägungen ändern, ohne dass sich das Unternehmen dadurch materiell verändert.

10.1.1 Mittelstandsdefinitionen

In Anbetracht der Erhebungsschwierigkeiten wird der Mittelstand letztendlich doch weitgehend mithilfe quantitativer Kriterien, wie dem Umsatz und der Anzahl der Beschäftigten, definiert, ermittelt und untersucht. Die hierzu verwandten Kennzahlen resultieren aus Erfahrungs- und Durchschnittswerten und haben zu unterschiedlichen Abgrenzungen innerhalb Europa geführt. *Tabelle 10.1* bietet einen entsprechenden Überblick.

Tabelle 10.1

Definitionen des Mittelstands

Staat	Anzahl der Mitarbeiter	Umsatz p.a.	Bilanz- summe	Eigentum
Dänemark	10 bis 100	– –	– –	– –
Deutschland[1]	10 bis 499	1 bis 50 Mio. €	– –	– –
Frankreich	bis 499	– –	– –	– –
Großbritannien	50 bis 249	11,2 Mio. £	5,6 Mio. £	– –
Irland	50 bis 249	– –	– –	– –
Italien	bis 499	– –	– –	– –
Japan[2]	20 bis max. 300	– –	300 Mio. Yen	– –
Niederlande	10 bis 100	– –	– –	– –
Norwegen	20 bis 100	– –	– –	– –
Österreich	50 bis 249	bis 40 Mio. €	bis 27 Mio. €	mind. 75% Eigenbesitz
Schweden	10 bis 200	– –	– –	– –
Schweiz	50 bis 249			
USA	10 bis 500	– –	– –	– –
EU	50 bis 249	bis 50 Mio. €	bis 43 Mio. €	mind. 75% Eigenbesitz

1 = In Deutschland existiert keine offizielle Definition. Das ist die allgemein akzeptierte Arbeitsdefinition des Instituts für Mittelstandsforschung Bonn (IFM-Bonn)
2 = Für einige Wirtschaftsbereiche gelten geringere Grenzwerte

Wie die Übersicht zeigt, unterscheiden sich die in den jeweiligen Ländern verwandten Abgrenzungen teilweise erheblich und beinhalten neben dem Umsatz oder der Bilanzsumme auch die Eigentumsverhältnisse. Aufgrund dieser Verschiedenheit beschränken sich die meisten

Untersuchungen auf den kleinsten gemeinsamen Nenner, der Anzahl der Beschäftigten. Dabei hat sich ein Vorgehen nach Beschäftigtengrößenklassen, die Grenzen von 10, 19, 49, 99, 199, 249 und 499 Beschäftigten zumindest teilweise berücksichtigen, zur üblichen Vorgehensweise entwickelt.

Um ein höheres Maß an Vergleichbarkeit zu erreichen, werden wir uns in der folgenden Behandlung des Mittelstands auf mittelgroße Unternehmen mit 10 bis 249 Beschäftigten konzentrieren.

> Wir konzentrieren uns auf Unternehmen mit 10 bis 249 Beschäftigten.

10.2 Anzahl, Wirtschaftsbereich und Beschäftigungsbeitrag

Wer sind nun diese Mittelständler? Zunächst müssen wir feststellen, dass diese Unternehmen mit knapp 7% aller Unternehmen in Europa eine Minderheit darstellen.[2] *Abbildung 10.1* zeigt, wie sich diese Unternehmen in Europa zusammensetzen.

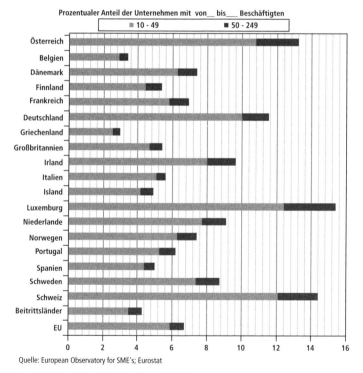

Abbildung 10.1: Anteil des Mittelstands nach Ländern

2. Wie *Abbildung 7.1* in Kapitel 7 zeigt, besteht mit rund 93% die überwiegende Mehrheit aller Unternehmen in Europa aus Kleinunternehmen mit weniger als 10 Beschäftigten, während der Anteil der Unternehmen mit mehr als 250 Beschäftigten bei etwa 0,2% liegt.

Wie *Abbildung 10.1* zeigt, variiert der Anteil des Mittelstands zwischen den einzelnen Ländern teilweise erheblich. So haben in Luxemburg etwa 15% aller Unternehmen zwischen 10 und 249 Beschäftigte, während das nur auf rund 3% der Unternehmen in Griechenland zutrifft. Damit wird auch die unterschiedliche sektorale Wirtschaftsstruktur der europäischen Länder nochmals deutlich, also die Verteilung und das Gewicht der einzelnen Wirtschaftsbereiche innerhalb der Länder. Denn so wie bei den Kleinunternehmen variiert auch die Verteilung der Unternehmensgrößen im Mittelstand nach Wirtschaftsbereichen. *Abbildung 10.2* zeigt, wie sich die mittelständischen Unternehmen auf die Wirtschaftsbereiche verteilen.

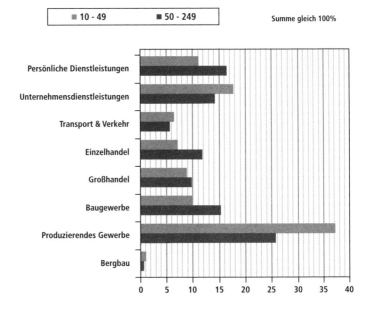

Quelle: European Observatory for SME, eigene Berechnungen

Abbildung 10.2: Verteilung der mittelständischen Unternehmen auf Wirtschaftsbereiche, zusammengefasst für 19 europäische Staaten, in Prozent

Das jeweilige Gewicht der in unserem Sinne mittelstandsdominierten Wirtschaftsbereiche spiegelt sich größtenteils im Beschäftigungsbeitrag dieser Unternehmen wider. Allerdings vollzieht sich im Hinblick auf die Bedeutung der einzelnen Wirtschaftsbereiche auch in Deutschland, Österreich und der Schweiz ein langsamer Wandel. Denn in Europa schrumpft das vom Mittelstand dominierte produzierende Gewerbe, während der Bereich unternehmensbezogener Dienstleistungen, wie Wach- und Schließdienste oder Finanzberater, wächst.

Die Anzahl der produzierenden Unternehmen ist in der Zeit von 1990 bis 2001 allein in Deutschland um 22% gesunken, in Österreich um 13% und in der Schweiz um 5%. Gleichzeitig nahm die Anzahl unternehmensbezogener Dienstleister in der Schweiz um 8%, in Österreich um 12% und in Deutschland um 23% zu. Die Beschäftigung in diesen Wirtschaftsbereichen entwickelte sich weitgehend analog dazu. Das heißt, sie nahm im produzierenden Gewerbe ab, in Deutschland um 24%, in Österreich um 17% und in der Schweiz um 10%, und im Bereich unternehmensbezogener Dienstleistungen zu, in Deutschland um 15%, in Österreich um 13% und in der Schweiz um 9%.

Die Mehrheit der mittelständischen Unternehmen ist aber nach wie vor im produzierenden Gewerbe verankert. Allerdings nimmt die Zahl der Mittelständler, die dem traditionellen Bild eines produzierenden Unternehmens nicht entsprechen, zu.

Unternehmensdienstleistungen gewinnen an Bedeutung.

Unterschiede im Beschäftigungsbeitrag des Mittelstands lassen sich deshalb nicht *nur* mit der jeweiligen Größe des produzierenden Gewerbes erklären. So sind in Luxemburg die Anzahl und der Beschäftigungsbeitrag der Unternehmen mit 10 bis 249 Beschäftigten trotz geringerer Bedeutung des produzierenden Gewerbes vergleichsweise hoch. *Abbildung 10.3* bietet hierzu einen Überblick.

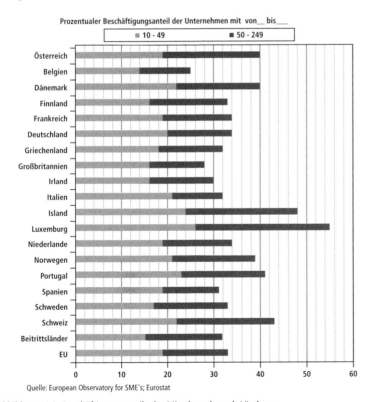

Abbildung 10.3: Beschäftigungsanteile des Mittelstands nach Ländern

10.2.1 Warum ist der Mittelstand so wichtig?

Der Mittelstand erfüllt gleich mehrere Funktionen.

In Ländern mit hoher Arbeitslosigkeit wird die Bedeutung des Mittelstands regelmäßig am Beschäftigungsbeitrag dieser Unternehmen festgemacht. In monostrukturierten Regionen, also solchen die von einem Wirtschaftsbereich dominiert werden, steht dagegen die Möglichkeit, mithilfe des Mittelstands neue Wirtschaftsbereiche aufzubauen, oft im Vordergrund. In vom industriellen Mittelstand geprägten Regionen, wie dem Großraum Mailand oder Baden-Württemberg, wird der Wachstums- und Innovationsbeitrag des Mittelstands regelmäßig postuliert. Tatsächlich erfüllen mittelständische Unternehmen ebenso wie Kleinunternehmen verschiedene volkswirtschaftliche Funktionen. Die bedeutendsten sind neben der Beschäftigungs- und Ausbildungsfunktion (die wir im Zusammenhang mit den Kleinunternehmen bereits in Kapitel 7 behandelt haben) die folgenden:

- die Innovationsfunktion
- die Wachstumsfunktion
- die Strukturanpassungsfunktion

10.2.2 Die Innovationsfunktion

Anders als Kleinunternehmen verfügen mittelständische Unternehmen regelmäßiger über die Voraussetzungen, Forschung und Entwicklung zu betreiben. Das Ergebnis dieser Aktivität ist aber nicht immer ein neues Produkt, sondern häufig auch ein neuer Prozess, beispielsweise für die Herstellung, oder eine neue Organisationsform, beispielsweise einer Dienstleistung. Weil Prozessinnovationen oder Organisationsformen meist schwieriger zu patentieren sind als Produktinnovationen ist es oft schwierig, das tatsächliche Ausmaß der Innovationsaktivität anhand der beantragten oder erteilten Patente zu erfassen. Hinzu kommt, dass neue Produkte, besonders wenn sie von Großunternehmen stammen, in der öffentlichen Wahrnehmung viel präsenter sind als neue Produktionsprozesse. So entsteht vielfach der Eindruck, dass die Innovation weitgehend von Großunternehmen getragen wird.

Nicht alle Innovationen werden öffentlich wahrgenommen oder patentiert.

Tatsächlich leisten die mittelständischen Unternehmen jedoch einen beträchtlichen Beitrag zu Innovation und Fortschritt ein einem Land. Das geschieht nicht nur in Form eigener Prozess- und Produktinnovationen, sondern auch als Zulieferer im Rahmen der Auftragsentwicklung. Ähnlich wie bei der Prozessinnovation lässt sich diese Form innovativer Tätigkeit nicht immer anhand einer Patentstatistik ablesen, obwohl sie zur Wettbewerbsfähigkeit und letztendlich zum Umsatz der Zulieferer und der Auftraggeber beiträgt. *Abbildung 10.4* bietet einen Überblick über den Umsatzbeitrag von Innovationen.[3]

---

3. *Abbildung 10.4* basiert auf dem Innobarometer, eine von der EU-Kommission regelmäßig durchgeführte Untersuchung zur Innovationstätigkeit europäischer Unternehmen. Er beruht auf einer weitgehend repräsentativen Befragung von 3.010 Unternehmen verschiedener Wirtschaftsbereiche und Beschäftigtengrößen.

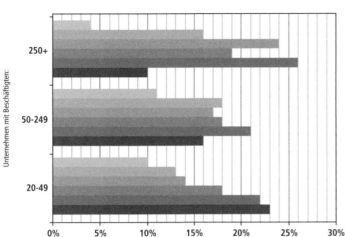

Quelle: EU Commission, Innobarometer 2004

Abbildung 10.4: Umsatzbeitrag neuer Produkte, Prozesse oder Organisationen, die nicht älter als 2 Jahre sind; nach Beschäftigtengrößenklassen

Wie *Abbildung 10.4* zeigt, ist der Anteil der mittelständischen Unternehmen mit 50 bis 249 Beschäftigten, bei denen mehr als 20% des Umsatzes aus einer Innovation stammt, deutlich höher als der, größerer Unternehmen. Allerdings gilt das auch für den Anteil des Mittelstands, der keine oder nur sehr geringe Erträge aus Innovationen erzielt.

Warum ist das so? Wenn wir davon ausgehen, dass die Mehrheit der Mittelständler keine marktbeherrschende Position hat, bedeutet das, dass sie im ständigen Wettbewerb mit ihren Konkurrenten stehen. Infolgedessen bleibt ihnen nur die Strategie der Kostenführerschaft, also günstiger anbieten zu können, oder der Produktführerschaft, also das bessere Produkt anbieten zu können. Das heißt, entweder sie produzieren intelligenter oder sie produzieren intelligentere Produkte. Beides führt zu Forschung und Entwicklung. Allerdings besteht bei der Strategie der Kostenführerschaft auch die Möglichkeit, die Produktion zu verlagern oder aber günstiger einzukaufen. Beides mindert den Druck, die Kosten beispielsweise durch Prozessinnovationen zu senken.

Insgesamt aber forscht, entwickelt und innoviert die überwiegende Mehrheit der mittelständischen Unternehmen in der einen oder anderen Form und leistet damit schon aufgrund ihrer Anzahl einen entscheidenden Beitrag zur Innovation eines Landes.

Mittelständler müssen in der Regel innovieren und leisten in Summe einen beachtlichen Beitrag zum Fortschritt.

243

10.2.3 Die Wachstumsfunktion

Die Wachstumsfunktion ist eng mit der Innovationsfunktion verbunden. Wie wir aus vorangegangenen Kapiteln wissen, ist der Lebenszyklus eines Produkts in der Regel begrenzt. Deshalb verschwinden in aller Regel auch die Unternehmen vom Markt, die ihre Existenz ohne Neuerungen an den Lebenszyklus eines Produkts binden. Durch den Wegfall dieser Unternehmen mindert sich aber auch die Wertschöpfung und damit das Wachstum in einem Land. Wir können die Innovation deshalb als langfristige Strategie zur Existenzsicherung auffassen. Die erfolgreiche Innovation und Erschließung alter (und neuer) Märkte mit neuen Produkten führt jedoch zur zusätzlichen Wertschöpfung und damit zu Wachstum. Denn einerseits besteht bis zum Ende des Produktlebenszyklus das Alte oft neben dem Neuen (und unterscheidet sich durch den Preis); andererseits ermöglicht das Neue nicht selten die Erschließung neuer Märkte. *Abbildung 10.5* gibt das durchschnittliche Wachstum der Wertschöpfung in Europa für die Periode 1990 bis 2001 nach Beschäftigtengrößenklassen wieder.

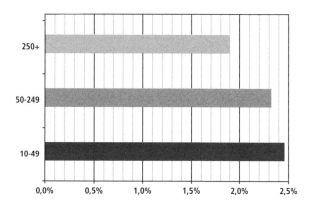

Quelle: European Observatory for SME's, eigene Berechnungen

Abbildung 10.5: Durchschnittliches jährliches Wachstum der Wertschöpfung nach Beschäftigtengrößenklassen in Prozent, 1990 bis 2001, EU-15

Neben eigenem Wachstum unterstützt der Mittelstand das Wachstum der Großunternehmen.

Abbildung 10.5 zeigt, dass kleine und mittelständische Unternehmen einen bedeutenden Beitrag zum Wachstum leisten. Tatsächlich nahm die Wertschöpfung in diesen Unternehmen stärker zu als in Großunternehmen. Daneben erfüllen die mittelständischen Unternehmen im Bereich des B2B oder als Zulieferer eine unterstützende und mittragende Funktion für das Wachstum ihrer Kunden, die oft Großunternehmen sind. Denn kaum ein Großunternehmen kann ohne die Dienste und den Beitrag des Mittelstands existieren.

10.2.4 Die Strukturanpassungsfunktion

Die Strukturanpassungsfunktion beruht auf der sektoralen Vielfalt und der mittleren Größe mittelständischer Unternehmen. Letzteres führt dazu, dass zwei oder drei Mittelständler selten in der Lage sind, eine gesamte Region im Hinblick auf die Beschäftigung zu dominieren. Es bleiben also genug qualifizierte Arbeitskräfte für andere Unternehmen. Bei Großunternehmen, wie beispielsweise Volkswagen in Wolfsburg, konzentriert sich ein Großteil der Beschäftigung auf ein Unternehmen. Damit besteht für die Region oder den Landkreis aber das Risiko, bei einer Unternehmenskrise, Produktionsverlagerung oder schlimmstenfalls der Schließung des Unternehmens viele Arbeitslose zu haben und kaum Unternehmen, die sie auffangen können.

Das ist das Risiko solcher Monostrukturen, in denen einige wenige Großunternehmen der gleichen Branche eine Region dominieren und von Unternehmen umgeben sind, deren Erträge überwiegend von ihnen abhängen. In solchen Fällen wird durch die Krise einer Branche oft eine ganze Region meist nachhaltig in Mitleidenschaft gezogen.

> Der Mittelstand verhindert Monostrukturen und ihre Risiken.

Neben der mittleren Größe liegt der Vorteil einer mittelständischen Struktur besonders in der Vielfalt. Denn diese Unternehmen gehören in der Regel unterschiedlichen Branchen an und stellen einzeln betrachtet einen geringeren Teil der Arbeitsplätze. Die Krise einer Branche beeinträchtigt daher nur einige Unternehmen, aber selten eine ganze Region. Hinzu kommt, dass die Krise einer Branche gelegentlich durch ein Hoch einer anderen Branche begleitet wird. In dem Fall besteht also die Möglichkeit, dass andere Unternehmen frei werdende Arbeitskräfte benötigen und gegebenenfalls aufnehmen.

Aus diesem Grund sind Wirtschafts- und Strukturpolitiker regelmäßig bemüht, strukturelle Anpassungsprozesse, wie sie in monostrukturierten Regionen teilweise bereits stattfinden, durch die Anwerbung und Förderung mittelständischer Unternehmen zu beschleunigen.[4]

---

4. In Deutschland ist dieser Ansatz Bestandteil der regionalen Wirtschaftsförderung einiger Bundesländer, wie beispielsweise in Nordrhein-Westfahlen.

ZUSAMMENFASSUNG

■ Mittelstand ist ein im deutschsprachigen Raum geprägter Begriff, für den es im anglophonen und frankophonen Raum keine Entsprechung gibt. Dort werden die Unternehmen primär nach ihrer Größe bestimmt, wie im Deutschen durch „kleine und mittlere Unternehmen".

■ Der Mittelstand wird anhand qualitativer und quantitativer Kriterien abgegrenzt, die allerdings nicht immer einheitlich verwandt werden.

■ Das bezeichnendste qualitative Kriterium ist die Einheit von Eigentum und Führung.

■ Das gängigste quantitative Kriterium ist die Anzahl der Beschäftigten.

■ Der Mittelstand wird innerhalb und außerhalb Europas unterschiedlich definiert, wobei das Spektrum, an der Mitarbeiterzahl gemessen, von 10 bis 100 (in den Niederlanden) bis zu weniger als 500 (in Italien) reicht.

■ Der Mittelstand erfüllt verschiedene volkswirtschaftliche Funktionen. Die bedeutendsten sind: Beschäftigungs- und Ausbildungs-, Innovations-, Strukturanpassungs- und Wachstumsfunktion.

■ Aufgrund der unterschiedlichen Innovationsarten lässt sich das tatsächliche Ausmaß der unternehmerischen Innovation nicht allein anhand einer Patentstatistik ermitteln.

■ Der Beschäftigungsanteil mittelständischer Unternehmen schwankt zum Teil erheblich und liegt im Durchschnitt der EU bei rund 34% der Gesamtbeschäftigung.

■ Mittelständische Unternehmen leisten einen bedeutenden Beitrag zum Wirtschaftswachstum und als Zulieferer und im Rahmen des B2B auch zum Wachstum der Großunternehmen.

■ Der Mittelstand hat eine Strukturanpassungsfunktion. Denn die Anhäufung mittelständischer Unternehmen führt in der Regel zu einer Mischstruktur, welche die Nachteile und Risiken einer Monostruktur vermeidet.

ZUSAMMENFASSUNG

Fragen zur Diskussion

■ Warum variiert der Anteil mittelgroßer Unternehmen nach Wirtschaftsbereichen?

■ Warum ist der Mittelstand nicht einheitlich definiert?

■ Welche Ursachen könnte der Rückgang des produzierenden Gewerbes haben, und könnte dadurch auch der Anteil des Mittelstands sukzessive abnehmen oder gibt es ggf. gegenläufige Tendenzen?

■ Wie kommt es, dass der Mittelstand aus verschiedenen Gründen als wichtig erachtet wird?

■ Was würden Sie als wichtigste Funktion des Mittelstands bezeichnen: die Beschäftigungs- und Ausbildungs-, Innovations-, Strukturanpassungs- oder Wachstumsfunktion?

■ Woran könnte es liegen, dass der Anteil mittelständischer Unternehmen, die mehr als 20% ihres Umsatzes aus Innovationen generieren, höher ist als der von Großunternehmen, während ein ebenfalls höherer Anteil des Mittelstands anscheinend gar nicht innoviert?

■ Woran könnte es liegen, dass das durchschnittliche jährliche Wachstum in dem Zeitraum 1990 bis 2001 beim Mittelstand höher war als bei Großunternehmen?

■ Ist die Aussage, dass mittelständische Unternehmen das Wachstum der Großunternehmen mittragen, zutreffend, oder ist es vielmehr so, das Großunternehmen aufgrund ihrer Aufträge für das Wachstum im Mittelstand mitverantwortlich sind?

Weiterführende Literatur

Baumol, W., Entrepreneurial Enterprises, Large Established Firms and Other Components of the Free-Market Growth Machine, in: Small Business Economics, No. 23, August 2004, S. 9 – 21

Carree, M.A. et al., Economic development and business ownership: an analysis using data of 23 OECD countries in the period 1976 – 1996, in: Small Business Economics, Vol. 19 (November), 2002, S. 271 – 290

De, D., Wimmers, St., Mittelstandspolitik in den Mitgliedstaaten der Europäischen Union, Stuttgart, 1994

Europäische Kommission – DG Enterprise, European Observatory for SMEs – Business Demography in Europe, Report No. 5, 2002

Europäische Kommission – DG Enterprise, European Observatory for SMEs – SMEs in Europe, Report No. 7, 2003 (download bei DG Enterprise)

Europäische Kommission – DG Enterprise, Innobarometer 2003/4, (download bei DG Enterprise)

Farinas, J.C., The Dynamics of Productivity: A Decomposition Approach using Distribution Functions, in Small Business Economics, No. 22, April 2004, S. 237 – 251

Günterberg, B., Wolter, H.-J., Mittelstand in der Gesamtwirtschaft – Anstelle einer Definition, in BMWi/IFM-Bonn (Hrsg), Unternehmensgrößenstatistik 2001/2002, Kapitel 1, Bonn 2002 (download bei IFM-Bonn)

Krämer, W., Mittelstandsökonomik, München, 2003

Roper, St., Product Innovation and Small Business Growth: A Comparison of the Strategies of German, U.K. and Irish Companies, in: Small Business Economics, No. 9, December 1997, S. 523 – 537

Schmidt, A., Der überproportionale Beitrag kleiner und mittlerer Unternehmen zur Beschäftigungsdynamik: Realität oder Fehlinterpretation von Statistiken?, in: Zeitschrift für Betriebswirtschaft, Jg. 66, Heft 5, 1996, S. 537 – 557

Die Mittelständler

11

ÜBERBLICK

> **❚❚** *Wir wissen nun, wie der Mittelstand definiert wird, und kennen den wirtschaftlichen Anteil und den Beitrag des Mittelstands.*
>
> *In diesem Kapitel geht es um die Mittelständler und das, was sie ausmacht. Ein zentrales Merkmal ist die Einheit von Eigentum und Führung. Aber wozu führt diese Einheit, wie beeinflusst sie das Unternehmen, die Mitarbeiter und die Unternehmenskultur? Gibt es so etwas wie eine mittelständische Unternehmenskultur und was wären gegebenenfalls ihre charakteristischen Merkmale?*
>
> *Der Mittelstand gilt häufig als Hoffnungsträger des Wachstums. In diesem Kapitel wollen wir auch die entsprechenden Entscheidungsparameter eines Mittelständlers besser verstehen lernen. Wie gehen Mittelständler mit Wachstum um, welche Gefahren birgt das gegebenenfalls und welche Vorteile mögen sie im Hinblick auf Wachstum haben?*
>
> *Zum eigentümergeführten Mittelstand zählen auch viele Familienunternehmen, aber was genau ist ein Familienunternehmen? Wie beeinflusst die Familie das Unternehmen und wie geht die Familie mit dem Unternehmen um? In diesem Kapitel werden wir nach Antworten auf all diese Fragen suchen.* **❚❚**

11.1 Führung, Mitarbeiter und Unternehmenskultur

Was ist nun das Besondere an mittelständischen Unternehmen? Der von manchen Ländern und der Europäischen Kommission verfolgte Ansatz, den Mittelstand auch anhand des Eigentums zu definieren, deutet bereits darauf hin, dass die Eigentumsverhältnisse und die Präsenz des Eigentümers ein Unternehmen, die Art wie es geführt wird und die Unternehmenskultur offenbar prägen.

> Der Entrepreneur haftet auch für Entscheidungen, die er delegiert ...

Ein wesentliches Merkmal des Eigentums an einem Unternehmen besteht zweifellos darin, dass der Eigentümer für alle Entscheidungen und Handlungen des Unternehmens mittelbar oder unmittelbar haftet; er trägt im Fall des Misserfolgs das Risiko des Vermögensverlustes.[1] Als Unternehmensführer hat der Eigentümer daher nicht nur ein berufliches, sondern auch ein persönliches Interesse an allen Abläufen und Entscheidungen im Unternehmen. Im Gegensatz zum Kleinunternehmer kann der Mittelständler aber nicht an allen Entscheidungen selbst beteiligt sein oder sie alle selbst treffen. Er muss stattdessen delegieren und darauf vertrauen, dass die Entscheidungen seiner Mitarbeiter in seinem Sinne erfolgen. Dazu benötigt der Eigentümer eine Vertrauensgrundlage und die Möglichkeit zur Kontrolle. Andernfalls läuft der

---

1. Bei einer GmbH haftet das Unternehmen nicht nur mit der Einlage, sondern mit dem gesamten Betriebsvermögen. Damit haftet der Eigentümer einer GmbH mit seinem gesamten in der GmbH gebundenen Vermögen. Da Gesellschafterdarlehen in der Regel nicht besichert sind, „haften" de facto auch sie. Hat der Entrepreneur eine gesamtschuldnerische Bürgschaft unterschrieben – was häufig der Fall ist –, haftet er zudem mit seinem darüber hinaus gehenden Vermögen.

Eigentümer Gefahr, für Entscheidungen und Handlungen, die er nicht oder deren Hintergrund er nur unzureichend kennt, haften zu müssen. *Abbildung 11.1* bietet einen Überblick über den Anteil der delegierten unternehmensrelevanten Entscheidungen.

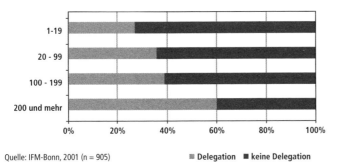

Quelle: IFM-Bonn, 2001 (n = 905)   ■ Delegation ■ keine Delegation

Abbildung 11.1: Anteil der delegierten unternehmensrelevanten Entscheidungen nach Beschäftigtenanzahl

11.1.1 Mittelständische Unternehmenskultur

Vertrauen kann die Kontrolle nicht ersetzen, sie kann die Kontrolle aber erheblich erleichtern. Das ist im Rahmen eines Unternehmens mit 60, 100 oder 200 Mitarbeitern auch nötig. Würde der Eigentümer seinen Mitarbeitern misstrauen, hätte er einen enormen Kontrollaufwand und vielleicht schlaflose Nächte. Der Mittelständler benötigt daher eine Unternehmenskultur, die Vertrauen, Kontrolle und idealerweise auch ein gewisses Maß an gegenseitiger Aufmerksamkeit der Mitarbeiter ermöglicht.

> ... deshalb muss er vertrauen und kontrollieren können.

Genau dafür birgt der Umstand, dass der Eigentümer das Unternehmen führt, einen entscheidenden Vorteil: Seine Position als Chef wird nicht angezweifelt. Für die leitenden Mitarbeiter bedeutet das, zumindest in diesem Unternehmen nicht Vorstandsvorsitzender oder Hauptgeschäftsführer werden zu können. Der in anderen Unternehmen vielfach beobachtete Wettbewerb um die Position des Chefs findet somit nicht statt. Die Anerkennung der Mitarbeiter und ihre beruflichen Möglichkeiten hängen dagegen vielmehr von ihrer Fähigkeit ab, Entscheidungen im Sinne des Unternehmens zu treffen und umzusetzen. Da das Unternehmen dem Eigentümer gehört, bedeutet das letztendlich Entscheidungen im Sinne des Eigentümers zu treffen. Damit haben die Mitarbeiter eine weitgehend klare und konstante *Handlungsorientierung.* [2]

---

2. Zum Vergleich: Die Mitarbeiter managergeführter Unternehmen verfügen nicht immer über eine klare und kontinuierliche Handlungsorientierung. Das liegt daran, dass Manager und Vorstände nur auf Zeit bestellte „Verwalter" der Eigentümerinteressen sind und als verantwortliche (aber nicht haftende) „Verwalter" eine eigene Interpretation dieser Interessen haben können. Weil sie zudem nur auf Zeit bestellt sind, haben die Mitarbeiter solcher Unternehmen oft keine langfristige oder konstante Handlungsorientierung.

Die Kontinuität der Führung ermöglicht eine Kontinuität der Handlungs- und Werteorientierung.

Eigentum, Führung und Mitarbeiter beeinflussen sich gegenseitig.

Ein weiterer Aspekt ergibt sich daraus, dass der Eigentümer das Unternehmen meist bis ins Rentenalter führt: Die Mitarbeiter orientieren sich mehr am Eigentümer, also an der Führungs*person,* als an der Führungsposition. Deshalb sind neben den unternehmerischen Zielen des Entrepreneurs auch dessen Werte für die Mitarbeiter von Bedeutung. In diesem Zusammenhang sind Loyalität und Ehrlichkeit entscheidende Werte für dessen Vertrauen in seine Mitarbeiter. Die Mitarbeiter haben damit in gewissem Maß eine konstante *Werteorientierung.*

Die mittelständische Unternehmenskultur ist somit von einer weitgehend klaren und konstanten Handlungs- und Werteorientierung geprägt: Die Mitarbeiter sollen im Sinne des Eigentümers entscheiden und in einer ihm gegenüber loyalen und verantwortlichen Weise handeln. Das ist nicht immer der Fall. Allerdings erhöhen die mittlere Größe des Unternehmens und das positive Interesse des Entrepreneurs an allen Abläufen die Transparenz. Hinzu kommen das Interesse und die Aufmerksamkeit loyaler Mitarbeiter. Beides ermöglicht diesen, ihren Beitrag über den eigenen Tätigkeitsbereich hinaus überblicken zu können, was ihnen auch eine höhere Verantwortlichkeit abverlangt. Mitarbeiter, die der Unternehmenskultur nicht entsprechen, fallen auch deshalb eher auf.

Vertrauen und Loyalität sind wesentliche Merkmale der mittelständischen Unternehmenskultur und sie erleichtern die Führung und Kontrolle des Unternehmens erheblich. Der Eigentümer kann den Mitarbeitern aber nur vertrauen, wenn er Ihnen die gleiche Loyalität entgegenbringt. Schließlich ist die Vorgabe von Werten nur dann glaubhaft wenn der Entrepreneur sich auch selbst danach richtet. Zwischen Eigentum, Führung und Mitarbeitern besteht damit ein Verhältnis gegenseitigen Einflusses. *Abbildung 11.2* illustriert dieses wechselseitige Verhältnis, das die mittelständische Unternehmenskultur in besonderer Weise prägt.

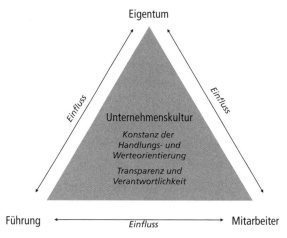

Abbildung 11.2: Einflussfaktoren mittelständischer Unternehmenskultur

Wie *Abbildung 11.2* zeigt, beeinflusst das Eigentum die Führung, weil der Eigentümer das Risiko trägt. Die Präsenz des Eigentümers beeinflusst aber auch die Mitarbeiter durch die vorgegebene Handlungs- und Werteorientierung. Die Führung beeinflusst die Mitarbeiter durch die Kontinuität und Unmittelbarkeit der Eigentümerinteressen, und die Mitarbeiter beeinflussen die Führung und den Eigentümer durch den Grad an Verantwortlichkeit und Loyalität, mit der sie ihre Aufgaben verrichten. Das Ergebnis dieses Spannungsdreiecks ist die mittelständische Unternehmenskultur. Für sie ist die Präsenz des Eigentümers und der Umstand, dass er das Risiko des Misserfolgs trägt, ausschlaggebend, wobei dessen Werte und Persönlichkeit die Unternehmenskultur zusätzlich beeinflussen.

Letztendlich dient die Unternehmenskultur dem Eigentümer zur Durchsetzung seiner natürlichen Eigentümerinteressen, zu denen neben dem Erhalt des Unternehmens vor allem die Fehlervermeidung und Risikoabwägung zählen. Die mittelständische Unternehmenskultur ist somit ein Instrument zum Risikomanagement und für den Eigentümer eine wesentliche Grundlage zur Führung und Kontrolle des Unternehmens.

> Die mittelständische Unternehmenskultur ist ein Instrument zum Risikomanagement.

11.1.2 Führung und Wachstum

Neben der Unternehmenskultur beeinflussen die Eigentümerinteressen auch die unternehmerischen Entscheidungen, wie beispielsweise im Hinblick auf Wachstum. Der Haupteinfluss besteht im persönlichen Interesse des Entrepreneurs, das Unternehmen jederzeit im Detail überblicken zu können. Das mag aber nicht immer möglich sein. Denn die Transparenz im Unternehmen wird auch von der Unternehmensgröße und dem Grad der Verzweigung unterschiedlicher Aktivitäten bestimmt. Wachstum zu Lasten der Transparenz erschwert aber die Kontrolle.

> Wachstum zu Lasten der Transparenz erschwert die Kontrolle.

Mittelständler müssen bei ihren Wachstumsentscheidungen deshalb häufig abwägen zwischen den Vorteilen des Wachstums und den möglichen Nachteilen, die es für die Unternehmenskultur und die Überschaubarkeit und Kontrollierbarkeit des Unternehmens hat.

Nun wissen wir von Großunternehmen, dass auch deren Vorstände und Manager die Schwierigkeit haben, das Unternehmen mit allen Verzweigungen und Aktivitäten zu überblicken und zu kontrollieren. Die Hauptinstrumente, die dazu verwandt werden, sind das Controlling und die Vorgabe einer bestimmten internen Struktur, die Verantwortliche für die Teilbereiche und Aktivitäten des Unternehmens vorsieht, ihren Entscheidungsbereich festlegt und bestimmt, wer an wen zu berichten hat.

Der Vorteil dieser Vorgehensweise ist, dass sie sich auch auf weit verzweigte Unternehmen anwenden lässt. Der Vorstand oder Manager kontrolliert die Unternehmensteile dann über regelmäßig berichtete betriebswirtschaftlichen Kennzahlen und deren Ergebnis.

Der Nachteil dieser Vorgehensweise ist, dass sie in der Regel mit vielen Hierarchiestufen und einem entsprechenden Verwaltungsaufwand verbunden ist. Das bedeutet häufig längere Entscheidungswege, mehr Entscheidungsbeteiligte und einen höheren Entscheidungsaufwand.

> Viele Hierarchiestufen mindern die Transparenz und verlängern den Entscheidungsweg.

Dadurch wird das Unternehmen für den Einzelnen oft weniger transparent. Das liegt aber nicht im Interesse des Entrepreneurs. Denn im Gegensatz zu angestellten Vorständen und Managern trägt er im Fall des Misserfolgs das Risiko des Vermögensverlustes.[3] Der Eigentümer hat deshalb kein Interesse, relevante Entscheidungen zuzulassen, deren Hintergründe und Folgen er nicht umfassend kennt oder abschätzen kann. Viele Hierarchiestufen und eine eingeschränkte Transparenz bergen aber diese Gefahr. Der Versuch dennoch über alle Aspekte des Unternehmens informiert zu sein, mag dann für den Einzelnen mit einem kaum zu bewältigenden Kontrollaufwand verbunden sein. Das ist ein Grund dafür, dass manche Mittelständler über eine einmal erreichte Größe nicht hinauswachsen wollen.

Abbildung 11.3 illustriert die Abwägung bzw. die Trade-off-Situation zwischen den Vorteilen des Wachstums und dem möglichen Verlust an Transparenz.

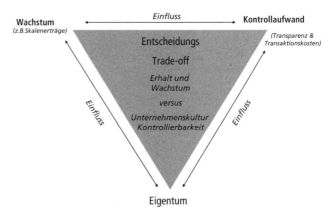

Abbildung 11.3: Einflussfaktoren mittelständischer Wachstumsentscheidungen

Wie *Abbildung 11.3* zeigt, beeinflussen Wachstum, Eigentum und Kontrollierbarkeit einander gegenseitig: Der Eigentümer hat ein Interesse am Erfolg des Unternehmens und damit oft auch am Wachstum. Wachstum bedeutet persönliche Bestätigung und gegebenenfalls auch einen Vermögenszuwachs. Der Eigentümer hat allerdings auch ein Interesse an einem möglichst hohen Grad an und Transparenz, weil es die Kontrollierbarkeit erleichtert. Wachstum ist aber mit einem möglichen Verlust an Transparenz und zusätzlichem Kontrollaufwand verbunden.

---

3. Zum Vergleich: Theoretisch können angestellte Vorstände und Manager im Fall des Misserfolgs ihren Arbeitsplatz, gegebenenfalls auch vorzeitig, verlieren. Einen Vermögensverlust erleiden Sie dabei in der Regel nicht.

Skalenerträge. Die Wachstumsentscheidungen können im Einzelfall sehr vielfältig sein. Oft beinhalten sie auch eine Entscheidung darüber, ob Skalenerträge erzielt werden können. Das sind Vorteile der Menge. Meist sind es Kostenvorteile, die sich beispielsweise aus der (Groß-)Serienfertigung oder aus großen Bestellmengen ergeben. Um die Menge auch abzusetzen, bedarf es dazu aber eines ausreichenden Sockels an Nachfrage. Die Beschäftigung damit mündet daher häufig in die Erkenntnis und gegebenenfalls Entscheidung, bestehende Märkte weiter auszubauen oder neue zu erschließen. In der Praxis kann das bedeuten, neue Vertriebsniederlassungen vielleicht auch im Ausland eröffnen zu müssen. Die Erhöhung des Absatzes ist deshalb meist mit einem teils einmaligen und teils dauerhaften zusätzlichen Aufwand, insbesondere Kontrollaufwand, verbunden. Dieser zusätzliche Aufwand erhöht wiederum die Transaktionskosten[1], was die Führung und Wahrung der Eigentümerinteressen erschwert.

Bei dem Trade-off zwischen den Vorteilen des Wachstums und dem möglichen Verlust an Transparenz muss der Entrepreneur aber auch den Erhalt der Unternehmenskultur berücksichtigen. Schließlich ist sie eine wichtige Grundlage der Unternehmensführung. Das heißt, will der Eigentümer die existierende Unternehmenskultur nicht gefährden, muss er seine Wachstumsentscheidungen auch mit der Unternehmenskultur in Einklang bringen. Es geht also nicht nur darum, ob neue Aktivitäten zum Unternehmen passen, sondern auch darum, ob die Art und Weise, *wie* sie verfolgt werden, zur Kultur des Unternehmens passt. *Abbildung 11.4* fasst die uns bekannten Einflussfaktoren in einem Gesamtbild zusammen.

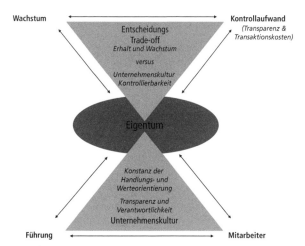

Abbildung 11.4: Einflussfaktoren mittelständischer Unternehmensführung

4. Jede Handlung oder Entscheidung ist mit einem Aufwand und damit Kosten verbunden. Diese Transaktionskosten können beispielsweise durch Suche, Informationsbeschaffung oder nötige Besprechungen entstehen. Sie fallen bei allen Entscheidungen, Prozessen und Abläufen an.

Der Entrepreneur gestaltet Wachstums-schritte kontrollierbar.

Letztendlich steht im eigentümergeführten Mittelstand das Eigentum, ob mittelbar oder unmittelbar, im Zentrum der Unternehmensentscheidungen. *Aber wie lösen Mittelständler die Trade-off-Situation?* Die einfache Antwort ist: indem sie die Wachstumsschritte unmittelbar kontrollierbar gestalten. Wie das im Einzelnen erfolgt, hängt in der Praxis von den Rahmenbedingungen ab und kann deshalb im Detail sehr unterschiedlich sein. Eine Gemeinsamkeit wachsender Mittelständler besteht darin, dass sie Wachstum als einen zu organisierenden Prozess auffassen, an dessen Organisation der Eigentümer persönlich beteiligt ist. Das heißt, neben dem *Was* wollen wir tun, um zu wachsen, konzentrieren sie sich ebenso sehr auf das *Wie, Wann* und *Wo* gehandelt werden soll und beteiligen sich daran.

Diese organisatorische Herangehensweise wird durch die Kontinuität der Führung begünstigt. Denn sie erlaubt es, Wachstumsziele langfristig zu verfolgen und entsprechend zu planen. Dabei ermöglicht die detaillierte Bestimmung des *Wie, Wann* und *Wo* dem Eigentümer, neue oder ausgeweitete Unternehmungen mit dem bestehenden Unternehmen zu verbinden. Ein zentraler Aspekt ist dabei der Versuch, die Unternehmenskultur zu erhalten. Denn sie ist nicht nur eine wesentliche Grundlage der mittelständischen Unternehmensführung und oft auch des Erfolgs, sondern sie ist auch ein Ausdruck dessen, was der Entrepreneur geschaffen hat, und damit möchten sich die meisten Mittelständler trotz Wachstums weiterhin identifizieren können.

Fallbeispiel   **schattdecor**

schattdecor ist ein Bespiel dafür, dass Wachstum nicht zwingend zu Lasten der Unternehmenskultur erfolgen muss, sondern dass eine mittelständische Unternehmenskultur auch die Grundlage des Erfolgs und Wachstums sein kann.

schattdecor stellt Dekordrucke auf Spezialpapier in großen Rollen her, die in der Regel Holzreproduktionen oder Natursteinwiedergaben darstellen. Diese bedruckten Dekorpapiere werden von den Kunden mit Kunstharzen imprägniert und danach auf Holzplattenwerkstoffe laminiert, um daraus Küchen- und Wohnmöbel oder Laminatfußboden als Endprodukt herzustellen.

Als Walter Schatt schattdecor gründete, hatte er als Entrepreneur bereits zehn Jahre Erfahrung in der Branche. Das Unternehmen, das er zuvor hatte, war erfolgreich gewachsen. Es gab aber Unstimmigkeiten zwischen den Partnern, und er konnte sich bald nicht mehr mit dem Unternehmen identifizieren. Er wollte in einer Atmosphäre des Vertrauens und des gegenseitigen Respekts arbeiten, dass sich auf alle Mitarbeiter des Unternehmens erstreckt. Dafür verließ er seine alte Firma und gründete 1985 schattdecor in Thansau. Mit seinen ersten fünf Mitarbeitern war er nun ein Kleinunternehmer und Konkurrent seiner deutlich größeren alten Firma. Heute ist schattdecor mit einem Umsatz von mehr als 400 Millionen Euro und mehr als 1.000 Mitarbeitern in Deutschland, Polen, Russland, Brasilien, China und Italien der Weltmarktführer für Dekordrucke.

Wie ist Herrn Schatt dieses Wachstum gelungen? Von außen betrachtet sind die Eckpfeiler des Wachstums Innovation, was neben der Herstellung auch die eigene Anfertigung aller Druckdekore beinhaltet, Qualität, wozu eine naturgetreue Wiedergabe und Farbtongenauigkeit zählen, und die Konditionen, zu denen neben dem Preis auch die punktgenaue Einhaltung der zugesagten Lieferzeiten gehören.

Bei genauerer Betrachtung erweisen sich diese „Erfolgsfaktoren" aber nur als Ergebnis der Art und Weise, *wie* Herr Schatt sein Unternehmen aufgebaut hat und heute noch führt. Für Ihn ist der zentrale Erfolgsfaktor des Unternehmens die Unternehmenskultur, worin er auch seinen eigentlichen Wettbewerbsvorteil sieht. Seiner Ansicht nach sind Innovation, außerordentliche Leistungskraft, Qualität und die angebotenen Konditionen nur mit engagierten und verantwortungsbewussten Mitarbeitern möglich.

Deshalb war er von Anfang an bemüht, ein entsprechendes Betriebsklima zu schaffen. Herr Schatt ist überzeugt, dass Werte, wie Loyalität, Ehrlichkeit und Respekt, nur dann ein entsprechendes Betriebsklima schaffen, wenn sie auch vorgelebt werden. Dafür war die Transparenz im anfänglich kleinen Unternehmen hilfreich. Es führte schnell zu einem großen Zusammengehörigkeitsgefühl. Herrn Schatt erlaubte das, seinen Mitarbeitern vertrauen zu können, statt sie in allem zu kontrollieren, was seiner Ansicht nach ein Ausdruck des Misstrauens ist. So konnte er sich stärker auf das Wachstum des Unternehmens konzentrieren.

Er hatte die Vision, ein Verfahren zu entwickeln, das einen bis dahin ungekannten Grad an naturgetreuem Druck erlauben sollte. Seiner Ansicht nach ist es dem Engagement und dem Zusammenhalt seiner Mitarbeiter zu verdanken, dass es seinem Unternehmen gelang, ein solches Verfahren relativ schnell zu entwickeln. Denn das Unternehmen hatte keine große Forschungs- und Entwicklungsabteilung und musste die laufenden Aufträge gleichzeitig abarbeiten. Mit diesem neuen Verfahren begann der Aufstieg von schattdecor; erst mit dieser Druckqualität wurde es möglich, beispielsweise Laminatböden herzustellen, die von echtem Parkett (inzwischen) kaum zu unterscheiden sind.

Die ursprüngliche Konzeption von Herrn Schatt, ein überschaubares und agiles Unternehmen zu schaffen, dass sich auf den Wachstumsmarkt für beschichtete Spanplatten konzentriert, war aufgegangen. Anfang der 90er Jahre bediente schattdecor nicht nur den deutschen Markt, sondern auch das Ausland. Die Exportrate lag 1993 bei mehr als 80%. Bald erreichte schattdecor einen Punkt, an dem die Bestellungen aus manchen Ländern nicht mehr sinnvoll aus Thansau bedient werden konnten. Denn die Drucke sind designorientiert und der Geschmack in ist den Ländern unterschiedlich. Das macht den Vertrieb beratungsintensiv. Andererseits waren die Mengen noch zu gering, um eigene Werke in diesen Ländern zu rechtfertigen.

Walter Schatt musste entscheiden, ob er es bei der erreichten Größe belassen und falls nötig Aufträge ablehnen oder weiteres Wachstum anstreben sollte. Das war eine kritische Phase. Seiner Ansicht nach beruhte der bisherige Erfolg größtenteils auf der Unternehmenskultur. Wachstum – gerade im Ausland – konnte diese Unternehmenskultur gefährden. Denn das Zugehörigkeitsgefühl und die hohe Verantwortlichkeit einer überschaubaren Belegschaft von 70 oder 100 Mitarbeitern an einem Standort lassen sich nicht ohne weiteres auf 300 oder 400 Mitarbeiter an unterschiedlichen Standorten übertragen, erst recht nicht binnen kurzer Zeit.

Herr Schatt entschied sich dennoch für weiteres Wachstum, jedoch mit dem Ziel, die Unternehmenskultur soweit wie möglich zu erhalten und auf neue Werke im Ausland zu übertragen. Diese mussten zusätzliche Aufträge gewinnen, um sich zu tragen. Bis dahin musste Thansau ihren Aufbau und die Anfangsverluste ausgleichen. Das Betriebsklima in Thansau durfte also nicht gefährdet werden. Gleichzeitig sollten neue Werke in das bestehende Unternehmen eingegliedert werden. Dazu mussten sie dem Vorbild Thansau entsprechen.

Aber wie sollte das möglich sein, wenn neue Mitarbeiter mit einem anderen kulturellen Hintergrund den Aufbau, die Geschichte und die Unternehmenskultur von Thansau nicht kennen?

Walter Schatt beschloss, mit nur einem Werk zu beginnen. In dieser Situation trat ein Kunde an ihn heran. Dieser wollte in Polen eine weitgehend stillgelegte Papierfabrik erwerben und bot Herrn Schatt an, die dazugehörige Druckerei zu übernehmen. Die Infrastruktur, das Gebäude und die Anlagen waren in sehr schlechtem Zustand und die Belegschaft war sehr skeptisch. Viele befürchteten, entlassen zu werden.

Als Herr Schatt die Druckerei übernahm bestand sein Ansatz darin, zunächst die Mitarbeiter des neuen Werks zu gewinnen. Anstatt gleich in neue Anlagen zu investieren, investierte er deshalb erst in Bereiche, die für die Mitarbeiter wichtig waren. Toiletten und Umkleidekabinen wurden neu errichtet, stündlich gereinigt und es wurde mit Kontrollen darauf geachtet, dass sie auch sauber blieben. Herr Schatt machte gleich zu Beginn deutlich, dass diese Investitionen für alle gedacht waren und, dass er Beschädigungen oder die Entwendung von Gegenständen als Diebstahl an ihm betrachte und nicht tolerieren würde. Mit der Kantine verfuhr er ebenso. Sie wurde zum Speisesaal für alle Mitarbeiter und die Küche wurde angewiesen, reichhaltiges und gutes Essen auszugeben.

Etwa 15% der Mitarbeiter wurden dann nach Thansau geschickt, wo sie bewusst als gleichberechtigte Mitarbeiter aufgenommen wurden. Dort wurden sie geschult und lernten die Unternehmenskultur kennen. Laut Herrn Schatt kamen sie als „Botschafter" dieser Kultur zurück und führten anschließend die deutschen Instruktoren bei den polnischen Mitarbeitern ein. Infolgedessen begannen die Mitarbeiter nach und nach daran zu glauben, dass Herr Schatt den Standort mit ihnen aufbauen und sie, so wie in Thansau, am Erfolg teilhaben lassen wollte. Heute haben die Mitarbeiter beider Werke die gleiche Handlungs- und Werteorientierung, es bestehen die gleichen Regeln und letztendlich die gleiche Unternehmenskultur. Das Werk in Polen war sehr schnell erfolgreich und ist es auch heute noch.

Nach diesem Muster baute Herr Schatt in den folgenden Jahren weitere Werke auf, die alle binnen sehr kurzer Zeit ausgesprochen erfolgreich waren und es immer noch sind. Wo es möglich war, kaufte er dazu ein bestehendes Werk und wandelte es um oder gründete ein neues, wie beispielsweise in China (das schon im ersten Jahr mit Gewinn arbeitete).

Der erste Schritt von Herrn Schatt besteht dabei immer darin, das persönliche Vertrauen der Mitarbeiter zu gewinnen, denn das betrachtet er als den Kern seiner Unternehmenskultur. Diesem Beispiel folgen auch die Führungskräfte und die als Instruktoren entsandten Mitarbeiter auf allen Ebenen. Trotz der möglichen kulturellen Unterschiede akzeptiert Herr Schatt folglich auch kein distanziertes Verhältnis zwischen Führungskräften und den übrigen Mitarbeitern. Neue Führungskräfte müssen deshalb einige Wochen an verschiedenen Positionen in der Produktion arbeiten, bevor sie ihre Aufgabe als Marketing- oder Finanzleiter übernehmen.

Inzwischen hat schattdecor zu viele Mitarbeiter, als dass sich alle persönlich kennen könnten. Aufgrund der regelmäßigen Rotation zwischen den Werken (jeweils für einige Wochen) lernen aber immer mehr Mitarbeiter andere Werke und Mitarbeiter kennen. Das trägt zwar nicht unmittelbar zum Umsatz bei, mittelbar sichert es aber den Erfolgsfaktor Unternehmenskultur, indem dadurch eine Vertrauenskette entlang der Wertschöpfungskette aufgebaut wird. In diesem Zusammenhang ist die Möglichkeit, dass sich jeder Mitarbeiter jederzeit mit beruflichen und persönlichen Anliegen an die Führungskräfte und Herrn Schatt selbst wenden kann, nach wie vor ein integraler und regelmäßig genutzter Bestandteil der Unternehmenskultur.

11.2 Familienunternehmen

Die Mehrheit der Familienunternehmen zählt zum eigentümergeführ-ten Mittelstand. Das liegt daran, dass kleine und mittlere Unternehmen in der Regel vom Eigentümer geführt werden und sich das Eigentum dabei nicht selten auf mehrere Familienmitglieder des Entrepreneurs verteilt. Auch wenn das nicht der Fall ist, kommt es dennoch häufig vor, dass Familienmitglieder im Unternehmen aktiv mitarbeiten und das Unternehmen dadurch mitprägen. Theoretisch lassen sich vier Fälle unterscheiden:

- auf die Familienmitglieder verteiltes Eigentum ohne Mitarbeit von Familien-mitgliedern
- auf die Familienmitglieder verteiltes Eigentum bei Mitarbeit von Familien-mitgliedern
- alleiniges Eigentum bei Mitarbeit von Familienmitgliedern
- alleiniges Eigentum ohne Mitarbeit von Familienmitgliedern

> Es existiert keine allge-mein akzeptierte Defi-nition von Familien-unternehmen.

Oftmals werden Familienunternehmen als solche bezeichnet, bei denen das Eigentum auf die Familie verteilt ist und neben dem Entrepre-neur noch mindestens ein Familienmitglied im Unternehmen leitend mitarbeitet. Das Problem dieser Abgrenzung ist, dass sich die Situation im Laufe der Zeit ändern kann. Das heißt, anfänglich alleiniges Eigentum kann auf die Familienmitglieder verteilt werden, beispielsweise im Zuge einer vorgezogenen Erbschaft, oder Familienmitglieder scheiden aus dem Unternehmen aus oder umgekehrt, sie werden im Unternehmen tätig. Damit könnte ein und dasselbe Unternehmen zeitweise als Familienun-ternehmen und zeitweise nicht als solches betrachtet werden.

Ein weiteres Abgrenzungsproblem liegt in der Art, wie das Eigentums-recht ausgeübt wird. Führt und kontrolliert eine Eigentümerfamilie das Unternehmen, indem ein Familienmitglied das Unternehmen leitet, oder beeinflusst die Familie das Unternehmen, indem sie die Aufsicht über einen bestellten Geschäftsführer ausübt? Auch hier spielt der Zeit-punkt der Beobachtung eine Rolle. Denn es kommt immer wieder vor, dass ein Geschäftsführer bestellt wird, um die Zeit, bis ein Nachfolger aus der Familie die Leitung übernehmen kann, zu überbrücken.

Eine dritte Schwierigkeit besteht darin, dass keiner der vorgenannten Aspekte und Kriterien eine Aussage über die Größe des Unternehmens erlaubt. Zwar gehören die weitaus meisten Familienunternehmen dem Mittelstand an, manche sind aber auch sehr groß.[5]

In Folge dieser Schwierigkeiten und Abgrenzungsprobleme ist es für Wissenschaftler immer wieder schwierig, Familienunternehmen zu definieren, weshalb es an einer allgemein akzeptierten Definition von Familienunternehmen immer noch fehlt.

Je nach zugrunde liegender Definition sind Schätzungen zufolge etwa 60–90% aller Unternehmen Familienunternehmen.

---

5. So sind etwa ein Drittel der „Fortune 500 Unternehmen", also der umsatzgröß-ten Unternehmen weltweit, mehrheitlich in Familienbesitz.

Einmal abgesehen vom Anteil der Familienunternehmen an der Unternehmenspopulation liegt die eigentliche Bedeutung, um die es bei Familienunternehmen geht, in dem Umstand, dass die Familie das Unternehmen, die Unternehmenskultur und das Verhalten des Unternehmens bestimmt. Die Eigentumsverhältnisse und der Eigentumsanteil der Familie, die Anzahl der Familienmitglieder die im Unternehmen tätig sind, oder die Frage, ob die Familie die Unternehmensleitung stellt oder sie „lediglich" beaufsichtigt, dienen dabei nur als Indikatoren für die Möglichkeiten der Familie, das Unternehmen maßgeblich oder dominierend zu beeinflussen.

> Die Definitionsansätze unterscheiden sich nur nach dem Grad des Familieneinflusses.

Vor diesem Hintergrund unterscheiden sich die verschiedenen Ansätze, Familienunternehmen zu definieren, nur durch den Grad der möglichen Einflussnahme oder Dominanz des Unternehmens von Seiten einer Familie. Die Mehrheit am Eigentum erlaubt, zwischen Leitung und Aufsicht zu wählen; die Geschäftsführung erlaubt mehr Einfluss als die Aufsicht; mehr aktive Familienmitglieder beeinflussen das Unternehmen gegebenenfalls mehr als es wenige können, und Eigentum, das auf die Familienmitglieder verteilt ist, erlaubt der Familie als Ganzes mehr Mitsprache als das alleinige Eigentum eines Familienmitglieds.

Die Mehrheit am Eigentum wird oftmals als entscheidende Voraussetzung für den Familieneinfluss betrachtet. Allerdings gibt es zahlreiche Unternehmen, an denen bereits die Gründerfamilie oder nachfolgende Generationen nur noch eine Minderheit hält, das Unternehmen aber dennoch maßgeblich beeinflusst. Der Grund dafür liegt in dem Umstand, dass der Einfluss einer Familie auf ein Unternehmen nicht nur durch das Eigentum erfolgt. Die Präsenz des Eigentümers oder der Familienmitglieder und ihre Familienwerte beeinflussen das Unternehmen ebenfalls. Das entscheidende Kriterium ist deshalb nicht zwingend der Anteil des Eigentums, sondern der Einfluss der Familie und damit ihre Möglichkeit, das Unternehmen als Familie zu dominieren.

> Das Hauptmerkmal ist der Grad der Familiendominanz.

Vor diesem Hintergrund könnten wir Familienunternehmen also ebenso gut nach dem Grad der Familiendominanz bestimmen. So können wir in Zweifelsfällen näherungsweise bestimmen, ob ein Unternehmen als Familienunternehmen bezeichnet werden kann. Eine Möglichkeit hierzu ist ein Test der Familiendominanz.

11.2.1 Familiendominanz-Test und Klassifizierung

Der Familiendominanz-Test[6] beruht auf der Annahme, dass der Familieneinfluss von stark zu schwach variiert und die Familie von einem bestimmten Punkt an das Unternehmen zwar beeinflussen, aber nicht mehr dominieren kann. Dazu werden drei Ebenen des Einflusses, den eine Familie auf ein Unternehmen hat, getrennt betrachtet, nach einer Punkteskala bewertet und anschließend zusammengeführt: Eigentums-

> Der Familiendominanz-Test ermöglicht eine Klassifizierung von Familienunternehmen ...

---

6. Dieser Familiendominanz-Test soll eine einfache Möglichkeit bieten, Familienunternehmen trotz ihrer Unterschiedlichkeit zu klassifizieren und zu untersuchen.

anteil, Präsenz der Familie und Familienwerte. Das Eigentum ist der wichtigste Faktor; es ist die Grundlage für die Präsenz der Familie, und die Präsenz ist wiederum die Voraussetzung dafür, dass Werte „verkörpert" werden. Die Punkte werden deshalb gewichtet, beispielsweise mit dem Faktor 3 für Eigentumsanteil, Faktor 2 für Präsenz und Faktor 1 für Familienwerte. Das Ergebnis ist ein Maß der Familiendominanz, anhand dessen ein Unternehmen als Familienunternehmen im engeren Sinn, im weiteren Sinn oder gegebenenfalls nicht mehr als Familienunternehmen klassifiziert werden kann. *Abbildung 11.5* illustriert den Familiendominanz-Test.

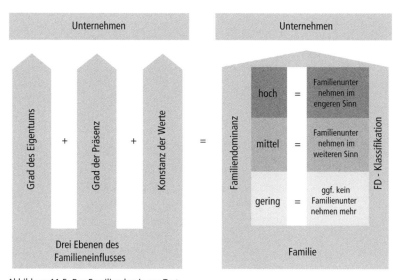

Abbildung 11.5: Der Familiendominanz-Test

... nach dem Grad der Familiendominanz.

Die Bewertung der einzelnen Einflussebenen orientiert sich an dem Grad des Einflusses, den eine Familie dadurch hat. So muss sich das Recht des Eigentums nicht zwingend über eine Beteiligung am Management ausdrücken. Die Familie kann auch die Aufsicht über das Management ausüben und dazu eine Gesellschaft wie beispielsweise eine Stiftung oder Holding verwenden, in der die Anteile der einzelnen Familienmitglieder zusammengefasst sind. Die Präsenz der Familie durch ihre persönliche Beteiligung am Management oder der Aufsicht ermöglicht eine direkte Beeinflussung der Unternehmensentscheidungen. Dabei gilt, je zahlreicher und unmittelbarer ihre Beteiligung ist, desto stärker ist der Familieneinfluss. Der Fortbestand der Familienwerte[7] ermöglicht die Kontinuität der Werteorientierung, die ein Bestandteil der Unternehmenskultur ist. Eine Kontinuität der Familienwerte ist bei der Vererbung eines Unternehmens von der Gründergeneration auf die nächste oder übernächste aber nicht immer der Fall, denn häufig verzweigen sich die Familie und deren Werte über die Generationen.

---

7. Beispielsweise Loyalität, Verantwortlichkeit oder soziales Engagement

Wenn wir diesen Ansatz auf beliebige Privatunternehmen anwenden, können wir damit erklären, warum beispielsweise ein Unternehmen, an dem die Gründerfamilie nur noch eine Minderheit hält, dennoch wie ein Familienunternehmen auftritt und möglicherweise auch als solches einzustufen wäre.

Familiendominanz-Test

Beispielrechnung

Angenommen wir vergeben für die einzelnen Einflussebenen Punkte von 1 bis 5 und multiplizieren sie mit dem jeweiligen Faktor entsprechend der folgenden Tabelle:

Eigentum Faktor 3	Familienpräsenz Faktor 2	Familienwerte Faktor 1	Punkte
100%	Aufsicht + Führung + Topmanagement	1. Generation	5
80%	Aufsicht + Führung	2. Generation	4
60%	Aufsicht + Geteilte Führung	3. Generation	3
40%	Aufsicht + Top-management	4. Generation	2
20%	Nur Aufsicht	5. bis n-te Generation	1

... dann würde ein Unternehmen (A), das sich zu 100% in Familienbesitz befindet (5 Punkte), gänzlich von der Familie geführt wird (5 Punkte) und in dem die erste Generation noch präsent ist (5 Punkte), insgesamt 5x3+5x2+5x1=30 Punkte erhalten.

Ein anderes Unternehmen (B), das sich noch zu 40% und in der dritten Generation in Familienbesitz befindet und die Führung mit einem Externen, also Familienfremden teilt, hätte demnach 2x3+3x2+3x1, also insgesamt 5 Punkte.

Ein Drittes Unternehmen (C), das zu 20% in Familienbesitz ist und von der 5. Generation im Rahmen eines Beirats oder Aufsichtsrats beaufsichtigt wird hätte insgesamt 1x3+1x2+1x1, also insgesamt 6 Punkte.

Wenn wir eine Skala von 6 bis maximal 30 Punkten in drei Bereiche aufteilen, dann können wir festlegen, dass: 6 – 14 Punkte eine geringe Familiendominanz, 15 – 22 Punkte eine mittlere und 23 – 30 Punkte eine hohe Familiendominanz ausdrückt. Wir könnten dann die Unternehmen entsprechend der Familiendominanz klassifizieren. Demnach wäre Unternehmen A ein Familienunternehmen im engeren Sinn, Unternehmen B wäre ein Familienunternehmen im weiteren Sinn und Unternehmen C wäre gegebenenfalls nicht mehr als Familienunternehmen zu bezeichnen.

11.2.2 Familie und Unternehmen

Vielfach wird die Familiendominanz über ein Unternehmen auch als Einheit von Familie und Unternehmen ausgedrückt. Tatsächlich sind die Familie und das Unternehmen aber zwei sehr unterschiedliche Institutionen mit unterschiedlichen Regeln. Das kann für die im Unternehmen tätigen Familienmitglieder auch zu Schwierigkeiten und (Ziel-)Konflikten führen. Denn im Gegensatz zum Unternehmen ist die Familie in aller Regel keine im materiellen Sinn wettbewerbliche und gewinnorientierte Einrichtung.

In der Familie bestimmen Verwandtschaftsgrad, Emotionen und Rollen, wie Mutter, Vater, Tochter oder Sohn das Verhalten der Familienmitglieder. Dabei ist für die unmittelbare Wertschätzung des Einzelnen dessen materielle Leistung nicht immer ausschlaggebend.

Im Unternehmen wird das Handeln von betriebswirtschaftlichen Notwendigkeiten, Unternehmenszielen und dem Wettbewerb bestimmt. Im Gegensatz zur Familie ist die unmittelbare Wertschätzung des Einzelnen dabei sehr eng an dessen Beitrag zum Unternehmensziel und damit an dessen Leistung gebunden.

Interessens- und Rollenkonflikte

In Familienunternehmen treffen somit zwei unterschiedliche Institutionen aufeinander, innerhalb derer das Verhalten der Einzelnen durch sehr unterschiedliche Faktoren bestimmt wird. Die Familie als Ganzes wird schon deshalb nicht völlig deckungsgleich mit dem Unternehmen sein. In dem Bereich, in dem sich beide Institutionen überschneiden, müssen die Familienmitglieder mögliche Konflikte zwischen Familien- und Unternehmensinteressen ausgleichen. *Abbildung 11.6* versucht die Situation zu illustrieren.

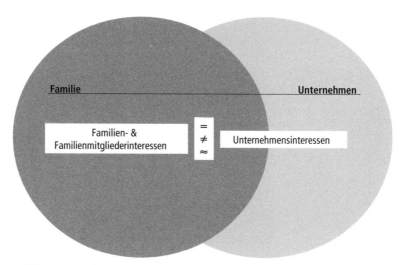

Abbildung 11.6: Familie und Unternehmen

Urlaub ist ein einfaches Beispiel, das den möglichen Konflikt, wie er in vielen Familienunternehmen auftritt, verdeutlicht. Angenommen beide Elternteile führen das Unternehmen und möchten dennoch einen gemeinsamen Familienurlaub machen. Aus Sicht der Familie ist das nachvollziehbar, für das Unternehmen bedeutet es aber, für die Dauer des Urlaubs gegebenenfalls führungslos zu sein. In vielen kleineren Familienunternehmen ist das ein gängiges Problem, das meist durch Kurzurlaube gelöst wird. Denn auch wenn eine längere Abwesenheit möglich wäre, befürchten viele, ihren Urlaub aus Sorge um das Unternehmen nicht genießen zu können.

Neben solchen Konflikten, die durch Kompromisse gelöst werden können, bestehen in Familienunternehmen, in denen mehrere Generationen beschäftigt sind, regelmäßig Schwierigkeiten einer anderen Art. Das Problem liegt hier in der Übertragung einer Familienrolle auf die Funktion des Einzelnen im Unternehmen. Diese Schwierigkeit wird zwischen Generationen, beispielsweise zwischen Vater und Tochter, am deutlichsten. Wenn die Tochter eine führende mit Autorität verbundene Rolle im Unternehmen übernimmt, aber vom Vater als Kind oder Tochter behandelt wird, dann hat die Tochter Schwierigkeiten, ihrer Rolle und Funktion im Unternehmen nachzukommen. Der Vater wird also lernen müssen, die Tochter nur im Privaten als solche zu behandeln und sie innerhalb des Unternehmens ihrer Funktion entsprechend als Mitarbeiterin zu sehen. Andernfalls droht die Tochter von Kollegen und Untergebenen nicht ernst genommen zu werden und das Interesse an einer Mitarbeit im Familienunternehmen zu verlieren.

> Manche Konflikte lassen sich durch Kompromisse lösen, andere erfordern ein Umdenken.

Die Instrumente, um Interessens- und Rollenkonflikte im Unternehmen zu lösen, sind mit den Familienstrukturen und der Vorrangigkeit der Interessen (Familie versus Unternehmen) eng verbunden. Bei den Familienstrukturen können wir zwischen individualistischen und kollektivistischen Strukturen unterscheiden, also solchen, bei denen Familieninteressen richtungweisend sind, und solchen, bei denen Einzelinteressen frei verfolgt werden können. Innerhalb eines individualistischen Rahmens funktionieren Befehle und Erwartungshaltungen hinsichtlich der Mitarbeit im Unternehmen eher selten. In solchen Fällen werden Interessens- und Rollenkonflikte vielmehr über einen regelmäßigen Dialog und die Gewährung von Freiräumen erreicht.[8]

Der Umgang mit solchen Konflikten hängt allerdings auch von der Priorität, die Familien- bzw. Unternehmensinteressen haben, ab. Das heißt, kommen Familieninteressen vor Unternehmensinteressen oder haben die Interessen des Unternehmens Priorität? Im Rahmen individualistisch geprägter Familien ist es oft nachteilig, wenn den Unternehmensinteressen der Vorrang gegeben wird, weil die Familienmitglieder

> Familien müssen eine Balance zwischen Familien- und Unternehmensinteressen finden.

---

8. Empirische Untersuchungen zeigen, dass der regelmäßige Dialog und die Gewährung von Freiräumen ein Merkmal von Familienunternehmen sind, die sich über mehrere Generationen halten. Beispielsweise: Cole, P.M., Understanding Family Business Relationships: Preserving the Family in Family Business, in: The Family Journal, 8/4, S. 351 – 359.

ihre Eigeninteressen denen des Unternehmens selten langfristig unterordnen wollen. Liegt der Fokus auf den Interessen der Familie und ihrer Mitglieder, droht anderseits das Unternehmen nicht ausreichend berücksichtigt zu werden.

Auch hier zeigen Untersuchungen[9], dass Familienunternehmen, die über mehrere Generationen existieren, eine Balance zwischen einer starken Familien und einer starken Unternehmensorientierung gefunden haben.

Risiko

> **Erhalt der Stabilität und Kontrolle sind zusätzliche Aspekte der Risikoabwägung.**

Wir wissen aus dem vorangegangenen Abschnitt, dass die unmittelbare Gefahr des Vermögensverlustes das Verhältnis zum Risiko und den Umgang damit beeinflusst. Wenn wir davon ausgehen, dass das Unternehmen die Existenzgrundlage der Eigentümerfamilie ist, ergeben sich daraus zwei Ziele, die den Umgang mit Risiko zusätzlich beeinflussen: Erhalt der Kontrolle und der Stabilität. Das heißt, die möglichen Vorteile einer unternehmerischen Entscheidung werden nicht nur im Hinblick auf das Risiko des Vermögensverlustes beurteilt, sondern auch im Hinblick auf das Risiko des Kontrollverlustes und der Beeinträchtigung der Stabilität des Unternehmens.[10]

Familienunternehmen berücksichtigen deshalb oft andere und gegebenenfalls mehr Faktoren bei der Risikoabwägung als andere Unternehmen. Dabei führen die Ziele Kontrollerhalt und Erhalt der Stabilität möglicherweise dazu, das Spektrum der unternehmerischen Aktivität und der eingesetzten Mittel (die immer mit Risiko verbunden sind) einzugrenzen.

> **Manche begrenzen das Risiko, indem sie Neues weitgehend selbst finanzieren.**

Das bedeutet aber nicht, dass Familienunternehmen deshalb risikoscheuer sind als andere Unternehmen. Es bedeutet lediglich, dass sie in stärkerem Maß dazu neigen, Risiken zu begrenzen.[11] Das erklärt auch, warum manche Familienunternehmen – sofern möglich – bei neuen Aktivitäten eine „zero-debt policy" verfolgen, also den Ansatz, neue Aktivitäten gänzlich oder zumindest weitgehend aus Eigenmitteln zu finanzieren. Der Vorteil dieser Vorgehensweise liegt darin, als alleiniger Finanzier die Gesamtkontrolle zu haben und keinem Kapitalgeber zur Rechenschaft verpflichtet zu sein. Gleichzeitig wird das Risiko darauf reduziert, nur das eingesetzte Kapital verlieren zu können, wodurch Kontrolle und Stabilität des Unternehmens im „worst case" erhalten bleiben sollen. Das heißt, Familienunternehmen scheuen nicht zwingend riskante Unternehmungen, sie versuchen nur, das damit verbundene Risiko weitgehend einzugrenzen und zu kontrollieren.

---

9. Beispielsweise: Leenders, M., Waarts, E., Competitiveness of Family Business: Distinguishing Family Orientation and Business Orientation, Management Report Series, ERIM Nr. 28, Erasmus Universiteit Rotterdam, 2001.

10. Zwischen Familienunternehmen und dem eigentümergeführten Mittelstand besteht insofern kein Unterschied.

11. Das ist in etwa so wie ein Spieler, der im Casino seinen Einsatz begrenzt. Seine Gewinn- und Verlustchancen sind ebenso hoch wie die der übrigen Spieler. Sein Risiko ist aber auf seinen Einsatz begrenzt.

Wachstum

Wenn wir Wachstum als Funktion erfolgreich genutzter Gelegenheiten auffassen, dann hängt das Wachstum aller Unternehmen davon ab, ob sie Gelegenheiten erkennen oder schaffen und ob und wie sie diese nutzen. Gelegenheiten zu erkennen hängt wiederum davon ab, wohin man sieht bzw. welche Ziele eine Unternehmensführung hat.

Bei einem Familienunternehmen, das eine Balance zwischen Familien- und Unternehmensinteressen anstrebt, werden die Unternehmensziele auch hiervon geprägt sein. Die Wachstumsentscheidung wird darüber hinaus auch von der Fähigkeit der Familie, das Unternehmen weiterhin zu kontrollieren, bestimmt.[12] Beides beeinflusst das Erkennen und gegebenenfalls Schaffen neuer Gelegenheiten, mittels derer das Unternehmen wachsen könnte. Damit mögen manche Chancen nicht im Blickfeld der Unternehmensleitung sein oder nicht genutzt werden, weil sie ein zu starkes familiäres Engagement erfordern würden oder die Kontrollierbarkeit beeinträchtigen könnten.

> Familienunternehmen neigen dazu, nicht alle Wachstumsgelegenheiten zu nutzen …

Wissen, Know-how und Erfahrung sind aber für die Kontrolle und den Erfolg einer Unternehmung entscheidende Faktoren. Viele Unternehmen, denen das Wissen und die Erfahrung zur Nutzung sich bietender Chancen fehlt, kaufen deshalb das dafür nötige Wissen beispielsweise in Form leitender Mitarbeiter ein. Familienunternehmen, die sich nicht auf eingekauftes Wissen verlassen wollen, nutzen solche Chancen deshalb oft nicht.

Dieser Umstand mag die Wachstumsmöglichkeiten von Familienunternehmen einschränken. Das bedeutet aber nicht, dass Familienunternehmen nicht wachsen. Wie im eigentümergeführten Mittelstand hat die Kontinuität der Führung den Vorteil, Wachstumsziele langfristig verfolgen zu können. In der Praxis führt das zu einer schrittweisen Intensivierung und Ausdehnung der Unternehmensaktivitäten.[13]

> … verfolgen Wachstumsziele aber in der Regel langfristig.

Unternehmensnachfolge

Die Unternehmensnachfolge ist ein in Europa vielfach diskutierter Aspekt von Familienunternehmen. Das Problem besteht darin, dass viele Familienunternehmen keinen Nachfolger aus der Familie haben. Das nährt die Sorge, dass diese Unternehmen, sofern sie nicht verkauft werden, aus Altersgründen geschlossen werden könnten, was unter anderem einen Verlust an Arbeitsplätzen zur Folge hätte.

---

12. Hier besteht zum eigentümergeführten Mittelstand kein Unterschied.
13. Tatsächlich sind die Ergebnisse empirischer Untersuchungen zum Wachstum von Familienunternehmen versus Nichtfamilienunternehmen sehr uneinheitlich. Manche Untersuchungen weisen Familienunternehmen als wachstumsstärker aus, während andere das Gegenteil feststellen. Den meisten Untersuchungen gemein ist die Feststellung, dass Familienunternehmen ihre Wachstumsziele langfristig verfolgen.

Aspekte, wie Familientradition oder der Erhalt und die Fortführung des Geschaffenen, verleiten zu der Annahme, dass die Unternehmensnachfolge auch für die Familienunternehmen selbst von besonderer Bedeutung ist. Umso erstaunlicher ist die Feststellung, dass viele Familienunternehmen sich anscheinend wenig um einen Nachfolger aus dem Kreis der Familie bemühen.

Bei genauerer Betrachtung wird die Ursache dieses Phänomens aber schnell deutlich. In Ländern, in denen die Rahmenbedingungen viele Erwerbsgrundlagen ermöglichen, können die Menschen ihren Beruf in der Regel selbst wählen. Eine Tätigkeit im Familienunternehmen ist deshalb eine weitgehend freiwillige Entscheidung. Die Familientradition und der Erhalt des Geschaffenen sind für diese Entscheidung wichtige Aspekte. Die Individualisierung der Gesellschaft, besonders in Europa, erlaubt den Nachfahren aber dennoch, weitgehend frei über ihren Berufsweg zu entscheiden.

> **Die Kontinuitätserwartung ist überwiegend emotional motiviert.**

Familien, bei denen sich die Frage der Nachfolge im Unternehmen stellt, bringen den potentiellen Nachfolgern nach wie vor eine gewisse Erwartungshaltung entgegen. Die potentiellen Nachfolger gehen nur freier damit um. Letztendlich ist die Familie darauf angewiesen, dass ein Familienmitglied sich freiwillig für die Nachfolge entscheidet. Das Bemühen um einen Nachfolger aus dem Kreis der Familie ist deshalb primär eine Angelegenheit, die innerhalb der Familie stattfindet. Das ist auch sinnvoll, denn die Kontinuitätserwartung ist überwiegend emotional motiviert, wie es schon der Satz *"Es wäre schön, wenn die Familie das Unternehmen und die Tradition fortführt"* ausdrückt.

Ein weiterer Aspekt liegt darin, dass viele die Leitung des Familienunternehmens – trotz aller Einschränkungen – weniger als Pflicht als vielmehr als Grundlage eines selbst bestimmten Lebens auffassen.[14] Im Hinblick auf die Nachfolge neigen sie deshalb oft dazu, ihren Kindern die gleiche „Freiheit der Wahl" einzuräumen.

Abgesehen davon ist die Konfrontation mit der Nachfolge für den Entrepreneur auch mit dem psychologischen Aspekt der eigenen Vergänglichkeit verbunden, weshalb die Auseinandersetzung damit häufig auf einen späteren Zeitpunkt verschoben wird. Das kann für gegebenenfalls an der Nachfolge interessierte Nachkommen frustrierend sein und erschwert häufig die Übernahme, besonders wenn sie beispielsweise aufgrund von Krankheit kurzfristig erfolgt.

> **Die Unternehmensnachfolge ist vielmehr ein Prozess als ein Übergabeereignis.**

Der Zeitpunkt, ab dem sich ein Unternehmen mit der Nachfolge befassen sollte, ist deshalb von großer Relevanz. Denn bei genauerer Betrachtung ist die Nachfolge nicht einfach ein Übergabeereignis, es ist vielmehr ein Prozess, bei dem viele Aspekte berücksichtigt werden müssen. *Tabelle 11.1* bietet einen Überblick über die zentralen Aspekte.

---

14. In etwa so wie freiwillige Gründer, deren primäre Motive Unabhängigkeit und Selbstverwirklichung sind (siehe Kapitel 2).

Tabelle 11.1
Zentrale Aspekte der Unternehmensnachfolge

Familienaspekte	Unternehmensaspekte
Berücksichtigung der Einzelinteressen	Schrittweise Einführung des oder der Nachfolger in ihre Aufgaben und Funktion
Stellung, Privilegien und ggf. Kompensation nicht beteiligter Familienmitglieder	Schrittweise Einführung des oder der Nachfolger bei Mitarbeitern, Kunden, Lieferanten und Banken
Lebensunterhalt und Absicherung des Seniors	Schrittweises Ausscheiden des Seniors

Familienaspekte

Ein oft problematischer Aspekt ist, dass innerhalb der Familie ein Ausgleich für die Familienmitglieder gefunden werden muss, die sich nicht aktiv am Unternehmen beteiligen möchten oder können. Je nach vorhandenem Kapital oder Wert des Unternehmens ist eine Auszahlung dabei gelegentlich nicht oder nur bedingt möglich oder gewollt. Dadurch bleiben oder werden gegebenenfalls an der Nachfolge Nichtbeteiligte Miteigentümer. Sie können dann passive Eigentümer sein, dem Unternehmen also weitgehend fern bleiben, und nur eine jährliche Dividende erhalten, oder es wird eine Regelung zur Aufsicht gefunden. In diesem Fall können die Familienmitglieder das Unternehmen weiterhin beeinflussen.

Bei der Nachfolge durch Einzelne ist ein finanzieller Ausgleich der Nichtbeteiligten nicht immer möglich oder gewollt.

Eine gängige Vorgehensweise dafür ist die Gründung einer Familien-Holdinggesellschaft, an der die Familienmitglieder beteiligt sind und die als Eigentümerin des Familienunternehmens auftritt. Alternativ besteht die Möglichkeit, das Familienunternehmen in eine so genannte kleine Aktiengesellschaft[15] umzuwandeln, an der die Familienmitglieder Aktien halten. Beide Möglichkeiten können zudem Vorteile im Hinblick auf die Erbschaftsteuer bieten.

Familiengesellschaften oder Stiftungen sind eine Lösung.

Der Lebensunterhalt und die Absicherung des Seniors nach dessen Ausscheiden ist ein weiterer Aspekt, der berücksichtigt werden muss. Eine gängige Regelung ist die regelmäßige Zahlung in Form einer Unternehmensrente, einer Dividende oder von Beraterhonoraren, die zusammen mit der Altersvorsorge den Lebensstandard erhalten sollen.

---

15. Die kleine Aktiengesellschaft erfordert ein geringeres Stammkapital und ist nicht mit den für „große" Aktiengesellschaften erforderlichen Berichtspflichten verbunden.

Unternehmensaspekte

Die unternehmensbezogenen Aspekte sollten ebenfalls geplant werden. In den meisten Familienunternehmen sind die Tochter oder der Sohn des Eigentümers den Mitarbeitern bereits bekannt und die Nachkommen kennen selbst das Unternehmen. Dieses „Kennen" schließt aber nicht immer Details der Abläufe ein, weshalb für die Nachfolger oft eine Art Trainee-Programm entwickelt wird. So lernen sie das Unternehmen und die Details der Abläufe besser kennen.

Die Übernahme von Verantwortung ist ein Prozess, der sich über verschiedene Stufen und gegebenenfalls Bereiche im Unternehmen erstrecken kann und einige Jahre benötigt. Nachfolger erleben dabei nicht selten die Schwierigkeit, dass aufgrund ihrer vorgezeichneten Karriere „Beförderungen" von Kollegen (und späteren Untergebenen) nicht als Folge ihrer Leistung beurteilt werden. Um diese Schwierigkeit zu vermeiden, erfolgt der „Einstieg" deshalb oft auf einer hohen Führungsebene. Das kann allerdings mit der Problematik mangelnder Erfahrung behaftet sein. Ist die Nachfolge oder ihre Möglichkeit bereits frühzeitig bekannt, sammeln die designierten Nachfolger deshalb oft Erfahrungen in anderen Unternehmen, bevor sie Verantwortung im Familienunternehmen übernehmen.

Die Akzeptanz durch die Mitarbeiter und besonders die leitenden Angestellten ist eine weitere Voraussetzung für eine erfolgreiche Übernahme der Unternehmensführung. Aus Sicht der Mitarbeiter beruht der Wechsel in der Unternehmensführung vorrangig auf dem Geburtsrecht. Anerkennung und Respekt muss sich der Nachfolger deshalb durch Leistung verdienen. Auch die Kunden, Lieferanten und Banken wollen wissen, wie das Unternehmen weitergeführt wird, ob Änderungen vorgesehen sind und gegebenenfalls welche.

Ein Nachfolgeplan erfordert aber auch ein geregeltes Ausscheiden des Seniors. In der Praxis erweist sich das oft als schwierig, weil an der Position und Aufgabe festgehalten und dem oder den Nachfolgern die Führung nicht zugetraut wird. Vom Senior erfordert die Übergabe daher nicht nur die Bereitschaft, Verantwortung schrittweise zu übertragen, sondern auch das Zutrauen, dass der Nachfolger – trotz gegebenenfalls neuer Wege – das Unternehmen führen kann.

Vor diesem Hintergrund sind Organisation und Planung der Nachfolge als Prozess sehr wichtig. Denn sie ermöglichen dem oder den Nachfolgern, auch bei Kunden und Lieferanten Vertrauen aufzubauen, ihre Leistung und Kompetenz zu zeigen und das nötige Zutrauen und Selbstbewusstsein für die Führungsverantwortung zu entwickeln.

> Mit dem Unternehmen groß zu werden heißt nicht, alle wichtigen Details zu kennen.

> Die Anerkennung der Mitarbeiter beruht auf Leistung und nicht auf Geburtsrecht.

> Die Nachfolge sollte als Prozess geplant werden.

Z U S A M M E N F A S S U N G

- Der mittelständische Entrepreneur trägt mit seinem Vermögen das Risiko aller Entscheidungen und Handlungen im Unternehmen. Allerdings kann er häufig nicht an allen Entscheidungen beteiligt sein oder sie treffen.

- Der mittelständische Entrepreneur muss delegieren und benötigt dafür eine Grundlage für Vertrauen und Kontrolle. Die mittelständische Unternehmenskultur bietet diese Grundlage.

- Die Kontinuität der Eigentümerführung ermöglicht den Mitarbeitern eine konstante Handlungs- und Werteorientierung.

- Das Risiko des Eigentümers führt zu einem persönlichen Kontrollbedürfnis und Interesse an allen Abläufen im Unternehmen.

- Zwischen Eigentum, Führung und Mitarbeitern besteht ein wechselseitiges Verhältnis, das aufgrund der Kontinuität der Eigentümerführung und der Eigentümerinteressen zur mittelständischen Unternehmenskultur führt.

- Die mittelständische Unternehmenskultur ist eine wesentliche Grundlage der Führung und des persönlichen Risikomanagements im eigentümergeführten Mittelstand.

- Im Hinblick auf das Wachstum befindet sich der mittelständische Entrepreneur häufig in einer Trade-off-Situation zwischen den Vorteilen des Wachstums und den Nachteilen einer gegebenenfalls erschwerten Kontrollierbarkeit des Unternehmens.

- Für den mittelständischen Entrepreneur sind Transparenz, Kontrollierbarkeit und der Einfluss auf die Unternehmenskultur ebenso wichtige Entscheidungsparameter wie die möglichen Vorteile eines Wachstumsschrittes.

- Es existiert keine allgemein akzeptierte Definition für Familienunternehmen. Sie werden in der Regel nach dem Eigentumsanteil, der aktiven Führung und der Anzahl der beteiligten Familienmitglieder bestimmt.

- Das Hauptmerkmal von Familienunternehmen ist der dominierende Einfluss der Familie auf das Unternehmen.

- Je nach zugrunde liegender Definition sind schätzungsweise 60% bis 90% aller Unternehmen Familienunternehmen. Manche können sehr groß sein, die überwiegende Mehrheit zählt jedoch zum Mittelstand.

- Familie und Unternehmen sind zwei unterschiedliche Institutionen, die unterschiedliche Regeln haben. Das kann zu Konflikten zwischen Familien- und Unternehmensinteressen führen.

Z U S A M M E N F A S S U N G

Fragen zur Diskussion

■ Wirkt sich die Einheit von Eigentum und Führung auf das Wachstum des Mittelstands nachteilig aus? Widersprechen sich Eigentum und Wachstum?

■ Schwächt Wachstum zwangsläufig die mittelständische Unternehmenskultur?

■ Worin könnte im Hinblick auf Wachstumsgelegenheiten der Unterschied zwischen kurzfristig und langfristig verfolgten Wachstumszielen bestehen und wie könnte sich das auf das Unternehmen auswirken?

■ Ein Mehrheitseigentümer schuldet nur sich selbst gegenüber Rechenschaft. Ist das im Hinblick auf die unternehmerischen Entscheidungen und die Unternehmensführung ein Vorteil oder ein Nachteil?

■ Beschränkt der Umstand, nicht Chef des Unternehmens werden zu können, die Möglichkeit, qualifizierte Führungskräfte zu bekommen?

■ Warum scheint die Frage der Nachfolge in europäischen Familienunternehmen eine geringere Priorität zu haben, als sie es für manche Politiker dem Anschein nach hat?

■ Mit welchen Schwierigkeiten können designierte Nachfolger in einem Unternehmen konfrontiert sein und wie könnte damit umgegangen werden.

■ Warum verfolgen manche Mittelständler – sofern möglich – eine so genannte „zero-debt policy" und ist dieser Ansatz wirklich sinnvoll?

■ Warum existiert keine allgemein akzeptierte Definition für Familienunternehmen? Worin liegen die Schwierigkeiten?

■ Wenn Sie Darlehensgeber wären, würden Sie zwischen dem eigentümergeführten Mittelstand und anderen Unternehmen risikorelevante Unterschiede erkennen und wenn ja, welche?

Weiterführende Literatur

Backes-Gellner, U., et al., Familienfreundlichkeit im Mittelstand – Betriebliche Strategien zur besseren Vereinbarkeit von Beruf und Familie, IfM-Materialie Nr. 155 (IFM-Bonn), Bonn, 2003

Birley, S., Stockley, S., Entrepreneurial Teams and Venture Growth, in: Sexton, D., Landström, H., (Hrsg.), Handbook of Entrepreneurship, Oxford, 2000, S. 287 – 307

Fueglistaller, U., Halter, F., Wertsteigerung von Klein- und Mittelunternehmen durch Mitarbeiterloyalität – ein handlungsorientiertes Modell, Konferenzbeitrag für Rencontres de St. Gall 2004 (www.kmu.unsig.ch)

Gersick, K.E., et al, Generation to Generation: Life Cycles of the Family Business, Harvard Business School Press, 1996

Haid, A., Weigand, J., R&D Investment, Liquidity Constraints and Corporate Governance, Jahrbücher für Nationalökonomie und Statistik, 221 (2), 2001, S. 145 – 167

Ilskenmeier, D., Der Ansatz eines ganzheitlichen Wissensmanagements für Klein- und Mittelbetriebe, Beiträge aus der Forschung, Band 124, Soziale Forschungsstelle Dortmund, 2001

Klein, S., Familienunternehmen: theoretische und empirische Grundlagen, (2. Aufl.), Wiesbaden, 2004

Kokalj, L., et al., Neue Tendenzen in der Mittelstandsfinanzierung, Schriften zur Mittelstandsforschung Nr. 99 NF, Gütersloh, 2003

Mugler, J., Betriebswirtschaft der Klein- und Mittelbetriebe (Bd. 1 und 2), Wien, 1998/1999

Reicheld, F., The loyalty effect: The hidden force behind growth, profits and lasting value, Harvard Business School Press, 2001

Simons, H., Die heimlichen Gewinner: Die Erfolgsstrategien unbekannter Weltmarktführer, Frankfurt/M. / New York, 1996

Steinle, C., et.al., Vertrauensorientiertes Management: Grundlegung, Praxisschlaglicht und Folgerungen, in: Zeitschrift für Führung und Organisation, Jg. 69, Heft 4, 2000, S. 208 – 217

Tamewski, G.A., et al., Strategic Orientation and Innovations Performance between Family and non-Family Firms, International Council for Small Business, 48th Annual Conference (June 15–18, 2003)

Mittelstand und die Herausforderungen globaler Märkte

12

ÜBERBLICK

❚❚ *Die Globalisierung ist seit langem ein Begriff, mit dem Unterschiedliches verbunden wird und der sehr kontrovers diskutiert wird. Aber was genau ist die Globalisierung, wie kam es dazu und welche Folgen hat sie für den Mittelstand? Welche Herausforderungen bergen beispielsweise das Wachstum in China und Indien oder die Osterweiterung für mittelständische Unternehmen? Sind manche mehr als andere betroffen?*

Es entsteht gelegentlich der Eindruck, die Internationalisierung sei eine Option, für die sich Großunternehmen entscheiden, aber mittelständische Unternehmen mehrheitlich nicht. Ist die Globalisierung wirklich ein Ereignis, dem sich mittelständische Unternehmen entziehen können oder wollen? Die Beratung bei einem Computerspezialisten, der einen Brenner aus Japan, Chips aus Taiwan und eine Maus aus China zusammenstellt, lässt gelegentlich daran Zweifel aufkommen.

Wie international ist der Mittelstand wirklich? Ist die Internationalisierung im Mittelstand nur eine Reaktion der Betroffenen auf die Herausforderungen globaler Märkte, oder nutzen sie vielmehr die sich daraus ergebenden Chancen? Wie gehen sie dabei vor? Aus welchen Gründen und mit welchen Strategien werden mittelständische Unternehmen international aktiv und mit welchen Schwierigkeiten ist das verbunden? In diesem Kapitel wollen wir nach Antworten auf alle diese Fragen suchen. *❚❚*

12.1 Globale Märkte

Auch wenn für die meisten Menschen ihre nationale Identität immer noch prägend ist, leben wir inzwischen dennoch in einem Zeitalter globaler Märkte. Das fällt uns häufig nicht auf, aber ein einfacher Gang durch den Supermarkt zeigt, dass wir im Alltag Produkte aus vielen Ländern nutzen oder konsumieren. Französischer Wein, japanische Kameras oder Spielzeug aus China sind nur einige Beispiele dafür, wie selbstverständlich ausländische Produkte für Konsumenten inzwischen sind.

Für die Hersteller bedeutet die Präsenz dieser Produkte aber Wettbewerb. Das gilt gleichermaßen für große, mittlere und kleine Unternehmen und ist davon unabhängig, ob sie selbst international oder gegebenenfalls nur lokal operieren. Für manche Unternehmen kam dieser Wettbewerb schneller als erwartet und für einige sogar überraschend. Mitte der neunziger Jahre begannen viele mittelständische Unternehmen die sich damit bietenden Chancen zu nutzen. So kauften sie beispielsweise günstiger ein oder begannen selbst, ihre Produkte im Ausland zu vertreiben. Andere konnten dem Wettbewerb nicht standhalten, was vielfach zum Konkurs und dem Verlust vieler Arbeitsplätze führte.

12.1.1 Wie kam es zur Globalisierung?

Globalisierung ist eigentlich ein neues Wort für das, was früher als Internationalisierung bezeichnet wurde. Damit ist letztendlich die Verzahnung oder Interdependenz von Märkten in unterschiedlichen Ländern gemeint. Vor einhundert Jahren bezog sich das noch überwiegend auf Rohstoffe, wie beispielsweise Baumwolle oder Weizen, über die Märkte in unterschiedlichen Nationen in einer gewissen Abhängigkeit miteinander verbunden waren. Dabei liegt der Grund dafür nicht alleine in der Verfügbarkeit, sondern oft auch in der Qualität oder dem Preis, zu dem Unternehmen aus unterschiedlichen Ländern herstellen oder liefern können. Für die beteiligten Länder war und ist das letztendlich vorteilhaft. Denn es bietet den Konsumenten eine breite Produktvielfalt zu Preisen, zu denen heimische Hersteller gelegentlich nicht anbieten können. Allerdings wird der Markt dadurch auch um Unternehmen bereinigt, die weniger gute Produkte oder die gleichen nur teurer anbieten können, weil sie beispielsweise Ressourcen ineffizient nutzen oder zu teure verwenden.

Viele Länder fürchten eine solche Bereinigung und schützen sich, und damit auch manch ineffizientes Unternehmen, unter anderem mit Zöllen und Handelshemmnissen. Allerdings schmälert und erschwert das die Wachstumsmöglichkeiten effizienter Unternehmen und letztendlich auch der Länder selbst. Mit Schaffung der Europäischen Gemeinschaft, der später der Europäische Wirtschaftsraum und die Europäische Union folgten, wurden in Europa Zölle aufgehoben und sonstige Handelshemmnisse weitgehend abgebaut. Für die beteiligten Länder führte das zu einer ersten Welle erweiterten Wettbewerbs, der durch die verbesserten Transport- und Kommunikationsmöglichkeiten noch verstärkt wurde. Die zweite Welle kam mit der Öffnung bisher „verschlossener" oder schwer zugänglicher Märkte in Asien und Osteuropa.

> Marktöffnungen und technischer Fortschritt haben zu mehr Wettbewerb geführt.

Die europäische Textilindustrie, zu der viele Mittelständler zählen, gehörte zu den ersten, die die Chancen geringerer Lohnkosten innerhalb Europas und später in Asien nutzten. Inzwischen verfügen viele der vermeintlich günstigen Produktionsländer über ein so hohes Einkommen, dass sie für viele Produkte auch als Absatzmarkt interessant sind. Deshalb wird aus solchen Ländern längst nicht mehr nur importiert, sondern auch vor Ort vertrieben. Inzwischen erlauben moderne Transport- und Logistikmöglichkeiten die Herstellung von Produkten, deren Bestandteile aus unterschiedlichen Ländern stammen. Das heißt, die so genannte Wertkette, also die Abfolge, in der über die Bestandteile eines Produkts ein Gesamtwert geschaffen wird, ist bei vielen Produkten seit langem international. Infolgedessen und infolge der „Öffnung" so vieler Länder haben nationale Grenzen für die Wirtschaft und insbesondere den Handel zunehmend an Bedeutung verloren, während anderseits Märkte an Bedeutung gewonnen haben. *Abbildung 12.1* illustriert die Entwicklung zur Globalisierung aus europäischer Perspektive.

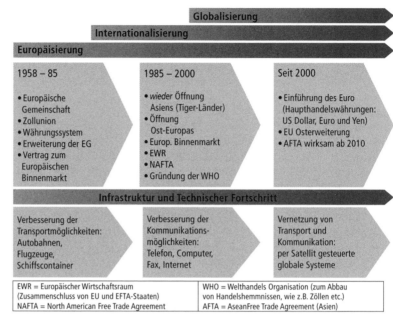

Abbildung 12.1: Der europäische Weg zur Globalisierung

Heute sind längst nicht mehr nur die großen multinationalen Unternehmen am internationalen Handel beteiligt oder von Entwicklungen auf fernen Märkten betroffen. Als Händler, Lieferanten, Spediteure, Zulieferer oder selbst im Ausland Tätige, betrifft die Globalisierung der Märkte längst auch den Mittelstand.

12.1.2 Herausforderungen der Globalisierung

Die Herausforderungen der Globalisierung bestehen aus Chancen und Risiken. Allerdings sind das Ausmaß und die Qualität beider aufgrund der Verschiedenartigkeit des Mittelstands sehr unterschiedlich. So betrifft das beispielsweise einen Einzelhändler anders als einen mittelständischen Hersteller von Möbeln oder Farbe.

Einzelhändler haben inzwischen vielfältige internationale Sourcing-Möglichkeiten, mithilfe derer sie beispielsweise T-Shirts oder Winterjacken schon in geringen Mengen günstig einkaufen oder auch herstellen lassen können. Dagegen unterliegen im deutschsprachigen Raum viele Hersteller von Farben höheren Umweltstandards, was zu vergleichsweise höheren Herstellungskosten führt. Sie können sich gegenüber der günstigeren Konkurrenz oft nur dadurch behaupten, dass sie eine höhere Qualität und bestimmte Farbeigenschaften anbieten. Manche Unternehmen wurden deswegen zu Nischenherstellern, die ihren nationalen Markt nicht mehr in der Breite bedienen, sondern eine Nische in mehreren Ländern; sie mussten also selbst international aktiv werden.

Die Mittelständler sind in unterschiedlicher Weise betroffen.

Letztendlich betrifft die Globalisierung alle Unternehmen, wenngleich in unterschiedlichem Maß und nicht immer unmittelbar. Dabei sind die Chancen und Risiken nicht gleich verteilt. Sie werden hauptsächlich von drei Faktoren bestimmt:

- **Wirtschaftsbereich**
- **Größe des Unternehmens**
- **Größe des Heimatmarkts**

In allen Fällen sind es der Wettbewerb und der Zugang zu Ressourcen, die das Ausmaß der Chancen und Risiken bestimmen. Beides wird allerdings vom Wirtschaftsbereich, dem ein Unternehmen angehört, beeinflusst. Die Unterscheidung zwischen handelbaren und nichthandelbaren Gütern verdeutlicht die Unterschiede im Grad der Betroffenheit. Handelbare Güter, wie Haartrockner, können woanders hergestellt, importiert oder exportiert werden. Das ist bei nichthandelbare Gütern, wie beispielsweise einem Haarschnitt, dagegen nicht möglich.

Wirtschaftsbereiche, die handelbare Güter herstellen oder damit handeln neigen deshalb dazu, stärker von der Globalisierung betroffen zu sein als andere. Das bedeutet allerdings nicht, dass Bereiche, wie z.B. die persönlichen Dienstleistungen, nicht betroffen wären. Gerade in Deutschland besteht in diesen Bereichen häufig ein Mangel an Mitarbeitern, wie beispielsweise bei der Altenpflege. Seit der EU-Osterweiterung hoffen deshalb viele dieser Unternehmen, mit Hilfe angeworbener Krankenschwestern aus den neuen EU-Mitgliedstaaten weiter wachsen zu können.

> **Handelbare Güter unterliegen einem stärkeren Wettbewerb als nichthandelbare.**

Dagegen befürchten vor allem produzierende Unternehmen, die einen hohen Anteil menschlicher Arbeit benötigen, nicht gegen Unternehmen aus Ländern mit geringeren Löhnen konkurrieren zu können. Sie werden deshalb ihre Produktionsweise oder ihr Produkt verbessern oder gegebenenfalls die Produktion in ein anderes Land verlagern müssen. Diese Problematik stellte sich dem Mittelstand bereits mit der Öffnung Asiens als Produktionsstandort. Das erklärt unter anderem, warum im industriellen Mittelstand viele Unternehmen in Deutschland, Österreich und der Schweiz inzwischen hoch spezialisiert sind.

Die Größe des Unternehmens beeinflusst häufig auch die Fähigkeit, auf geänderte Rahmenbedingungen einzugehen. Das gilt besonders dann, wenn dazu Änderungen in der Produktion oder Investitionen in Forschung und Entwicklung nötig sind. Denn mit der Größe des Unternehmens verbindet sich in der Regel auch eine entsprechende Finanzkraft, welche die Fähigkeit, erforderliche Investitionen zu tätigen, beeinflusst.

> **Die Unternehmensgröße beeinflusst die Fähigkeit, auf Herausforderungen zu reagieren.**

Wie bereits aus Kapitel 9 bekannt, beeinflusst die Größe des Heimatmarkts die Unternehmen insofern, als es auf einem großen Markt im Allgemeinen länger dauert, bis neue Wettbewerber bestehende Anbieter spürbar beeinträchtigen. Im Umkehrschluss bedeutet das, dass Unternehmen in kleineren Ländern eher gezwungen werden, auf neue Wettbewerber zu reagieren. Die Größe des Heimatmarkts erklärt übrigens auch, warum Unternehmen kleiner Länder dazu neigen, in stärkerem

Maß international aktiv zu sein als andere. Sie erreichen schneller den Punkt, an dem weiteres Wachstum nur durch die Erschließung neue Märkte möglich ist. Das erklärt unter anderem auch, warum der europäische Mittelstand stärker internationalisiert ist als der Mittelstand in den USA.

Die Märkte Asiens

Die Entwicklung der asiatischen Märkte, allen voran China, Singapur und Indien, und ihr Einfluss auf den Mittelstand teilt sich in einer allgemeinen Betrachtung in zwei Phasen auf.

Die erste Phase ist überwiegend vom Vorteil geringer Lohnkosten gekennzeichnet. Für den Mittelstand hat das vor allem zu einem Wettbewerb durch Importe geführt. Qualität und technologischer Vorsprung sind die Hauptstrategien, mit denen der industrielle Mittelstand versucht, sich dagegen zu behaupten. Dennoch sind viele mittelständische Unternehmen seit den neunziger Jahren vom Markt verschwunden. Das gilt nicht nur für die Textil- oder Schuhindustrie, sondern beispielsweise auch für die Spielzeug- und Elektronikindustrie.

> Dem Wettbewerb durch Lohnkosten folgt die Attraktivität Asiens als Absatzmarkt.

Die zweite Phase ist von der Attraktivität Asiens als Absatzmarkt gekennzeichnet, wobei dies besonders für China und inzwischen auch für Indien gilt. Beide Länder haben zusammen ca. 2,4 Milliarden Einwohner, also mehr als das fünffache der erweiterten Europäischen Union, und sie haben nach wie vor ein hohes Wirtschaftswachstum. Schätzungen zufolge wird ein großer Teil der Bevölkerung dieser Länder binnen 25 Jahren in etwa die gleichen Güter (zu deutlich geringeren Preisen) kaufen können wie die heutige Bevölkerung in Europa.[1] In China gilt das bereits für etwa 100 Millionen Menschen, also beinahe ein Viertel der erweiterten Europäischen Union. Viele Schätzungen[2] gehen davon aus, dass gemessen am Bruttoinlandsprodukt[3] China, Indien und in Südamerika Brasilien die heutigen Industrienationen ein- und überholen werden. *Abbildung 12.2* gibt eine solche Schätzung wieder.

---

1. Eine vergleichsweise aktuelle Schätzung ist der Bericht des National Intelligence Council der US-amerikanischen Regierung. Das NIC existiert seit 1979 und berichtet seitdem regelmäßig über globale Entwicklungen. Die Autoren gehen davon aus, dass nach China und Indien auch Indonesien aufgrund des Wachstums und der Kaufkraft sehr bald ein attraktiver Markt in Asien sein wird. National Intelligence Council, „Mapping the Global Future", Washington D.C., 2004
2. Wie beispielsweise das Investmenthaus Goldman Sachs. In: Goldman Sachs, „Global Economics Paper No.99", New York, 2003
3. Das Bruttoinnlandsprodukt ist der Wert aller Güter und Dienstleistungen, die im Inland entstanden sind, und damit ein Maß der Wertschöpfung in einem Land.

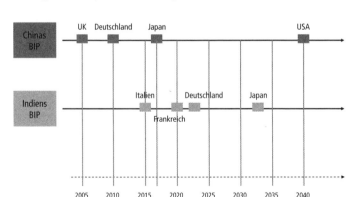

Schätzungen unter der Annahme einer Fortschreibung der bisherigen wirtschaftspolitischen Entwicklungen

Quelle: Goldman Sachs, Global Economics Paper No. 99, Oktober 2003

Abbildung 12.2: Wann erreicht das BIP Chinas und Indiens das der heute reichen Länder?

Nach der Schätzung in *Abbildung 12.2* zu urteilen, hätten China und Deutschland im Jahr 2010 das gleiche Bruttoinlandsprodukt.[4] Allerdings sind in den meisten Ländern schon die Schätzungen des Wachstums für das Folgejahr in aller Regel unpräzise. Insofern sind Wachstumsschätzungen hinsichtlich der kommenden 10 oder 20 Jahre meist nur ein Indikator für die Richtung, in die sich ein Land entwickelt. Vor dem Hintergrund der Erfahrungen, die mittelständische Unternehmen im Laufe der vergangenen Jahre gemacht haben, sind solche Schätzungen aber dennoch von Bedeutung.

> Wir wissen nicht, wann, wir wissen aber, dass der Lebensstandard in Asien steigt.

Der Zeitpunkt, wann der Lebensstandard[5] in diesen Ländern dem der Europäer annähernd entsprechen wird, ist noch ungewiss. Aufgrund ihrer Größe verfügen diese Länder aber für viele Produkte bereits heute über eine ausreichend große Nachfrage, um auch dort europäische Produkte zu vertreiben. Statt des lange Zeit durch Importe dominierten Wettbewerbs erschließen sich dadurch auch dem Mittelstand neue Märkte. In manchen Fällen lassen sich diese Märkte nicht auf Dauer allein mit Exporten bedienen. Aus diesem Grund ist eine wachsende Anzahl von Unternehmen des industriellen Mittelstands bereits in diesen Ländern mit eigenen Werken präsent oder auf dem Wege dorthin.[6]

4. Haben zwei Länder das gleiche BIP, bedeutet das nicht, dass deren Einwohner statistisch auch gleich reich sind. Um das zu vergleichen, müsste das BIP durch die Bevölkerungsanzahl geteilt werden (BIP pro Kopf). In China sind das etwa 1,3 Milliarden Menschen, in Deutschland rd. 82 Millionen.

5. Lebensstandard und Einkommen sind nicht das Gleiche. Wenn die Preise niedriger sind, können die Menschen in Asien auch mit einem geringeren Einkommen einen ähnlichen Lebensstandard wie die Europäer erreichen.

6. Allerdings wachsen diese eigentümergeführten Unternehmen dadurch häufig aus der Mittelstandsdefinition der Europäischen Kommission (max. 250 Mitarbeiter) heraus und werden dann zumindest statistisch nicht mehr als Mittelstand betrachtet.

Solche Investitionen sind eine freiwillige Form, sich bietende Chancen zu nutzen. Die Eigentümer-Entrepreneure haben dabei in aller Regel die Möglichkeit, den Markt zunächst mit Exporten zu erschließen und den weiteren Schritt dann zu planen, gegebenenfalls auch mit einem Partner vor Ort.

Risiken und Schwierigkeiten der Zulieferer Die zunehmende Kaufkraft dieser Länder birgt für manche Mittelständler aber auch das Risiko, diese Märkte unfreiwillig betreten zu müssen. Das gilt besonders für mittelständische Zulieferer, wie in der Automobilindustrie. Für sie führt die Entscheidung ihrer Hauptkunden, beispielsweise in China zu produzieren, nicht selten zu der Aufforderung, ihnen begleitend zu folgen. Aufgrund der Sorge um zukünftige Aufträge von dem oder den Hauptkunden haben die zuliefernden Entrepreneure dann oft keine andere Wahl, als dieser Aufforderung nachzukommen. Das heißt, die Chancen, die der asiatische Markt ihren Hauptkunden bietet, führen für die mittelständischen Zulieferer nicht selten zur Herausforderung, oft binnen kurzer Zeit dort investieren zu müssen.

> Große Produzenten erwarten nicht selten von ihren Zuliefern sie ins Ausland zu begleiten.

Das ist für die Zulieferer mit zum Teil erheblichen Schwierigkeiten verbunden. Neben dem zeitlichen Aspekt betrifft das unter anderem auch die Finanzierung der nötigen Investitionen. Ein weiterer Umstand ist der, dass solche Niederlassungen im Ausland hauptsächlich auf einen Kunden fokussiert sind. Das Auslandsengagement des Zulieferers ist damit zumindest anfänglich weitgehend vom Hauptkunden abhängig, was die Position des Zulieferers dem Kunden gegenüber schwächt. Gleichzeitig birgt es auch das wirtschaftliche Risiko, überwiegend vom Erfolg des Hauptkunden abhängig zu sein. Denn lassen sich dessen Fahrzeuge nicht im erwarteten Umfang verkaufen, werden auch weniger Teile vom Zulieferer benötigt.

Die Abhängigkeit vom Erfolg der Kunden ist ein generelles Problem der Zulieferer. Auf dem Heimatmarkt können sie das Risiko durch die Zulieferung vieler Kunden reduzieren. Denn der Erfolg des einen Kunden kann den Misserfolg des anderen ausgleichen. Bei Investitionen im Ausland für nur einen oder zwei Hauptkunden wiegt das Risiko dagegen schwerer. Das erschwert auch die Finanzierung, und zwar besonders dann, wenn Darlehen dafür benötigt werden.

Eine weitere oft vernachlässigte Schwierigkeit ist das der Mitarbeiter. Die Zulieferung von Teilen, Modulen oder Systemen für neue Produkte des Kunden erfordert meist, diese Teile zunächst selbst zu entwickeln und die Produktion daraufhin einzustellen. Bei einer Investition im Ausland bedeutet das fast immer, auch leitende Mitarbeiter aus der Entwicklung ins Ausland zu entsenden, die den Aufbau leisten und für den Entrepreneur vor Ort Entscheidungen fällen. Dazu sind neben dem Vertrauen des Entrepreneurs auch die Fähigkeiten des Mitarbeiters und dessen Bereitschaft, ins Ausland zu gehen, nötig. Aufgrund familiärer Hintergründe kommt ein solcher Schritt für viele geeignete Mitarbeiter, besonders wegen des kulturellen Unterschieds in Asien, aber nicht in Frage.

> Viele leitende Mitarbeiter wollen nicht mit ihren Familien nach Asien ziehen.

Die Märkte Osteuropas

Ähnlich wie in Asien teilen sich die Entwicklung dieser Märkte und ihr Einfluss auf den Mittelstand in zwei Phasen auf. Auch hier ist die erste Phase von deutlich niedrigeren Lohnkosten gekennzeichnet, während die zweite Phase von der Attraktivität der Märkte bestimmt wird.

Im Vergleich zu Asien haben die osteuropäischen Märkte den offensichtlichen Vorteil der Nähe, der sich zum Teil schon aus gemeinsamen Grenzen ergibt. Daneben bestehen allerdings auch historische, kulturelle und religiöse Gemeinsamkeiten, die eine unternehmerische Präsenz vor Ort zusätzlich erleichtern. Inzwischen sind bereits viele mittelständische Unternehmen aus dem deutschsprachigen Raum dort durch Importe und zum Teil mit eigenen Produktionsstätten oder Vertriebsniederlassungen präsent.

Dass trotz des Lohnkostenvorteils und der Nähe osteuropäische Importe nicht den Umfang der Importe aus Asien erreicht haben, liegt unter anderem an der Entwicklung der osteuropäischen Länder. Bis Anfang der neunziger Jahre waren die meisten dieser Länder von kommunistisch geprägten Wirtschaftsstrukturen gekennzeichnet. Privates Eigentum an Unternehmen war in der Regel nicht erlaubt, weshalb es bis dahin kaum Entrepreneure gab. Die wirtschaftlichen und industriellen Aktivitäten in diesen Ländern waren stattdessen zusammengefasst. Sie wurden von wenigen staatlichen Großunternehmen, so genannte Kombinate, nach festgelegten Fünfjahresplänen, wahrgenommen.

> Die Folgen des Kommunismus behinderten osteuropäische Länder darin, ihre Vorteile zu nutzen.

Mit der Öffnung wurde deutlich, dass die Produktionsanlagen in diesen Ländern oft um Jahrzehnte veraltet waren und nur sehr wenige technisch wettbewerbsfähige Produkte existierten. Andererseits hatten die politischen Umwälzungen und die Privatisierung in diesen Ländern bis Mitte der neunziger Jahre noch nicht so viele modern ausgestattete Unternehmen hervorgebracht, dass mittelständische Unternehmen in Westeuropa dadurch ernsthaft bedroht waren. In diesen Ländern musste ein Mittelstand erst entstehen, und für die meisten neuen Unternehmen besteht die erste Herausforderung darin, den heimischen Markt zu erschließen.

Unternehmen, Löhne und Produktivität in den neuen Mitgliedstaaten

Inzwischen verfügen die osteuropäischen Staaten über einen jungen wachsenden Mittelstand. Wie *Abbildung 12.3* zeigt, entspricht die Unternehmensgrößenstruktur dabei in etwa der der alten EU-Mitgliedstaaten.[7]

---

7. Einschließlich Liechtenstein, Norwegen und der Schweiz = EU 19

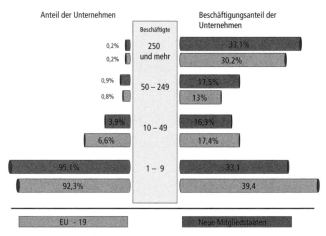

Anteil der Unternehmen
Beschäftigungsanteil der Unternehmen
Beschäftigte

0,2%	250 und mehr	33,1%
0,2%		30,2%
0,9%	50 – 249	17,5%
0,8%		13%
3,9%	10 – 49	16,3%
6,6%		17,4%
95,1%	1 – 9	33,1
92,3%		39,4

EU - 19   Neue Mitgliedstaaten

Quelle: Eigene Darstellung u. Berechnung, Basis: European Observatory for SME's 2003

Abbildung 12.3: Unternehmensgrößenstruktur der neuen EU-Mitgliedstaaten

Ein wesentlicher Vorteil dieses jungen Mittelstands liegt zurzeit noch in den Lohnkosten. Sie lagen im Jahr 2001 zwischen 17% (in Bulgarien) und 78% (in Slowenien) der durchschnittlichen Lohnkosten im übrigen Teil der Europäischen Union.[8] Allerdings nimmt dieser Vorteil aufgrund der steigenden Nachfrage nach qualifizierten Arbeitskräften und den damit steigenden Löhnen in diesen Ländern allmählich ab.

> **Das Entscheidende ist nicht die Lohnhöhe, sondern das Verhältnis des Lohns zum geschaffenen Wert.**

Die absolute Höhe der Löhne ist aber nicht alleine für den Wettbewerbsvorteil dieser Unternehmen ausschlaggebend. Viel entscheidender ist, was die Menschen in ihrer Arbeitszeit leisten bzw. der Wert, der im Rahmen einer bezahlten Stunde geschaffen wird. Ob und in welchem Umfang geringere Löhne ein Wettbewerbsvorteil sind, hängt letztendlich vom Verhältnis der Lohnkosten zu dem in einer bestimmten Zeit geschaffenen Wert ab. Angenommen ein Mitarbeiter mit einem Stundenlohn von 4 € schafft in einer Stunde einen Mehrwert von 3 €, dann läge der Lohnkostenanteil am geschaffenen Wert bei 133%. In dem Fall würde der Mitarbeiter mehr kosten, als er an Wert schafft. Der geringe Stundenlohn wäre also kein Vorteil.

Entscheidend ist also der Lohnkostenanteil am geschaffenen Mehrwert bzw. an der Bruttowertschöpfung. Übersicht 1 vergleicht die durchschnittlichen Lohnkosten pro Stunde, die Bruttowertschöpfung pro Stunde und den Lohnkostenanteil zwischen den alten und den osteuropäischen EU-Mitgliedstaaten für das Jahr 2004.

---

8. Zu dem Ergebnis kommt eine Untersuchung der Europäischen Kommission aus dem Jahr 2003. European Commission, „European Competitiveness Report 2003, Luxembourg.

Übersicht 1: Stundenlohn, Wertschöpfung pro Stunde und Lohnkostenanteil an der Bruttowertschöpfung

	Stundenlohn[2] in Euro	Bruttowert- schöpfung[3] pro Stunde in Euro	Lohnkosten- anteil[4] an der Bruttowert- schöpfung
EU 15	17.77	28.83	61.6%
Osteuropäische EU-Mitglied- staaten[1]	3.31	7.95	41.6%
Deutschland	21.31	36.1	59%
Österreich	17.65	32.4	54.5%

1) Tschechische Republik, Estland, Ungarn, Lettland, Litauen, Polen, Slowakei, Slowenien
2) Durchschnitt; einschließlich Lohnnebenkosten
3) Durchschnitt; zu aktuellen Preisen pro Stunde und Mitarbeiter
4) Stundenlohn durch Bruttowertschöpfung
Quelle: Federation of European Employers, 2004

Die Werte in Übersicht 1 sind Durchschnittswerte, die sich im Laufe der Zeit durch Verbesserungen der Produktivität, Änderungen der Lohnnebenkosten oder Lohnerhöhungen verändern. Die Werte zeigen aber, dass der Lohnkostenanteil an der Bruttowertschöpfung in den osteuropäischen Mitgliedstaaten derzeit und vermutlich noch für einige Jahre deutlich unter dem der alten EU-Mitgliedstaaten liegt.

Das heißt, dass Arbeitnehmer in Osteuropa *am Lohn gemessen* produktiver[9] sind als Arbeitnehmer in Westeuropa. Denn für beispielsweise 100 € Lohn erhält ein Entrepreneur im Durchschnitt 30,2 Arbeitsstunden, in denen ein Mehrwert von rd. 240 € geschaffen würde. Für die gleichen 100 € würde ein Arbeitnehmer in Deutschland im Durchschnitt 4,6 Stunden arbeiten und dabei einen Mehrwert von etwa 170 € schaffen. Wenn auftragsbedingt ein Wert von 240 € geschaffen werden müsste, dann müsste ein Entrepreneur in Deutschland oder Österreich – trotz einer *am Wert gemessen* höheren Produktivität – dafür immer noch mehr an Lohn zahlen.

Aus dem Grund haben osteuropäische Unternehmen einen Lohnkostenvorteil. Sofern sie ihre Produktivität nicht erhöhen oder mit moderner Technologie produzieren, ist der Lohnkostenvorteil allerdings nicht so groß, wie es der absolute Lohnunterschied glauben lässt. Viele

---

9. Nach den Werten der Übersicht produzieren osteuropäische Arbeitnehmer in einer Stunde durchschnittlich das 2,4-Fache ihres Stundenlohns, während der Durchschnitt der EU-15 beim 1,6-Fachen liegt. Bei dieser Betrachtungsweise wird also nicht der in einer Stunde absolut geschaffene Wert betrachtet, sondern das Verhältnis des geschaffenen Wertes zum Preis der Arbeit.

Automobilhersteller[10] haben gerade deshalb Produktionsstätten in Ländern wie Tschechien, Ungarn oder der Slowakei aufgebaut. Denn mit den gleichen modernen Anlagen erreichen osteuropäische Mitarbeiter eine wertmäßige Produktivität, die durchaus mit der in Ländern wie Deutschland oder Österreich vergleichbar ist.[11] Auf diese Art führen die geringeren Löhne dann doch zu einem erheblichen Lohnkostenvorteil.

Chancen und Risiken für den Mittelstand

Theoretisch sind die Chancen und Risiken, die sich aus der Osterweiterung für den Mittelstand ergeben, die gleichen wie die der Öffnung Asiens. Praktisch sind Wirkungen der Osterweiterung aufgrund der geographischen und kulturellen Nähe aber viel unmittelbarer.

Immer mehr osteuropäische Unternehmen können gleiche Qualitätsstandards bei niedrigeren Löhnen anbieten.

Risiken Die geringeren Lohnkosten osteuropäischer Anbieter sind zweifellos ein Wettbewerbsnachteil für viele produzierende Mittelständler. Diese Mittelständler unterliegen allerdings schon seit den neunziger Jahren dem Wettbewerb asiatischer Anbieter, deren Lohnkosten teilweise noch unter denen in Osteuropa liegen. Viele haben sich durch Spezialisierung, Zuverlässigkeit bei der Einhaltung technischer Spezifikationen, Qualität und Lieferzeiten von der asiatischen Konkurrenz abgehoben. Inzwischen steigt aber die Zahl osteuropäischer Anbieter, die ebenso gut in der Lage sind, Gleiches anzubieten. Sofern davon betroffene Unternehmen nicht eigene Produktionsstätten in Osteuropa aufbauen, werden sie diesem Wettbewerb nur durch eine weitere Spezialisierung und Innovation begegnen können.

Die Risiken und Chancen, mit denen die Osterweiterung verbunden ist, unterscheiden sich allerdings zwischen den einzelnen Wirtschaftsbereichen. Für die Transportindustrie, wie beispielsweise Spediteure, sind deutlich geringere Lohnkosten osteuropäischer Spediteure ein erheblicher Wettbewerbsnachteil. Denn mit den geringeren Löhnen ist in der Regel kein Zeitverlust im Transport verbunden, der Fahrer fährt deshalb nicht langsamer. Infolgedessen haben beispielsweise deutsche und österreichische Spediteure einen Nachteil im Wettbewerb um Frachtaufträge. Dem steht allerdings die Erwartung eines insgesamt höheren Handels- und Transportaufkommens gegenüber. Im Einzelhandel beschränkt sich der Wettbewerb dagegen meist auf die Grenzregionen, da Kunden nur selten bereit sind, lange Fahrten in Kauf zu nehmen.

---

10. und infolgedessen auch mittelständische Zulieferer
11. Laut dem European Competitiveness Report 2004 ist im Bereich der Automobilindustrie die Produktivität in Ungarn und der Slowakei mit am höchsten in Europa. European Commission, „European Competitiveness Report 2004", Luxembourg.

Chancen So wie die Risiken liegen auch manche Chancen der Osterweiterung in den geringen Lohnkosten. Diese wurden auch vor der Osterweiterung dazu genutzt, um Vorprodukte, wie beispielsweise Kugellager, günstiger einzukaufen und dadurch die eigenen Kosten zu senken. Durch die Osterweiterung ist das mit geringerem Aufwand verbunden, wodurch das Ganze nochmals attraktiver wird. Gleichzeitig erleichtert es den Unternehmen, die bereits über eigene Produktionsstätten in Osteuropa verfügen, die Zusammenarbeit mit ihren Werken vor Ort.

So wie in Asien schaffen Wachstum und steigende Haushaltseinkommen neue Absatzmärkte in Osteuropa. Das gilt nicht nur für Konsumgüter aller Art, sondern auch für persönliche und unternehmensnahe Dienstleistungen, wie beispielsweise Call-Center. Dabei sind die praktischen Möglichkeiten, die Märkte in Osteuropa zu erschließen, für mittelständische Unternehmen weitaus größer als die Asiens. Denn neben den Kosten haben auch Hindernisse, wie kulturelle Barrieren, teilweise unbekannte Präferenzen der Nachfrager oder unbekannte Geschäftsusancen, Mittelständler oft davon abgehalten, asiatische Märkte selbständig zu erschließen. Die geographische und kulturelle Nähe Osteuropas und der Umstand, dass in manchen Ländern wie Tschechien oder Polen Deutsch keine unbekannte Sprache ist, erleichtert mittelständischen Unternehmen somit den Zugang zu diesen Märkten. Neben dem industriellen Mittelstand neigen besonders kleinere Mittelständler deshalb dazu, in der Osterweiterung mehr Chancen zu erkennen als in der Öffnung Asiens. Übersicht 2 fasst die erwarteten Wirkungen der Osterweiterung nach Wirtschaftsbereichen aus Sicht mittelständischer Unternehmen zusammen.

> Die geographische und kulturelle Nähe erleichtert den Zugang zu geringeren Lohnkosten und wachsenden Märkten.

Übersicht 2: Erwartete Auswirkungen der Osterweiterung aus Sicht des Mittelstands, nach Wirtschaftsbereichen (EU-19-Mehrfachnennungen), in Prozent

	deutlich positiver Umsatzeffekt	deutlich negativer Umsatzeffekt	Kostensenkung / günstiger Zugang zu Inputs	Geringere Transportkosten und Aufwand	Mehr Wettbewerb auf Heimatmarkt und in EU
Produzierendes Gewerbe	27	14	16	13	40
Baugewerbe	16	11	14	8	32
Großhandel	25	11	13	15	44
Einzelhandel	18	6	12	10	36

Übersicht 2: Erwartete Auswirkungen der Osterweiterung aus Sicht des Mittelstands, nach Wirtschaftsbereichen (EU-19-Mehrfachnennungen), in Prozent

	deutlich positiver Umsatz-effekt	deutlich negativer Umsatz-effekt	Kosten-senkung / günstiger Zugang zu Inputs	Geringere Transport-kosten und Aufwand	Mehr Wettbe-werb auf Heimat-markt und in EU
Transport und Kom-munikation	23	16	8	16	43
Unterneh-mensnahe Dienst-leistungen	18	7	9	6	29
Persönliche Dienst-leistungen	21	9	8	7	25
Insgesamt	21	10	11	9	33

Quelle: European Observatory for SMEs, 2003

Übersicht 2 beruht auf einer Befragung mittelständischer Unternehmen im EU-19-Raum. Wie die Ergebnisse zeigen, geht der größte Anteil der mittelständischen Unternehmen dabei von einer Zunahme des Wettbewerbs aus. Allerdings überwiegen dabei die positiven Erwartungen gegenüber den negativen.

12.2 Die Internationalisierung des Mittelstands

Der Europäische Binnenmarkt sowie die Öffnung Asiens und der osteuropäischen Länder haben zu einer Internationalisierung auch mittelständischer Unternehmen geführt. Allerdings unterscheiden sich mittelständische Unternehmen dabei häufig im Umfang und der Herangehensweise von Großunternehmen. Die Hauptursachen für diese Unterschiede liegen in der Bedeutung ausländischer Märkte für das Unternehmen, den finanziellen Möglichkeiten und der Art, wie Entrepreneure ihr Unternehmen leiten.

Mittelständler agieren international häufig anders als Großunternehmen.

Bedeutung ausländischer Märkte Trotz der zunehmenden Verflechtung nationaler Märkte mit dem Ausland dürfen wir nicht vergessen, dass es immer noch viele insbesondere kleinere Mittelständler gibt, deren Kernmarkt lokal oder regional ist. Damit gibt es zahlreiche kleinere Mittelständler, wie Fitness-Studios, private Seniorenheime oder EDV-Berater, die von der Internationalisierung nur mittelbar oder sehr indirekt betroffen sind.

Sofern sich deren Ertragslage nicht verschlechtert, sind ausländische Märkte für diese Entrepreneure meist nicht von großer Bedeutung. Dabei sind diese Märkte für sie häufig ohnehin schwer zugänglich. Deshalb erkennen viele dieser Entrepreneure möglicherweise zu Recht keine Notwendigkeit, im Ausland tätig zu werden.

Finanzielle Möglichkeiten Ungeachtet dessen sind die finanziellen Rahmenbedingungen und die Möglichkeiten der Kapitalbeschaffung für mittelständische Unternehmen im Vergleich zu Großunternehmen gerade in Deutschland und Österreich oft begrenzt. Sie haben aufgrund der Eigentumsstruktur und der Höhe der benötigten Mittel in der Regel keinen Zugang zum Kapitalmarkt. Die Kosten eines Auslandsengagements, beispielsweise einer Vertriebsniederlassung, müssen daher weitgehend aus Eigenmitteln und Darlehen bestritten werden. Nicht wenigen Mittelständlern erschwert dieser Umstand eine aktive Präsenz im Ausland, weshalb dann häufig alternative Wege zur Markterschließung bestritten werden.

Eigentümerführung Wie wir aus Kapitel 11 wissen, haben Entrepreneure ein Interesse am Erhalt der mittelständischen Unternehmenskultur. Dieses Interesse beeinflusst folglich auch die Art und Weise, wie mittelständische Entrepreneure an Engagements im Ausland herangehen. Das gilt besonders für Aspekte wie die Transparenz der Strukturen, die Möglichkeit unmittelbarer Einflussnahme oder den persönlichen Kontakt zu Mitarbeitern vor Ort.

12.2.1 Der Grad der Internationalisierung

Die Ermittlung des Internationalisierungsgrades mittelständischer Unternehmen hängt weitgehend davon ab, welche Aktivitäten als Form der Internationalisierung gewertet werden. Im allgemeinen Verständnis sind das der Export, die Beschaffung oder eine aktive Präsenz vor Ort, wie beispielsweise eine Vertriebsniederlassung oder ein Werk. Mittelständische Unternehmen verfolgen aber nicht immer einen so klar abgrenzbaren Ansatz. Sie können ebenso gut über einen Kooperationspartner im Ausland operieren und keine eigene Vertriebsniederlassung unterhalten.[12] Ähnliches gilt für die Produktion, bei der Teile zur Veredelung ins Ausland geschickt werden und anschließend wieder zurückkommen. Wenn wir diese unterschiedlichen Formen der Internationalisierung berücksichtigen, dann liegt im Europa der 19 der Anteil des international aktiven Mittelstands bei etwa 59%. *Abbildung 12.4* gibt die Internationalisierung des Mittelstands unter Berücksichtigung der verschiedenen Formen wieder.

> Die Internationalisierung des Mittelstands ist nicht immer offensichtlich …

---

12. Das ist beispielsweise in Japan oft der Fall. Dort agieren große Handelshäuser auch über die Grenzen Japans hinaus auf Kommissionsbasis als Kooperationspartner und Mittler.

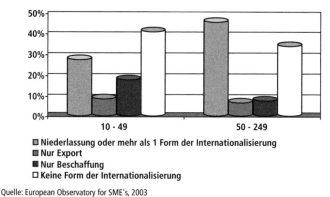

Niederlassung oder mehr als 1 Form der Internationalisierung
Nur Export
Nur Beschaffung
Keine Form der Internationalisierung

Quelle: European Observatory for SME's, 2003

Abbildung 12.4: Formen der Internationalisierung im Mittelstand

Der Anteil mittelständischer Unternehmen, die in der einen oder anderen Form international aktiv sind, ist inzwischen höher als vielfach vermutet. Das liegt unter anderem am europäischen Binnenmarkt, der aufgrund des freien Warenverkehrs einen gängigen Weg der Internationalisierung mittelständischer Unternehmen fördert. Dieser Weg beginnt regelmäßig mit der Beschaffung im Ausland und mündet je nach Wirtschaftsbereich nicht selten im eigenen Export. Abhängig von der Anzahl der Kunden und dem Volumen kann das für die liefernden Unternehmen dann wiederum zum Aufbau einer Niederlassung führen.

> ... und beginnt häufig mit der eigenen Beschaffung oder der Beschaffungsabsicht ausländischer Unternehmen.

Der Grund, warum die Internationalisierung häufig mit der Beschaffung beginnt, liegt darin, dass mittelständische Unternehmen meist nicht über die Ressourcen verfügen, einen neuen Markt zu erschließen, ohne zuvor bereits Kunden dort zu haben. Für diese Unternehmen beginnt die Erschließung eines Marktes deshalb regelmäßig mit der Beschaffungsabsicht dortiger Unternehmen. Wie wir im folgenden Abschnitt sehen werden, bedeutet das allerdings nicht, dass die Internationalisierung deshalb zwangsläufig zufällig erfolgt.

Neben den Rahmenbedingungen, wie sie der Binnenmarkt bietet, beeinflusst auch der Wirtschaftsbereich den Grad der Internationalisierung. Dabei haben die zunehmende wirtschaftliche Verflechtung innerhalb Europas und neue Technologien, wie das Internet, dazu geführt, dass sich internationale Aktivitäten inzwischen nicht mehr weitgehend auf das produzierende Gewerbe beschränken. Wie *Abbildung 12.5* zeigt, sind auch mittelständische Unternehmen anderer Wirtschaftsbereiche international tätig.

Gerade im Bereich unternehmensnaher Dienstleistungen, wozu Marketing-Agenturen, Webdesigner oder Berater zählen, sind auch für mittelständische Unternehmen Chancen zur Internationalisierung entstanden.

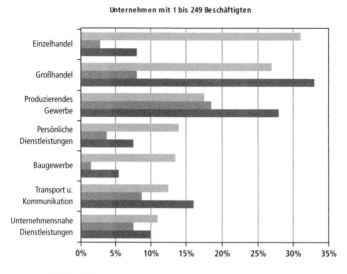

Unternehmen mit 1 bis 249 Beschäftigten

- Nur Beschaffung
- Nur Export
- Niederlassung oder mehr als 1 From der Internationalisierung

Quelle: European Observatory for SME's, 2003

Abbildung 12.5: Formen der Internationalisierung nach Wirtschaftsbereichen

Aber ist die Internationalisierung immer vorteilhaft? Trotz des damit verbundenen Aufwands verbessert sie aus Sicht der meisten internationalisierten Entrepreneure ihre Wettbewerbsfähigkeit und eröffnet damit zusätzliche Wachstumspotentiale.[13] Zunächst dient die internationale Beschaffung aber häufig dem Erhalt des bisherigen Unternehmens. Denn mit der Intensivierung des Wettbewerbs müssen viele mittelständische Unternehmen ihre Wettbewerbsfähigkeit verbessern, um weiterhin bestehen zu bleiben.

12.2.2 Strategien der Internationalisierung

Bei der Betrachtung von Internationalisierungsstrategien neigen wir oft dazu, diese in einer eher abstrakten und theoretischen Art und Weise zu behandeln. Das liegt unter anderem an den verschiedenen Zielen und Möglichkeiten der Unternehmen, der Heterogenität der Produkte, den Einflüssen und Geschäftsusancen der Wirtschaftsbereiche und den oft sehr unterschiedlichen Rahmenbedingungen im Ausland. Die Summe dieser Umstände führt dazu, dass es nicht die eine Strategie

> Mittelständler haben bei der Internationalisierung meist mehr Faktoren zu berücksichtigen.

---

13. Zu dem Ergebnis kommt eine Untersuchung der Internationalisierung des europäischen Mittelstands im Rahmen des European Observatory for SMEs. Hierzu wurden 7.764 kleine und mittlere Unternehmen in Europa befragt. Kommission der Europäischen Union (DG Enterprise), „Internationalisation of SMEs", Brüssel, 2003

gibt und erfolgreiche Strategien selten eins zu eins auf andere Unternehmen übertragbar sind. Beim Mittelstand müssen wir allerdings noch weitere Aspekte berücksichtigen:

- den Erhalt der mittelständischen Unternehmenskultur
- die Eingrenzung des Risikos
- die Möglichkeit zur unmittelbaren Einflussnahme
- begrenzte finanzielle Ressourcen

Aufgrund dieser Einschränkungen *(die uns aus Kapitel 11 bekannt sind)* reduzieren sich die theoretisch möglichen Strategien auf einige im Mittelstand gängige Vorgehensweisen und Strategien der Internationalisierung. Übersicht 3 bietet hierzu einen Überblick.

Übersicht 3: Gängige Internationalisierungsstrategien im Mittelstand

Mittel / Ziel	Reisen, Messen & Internet	Kooperation	Niederlassung
Beschaffung	X	X	
Vertrieb	X	X	X
Produktion		selten	X
Produktion & Vertrieb		selten	X

Konflikte bei der Unternehmenskultur und der Mitarbeiterloyalität können Produktionskooperationen erschweren.

Dass Kooperation im Bereich der Produktion eher selten stattfindet, lässt sich regelmäßig auf zwei Ursachen zurückführen. Das gemeinsame Betreiben einer Produktion mit einem anderen Unternehmen, beispielsweise in Form eines Joint Venture, bedeutet immer, dass zwei gegebenenfalls Ähnliche, aber dennoch unterschiedliche Unternehmenskulturen aufeinander treffen. Das Ergebnis ist deshalb meist ein gemeinsam betriebenes Produktionsunternehmen, dessen Mitarbeiter sich weder gänzlich mit dem einen noch mit dem anderen „Mutterunternehmen" identifizieren. Die Gefahr bei solchen Unternehmen besteht deshalb in einer Spaltung der Mitarbeiter, was häufig durch eine durch Proporz bestimmte Leitung des Produktionsunternehmens verstärkt wird.

Ein weiteres Problem besteht darin, dass die Kooperationspartner die hergestellten Produkte nicht immer oder auf Dauer im gleichen Umfang benötigen. Denn das Wachstum und der Bedarf der Partner können sich unterschiedlich entwickeln. Das kann zu Problemen der Auslastung sowie zu Engpässen und Konflikten zwischen den Kooperationspartnern führen. Eine gängige Lösung dieses Problems besteht in der Aufstockung der Beteiligung des Partners, der die Produktion dringender benötigt. Das ist dann eine Mehrheitsbeteiligung. Die Schwierigkeiten von Unternehmenskultur und geteilter Mitarbeiterloyalität sowie die Notwendigkeit der Absprache mit dem Partner bestehen dann oft immer noch. Aus diesen Gründen neigen besonders industrielle Mittelständler eher selten dazu, im Ausland Kooperationen im Bereich der Produktion einzugehen.[14]

Beschaffung

Die Beschaffung im Ausland beginnt in aller Regel mit der Suche nach einem geeigneten Lieferanten, was häufig mit erheblich mehr Aufwand verbunden ist als vermutet. Das liegt daran, dass neben dem *Preis* noch weitere Kriterien von Bedeutung sind. Dazu zählen:

- Qualität und Qualitätsbeständigkeit
- Lieferzeiten und Lieferkonditionen
- Kapazitäten des Lieferanten

Daneben können im Einzelfall noch andere Kriterien vorliegen, wie beispielsweise die Eigentumsverhältnisse, die Belieferung von Wettbewerbern, der Währungsraum, die Arbeitsbedingungen oder die politische Stabilität. Die Suche nach geeigneten Lieferanten ist deshalb meist mit Internetrecherchen, Anfragen bei den Auslandsvertretungen der Handelskammern und dem Besuch von Messen und Reisen verbunden.

Vor diesem Hintergrund neigen mittelständische Unternehmen häufig dazu, sich im Beschaffungsland an Zwischenhändler, die oft als spezialisierte Großhändler operieren, zu wenden. Sie bieten neben dem Vorteil der Sprache *(in der Regel Englisch)*, einer bestehenden Reputation und der Erfahrung im Export oft zusätzliche Dienstleistungen, wie die Einholung nötiger Zertifikate oder die Verpackung in produktionsfreundliche Losgrößen. Aufgrund des eingesparten Aufwands ist die Beschaffung über Zwischenhändler gerade für kleinere Unternehmen mit geringem Volumen oft die günstigste Art der Beschaffung im Ausland.

> Kleinere Mittelständler nehmen häufig Zwischenhändler im Ausland in Anspruch.

Im Vergleich dazu ist der Direktbezug vom Hersteller in der Regel zwar günstiger, aber mit mehr Aufwand verbunden, weshalb es sich für die Unternehmen oft erst ab größeren Mengen rechnet. In diesem Zusammenhang haben internationale Messen eine wichtige Funktion als Informations- und Kontaktbörse. Denn anders als bei vielen Großunternehmen ist für viele Mittelständler die Beschaffung neben allen übrigen Kriterien auch eine Vertrauens- und damit meist Chefsache. Das liegt daran, dass ein Liefervertrag den Schadensfall, wie eine verspätete Lieferung oder unzureichende Qualität, nicht verhindert, er

> Vertrauen kann wichtiger sein als Verträge.

---

14. Das zeigen auch verschiedene Untersuchungen, wie eine über das Kooperationsverhalten kleiner und mittlerer Unternehmen in Europa. Danach kooperieren in aller Regel Mittelständler mit weniger als 50 Mitarbeitern im Bereich der Produktion, und zwar meist deswegen, weil das Auftragsvolumen und die finanziellen Ressourcen eine eigene Produktion nicht ermöglichen. Europäische Kommission (DG Enterprise), „SMEs and Cooperation", Brüssel, 2003.

regelt vielmehr den Schadensfall. Anders als bei Großunternehmen können Mittelständler einen möglichen Schaden aber häufig schlechter abfedern. Darüber hinaus ist der grenzüberschreitende Klageweg meist aufwendig und mit zusätzlichen und oft hohen Kosten verbunden. Somit ist für Mittelständler gerade beim Direktbezug im Ausland Vertrauen ein wichtiges Kriterium. Messen bieten in dem Zusammenhang meist die Möglichkeit, die Produkte *und* den Entrepreneur kennen zu lernen.

Je zentraler die im Ausland beschafften Produkte sind, desto wichtiger ist offensichtlich auch das Vertrauen in die Zuverlässigkeit des Lieferanten. Nach allen Recherchen[15] führt das in der Praxis dazu, potentielle Lieferanten und deren Produktionsstätten vor Ort zu besuchen und im Fall des Bezugs, dies in regelmäßigen Abständen zu wiederholen. Damit ist die internationale Beschaffung nicht nur in der Phase der Suche, sondern auch in der Phase der Durchführung vergleichsweise reise- und kommunikationsintensiv.

Ein alternativer Weg zur Beschaffung im Ausland besteht in der Kooperation mit einem meist inländischen Partner, was zu so genannten Beschaffungskooperationen führt, die uns bereits aus Kapitel 9 bekannt sind.

Vertrieb

Der Prozess der Internationalisierung erfolgt meist in drei Phasen.

Im Mittelstand ist die Internationalisierung des Vertriebs häufig kein a priori geplanter Prozess, bei dem Zeitpunkt, Zielland und Strategie zuvor geplant wurden. Bei vielen Mittelständlern beruht dieser Schritt vielmehr auf Ad-hoc-Aufträgen aus dem Ausland und ist damit eine Reaktion auf Beschaffungsabsichten ausländischer Unternehmen. Das ist mit ein Grund, weshalb die Internationalisierung im Bereich des Vertriebs bei mittelständischen Unternehmen meist schrittweise erfolgt.[16]

Sie beginnt in der Regel mit dem Direktvertrieb, beispielsweise über Messen, und kann je nach Zielsetzung und dem wahrgenommenen Marktpotential zu einem Kooperationspartner oder einer Vertriebsniederlassung im Ausland führen. *Abbildung 12.6* illustriert diesen gängigen Verlauf in Phasen.

---

15. Hierzu bieten in Österreich u.a. die Wirtschaftskammer und in Deutschland u.a. die Außenhandelskammer mit Büros in etwa 80 Ländern spezifische Unterstützung und Information.
16. Weitere Gründe sind z.B. finanzielle Engpässe und eine unzureichende Qualifizierung der Mitarbeiter.

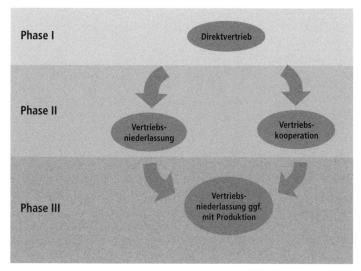

Abbildung 12.6: Gängige Phasen der Markterschließung im Mittelstand

Obwohl die Phasen in der Regel nacheinander folgen, bedeutet das nicht, dass auch alle Phasen durchlebt werden. Neben dem Marktpotential, das ein Auslandsmarkt bietet, liegt das vor allem am Aufwand und den Kosten der Internationalisierung. Dazu zählen beispielsweise:

- Kosten der Produktanpassung und ggf. nationaler Zertifizierung
- Erstellung der Produktdokumentation in der entsprechenden Sprache
- Beratungs- und Informationskosten
- Gründungskosten
- Personalkosten, Mieten etc.
- Vertriebs- und Marketingkosten vor Ort

Die absoluten Kosten des Direktvertriebs, beispielsweise über Messen, Fachzeitschriften, Handelsvertreter oder auch das Internet, sind meist deutlich niedriger als die einer eigenen Vertriebsniederlassung. Gemessen am Absatz oder der Anzahl gewonnener Aufträge können diese Kosten aber dennoch vergleichsweise hoch sein. Das liegt daran, dass gerade erklärungsbedürftige Produkte mit einem erheblichen Reise- und Kommunikationsaufwand verbunden sind. Je größer die geographische Entfernung, desto zeitaufwendiger und geringer ist damit der Absatz. Eine weitere Erschwernis kann auch darin liegen, dass je nach Produkt das Fehlen eines Ansprechpartners im Land von potentiellen Kunden nachteilig aufgefasst wird.

> Der Direktvertrieb im Ausland birgt das geringste Risiko, ist aber oft wenig effektiv.

Für viele Mittelständler ist der Direktvertrieb deshalb nur der erste Schritt, um Erfahrungen zu sammeln, die Marktgewohnheiten und -mechanismen kennen zu lernen und festzustellen, ob ihr Produkt angenommen wird und wettbewerbsfähig ist.

Eine Vertriebskooperation ist oft günstiger, aber eine Vertriebsniederlassung erlaubt es, den Markt selbständig zu bearbeiten.

Die eigentliche Markterschließung beginnt häufig erst mit dem Aufbau einer Vertriebskooperation oder einer eigenen Vertriebsniederlassung. Dabei ist die Vertriebskooperation in vielen Fällen die günstigere Alternative. Sie bietet den Vorteil, das Risiko auf die Aufträge des Vertriebspartners begrenzen zu können *(siehe Kapitel 9)* und ist nicht mit laufenden Kosten, wie beispielsweise für die Mitarbeiter vor Ort, behaftet. Der Preis dafür ist eine geringere Marge und häufig auch der Nachteil, keinen unmittelbaren Einfluss auf den Absatz und die Preispolitik im Land zu haben. Das Ausmaß dieser Einschränkung ist allerdings produktspezifisch. Das ist beispielsweise bei komplementären Produkten der Fall; also wenn das eigene Produkt für den Vertriebspartner eine Ergänzung zu seinem Produkt darstellt und beides in einem Paket zusammen angeboten werden kann.

Eine eigene Vertriebsniederlassung hat den Vorteil, den Markt selbständig aktiv bearbeiten zu können. Gleichzeitig erlaubt sie dem Entrepreneur eine unmittelbare Einflussnahme, was dem Unabhängigkeitswunsch vieler Mittelständler entspricht. Allerdings sind die Kosten und das finanzielle Risiko einer solchen Niederlassung schon aufgrund des Personals höher als bei einer Vertriebskooperation. Deshalb ist hierfür in der Regel ein Mindestsockel an bereits bestehender Nachfrage erforderlich, um zumindest die Anlaufkosten gering zu halten. Mittelständische Unternehmen bevorzugen daher meist eine Vertriebskooperation, sofern dies mit keinem zu hohen Margenverlust verbunden ist und ein geeigneter Kooperationspartner existiert. Das ist aber häufig nicht der Fall. In der Praxis entsteht dadurch regelmäßig die Notwendigkeit, zu entscheiden, ob der Direktvertrieb weitergeführt oder trotz Anlaufverlusten eine Vertriebsniederlassung gegründet werden soll. Das erklärt unter anderem, warum für Mittelständler die Kosten häufig das Haupthindernis der Internationalisierung sind.[17]

Produktion & Vertrieb

Im Mittelstand dient der Aufbau einer eigenen Produktion im Ausland selten *nur* der Kosteneinsparung. In der Regel zielt das auf die (weitere) Erschließung neuer Märkte und die Pflege und Sicherung bestehender Märkte ab.

Produktionsniederlassungen dienen meist der Markterschließung; häufig ist der Vertrieb mit einbezogen.

Dabei wird in den meisten Fällen keine reine Produktionsgesellschaft geschaffen, sondern eine Gesellschaft, die produziert *und* vertreibt und möglicherweise auch Vertriebsniederlassungen in anderen Ländern beliefert. Für die Unternehmen hat die Produktion im Land zahlreiche Vorteile. Dazu zählen:

- die Marktnähe
- geringere Transportkosten

---

17. Zu diesem Ergebnis kommt die bereits erwähnte Untersuchung der Internationalisierung des Mittelstands in Europa. Europäischen Union (DG Enterprise), „Internationalisation of SMEs", Brüssel, 2003.

- der Wegfall etwaiger Zölle und Handelsbeschränkungen
- verbesserte Wettbewerbsfähigkeit aufgrund ggf. niedrigerer Produktionskosten

Die Marktnähe bietet den Vorteil, Kundenwünsche und Makrtveränderungen unmittelbarer wahrzunehmen. Im Vergleich zur Vertriebsniederlassung kann eine eigene Produktionsstätte darauf oft schneller mit Produktanpassungen reagieren. Ein großer Vorteil der Produktion vor Ort liegt in der Kostenersparnis, die sich aus geringeren Transportkosten und dem Wegfall von Handelshemmnissen ergibt. Das ermöglicht Unternehmen, Kunden zügiger und günstiger zu beliefern und ist damit ein oft entscheidender Wettbewerbsvorteil. Aufgrund niedrigerer Lohnkosten auf asiatischen und osteuropäischen Märkten, reicht dieser Vorteil aber häufig nicht aus, um gegenüber der Konkurrenz ausreichend wettbewerbsfähig zu sein. Deshalb ist in solchen Fällen der Aufbau einer eigenen Produktion oft die einzige Möglichkeit, den Markt erfolgreich zu erschließen. Wie eine Untersuchung der Auslandsinvestitionen zeigt, ist dies im industriellen Mittelstand auch die häufigste Art der Markterschließung.[18]

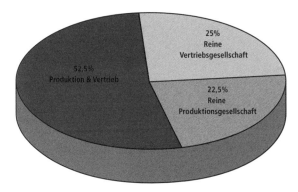

Quelle: De, D. 2001

Abbildung 12.7: Arten der Auslandsinvestition im industriellen Mittelstand, Deutschland

Der Aufbau einer Produktion im Ausland ist allerdings auch die kostenintensivste Art der Internationalisierung. Weil die geschaffenen Kapazitäten häufig erst sukzessive ausgelastet werden können, birgt sie zudem das Risiko, über einen längeren Zeitraum mit hohen Anlaufkosten belastet zu sein. Neben gegebenenfalls günstigeren Produktionskosten ist das mit ein Grund, warum viele Mittelständler im Ausland geschaffene Kapazitäten auch dazu nutzen, den heimischen Markt zu versorgen.

---

18. Die Studie wurde von der Industriekreditbank (IKB) in Auftrag gegeben. Sie untersucht detailliert das Vorgehen des industriellen Mittelstands bei Auslandsinvestitionen. De, D., „Erfolgsfaktoren bei Auslandsinvestitionen", Reihe IKB-Dokumentation, Düsseldorf, 2001.

Aufbau einer Niederlassung und Mitarbeiter

Der Aufbau einer Niederlassung im Ausland ist nicht nur ein finanzieller Kraftakt, sondern erfordert auch eine entsprechende Qualifizierung und Mobilität der dafür nötigen Mitarbeiter. Das gilt nicht nur für die Aufbauphase, in der Mitarbeiter beispielsweise an der Planung beteiligt sind oder Schulungen auch vor Ort durchführen, sondern auch für die operative Phase, in der bei erfolgreichen Mittelständlern Mitarbeiter auf vielen Ebenen zwischen der Niederlassung und dem Hauptsitz miteinander kommunizieren. Gerade im Mittelstand ist die Bereitschaft der Mitarbeiter, die Anstrengungen mitzutragen, einer der Hauptfaktoren für den erfolgreichen Aufbau und den späteren Erfolg der Niederlassung *(siehe Kapitel 11)*.

> Der erfolgreiche Aufbau einer Niederlassung erfordert die Unterstützung der Mitarbeiter.

Wie gehen Mittelständler bei der Planung einer Auslandsniederlassung üblicherweise vor? Grundsätzlich kann zwischen zwei Arten der Planung unterschieden werden: Top-down (oder Budgetierung) und Bottom-up.

Top-down Wie es die Bezeichnung bereits vermuten lässt, wird bei dem Top-down-Ansatz von oben nach unten geplant. In einer vereinfachten Darstellung bedeutet das, das Ziel (die Niederlassung) zu definieren, die Schritte dorthin aufgrund strukturierter Informationen festzulegen und ein bestimmtes Budget dafür bereitzustellen. Der Vorteil dieser Vorgehensweise liegt darin, dass zumindest in der Planung Aufwand, Kosten und die erforderliche Zeit für den Aufbau einer Niederlassung bestimmt werden können. Der Nachteil besteht darin, dass insbesondere im Ausland unvorhergesehene Umstände, beispielsweise bei der Genehmigung von Bauvorhaben und dergleichen, eintreten können. Dadurch entstehen in der Regel zusätzliche Kosten und Verzögerungen, weshalb parallel geplante Schritte dann oft nicht mehr zusammenpassen und der Prozess sich insgesamt komplizierter gestaltet.

Bottom-up Beim Bottom-up-Ansatz wird von unten nach oben geplant. Im Fall einer Niederlassung bedeutet das, ausgehend von der Situation und den Rahmenbedingungen vor Ort zu planen. Dabei werden die Planungsschritte den Umständen vor Ort angepasst und gelegentlich auch von ihnen bestimmt. Das hat den Vorteil, auf weniger unvorhergesehene Umstände zu stoßen und die eigenen Aktivitäten im Ausland den dortigen Verhältnissen besser anpassen zu können. Der Nachteil besteht darin, weder die genauen Kosten noch den genauen Zeitpunkt, beispielsweise der Inbetriebnahme, im Vorfeld bestimmen zu können.

> Mittelständler neigen bei der Planung zu einem Bottom-up-Ansatz ...

Ein Merkmal besonders erfolgreicher Mittelständler ist die Kombination aus strukturierter Informationsbeschaffung, beispielsweise über Standorte oder den Qualifizierungsgrad potentieller Mitarbeiter, und einem Bottom-up-Ansatz.[19] Dabei wird häufig auch auf lokale Berater zurückgegriffen. Dass mittelständische Unternehmen häufig einen Bottom-up-Ansatz bevorzugen, ist teilweise auf die mittelständische

---

19. Zu dem Ergebnis kommt die IKB-Studie der Erfolgsfaktoren bei Auslandsinvestitionen im industriellen Mittelstand.

Unternehmenskultur zurückzuführen. Denn für mittelständische Entrepreneure ist die lokale Akzeptanz auch über den Kreis der Mitarbeiter hinaus ein wichtiger Faktor. Das erklärt, warum die Einbeziehung lokaler Banken bei der Finanzierung der Niederlassung ein weiteres Merkmal erfolgreicher Mittelständler ist.[20] Als Ausländer im Ausland erleichtert das die Akzeptanz von Seiten der lokalen Wirtschaft und ermöglicht gleichzeitig den Aufbau unterstützender Geschäftsbeziehungen.

Je nach Form der Auslandsinvestition kann das von besonderer Bedeutung sein. Denn anders als bei der Beteiligung an einem bestehenden Produktionsunternehmen bestehen bei einer Gründung „auf der grünen Wiese" in der Regel keine lokalen Beziehungen. Andererseits sind Beteiligungen und Joint Ventures häufig mit Schwierigkeiten im Bereich der Unternehmenskultur und der Mitarbeiterloyalität verbunden. Das gilt besonders bei Auslandsinvestitionen. Denn die Loyalitäten der lokalen Mitarbeiter gelten meist dem lokalen Miteigentümer, der nicht selten auch der Alteigentümer des Unternehmens ist.

Aus diesem Grund neigen mittelständische Unternehmen bei Auslandsniederlassungen regelmäßig dazu, alleiniger Eigentümer oder zumindest bestimmender Eigentümer der Niederlassung zu sein. *Abbildung 12.8* gibt die Untersuchungsergebnisse zu den Formen der Internationalisierung für den industriellen Mittelstand in Deutschland wieder.

... und dazu, alleiniger Eigentümer der Niederlassung zu sein.

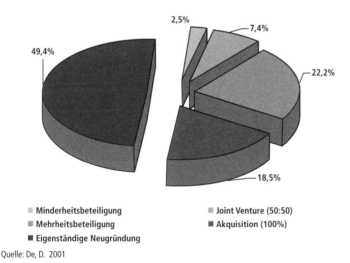

Minderheitsbeteiligung

Mehrheitsbeteiligung

Eigenständige Neugründung

Joint Venture (50:50)

Akquisition (100%)

Quelle: De, D. 2001

Abbildung 12.8: Formen der Internationalisierung im industriellen Mittelstand, Deutschland

---

20. In manchen osteuropäischen Ländern ist die Einbeziehung lokaler Banken bei der Finanzierung auch eine Voraussetzung für den Aufbau einer Niederlassung. Damit sollen heimische Unternehmen – in dem Fall Banken – am Wachstum ausländischer Investoren beteiligt werden.

Im Hinblick auf die Unternehmenskultur und die Umsetzung unternehmerischer Ziele bietet die eigenständige Neugründung die größten Vorteile. Denn sie ist nicht mit bereits bestehenden und möglicherweise hinderlichen oder unpassenden Strukturen verbunden, wie das bei einer Akquisition, also dem Erwerb eines bestehenden Unternehmens, oder einer Mehrheitsbeteiligung der Fall sein kann.

Dennoch sind Akquisition und Mehrheitsbeteiligung im Mittelstand keine ungewöhnlichen Strategien. Das liegt daran, dass mit dem Erwerb eines bestehenden Unternehmens auch ein Kundenstamm und bestehende Aufträge mit erworben werden. Es bietet also die Möglichkeit, sich in gewissem Umfang in den Markt hineinzukaufen. Das kann im Hinblick auf die Auslastung der Kapazitäten und die Anlaufkosten vorteilhaft sein. Allerdings ist der Erwerb oder die Mehrheitsbeteiligung an einem erfolgreichen Unternehmen nicht immer günstiger als eine Neugründung. Hinzu kommt folgender Aspekt: Je erfolgreicher das erworbene Unternehmen ist, desto selbstbewusster ist in der Regel auch die Belegschaft. Das erschwert meist die Umsetzung gegebenenfalls nötiger Umstrukturierungen und die Adaption der Unternehmenskultur, die für die Führung und die Zusammenarbeit mit dem Hauptsitz wichtig sind. Sofern die Rahmenbedingungen den Anforderungen entsprechen, neigen Mittelständler deshalb häufig dazu, sich an Unternehmen in Krisenlagen zu beteiligen oder sie zu erwerben. Das sind oft selbst eigentümergeführte Mittelständler mit einer ungelösten Nachfolgeproblematik oder *(seltener)* konkursgefährdete Unternehmen. Weil in beiden Fällen gefährdete Arbeitsplätze erhalten bleiben, ist es für den Entrepreneur dann oft leichter, strukturelle Veränderungen vorzunehmen und die eigene Unternehmenskultur zu übertragen.

Z U S A M M E N F A S S U N G

- Die Globalisierung ist eine Folge der Marktöffnungen und des technischen Fortschritts. Beides hat den Handel und die Kommunikation zwischen Unternehmen weltweit erleichtert und zu mehr Wettbewerb geführt.

- Die meisten mittelständischen Unternehmen sind von den Herausforderungen der Globalisierung betroffen, wenngleich in unterschiedlichem Maß. Der Wirtschaftsbereich, die Unternehmensgröße und die Größe des Heimatmarkts beeinflussen den Grad der Betroffenheit.

- Die Öffnung der asiatischen Märkte hat zu einem erheblichen auf niedrigen Lohnkosten beruhenden Wettbewerb geführt. Mittelständler haben sich in der Regel durch die Spezialisierung abgehoben.

- Das Wachstum in Asien – allen voran China und Indien – hebt das dortige Einkommen und den Lebensstandard, weshalb Asien inzwischen auch als Absatzmarkt für Mittelständler attraktiv ist.

- Große Produzenten erwarten von ihren mittelständischen Zulieferern nicht selten, sie ins Ausland zu begleiten. Häufig führt das für die Zulieferer zu Abhängigkeiten vor Ort und zu finanziellen und personellen Schwierigkeiten.

- In Osteuropa musste sich erst ein Mittelstand entwickeln. Inzwischen gleicht die Unternehmensstruktur in Osteuropa in etwa der in Westeuropa.

- Bei Löhnen ist nicht der absolute Lohn, sondern das Verhältnis von Lohn zu Wertschöpfung entscheidend. Daran gemessen haben osteuropäische Unternehmen einen Lohnkostenvorteil.

- Im Vergleich zu Asien bietet Osteuropa dem Mittelstand den Vorteil der geographischen und kulturellen Nähe, was die Erschließung dieser Märkte erleichtert.

- In Westeuropa sind rund drei Fünftel der Unternehmen mit 10 bis 249 Mitarbeitern bereits in der einen oder anderen Weise international tätig.

- Im Mittelstand erfolgt die Internationalisierung regelmäßig in drei Phasen.

- Unternehmensziele wie Beschaffung, Vertrieb oder Produktion führen zu unterschiedlichen Internationalisierungsstrategien, die häufig aufeinander aufbauen.

- Im Mittelstand beginnt die Internationalisierung regelmäßig mit der eigenen Beschaffung oder der Beschaffungsabsicht ausländischer Unternehmen, die zu Ad-hoc-Aufträgen aus dem Ausland führen.

- Der Direktvertrieb im Ausland ist meist mit dem geringsten Risiko verbunden, aber aufgrund des Aufwands häufig nicht sehr effektiv.

- Vertriebskooperationen sind eine günstige Alternative, im Ausland präsent zu sein. Allerdings erlauben sie häufig keinen unmittelbaren Einfluss auf den Absatz und die Preispolitik. Eigene Vertriebsniederlassungen sind mit mehr Kosten verbunden, ermöglichen aber eine eigenständige Marktbearbeitung.

- Im Mittelstand dienen Produktionsniederlassungen im Ausland selten nur der Kosteneinsparung. In den meisten Fällen beinhalten sie auch den Vertrieb und dienen der Markterschließung und -pflege.

Z U S A M M E N F A S S U N G

Fragen zur Diskussion

■ Die Globalisierung wird von vielen regelmäßig dafür kritisiert, die Unternehmen zu mehr Effizienz zu zwingen und Arbeitsplätze zu vernichten. Mache fordern deshalb die Globalisierung „zurückzudrehen". Ist das möglich und wenn ja, welche Folgen hätte das für die mittelständischen Unternehmen und deren Angebot, und welche Folgen hätte es für die Konsumenten?

■ Welche Faktoren beeinflussen das Maß, in dem mittelständische Unternehmen von den wettbewerblichen Herausforderungen der Globalisierung betroffen sind, und warum?

■ Wenn asiatische und osteuropäische Unternehmen aufgrund niedrigerer Lohnkosten Marktanteile in Europa gewinnen und europäische Unternehmen anschließend aufgrund des in Asien und Osteuropa gestiegenen Einkommens dort Marktanteile gewinnen, ist das dann nicht ein einfaches Nullsummenspiel?

■ Wie kann ein Unternehmen trotz absolut höherer Löhne auch im Bereich der Lohnkosten gegenüber der Konkurrenz aus Niedriglohnländern wettbewerbsfähig bleiben?

■ Warum erwarten europäische Mittelständler von der Osterweiterung offenbar mehr Chancen als Risiken?

■ Wodurch lässt sich der für viele unerwartet hohe Anteil des bereits internationalisierten Mittelstands erklären?

■ Womit lässt sich erklären, dass für den industriellen Mittelstand die Auslandsniederlassung mit großem Abstand vor der reinen Beschaffung und dem Export die häufigste Form der Internationalisierung ist?

■ Warum kooperieren mittelständische Unternehmen im Ausland seltener im Bereich der Produktion als im Bereich des Vertriebs?

■ Wie kommt es, dass für Mittelständler Vertrauen auch beim Direktbezug im Ausland eine große Rolle spielt?

■ Der Direktvertrieb ist zwar häufig mit vergleichsweise geringeren Kosten verbunden, aber dafür oft weniger effektiv. Wäre es für mittelständische Unternehmen nicht sinnvoller, gleich eine Vertriebskooperation einzugehen oder eine Vertriebsniederlassung zu gründen?

■ Warum bevorzugen mittelständische Unternehmen das mehrheitliche oder alleinige Eigentum an ihren Niederlassungen im Ausland?

■ Welche Vor- und Nachteile kann der Erwerb eines Unternehmens als Niederlassung im Ausland für das erwerbende mittelständische Unternehmen im Hinblick auf die Markterschließung und die Integration der Niederlassung haben?

Weiterführende Literatur

Blomstermo, A., et al., Domestic Activity and Knowledge Development in the Internationalization Process of Firms, in: Journal of International Entrepreneurship, Vol. 2(3), S. 239 – 258, 2004

Carter, S., Jones-Evans, D., Enterprise and Small Business – Principles, Practice and Policy, Harlow, 2000

De, D., Erfolgsfaktoren bei Auslandsinvestitionen; Reihe IKB-Dokumentation, Düsseldorf, 2001 (download www.IKB.de)

Europäische Kommission, DG Enterprise (Hrsg.), Internationalisation of SMEs, Brüssel, 2003

Europäische Kommission, DG Enterprise (Hrsg.), SMEs and Cooperation, Brüssel, 2003

Europäische Kommission, (Hrsg.), European Competitiveness Report, Luxemburg, 2003, 2004 und folgende Jahresberichte

Kaufmann, F., Menke, A., Standortverlagerungen mittelständischer Unternehmen nach Mittel- und Osteuropa – eine empirische Untersuchung, IFM-Bonn, Schriftenreihe zur Mittelstandsforschung, Stuttgart, 1997

Kirby,D., et al., Joint Ventures as an Internationalisation Strategy for SMEs, Small Business Economics, Vol. 21(3), S. 229 – 42, 2003

Masurel, Enno, Export behavior of service sector SMEs," Research Memoranda 16, Free University Amsterdam, 2001

OECD, Small and Medium Enterprise Outlook, Paris, 2002

Weaver, M., Strategic Alliances as Vehicles for international Growth, in: Sexton, D., Landström, H., (Hrsg.), Handbook of Entrepreneurship, S. 387 – 407, Oxford, 2000

Literaturverzeichnis

Achleitner, A.K., Die Venture-Capital-Methode, in: Winning Angels – Mentoren im Netzwerk des Erfolgs, Amis, D., et al. (Hrsg.), Wien 2003

Achleitner, A.K., Engel, R., Konstitution und Leistung von Inkubatoren bei der Unterstützung von Unternehmensgründungen, in: Hommel, U., Knecht, T., (Hrsg.), Wertorientiertes Start-up-Management, S. 684 – 697, München, 2002

Acs, Z., et al., Why Does the Self-Employment Rate Vary Across Countries and Over Time?, in: CEPR Discussion Papers, Nr. 871, 1994

Acs, Z.J., Audretsch, D.B., Innovation, Market Structure and Firm Size, in Review of Economics and Statistics, 69/4, S. 567 – 575, 1987

Aernoudt, R., Incubators: Tool for Entrepreneurship?, in Small Business Economics, 23/2, S. 127 – 135, 2004

Aldrich, H., Baker, T., Blindes by the Cites? Has there been Progress in Entrepreneurship Research?, in: Sexton, D., Smilor, R., (Hrsg.), Entrepreneurship 2000, Chicago, 1997

Almus, M., The Shadow of Death – An Emperical Analysis of the Pre-Exit Performance of New German Firms, in Small Business Economics, 23/3, S. 189 – 201, 2004

Arvanitis, S., The Impact of Firm Size on Innovative Activity – An Empirical Analysis Based on Swiss Firm Data, Small Business Economics, 9/6 December, S. 473 – 490, 1997

Audretsch, D.B., Fritsch, M., Creative Destruction: Turbulence and Economic Growth, in Helmstädter, E., Perlman, M., (Hrsg.), Behavioural Norms, Technological Progress and Economic Dynamics: Studies in Schumpeterian Economics, S. 137 – 150, Ann Arbor, 1996

Backes-Gellner, U., et al., Familienfreundlichkeit im Mittelstand – Betriebliche Strategien zur besseren Vereinbarkeit von Beruf und Familie, IfM-Materialie Nr. 155 (IFM-Bonn), Bonn, 2003

Baldwin, W.L., Scott, J.T., Market Structure and Technological Change, London, New-York, 1987

Barkham, R., et al, The Determinants of Small Firm Growth, Gateshead, 1996

Basu, A., Goswami, A., Determinants of South Asian Entrepreneurial Growth in Britain: A Multivariate Analysis, in: Small Business Economics, 13/1, S. 57 – 70, 1999

Bates, T., Entrepreneur Human Capital Inputs and Small Business Longevity, in: The Review of Economics and Statistics, 72/4, S. 551 – 559, 1990

Baughn, C.C., Neupert, K.E., Culture and National Conditions Facilitating Entrepreneurial Start-ups, in: Journal of International Entrepreneurship, 1/3, S. 313 – 330, 2003

Baumol, W., Entrepreneurial Enterprises, Large Established Firms and Other Components of the Free-Market Growth Machine, in: Small Business Economics, No. 23, August 2004, S. 9 – 21

Becchetti, L. Trovato, G., The Determinants of Growth for Small and Medium Sized Firms: The Role of the Availability of External Finance, in: Small Business Economics, Vol. 19/4, S. 291 – 306, 2001

Begley, T.M., Using founder status, age of firm, and company growth rate as the basis for distinguishing entrepreneurs from managers of smaller businesses, in: Journal of Business Venturing, Mai 1995, Vol. 10, Nr.. 3, S. 249 – 263, 1995

Berger, A., Betriebsübergabe gegen Rente in Deutschland, Österreich und der Schweiz, Lohmar-Köln, 2002

Birley, S., Stockley, S., Entrepreneurial Teams and Venture Growth, in: Sexton, D. Landström, H., (Hrsg.), Handbook of Entrepreneurship, Oxford, 2000

Birley, S., Stockley, S., Entrepreneurial Teams and Venture Growth, in: Sexton, D., Landström, H., (Hrsg.), Handbook of Entrepreneurship, Oxford, 2000, S. 287 – 307

Birley, S., The Role of Networks in the Entrepreneurial Process, in: Journal of Business Venturing, 1, S. 107 – 117, 1985

Birley, S., Westhead, P., Growth and performance contrasts between "types" of small firms, in: Strategic Management Journal No. 2, S. 535 – 557, 1990

Blomstermo, A., et al., Domestic Activity and Knowledge Development in the Internationalization Process of Firms, in: Journal of International Entrepreneurship, Vol. 2(3), S. 239 – 258, 2004

Bricklin, D., Natuaral-Born Entrepreneur, in: Harvard Business Review, S. 53 – 59, September, 2001

Bridge, Simon, et al., Understanding Enterprise, Entrepreneurship and Small Business, Houndmills, New York, 2003

Brüderl, J., Preisendörfer, P., Network Support and the Success of Newly Founded Businesses, in: Small Business Economics, 10/3, S. 213 – 225, 1998

Bruining, H., Wright, D.M., Entrepreneurial Orientation In Management Buy-Outs And The Contribution Of Venture Capital, Erasmus Research Institute of Management, Discussion Paper ERS; ERS-2002-67, 2002

Burns, P., Entrepreneurship and Small Business, Houndmills, New York, 2001

Bygrave, W.D., Die Einzelnen Stufen des Entrepreneurship, in: Faltin, G. et al. (Hrsg.), Entrepreneurship – Wie aus Ideen Unternehmen werden, München, 1998

Carree, M., et al, Economic Development and Business Ownership: An Analysis Using Data of 23 OECD Countries in the Period 1976 – 1996, in: Small Business Economics, 19/3, S. 271 – 290, 2002

Carree, M.A. et al., Economic development and business ownership: an analysis using data of 23 OECD countries in the period 1976 – 1996, in: Small Business Economics, Vol. 19 (November), 2002, S. 271 – 290

Carter, S., Jones-Evans, D., Enterprise and Small Business – Principle, Practice and Policy, Harlow, 2000

Coleman, S., The "Liability of Newness" and Small Firm Access to Debt Capital: Is There a Link? Conference Papers, Annual Conference of the Academy of Entrepreneurial Finance, April 29, 2004, George Washington University, Washington D.C.

Cooper, A.C., Challenges in predicting new venture performance, in: Bull, I., et. al. (Hrsg.), Entrepreneurship: Perspectives on Theory Building, London, 1995

Cowling, M., Taylor, M., Entrepreneurial Women and Men: Two Different Species?, in Small Business Economics, 16/3, S. 167 – 175, 2001

Davidsson, P., Wiklund, J., Conceptual and Empirical Challenges in the Study of Firm Growth, in: Sexton, D., Landström, H., (Hrsg.), Handbook of Entrepreneurship, S. 26 – 44, Oxford, 2000

De Kok, J., Lorraine, M., Organization Context and Human Resource Management in the Small Firm, in: Small Business Economics, Vol. 17/4, S. 273 – 91, 2001

De, D., Erfolgsfaktoren bei Auslandsinvestitionen; Reihe IKB-Dokumentation, Düsseldorf, 2001 (download www.IKB.de)

De, D., SME Policy in Europe, in: Sexton, D., Landström, H., (Hrsg.), Handbook of Entrepreneurship, Oxford, 2000

De, D., Wimmers, St., Mittelstandspolitik in den Mitgliedstaaten der Europäischen Union, Stuttgart, 1994

Deeg, R., Finance Capitalism Unveils: Banks and the German Political Economy, Ann Arbor, 1999

Donkels, R., Financing Growth: Recent Developments in theeht European Scene, in Sexton, D., Landström, H. (Hrsg), Handbook of Entrepreneurship, Oxford, 2000

Drnovsek, M., Job Creation Process in a Transition Economy, in: Small Business Economics, October 2004, Vol. 23, Nr.. 3, S. 179 – 188, 2004

Du Rietz, A., Henrekson, M., Testing the Female Underperformance Hypothesis, in: Small Business Economics, 14/1, S. 1 – 10, 2000

Egeln, J., et al, Firm Foundations and the Role of Financial Constraints, in: Small Business Economics, 9/2, S. 137 – 150, 1997

Europäische Kommission – DG Enterprise, European Observatory for SMEs – Business Demography in Europe, Report No. 5, 2002

Europäische Kommission – DG Enterprise, European Observatory for SMEs – SMEs in Europe, Report No. 7, 2003 (download bei DG Enterprise)

Europäische Kommission – DG Enterprise, Innobarometer 2003/4, (download bei DG Enterprise)

Europäische Kommission (Hrsg.), European Observatory for SMEs, Jahrgänge und Berichte seit 1994

Europäische Kommission, (Hrsg.), Continuous Vocational Training Survey I und II, Brüssel, 2000 und 2003

Europäische Kommission, (Hrsg.), European Competitiveness Report, Luxemburg, 2003, 2004 und folgende Jahresberichte

Europäische Kommission, DG Enterprise (Hrsg.), Internationalisation of SMEs, Brüssel, 2003

Europäische Kommission, DG Enterprise (Hrsg.), SMEs and Cooperation, Brüssel, 2003

Europäische Kommission, Green Paper Entrepreneurship in Europe, COM (2003) 27 final, Brüssel, 2003

European Observatory for SMEs, 2003, No.4, SMEs and Internationalisation, Brüssel, 2003

European Observatory for SMEs, 2003, No.5, SMEs and Co-operation, Brüssel, 2003

European Venture Capital Association (Hrsg.), Survey of the Economic and Social Impact of Venture Capital in Europe, Brüssel, 2000 (www.evca.com)

Fallgatter, M.J., Das Handeln von Unternehmern: Einige Überlegungen zum Kern des Entrepreneurship, in: Achleitner, A.-K., et al. (Hrsg.), Jahrbuch Entrepreneurship – Gründungsforschung und Gründungsmanagement 2003/2004, Berlin, Heidelberg, 2004

Faltin, G., Das Netz weiter werfen – Für eine neue Kultur unternehmerischen Handels, in: Faltin, G., et al. (Hrsg.), Entrepreneurship – Wie aus Ideen Unternehmen werden, München, 1998

Farinas, J.C., The Dynamics of Productivity: A Decomposition Approach using Distribution Functions, in Small Business Economics, No. 22, April 2004, S. 237 – 251

Flamholtz, E.G., Managing the Transition from an Entrepreneurship to a Professionally Managed Firm, San Francisco, 1986

Fritsch, M., Niese, M., Entwicklung und sektorale Struktur von Gründungen und Stilllegungen in Deutschland seit 1983, in Fritsch, M., Grotz, R. (Hrsg.), Empirische Analyse des Gründungsgeschehens in Deutschland, Heidelberg, 2003

Fueglistaller, U., Halter, F., Wertsteigerung von Klein- und Mittelunternehmen durch Mitarbeiterloyalität – ein handlungsorientiertes Modell, Konferenzbeitrag für Rencontres de St. Gall 2004 (www.kmu.unsig.ch)

Fuller T., Lewis J., Relationships Mean Everything; A Typology of Small-Business Relationship Strategies in a Reflexive Context, in: British Journal of Management, Vol. 13, Nr. 4, S. 317 – 336, 2002

Garcia Alvarez, E., Lopez, J., Coherence between values and successor socialization: Facilitating family business continuity, IESE Business School, IESE Research Papers, Nr. D/51, 2003

Geiseler, C., Das Finanzierungsverhalten kleiner und mittlerer Unternehmen – eine empirische Untersuchung, Wiesbaden, 1999

Geldern von M., et al., Strategies, Uncertainty and Performance of Small Business Startups, in: Small Business Economics, 15/3, S. 165 – 181, 2000

Gemünden, H.G., Personale Einflussfaktoren von Unternehmensgründungen, in: Achleitner, A.-K., et al. (Hrsg.), Jahrbuch Entrepreneurship – Gründungsforschung und Gründungsmanagement 2003/2004, Berlin, Heidelberg, 2004

Gersick, K.E., et al, Generation to Generation: Life Cycles of the Family Business, Harvard Business School Press, 1996

Giudici, G., Palerari, S., The Provision of Finance to Innovation: A Survey Conducted among Italian Technology-Based Small Firms, in: Small Business Economics, 14/1, S. 37 – 53, 2000

Goebel, P., Die ökonomisch erfolgreichen Gründer, in: Faltin, G., et al. (Hrsg.), Entrepreneurship – Wie aus Ideen Unternehmen werden, München, 1998

Gompers, P.A., Lerner J., The Venture Capital Cycle, Cambridge, Massachusetts, 2000

Günterberg, B., Wolter, H.J., Betriebliche Ausbildung im Mittelstand, Institut für Mittelstandsforschung Bonn (Hrsg.), IFM-Materialien Nr. 157, Bonn, 2001

Günterberg, B., Wolter, H.-J., Mittelstand in der Gesamtwirtschaft – Anstelle einer Definition, in BMWi/IFM-Bonn (Hrsg), Unternehmensgrößenstatistik 2001/2002, Kapitel 1, Bonn 2002 (download bei IFM-Bonn)

Haid, A., Weigand, J., R&D Investment, Liquidity Constraints and Corporate Governance, Jahrbücher für Nationalökonomie und Statistik, 221 (2), 2001, S. 145 – 167

Handler, W.C., Key Interpersonal Relationships of Next-Generation Family Members in Family Firms, in: Journal of Small Business Management, 29/3, S. 21 – 33, 1991

Herbert, R.F., Link, A.N., In Search of the Meaning of Entrepreneurship, in: Small Business Economics, 1/1, S. 39 – 49, 1989

Hillis, D., Stumbling into Brilliance, in: Harvard Business Review, S. 152, August, 2002

Hitt, M., Ireland, D.R., The Intersection of Entrepreneurship and Strategic Management Research, in: Sexton, D., Landström, H., (Hrsg.), Handbook of Entrepreneurship, S. 45 – 63, Oxford, 2000

Holmes, Th. J., Schmitz Jr., J.A., A Theory of Entrepreneurship and its Application to the Study of Business Transfers, in: Journal of Political Economy, 98/4, S. 265 – 294, 1990

Hoy, F., et al., An Entrepreneurial Slant to Franchise Research, in: Sexton, D. Landström, H., (Hrsg.), Handbook of Entrepreneurship, Oxford, 2000

Hulshoff, H.E., Westhoff, F.M.J. et al, New services, Strategic explanatory survey of a dynamic phenomenon, EIM Small Business Research and Consultancy, Zoetermeer, 1998

Hundsdiek, D., Strobel, E., Entwicklungslinien und Entwicklungsrisiken neugegründeter Unternehmen, Stuttgart, 1986

Hunsdiek, D., Beschäftigungspolitische Wirkungen von Unternehmensgründungen und -aufgaben, Berlin 1985

Ilskenmeier, D., Der Ansatz eines ganzheitlichen Wissensmanagements für Klein- und Mittelbetriebe, Beiträge aus der Forschung, Band 124, Soziale Forschungsstelle Dortmund, 2001

Johannisson, B., Networking and Entrepreneurial Growth, in: Sexton, D., Landström, H., (Hrsg.), Handbook of Entrepreneurship, Oxford, 2000

Johansson, E., Self-Employment and Liquidity Constraints: Evidence from Finland, in: Scandinavian Journal of Economics, Nr. 102, S. 123 – 134, 2000

Kaufmann, F., Menke, A., Standortverlagerungen mittelständischer Unternehmen nach Mittel- und Osteuropa – eine empirische Untersuchung, IFM-Bonn, Schriftenreihe zur Mittelstandsforschung, Stuttgart, 1997

Kay, R. et al, Restart – Eine Zweite Chance für gescheiterte Unternehmer?, Schriften zur Mittelstandsforschung, Nr. 103 NF, Wiesbaden, 2004

Kirby,D., et al., Joint Ventures as an Internationalisation Strategy for SMEs, Small Business Economics, Vol. 21(3), S. 229 – 42, 2003

Klandt, H., Brüning, E., Das Internationale Gründungsklima. Neun Länder im Vergleich ihrer Rahmenbedingungen für Existenz und Unternehmensgründungen, Berlin, 2002

Klandt, H., Gründerpersönlichkeit und Unternehmenserfolg, in: BMWi (Hrsg.), Chancen und Risiken der Existenzgründung, BMWi-Dokumentation Nr. 392, Bonn, 1996

Klandt, H., Gründungsmanagement: Der integrierte Unternehmensplan, München, 1999

Klein, S., Familienunternehmen: theoretische und empirische Grundlagen, (2. Aufl.), Wiesbaden, 2004

Klepper, S., Entry, Exit, Growth and Innovation over the Product Life Cycle, in: The American Economic Review, Bd. 86, Heft 3, S. 562 – 583, 1996

Knight, F.H., Risk, Uncertainty and Profit, New York, 1921

Kokalj, L., et al., Neue Tendenzen in der Mittelstandsfinanzierung, Schriften zur Mittelstandsforschung Nr. 99 NF, Gütersloh, 2003

Kokalj, L., Hüfner, P., Management-Buy-Out/Buy-In als Übernahmestrategie ostdeutscher Unternehmen, Stuttgart, 1994

Krämer, W., Mittelstandsökonomik, München, 2003

Kranzusch, P., May-Strobl, E., Einzelunternehmen in der Krise, IFM-Bonn, Schriften zur Mittelstandsforschung, Gütersloh, 2002

Kranzusch, P., May-Strobl, E., Einzelunternehmen in der Krise, Wiesbaden, 2002

Lechler, T., Social Interaction: A Determinant of Entrepreneurial Team Venture Success, in: Small Business Economics, Vol. 16(4), pages 263 – 278, 2001

Levaratto, N., Small Firms Finance in France, in: Small Business Economics, Vol. 8/4, S. 279 – 315, 1996

Literaturverzeichnis

Loecher, U., Small and medium-sized enterprises – delimitation and the European definition in the area of industrial business, in: European Business Review, 8. September 2000, Vol. 12, Nr. 5, S. 261 – 264, 2000

Lumpkin, G.T., Erdogan, B., If not entrepreneurship, can psychological characteristics predict entrepreneurial orientation? – A Pilot Study, US Association for Small Business and Entrepreneurship, Conference Proceedings, Annual National Conference 1999

Lundström, A., Stevenson, L., Entrepreneurship Policy for the Future, Swedish Foundation for Small Business Research (Hrsg.), Stockholm, 2001

Lundström, A., Stevenson, L., Entrepreneurship Policy for the Future, Swedish Foundation for Small Business Research, Stockholm, 2001

Maaß, F., Wallau, F., Internationale Kooperationen kleiner und mittlerer Unternehmen – unter besonderer Berücksichtigung der neuen Bundesländer, IFM-Materialien Nr. 158, Bonn, 2003

Mason, C., Harrison, R., Informal Venture Capital and the Financing of Emergent Growth, in: Sexton, D. Landström, H., (Hrsg.), Handbook of Entrepreneurship, Oxford, 2000

Masurel, Enno, Export behavior of service sector SMEs," Research Memoranda 16, Free University Amsterdam, 2001

Mata, J., Firm Growth During Infancy, in: Small Business Economics, 6/1, S. 27 – 40, 1994

Mata, J., Portugal, P., Life Duration of new Firms, Journal of Industrial Economics, 27/3, S. 227 – 246, 1994

McClelland, D.C., Koestner, R., The achievement motive, in: Smith, Ch.P. (Hrsg.), Motivation and Personality: Handbook of Thematic Content Analysis, S. 143 – 152, New York, 1992

McConaugby, D., et al., Founding Family Controlled Firms: Performance, Risk, and Value, in: Journal of Small Business Management, Vol. 39, S. 32 – 49, 2001

Mugler, J., Bestimmungsfaktoren der Attraktivität der Arbeit in Klein- und Mittelbetrieben, in: Bögenhold, D. (Hrsg.), Kleine und mittlere Unternehmen in der Arbeitsmarktforschung, Frankfurt a.M., S. 15 – 31, 2000

Mugler, J., Betriebswirtschaft der Klein- und Mittelbetriebe (Bd. 1 und 2), Wien, 1998/ 1999

Mukhtar, S.-M., Differences in Male and Female Management Characteristics: A Study of Owner-Manager Businesses, in Small Business Economics, 18/4, S. 289 – 311, 2002

Mukhtar, Syeda-Masooda, Differences in Male and Female Management Characteristics: A Study of Owner-Manager Businesses, in: Small Business Economics, Vol. 18, S. 289 – 311, 2002

Nobuyuki, H., Productivity and Entrepreneurial Chraracteristics in New Japanese Firms, in Small Business Economics, 23/4, S. 299 – 310, 2004

OECD, (Hrsg.), The Role of SMEs: Findings and Issues, Paris, 2000

OECD, Small and Medium Enterprise Outlook, Paris, 2002

Paffenholz, G., Krisenhafte Entwicklungen in mittelständischen Unternehmen, IFM-Materialien Nr. 130, Bonn, 1998

Petrakis, P.E., Entrepreneurship and Risk Premium, in: Small Business Economics, 23/2, S. 85 – 98, 2004

Pfirrmann, O.U., et al., Venture Capital and New Technology Based Firms: A US – German Comparison, Berlin, 1997

Picot, G., et al., Rising self-employment in the midst of high unemployment: an empirical analysis of recent developments in Canada, in: Statistics Canada, Nr. 133 (März), 1999

Reicheld, F., The loyalty effect: The hidden force behind growth, profits and lasting value, Harvard Business School Press, 2001

Reichenwald, R., Bäthge, M., Die Neue Welt der Mikrounternehmen, Wiesbaden, 2004

Reynolds, P.D., et al., Global Entrepreneurship Monitor, Executive Reports, 2000 – 2004 (www.gemconsortium.org)

Reynolds, P.D., Who Starts New Firms? Preliminary Explorations of Firms in Gestation, in: Small Business Economics, 9/5, S. 449 – 462, 1997

Ripsas, Sven, Der Businessplan – Eine Einführung, in: Faltin, G., et al. (Hrsg.), Entrepreneurship – Wie aus Ideen Unternehmen werden, München, 1998

Risseeuw, P., Masurel, E., The Role of Planning in Small Firms: Empirical Evidence from a Service Industry, Small Business Economics, 6. Jg., S. 313 – 322, 1994

Ritsila, J., Tervo, H., Effects of Unemployment on New Firm Formation: Micro-Level Panel Data Evidence from Finland, in: Small Business Economics, 19/1, S. 31 – 40, 2002

Rogoff, E. et.al., Who Done It? – Attributions by Entrepreneurs and Experts of the Factors that Cause and Impede Small Business Success, in Journal of Small Business Management, Vol. 42/4, S. 364 – 376, 2004

Roper, St., Product Innovation and Small Business Growth: A Comparison of the Strategies of German, U.K. and Irish Companies, in: Small Business Economics, No. 9, December 1997, S. 523 – 537

Sarasvathy, S.D., What makes Entrepreneurs Entrepreneurial? Working Paper, University of Whashington, School of Business, 2001

Schein, E.H., Role of the founder in creating organizational culture, in: Organizational Dynamics, Summer 1983, S. 13 – 28, 1983

Schmidt, A., Der überproportionale Beitrag kleiner und mittlerer Unternehmen zur Beschäftigungsdynamik: Realität oder Fehlinterpretation von Statistiken?, in: Zeitschrift für Betriebswirtschaft, Jg. 66, Heft 5, 1996, S. 537 – 557

Schumpeter, J. A. Theorie der wirtschaftlichen Entwicklung. Eine Untersuchung über Unternehmergewinn, Kapital, Kredit, Zins und den Konjunkturzyklus, Berlin, 1911

Schumpeter, J.A., Capitalism, Socialism and Democracy, 3. Aufl., New York, 1950 (insb. Kapitel VII)

Schwiering, D., Mittelständische Unternehmensführung unter veränderten kulturellen Bedingungen, in: Schwiering, D. (Hrsg.), Mittelständische Unternehmensführung im kulturellen Wandel, S. 3 – 36, Stuttgart, 1996

Simons, H., Die heimlichen Gewinner: Die Erfolgsstrategien unbekannter Weltmarktführer, Frankfurt/M. / New York, 1996

Steinle, C., et.al., Vertrauensorientiertes Management: Grundlegung, Praxisschlaglicht und Folgerungen, in: Zeitschrift für Führung und Organisation, Jg. 69, Heft 4, 2000, S. 208 – 217

Stel, A.J. van, Carree, M.A., Thurik, A.R., The effect of entrepreneurship on national economic growth: an analysis using the GEM database, Diskussionspapier, GEM-Konferenz, Berlin, 2004

Sternberg, R., The Impact of Innovation Centres on Small Technology-Based Firms: The Example of the Federal Republic of Germany, in: Small Business Economics, 2/2, S. 105 – 118, 1990

Stevenson, H.H., et. al., The Heart of Entrepreneurship, in: Harvard Business Review, S. 85–94, März/April 1985

Stevenson, H.H., Gumpert, D.F., Der Kern unternehmerischen Handelns, in: Faltin, G., et al. (Hrsg.), Entrepreneurship – Wie aus Ideen Unternehmen werden, München 1998

Stewart, C.C., Inclusion and Control in Resort Family Businesses: A Developmental Approach to Conflict, in: Journal of Family and Economic Issues, 22/3, S. 293 – 320, 2001

Storey, D., Understanding the Small Business Sector, London, 1995

Storey, D.J., The Birth of New Firms – Does unemployment matter? A review of the Evidence, in: Small Business Economics, 3/3 September, S. 167 – 178, 1991

Szyperski, N., Nathusius, K., Probleme der Unternehmensgründung – Eine betriebswirtschaftliche Analyse unternehmerischer Startbedingungen, Lohmar, 1999

Tamewski, G.A., et al., Strategic Orientation and Innovations Performance between Family and non-Family Firms, International Council for Small Business, 48th Annual Conference (June 15–18, 2003)

Thurik, A.R., Entrepreneurship, Industrial Transformation and Growth, in: Liebcap, G. (Hrsg.), The Sources of Entrepreneurial Activity, S. 29 – 66, Stamford, 1999

Uhlander, L.M., Thurik, A.R., Hutjes, J., Post-materialism as a cultural factor influencing entrepreneurial activity across nations, ERIM Report, ERS-2002-62-STR, Erasmus University Rotterdam, 2002

Ulrich, P., Fluri, E., Management (7. Aufl.), Bern, Stuttgart, 1995

Verheul, I., Thurik, R., Start-up Capital: Does Gender Matter?, in Small Business Economics, 16/4, S. 329 – 345, 2001

Weaver, M., Strategic Alliances as Vehicles for international Growth, in: Sexton, D., Landström, H., (Hrsg.), Handbook of Entrepreneurship, S. 387 – 407, Oxford, 2000

Weigand, J., Audretsch, D., Does Science make a Difference? Investment, Finance and Corporate Governance in German Industries, Institute for Development Strategies, Discussionspapier Nr. 99, Indiana-Universität (USA), 1999

Weinrauch, J.D., et al., Dealing with Limited Financial Resources: A Marketing Challenge for Small Business, in: Journal of Small Business Management, 29/4, S. 44 – 55, 1991

Weißhuhn, G., Wichmann, Th., Beschäftigungseffekte von Unternehmensgründungen, Kurzfassung einer Studie im Auftrag des Bundesministeriums für Wirtschaft und Technologie (Berlecon Research GmbH), Berlin, 2000

Windsberger, J., Organization of Knowledge in Franchising Firms, Conference Paper, DURID Summer Conference of New and Old Economy – who is embracing whom?, Copenhagen, Juni, 2002

Winker, P., Causes and Effects of Financing Constraints at the Firm Level, in Small Business Economics, 12/2, S. 169 – 181, 1999

Register